服刑人员最关注的20大心理话题

FUXING RENYUAN ZUI GUANZHU DE 20 DA XINLI HUATI

罗昌胜／主编
盛昭彬／副主编

湖南教育出版社

图书在版编目（CIP）数据

服刑人员最关注的20大心理话题 / 罗昌胜主编. —长沙:湖南教育出版社，2017.4
ISBN 978-7-5539-5074-7

Ⅰ.①服… Ⅱ.①罗… Ⅲ.①犯罪分子—心理健康—健康教育 Ⅳ.①G78

中国版本图书馆CIP数据核字（2016）第272537号

FUXING RENYUAN ZUIGUANZHU DE 20 DA XINLI HUATI

书　　名 服刑人员最关注的 20 大心理话题
主　　编 罗昌胜
责任编辑 张丽英
责任校对 丁泽良
装帧设计 闰江文化
出版发行 湖南教育出版社（长沙市韶山北路 443 号）
网　　址 http://www.hneph.com
电子邮箱 hnjycbs@sina.com
微信服务号 多点学习
客　　服 电话 0731-85486979
经　　销 湖南省新华书店
印　　刷 长沙超峰印刷有限公司
开　　本 787 × 1092　16 开
印　　张 25.75
字　　数 500 000
版　　次 2017 年 4 月第 1 版第 1 次印刷
书　　号 ISBN 978-7-5539-5074-7
定　　价 42.00 元

本书编委会

编委会主任｜颜忠毅　汪　淼　尹卫华　易法铜

副　主　任｜郑胜军　曹新湖　周加良

委　　　员｜胡泽农　张　杰　李红武　姚家斌

尹鹏静　谭政忠　杨非非　罗昌胜

主　　　编｜罗昌胜

副　主　编｜盛昭彬

作　　　者｜尹卫华　汪　淼　张　杰　曹新湖

罗昌胜　盛昭彬　李　平　何爱民

唐　亮　陈志宏　王　军　凌功杰

文　艺

序一

“为觅春色满眼望，一枝小花藉心头。”

当今社会，心理问题日益受到重视。作为社会的亚文化群体，监狱服刑人员的心理障碍、心理问题一直是影响改造成效的重要因素。心病尚需心药治，一把钥匙解一把锁。近年来，长沙监狱坚持以改造人为宗旨，将心理咨询与矫治作为创新教育改造的重要抓手，着力提升教育改造质量，全力构建监管安全心理防线，上下求索，孜孜以求，取得了丰硕成果。12 位作者在繁忙的工作之余，以高度的责任感和事业心，不断总结实践、凝练经验，历经两年努力，终于捧出这份沉甸甸的书稿。事非经过不知难。这实在难能可贵，令人欣慰。

积一时之跬步，臻千里之遥程。这 20 大心理话题，不仅集中体现了服刑人员最为关注的心理诉求，而且成功展示了心理咨询与矫治工作的最新成果。具体而言，该书对服刑人员普遍关注的心理问题，既从心理学角度作出合情合理的科学解释，又从方法论角度给出了心理疏导的有效途径，还从实情出发提供了具体的解决办法。令人印象深刻的是，该书一改以往照本宣科、生硬说教之弊，直面服刑人员的改造实际，走进他们的内心世界，从困扰中发现问题、于释疑中传授技能，从实例中蕴藏启迪、于平实处演绎哲理，从字词间显露心声、于互动中饱含真情，可学可用，值得深读。

《服刑人员最关注的 20 大心理话题》承载基层监狱人民警察的人生追求，

汇聚工作沉淀的点滴智慧。可以说，这是一本帮助监狱人民警察催浪子回头、化腐朽为神奇的教科书，是一套指引罪犯加速改造、重塑新生的服刑指南手册，更是一份解决罪犯心理问题、荡涤心灵污垢的“心理鸡汤”。不忘初心，方得始终。衷心希望全省监狱人民警察头顶使命、肩扛责任，继续用心深植教育改造之树、尽心浇灌心理矫治之花，培养更多守法公民。如此，我们有理由相信，湖南监狱人民警察必将进一步以责任担当、创新精神为监狱事业的发展进步而坚守和努力。

一路蜿蜒，春风化雨。

光阴不负，必再有为。

是为序。

湖南省司法厅厅长

谌敬纯

序二

一个好的教师是懂得心理学的人，监狱民警作为服刑人员心灵改造的工程师，必然要懂得心理学、运用心理学。

国外服刑人员心理矫治进行了100多年，国内服刑人员心理矫治在理论和应用方面也已经做了大量的工作。一直以来，我省监狱系统坚持把改造罪犯作为监狱工作的中心任务，结合实际开展心理矫治工作，积累了丰富的经验。好思路、好规划、好创意、好方法、好经验，可谓百花齐放，层出不穷。长沙监狱率先进行系列创新，如2013年在全省监狱系统首次实行心理咨询师“挂牌坐诊”制度、2014年在全省监狱系统首次举办“心理运动会”、2015年在全省监狱系统首次举办“心理情景剧”等等，成为全省监狱系统心理矫治工作的排头兵。

《服刑人员最关注的20大心理话题》教育读本是长沙监狱一批既有心理学专业理论知识，又有一线心理咨询与矫治工作经验的心理咨询师集体合作的智慧结晶。一是时代感强，集中反映了当前服刑人员的最新心理动态和心理诉求，集中体现了我省监狱系统心理咨询与矫治工作的创新成果；二是重点突出，主题均为服刑人员最关注的热点、难点话题；三是贴近实际，紧密结合心理健康教育和心理咨询与矫治工作实际，深入浅出，不讲深奥术语，理论知识浅显易懂；四是实例丰富，共收集65个教学案例；六是可操作性强，详细介绍了大量心理咨询与矫治工作的具体方式方法。该书受到了谌益华、吴大兴、范晓玲等省内外知名专家学者的高度评价，不仅可以成为服刑人员学习心理学常识，增强自我调控能力的良师益友，而且可以为监狱民警从事心理健康教育、开展心理咨询与矫治、研究理论课题提供有益参考，是一本难得的好教材。

期望该书能为广大服刑人员培育健康心理、塑造健全人格、提升改造质量、顺利融入社会，注入正能量，也期望广大监狱民警大胆探索，勇于创新，努力开拓心理矫治工作新局面，推动监狱工作持续健康发展！

湖南省司法厅副厅长、湖南省监狱管理局局长

目录
CONTENTS

第一章

我到底健不健康？

健康，越来越受到人们的重视，没有健康必然影响到人们的工作、生活、学习，甚至影响人们的婚姻、家庭、感情。党的十八大之后，以人为本、关注民生的理念全面深化，大家都在憧憬“中国梦”，都关心如何实现自己的“中国梦”，而是否健康，则是实现这个梦想的前提和基础。服刑人员也不例外，也有自己的“新生梦”，能否实现，很大程度上也取决于是否健康。

我到底健不健康？这是每个服刑人员都关心的问题，要弄明白这个问题，还得从健康说起。

第一节 什么是健康

案例：疑神疑鬼险误性命

服刑人员龙某，22岁，判刑8年，母亲和舅妈患有瘫痪病，听“同改”说，瘫痪病有遗传，所以，担心自己迟早有一天也会得瘫痪病，为此整日忧心忡忡。服刑第二年，精神状态每况愈下，总感觉腿抽筋、腰胀气、手发抖、神情恍惚，似乎真的出现了一些瘫痪的征兆，因此对即将瘫痪更加确信无疑。监内医院诊断排除了瘫痪一说，他也认为是监狱为了省钱故意瞒着自己，整日唉声叹气，暗自流泪，万念俱灰，吃了不少药，也打了不少针，病情非但没有好转，反而越来越重，人瘦得皮包骨样，手脚更加不灵便，似乎大难临头。一日，到监狱心理健康指导中心参加团体心理活动，咨询师对之进行心理辅导时，发觉其疑病心理强烈，遂安排其到监外大医院作了一次彻底的专项检查，结果根本没有瘫痪，纯属心理作祟。经过咨询师的专业疏导，放下了心理包袱的龙某一下子来了精气神，很快恢复正常。龙某由此十分感叹，并殷殷劝告“同改”，到底健不健康，千万要弄准，不然，反误了卿卿性命。

一、健康的定义

健康是人的基本权利，是人生的第一财富。2002年《现代汉语词典》（第4版）对“健康”的解释是：人体生理机能正常，没有疾病和缺陷。而2014年的第6版则解释为：人体发育良好，机理正常，有健全的心理和社会适应能力。短短10余年，人们就对健康有了一个全新的认识。

从人们对健康认识的广度与深度，我们可以把它分为传统的健康观和现代的健康观。传统的健康观认为“无病即健康”，也就是说只要身体没有疾病就是健康，其内容是躯体和生理。现代健康观讲的是整体健康，世界卫生组织提出：“健康不仅是躯体没有疾病，还要具备心理健康、社会适应良好和有道德。”这就进一步丰富了健康的内涵，扩大了健康的外延。

所以，“健康”准确的定义为：一个人在身体、心理和社会适应各方面都处于良好的状态。也就是说，健康的含义是多元的、广泛的，包括生理、心理和社会适应性三个方面。其中心理健康是身体健康的精神支柱，身体健康又是心理健康的物质基础。良好的情绪状态可以使生理功能处于最佳状态，反之则会降低或破坏某种功能而引起疾病；身体状况的改变也可能带来相应的心理问题，生理上的缺陷、疾病，特别是痼疾，往往会使人产生烦恼、焦躁、忧虑、抑郁等不良情绪，导致各种不正常的心理状态；社会适应性则是个人健康在社会交往中的外在表现，其归根结底取决于生理和心理的素质状况。作为一个全面健康的人，身体、心理和社会适应性三者相互依存、密不可分，这是现代健康理论的精髓。

为了便于大家理解，我们提出一个“健康资产观”，即如果把服刑人员的健康比喻为他的总资产的话，那么身体健康就是他的固定资产、他的本钱；而心理健康就是他的无形资产、他的软实力；而社会适应性就是他的流动资产、他的流通市值。所以，服刑人员想了解自己是否健康，就必须从生理、心理和社会适应性三个方面进行全面衡量和准确把握。

二、健康的十项标准

世界卫生组织提出了最权威的健康十项标准：

1. 精力充沛，能从容不迫地应付日常生活和工作的压力而不感到过分紧张。
2. 处事乐观，态度积极，乐于承担责任，事无巨细都不挑剔。
3. 善于休息，睡眠良好。
4. 应变能力强，能适应环境的各种变化。
5. 能够抵抗一般性感冒和传染病。
6. 体重得当，身材均匀，站立时头、肩、臂位置协调。
7. 眼睛明亮，反应敏锐，眼睑不发炎。
8. 牙齿清洁，无空洞，无痛感；齿龈颜色正常，不出血。
9. 头发有光泽，无头屑。
10. 肌肉、皮肤富有弹性，走路轻松有力。

三、亚健康

很多服刑人员都有这样的感觉：自己虽然没有明显疾病，但却出现精神活力和适应能力下降，处于某种临界状态，如果及时休息调整，很快就能恢复正常，如果不及时纠正，就很容易引起身心疾病。这就是所谓的“亚健康”。

（一）亚健康的定义

亚健康是指非病非健康状态，是介乎健康与疾病之间的状态，这是一类次等健康状态，故又称为“次健康”“第三状态”“中间状态”“游移状态”“灰色状态”等。世界卫生组织把它定义为：机体无器质性病变，但是有一些功能改变的状态，称为“第三状态”，我国称为“亚健康状态”。

（二）亚健康的类型

1. 身体成长亚健康：主要指生长发育中的学生，营养过剩或不良，体质较弱。

2. 心理素质亚健康：由于压力等原因，引发报复、逆反、自卑、悲观厌世等心理，抗挫折能力差。这在服刑人员中比较常见。

3. 情感亚健康：本应关心社会，对生活充满热情，但实际他们对很多事情都很冷漠，使自己的“心理领空”越来越小。

4. 思想亚健康：思想表面化，脆弱、不坚定、容易受外界刺激并改变自我。

5. 行为亚健康：表现为行为上的程式化，时间长了容易引发行为上的偏激。

（三）诱发心理亚健康的原因

1. 生活工作的物理空间过分窄小，独立空间成奢望。

2. 环境污染，生存受损。

3. 经济压力，身心透支。

4. 竞争压力，矛盾增多。

5. 信息变化加速，学习新知识、创造新思维成为压力和负担。

6. 种种利益交织冲突，人际关系复杂、谨慎和困难。

7. 机械化、形式化的工作生活，使得交流减少，让人空虚、孤独。

8. 社会的复杂化、多变性，给人们工作、生活的稳定性带来冲击，降低生活信心，影响情感生活。

9. 自身的不足和遗憾，成为自我折磨的理由。

10. 躯体生命的偶然性和暂时性，在深层次上淡化了人们奋斗的激情，荒诞、无谓往往成为人们对生命真谛的体验。

（四）防范亚健康的办法

1. 饮食有度。全面均衡适量营养。

2. 工作上合理安排。计划每天做的事，今日事今日毕。

3. 养成良好的睡眠习惯。

4. 戒烟限酒。吸烟危害心脏、血管、肺和支气管等，百害而无一利；少量饮酒有益，嗜酒、醉酒、酗酒则严重影响免疫力。

5. 心理健康。善待压力，学会适度减压，保证良好心态。

6. 经常锻炼。

7. 适度劳动。

心理链接

猜疑效应——怀疑精神本是人类积极探索世界的一大利器，但如果总是无端猜疑，杯弓蛇影，无疑就是一种心理病态。《三国演义》中曹操刺杀董卓败露后，逃至吕伯奢家。曹、吕两家是世交。吕伯奢一见曹操到来，本想杀一头猪款待他，可是曹操因听到磨刀之声，又听说要“缚而杀之”，便大起疑心，以为要杀自己，于是不问青红皂白，拔剑误杀无辜。曹操就是一个猜疑心理特别重的人。

因此，猜疑心理是一种由主观推测而对他人甚至对自己产生不信任感的复杂情绪体验。猜疑心重的人往往整天疑心重重、无中生有，每每看到别人议论什么，就认为人家是在讲自己的坏话；自己偶感不适，就认为自己大病来临，甚至连医生的话也不相信。猜忌成癖的人，往往捕风捉影，节外生枝，说三道四，挑起事端，其结果只能是自寻烦恼，害人害己。一个人一旦掉进猜疑的陷阱，必定处处神经过敏，事事捕风捉影，对他人失去信任，对自己也同样心生疑窦，损害正常的人际关系，影响个人的身心健康。

第二节　什么是身体健康

案例：久病成医“杨半仙”

服刑人员杨某，原某市副市长，被判无期，是长沙某职务犯监区的一名“老犯”，服刑 13 年，身患高血压、冠心病、糖尿病等多种疾病，按照医生的说法是他身体的零件差不多都坏了。但十几年下来，竟然久病成良医。他常年订购多种医学健康方面的报纸，通研了由中里巴人著的国医健康绝学《求医不如求己》大全集，刻苦钻研医学和健康常识，对人体的器官、结构、功能、各种疾病的征兆、预防和处置了然于胸，自己什么时候该吃药，什么时候该打针，摸得一清二楚，不管是“同改”们的头痛脑热等小毛病，还是心肌梗死等大毛病，他都能提前诊断个八九不离十，凭此本领，不但让一身毛病的自己在监狱挺过十多年，而且多次参与救治了不少突发疾病的身边“同改”，成为无师自通、颇有名气的“杨半仙”。

既然健康涉及身体、心理、社会适应三方面，服刑人员就有必要逐一进行了解，首先，我们了解身体健康的一般常识。

一、身体健康的定义

身体健康是指人体的一种状态，在这种状态下人体查不出任何疾病，其各种生物参数都稳定地处在正常变异范围以内。

中医认为，一个人身体健康与否关键在于脏腑和经络是否健康，而脏腑是否健康关键看脾胃的健康状况，中医有个著名论断“脾胃为后天之本”。人出生之后，一切饮食和活动的供应完全在于脾胃的功能，所以中医判断一个人身体是否健康就在于脾胃是否健康。根据中、西医理论，可以把身体健康理解为“无病即健康”。

二、人体组成与结构

人体的结构和功能十分复杂，构成人体的基本成分是细胞和细胞间质。功能和结构相似的细胞和细胞间质有机地结合起来组成了具有特定功能的组织。各种组织又结合成具有一定形态特点和生理功能的器官，如皮肤、肌肉、心脏、肝脏、脑等。为能够完成一种或几种生理功能而组成的多个器官的总和叫系统。整个人体可以分为八大系统，即消化系统、神经系统、呼吸系统、循环系统、运动系统、内分泌系统、泌尿系统和生殖系统。

消化系统：由消化管和消化腺两部分组成。负责食物的摄取和消化，使我们获得糖类、脂肪、蛋白质、维生素等营养物质。

神经系统：机体内起主导作用，处理内外各种信息，维持机体与外界的平衡。由神经细胞和神经胶质组成。神经系统分为中枢神经系统和周围神经系统两部分。

呼吸系统：呼吸道（鼻腔、咽、喉、气管和支气管）和肺。其功能：一是与外界进行气体交换；二是血液和组织液与机体组织、细胞进行气体交换。

循环系统：体液（血液、组织液、淋巴）及其管道组成的系统。它将消化道吸收的营养物质和呼吸系统吸进的氧输送到各组织器官，并将其代谢产物带走，经肺、肾排出。

运动系统：由骨、骨连接和骨骼肌组成。它除了有运动的功能外，还对身体有保护和支持作用。

内分泌系统：内分泌腺是人体内无输出导管的腺体，如甲状腺、甲状旁腺、肾上腺、垂体、松果体、胰腺、胸腺和性腺。这些腺体的分泌液对整个机体的生长、发育、代谢和生殖起调节作用。

泌尿系统：由肾、输尿管、膀胱及尿道组成。其主要功能是排泄，被排出的物质一部分是营养物质代谢物，另一部分是衰老的细胞破坏时所形成的废物，还包括一些随食物摄入的多余物质。

生殖系统：是生物体内的与生殖密切相关的器官成分的总称，其功能是产生生殖细胞，繁殖个体，分泌性激素和维持副性征。

三、身体常见疾病

1. 呼吸系统常见疾病：病毒感染、流行性感冒、鼻炎、咽喉炎、急性支气管炎、肺炎、哮喘、肺结核、肺癌。

2. 消化系统常见疾病：口腔溃疡、食道炎、胃炎、胃溃疡、十二指肠溃疡、结肠炎、便秘、痔疮、病毒性肝炎、慢性肝炎、乙肝、肝硬化、脂肪肝、胆囊炎、胰腺炎。

3. 循环系统常见疾病：动脉粥样硬化、冠心病、高血压、高血脂、贫血等。

4. 神经系统常见疾病：记忆力减退、神经衰弱、头痛、失眠、精神分裂、三叉神经痛、坐骨神经痛、老年性痴呆症、癫病、白内障、青光眼等。

5. 运动系统常见疾病：骨质疏松症、骨质增生、椎脊盘突出症、关节炎等。

6. 泌尿、生殖系统常见疾病：肾虚肾炎、尿道结石、膀胱结石、肾结石、前列腺肥大、生殖器疱疹、不孕不育症等。

7. 内分泌系统常见疾病：糖尿病、甲亢、痛风、肥胖症、低血糖、甲状腺机能减退、甲状腺机能亢进等。

8. 免疫系统常见疾病：免疫力低下、牛皮癣等。

四、身体疾病预防

1. 呼吸系统：戒烟限酒。吸烟饮酒，会导致呼吸道的防御机能下降，易感染呼吸道疾病。

2. 消化系统：注意饮食卫生和饮食习惯，不挑食，饮食有规律，避免过量饮酒。

3. 循环系统：吸烟会增加心血管病的发病概率，应少吸烟；食物搭配合理，多吃素菜、避免太油腻。

4. 神经系统：保持心情良好，避免损伤神经。

5. 运动系统：防摔伤、撞伤和暴力事件。

6. 泌尿生殖系统：多饮水，避免尿道感染；保持性生活卫生。

7. 内分泌系统：多是遗传因素。

8. 免疫系统：注意营养，加强锻炼，增强体质，提高免疫力。

心理链接

坚信定律——坚信定律是指，当你对某件事情抱着百分之一万的相信态度时，它最后就会变成事实。这种坚强的信念，在面对失败与挫折的时候，能帮助我们保持内心的平静，并防止因为坎坷与挫折而偏离正确的轨道，甚至半途而废，最后一事无成。

英国前首相威廉·皮特在童年时，就相信自己一定能成就一番伟业。在成长过程中，无论他在哪里，无论他做些什么，不管是上学，还是工作，甚至是娱乐，他内心都在不停地告诉自己：我一定会成就一番伟业。这种信念在他身体里的每个细胞中生根发芽，并激励他锲而不舍、坚忍不拔地迈向人生目标。在这种信念的鼓舞下，皮特充满自信和干劲，为了实现愿望，他不断学习和进取，克服了重重困难和险境，最终脱颖而出。22 岁就进入国会、23 岁当上财政大臣、25 岁荣登英国首相的宝座。凭借着一股坚信自己会成功的信念，威廉·皮特完成了自己的飞跃。

其实，每个人身上都有一种重要的心理“营养素”——坚强的信念，只不过有些人的信念没有被开发出来，或者说被屡次失败击溃了，以致站在理想的大门前，弱者会面露胆怯，认为自己没有希望；败者会垂头丧气，抱怨命运不公；而强者则坚信失败是暂时的，成功早晚会到来。

第三节 什么是心理健康

案例：心病不是病，害起来也要命

服刑人员李某，52岁，被判20年，服刑当年，妻子便提出离婚，儿子则外出打流，想到自己50多岁了，即便出狱也没有什么盼头了，所以，原本乐观、开朗的他，一下子像被霜打了的茄子。说有病吧，他能吃能睡，吃喝拉撒挺正常；说他没病吧，整日面无表情，无精打采，对什么都不感兴趣，对什么都无所谓，“同改”骂不还口，打不还手，悉听尊便，真的跟行尸走肉没太大区别，人越来越憔悴，目光越来越呆滞，思维也越来越迷糊。一日，趁别人不注意，竟然想跳楼自杀，幸亏拦阻及时，捡回一条命，但他不但不领情，反而还埋怨他们多管闲事，“同改”们真是哭笑不得。后经诊断，患有典型的抑郁神经症。

由此可见，心理健康与否，同样关乎个人性命，服刑人员对此切不可掉以轻心。

一、心理健康的定义

我国把心理健康分为广义和狭义两种：从广义上讲，是指一种高效而满意的、持续的心理状态；从狭义上讲，是指人的基本心理活动的过程内容完整、协调一致，即认识、情感、意志、行为、人格完整和协调，能适应社会，与社会保持同步。

二、心理健康的标准

（一）智力水平正常

这是从事任何活动都必须具备的最基本的心理条件，即认识事物并运用知识解决实际问题的能力，即智力。有些心理条件是从事某一活动所必需的，如敏锐的听觉是音乐能力所必需的，敏锐的视觉又是美术能力所必需的。但是，也有一些心理条件是从事任何活动所必需具备的，如观察力、记忆力、思维力、想象力等。人的智力可以划分为超常、正常和低常。智力正常就是具备能胜任工作的观察力、记忆力、思维力、想象力等，思维清晰不糊涂，反应灵敏不痴呆，做事果断不犹豫，不莽撞。

（二）自我意识正确

人最难的是自己认识自己，自己明白自己，自己对自己有一个客观正确的评价。有的服刑人员自以为是，妄自尊大；而有的服刑人员又总感自卑，妄自菲薄。一个心理健康的人既不妄自尊大，也不妄自菲薄，也就是常说的“人贵有自知之明”，既能清醒地认识到自己的优势和长处，又能认识到自己的不足和缺陷；既能从自己角度认识和评价自己，又能从他人的角度认识和评价自己；既能认识到自己的一些表面特点，又能深刻地反思内心世界，能够了解自己的个性、情绪、动机等内部特点。在正确认识自我的基础上，还能够主动地调节和控制自我。

（三）人际关系和谐

心理学认为，“和谐的人际关系”是衡量人的心理健康水平的标准之一。心理健康的人，在与人的交往中一般有以下特征：在态度上，不仅从理性上知道处理好人际关系的重要性，而且表现出一种乐于与人交往的积极的态度；在与人交往中，能够理解他人、尊重他人、善待他人，从不将自己的观点强加于人；在评价他人时，能够看到他人的长处，宽容他人的不足，主动地接受他人；在他人遇到困难时，真诚地表示同情，给予有效的帮助；在与他人发生矛盾时，能够忍一时之气而免百日之忧，在适当的时机采取适当的方式与之沟通，化干戈为玉帛。

（四）生活平衡积极

心理健康的人能珍惜和热爱生活，积极投身于生活，并在生活中尽情地享受人生的乐趣，而不会认为是重负。如有的服刑人员即使坐牢也能积极地看待人生和社会，既不怨天尤人，也不自我责备，自暴自弃，保持平衡的心理；他们积极进取，乐于改造，并能从改造的成果中获得满足和激励，保持知足的心理；能处理好改造与日常生活的关系，两者相互促进，相得益彰。

（五）社会适应良好

人是社会的人，人能不能适应社会，这是心理健康的一个重要标志。达尔文早在几百年前就告诉我们：适者生存。社会上的人大致可以分为三类，即改造社会的人、适应社会的人和被社会淘汰的人。改造社会的人是极少极少的，如毛泽东、邓小平等，绝大多数人是适应社会，被社会淘汰的也是极少的。心理健康的人是改造和适应社会的人。他们能够面对现实，接受现实，并能主动地去适应现实；他们能够与人和谐相处，既能接受他人、尊重他人，又能被他人所接受和尊重；他们能够与自然环境和谐相处，既能从自然环境中获取资源和财富，又能注意保护自然环境。

（六）情绪乐观向上

心理健康的人愉快、乐观、开朗、满意等积极情绪总是占优势的，虽然也会有悲、忧、愁、怒等消极情绪体验，但一般不会长久；同时能适度地表达和控制自己的情绪，喜不狂，忧不绝，胜不骄，败不馁，谦而不卑，自尊自重，在社会交往中既不妄自尊大，也不退缩畏惧；对于无法得到的东西不过于贪求，争取在社会允许范围内满足自己的各种需要；对于自己能得到的一切感到满意，知足常乐，心情总是开朗的、乐观的。

（七）意志行为健全

“人总是要有点精神的”，这实际上就是指人的意志。意志是人所特有的高级心理，它使人能够主动地预见和克服困难，向既定目标迈进。但是，人不仅要有意志，还要把意志转化为行动，目标才能实现。在改造现实中，不少服刑人员动口不动手，只做决定却不采取行动；对于应该做的事，我推给你，你推给他；对于应该完成的任务，今天拖到明天，明天拖到后天等。从心理角度分析，这些都是心理不健康的表现。而心理健康的服刑人员一般表现为：言行一致，知行合一。不仅有新生的理想和目标，而且能脚踏实地、一步一步地去行动；做事不仅有计划，而且言必行，行必果。

（八）人格完整统一

“人格”一词，在心理学中用来表示一个人典型的和惯常的行为模式或这种模式的个人特点。性格是人格的核心。心理健康的人，其人格结构包括气质、能力、性格以及信念、理想、人生观等都能够平衡发展；能够比较完整地表现出具有个人特征的精神风貌；思考问题的方式是适中的、合理的；待人接物方式灵活恰当，受外界刺激不会产生偏激情绪和行为；能够和社会步调合拍，也能和集体融为一体。

三、不同年龄段人的心理健康标准

为了让服刑人员更深入、细致地了解心理健康的标准，我们分老、中、青三个年龄段简要介绍之。

（一）老年人心理健康标准

1. 充分的安全感。
2. 充分地了解自己。
3. 生活目标切合实际。
4. 与外界环境保持接触。
5. 保持个性完整与和谐。
6. 具有一定的学习能力。
7. 保持良好的人际关系。
8. 有限度地发挥自己的才能与兴趣爱好。
9. 适度地表达和控制自己的情绪。
10. 在不违背社会规范的情况下，个人的基本需要能得到一定程度的满足。

（二）中年人心理健康标准

1. 感觉、知觉良好，判定事物不发生错觉。
2. 记忆良好，能够轻松记住一读而过的有七八位数字的电话号码。
3. 逻辑思维健全，考虑问题和回答问题时头脑清醒。
4. 想象力丰富，善于联想和类比，但不胡思乱想。
5. 情感反应适度，碰到突发性事件时处理恰当，情绪稳定。
6. 意志坚强，办事有始有终，不轻举妄动，不压抑伤悲，并能经得起悲痛和欢乐。

7. 态度和蔼，情绪乐观，能自得其乐，能自我消除怒气，注重自我修养。

8. 人际关系良好，乐意助人，也受他人欢迎。

9. 学习爱好和能力基本保持不衰，关心各方面的信息，善于学习新知识、新技巧。

10. 保持某种业余爱好，保持有所追求，有所向往的生活方式。

11. 与大多数人心理基本一致。遵守公德和伦理观念。

12. 保持正常的行为，生活自理能力强，能有效地适应社会环境的变化。

（三）青少年心理健康标准

1. 智力正常。

2. 有情绪的稳定性与协调性。

3. 有较好的社会适应性。

4. 有和谐的人际关系。

5. 反应能力适度与行为协调。

6. 心理年龄符合实际年龄。

7. 有心理自控能力。

8. 有健全的个性特征。

9. 有自信心。

10. 有心理耐受力。

四、常见不健康心理

人的不健康心理有很多，这里仅介绍几种服刑人员常见的不健康心理。

自卑心理：有些服刑人员容易产生自卑感，甚至瞧不起自己，只知其短不知其长，甘居人下，缺乏应有的自信心，无法发挥自己的优势和特长。有自卑感的服刑人员，在平时交往中办事无胆量，习惯于随声附和，没有自己的主见。这种心态如不改变，久而久之，有可能逐渐磨损人的胆识、魄力和独特个性。

怯忌心理：主要见于涉世不深，阅历较浅，性格内向，不善辞令的服刑人员。

怯懦不仅会阻碍服刑人员计划与设想的实现，也会束缚服刑人员的思想和行为，理应断之，弃之。

猜忌心理：有猜忌心理的服刑人员，往往爱用不信任的眼光去审视对方和看待外界事物，每每看到别人议论什么，就认为人家是在讲自己的坏话。猜忌成癖的人，往往捕风捉影，节外生枝，说三道四，挑起事端，其结果只能是自寻烦恼，害人害己。

逆反心理：有些服刑人员总爱与别人抬杠，以此表明自己标新立异。对任何事情，不管是非曲直，你说好他偏偏说坏，你说一他偏说二，你说辣椒很辣，他偏说不辣。逆反心理容易模糊是非曲直的严格界限，常使人产生反感和厌恶。

排他心理：人类已有的知识、经验以及思维方式等，需要不断地更新，否则就会失去活力，甚至产生副效应。而排他心理恰好忽视了这一点，它表现为抱残守缺，拒绝拓展思维，促使人们只在自我封闭的狭小空间内兜圈子。

作戏心理：有的服刑人员把交朋友当作是逢场作戏，往往朝秦暮楚，见异思迁，且喜欢吹牛。这种人与人之间的交往方式只是在做表面文章，因而常常得不到真正的友谊和朋友。

贪财心理：有的服刑人员认为交朋友的目的就是为了“互相利用”，因此他们只结交对自己有用、能给自己带来好处的人，而且常常是“过河拆桥”。这种人际交往中的占便宜心理，会使自己的人格受到损害。

冷漠心理：有些服刑人员对与自己无关的人和事一概冷漠对待，甚至认为言语尖刻、态度孤傲，高视阔步，就是自己的“个性”，致使别人不敢接近自己，从而失去了更多的朋友。

五、如何维护心理健康

（一）注意优婚优育，避免先天缺陷

科学研究表明，人的心理是在先天遗传和后天社会环境的共同作用下形成和发展起来的。虽然人的心理活动不能直接遗传，但人的气质、神经结构及活动特点、能力和性格的某些成分等如同长相和形体一样都会打上遗传的烙印。因此，

在择偶时不仅要注意对方的身体健康，而且要注意对方的心理健康，婚前不仅要进行身体检查，还应考虑心理状况，为后代有一个健康的心理打下基础。

（二）优化现实环境，减少不良刺激

心理学家华生指出：一个婴儿，既可以把他培养成一名科学家，也可以让他成为一个白痴；既可以把他培养成一名道德高尚的人，也可以让他沦为一个流氓地痞。这和我国古人所讲的“性相近，习相远”是一个道理，人们所熟悉的“孟母三迁”的故事就是优化生活环境、减少负面刺激的典型。孟子父亲早逝后，孟母一心想把孟子培育成才，出人头地。起初，孟子家离坟山很近，孟子和小朋友一起经常到坟山上玩，有时还玩出丧的游戏，于是，孟母就带着孟子搬到一个离市场较近的地方。不久，孟母就发现小小的孟子学着商人卖货的吆喝，孟母怕影响孟子的学习成才，最后搬到了一个离学校很近的地方住了下来。学校周围的环境较好，来往的先生和学生见面彬彬有礼，校内书声琅琅，很快孟子不仅学会了见人鞠躬作揖等礼节，而且开始读书写字，孟子就在这样的环境中学习成才，最终成为一代名家。

（三）加强心理修养，提高心理素质

心理健康也和身体健康一样，需要在平时加强修养，提高心理素质。所谓修养，就是修正错误的，培养正确的。古人说：吾日三省吾身。这就告诉广大服刑人员要经常反省自己，发现错误的就及时修正，正确的就坚持下去。具体来讲，一是心要真诚，不要虚伪，真诚地待人，真诚地对事，真诚地对待一切。二是心要扩容，不要狭隘，所有的嫉妒、攀比、猜疑等不良心理都是心理狭隘所致，所有的烦恼都由心理狭隘而生，要学会“宰相肚里能撑船”。三是心要恭敬，不要傲慢，山外有山，人外有人，谦虚使人进步，骄傲使人落后，要做到高调做事，低调为人。四是心要向善，不要趋恶，要积极地看待自己，积极地看待他人，积极地看待社会 ，不要一根筋，不要钻牛角尖，不要势利待人。五是要将心比心，不要以己之心度他人之腹。

（四）接受心理教育，学会心理调适

这是广大服刑人员维护心理健康的一大捷径。首先，要相信心理学是一门

科学，它是研究人类认知、思维、情绪、意志、人格等心理现象、心理过程及其规律的科学。同时，还要相信自己的心理问题可以通过心理咨询或心理治疗得到解决。其次，要多学点心理学知识，掌握并运用一定的心理技能进行自我测试和调适心理活动，如在忧虑时，可以找朋友聊聊天、散散心；在心情紧张时，可以做做深呼吸，放松放松；在愤怒将要爆发时，采取离开的方式在户外走走，这些都是调适心理的方法。

（五）主动向人求助，及时缓解心病

服刑人员身体有了疾病容易发现并能引起重视，自觉地到监内医院看病治疗，但心理上的病，一是不易发现，二是即使发现了或重视不够，或忌讳精神病而不愿主动求助，这些都是妨碍心理健康的误解和误区。人是身体和心理的统一体，身体和心理相互依存，密不可分，身体上的疾病可能引发心理问题，心理问题也同样可以引起身体上的疾病。美国哈佛大学著名精神病学家弗列曼教授认为："人们患病的原因，心理因素占了很大比例。"所以，服刑人员一旦发现自己心理不适或心理问题，就应主动求助，及时解决，这样才能有效地维护心理健康。

心理链接

"汉堡"人生模式——哈佛幸福学曾提到人生有四种汉堡模式：

（1）美味的垃圾食品，吃了对未来身体有害。

（2）难吃但营养，吃了对未来身体健康很有帮助。

（3）不好吃也不健康，现在享受不了美味，将来对健康也没有好处。

（4）好吃，对未来身体健康有帮助。

第一种类型的汉堡虽然口味诱人，却是标准的"垃圾食品"。吃它等于享受眼前。享乐主义型的格言就是"及时行乐，逃避痛苦"，他们注重的是眼前的快乐，不为任何可能发生的负面后果而担忧。

第二种汉堡口味很差，里面全是蔬菜和有机食物，食用这类汉堡的确可以确保日后的健康，但会吃得很痛苦。这类人与"享乐主义型"相反，他们牺牲眼前的幸福，为的是追求未来的目标。这类人被称为"忙碌奔波型"。

第三种汉堡最糟糕，如果吃了它，不但现在无法享受美味，日后还会影响健康。与此类似，有一种人对生命已经丧失了希望和欲望，他们既不享受眼前的事物，对未来也没有任何期望。这类人被称为“虚无主义型”。很多服刑人员就处于这种状态，自暴自弃，得过且过。

第四种汉堡就叫作“幸福型汉堡”。生活幸福的人，享受当下所从事的事情，而且通过目前的行为他们可以获得更加满意的未来。

第四节 什么是社会适应

案例：为啥哪个监区都呆不长

服刑人员田某，26岁，因诈骗被判刑9年，服刑3年，换了4个监区，“同改”都笑话他是长沙监狱的“慢慢游”。田某的为人处事有点另类，他总是以自我为中心，觉得周围的环境都与他“八字不合”，要么觉得监区的硬件环境欠佳不适应，要么觉得中队的软环境欠佳不适应，要么觉得管教民警太正统不适应，要么觉得周围“同改”不够意思不适应，总之，他到哪儿都与当地改造环境格格不入。为此经常与“同改”吵、与民警争、与家人闹，也时常被人嫌弃，自己更觉得窝囊、受气，几乎成了过街老鼠，每个监区混不到一年就得卷铺盖走人。监区差不多换遍了，还是没一个地方适合改造，自己也更加苦恼、自卑、日益封闭。后经咨询师诊断，属典型的适应性障碍。

由此可见，社会适应与否，也是衡量一个人是否健康的重要因素之一。

一、什么是社会适应性

社会适应性，主要指人与社会的关系状态，包括人与人之间的沟通能力和人与社会之间的适应状况。起源于达尔文“适者生存”的进化理论，与身体健康、心理健康一样，社会适应健康也是衡量个人健康与否的重要组成部分。

社会适应性主要通过个人自身心理和行为的调整与人文环境（如校园环境、社区环境、监狱环境）的改善，使个人顺利进入社会，并与周围环境和他人和谐相处，最终实现个人的全面发展和社会的良性互动。监狱在服刑人员的改造过程中，一方面努力传授服刑人员正常人际交往的知识和技能，加大心理咨询和矫治的工作力度，鼓励服刑人员主动调整自己为人处事的心态和行为习惯，提高应对突发事件的心理承受能力，顺利融入并适应监狱改造的特殊环境；另一方面，监狱也不断改善服刑的软硬环境，为服刑人员的正常改造创造有利氛围。如广泛听取服刑人员的心理诉求，适当提供心理宣泄的场所，鼓励服刑人员参加喜闻乐见的各种兴趣小组，聘请专家教授及时传播外界社会发展的最新动态和信息，着力培养广大囚子出监后顺利就业、创业的适应能力，增强其遵纪守法的自觉性和定力等等，目的都是为了增强服刑人员的社会适应能力，不仅在监狱能顺利改造，而且将来走出监狱也能顺利融入社会，使服刑人员成为身体健康、心理健康和社会适应良好的社会公民。

所以，每个关心健康的服刑人员除了要关心自己的身体健康、心理健康外，还得关注自己的社会适应是否健康。只不过服刑人员的社会适应与外人的社会适应暂时有所不同，在服刑期间主要是如何适应监狱这个特殊的改造环境。

二、社会适应的标准

衡量一个人社会适应与否的标准主要有两条：

一是以人的心理和行为是否严重违背一定社会公认的道德规范和行为准则为标准。如果一个人的心理活动和行为表现与一定社会公认的道德规范和行为准则相比较，显得过于离奇，不相适应，不为常人所理解、所接受，那么对其本人的身心健康和社会生活都会产生不良影响，这个人的心理和行为就被认为是异常的，不健康的。比如，一个成年服刑人员在同犯都在集中看电视时，旁若无人地大喊大叫，或是赤身裸体地招摇过市，其心理和行为就与其年龄、身份和社会规范明显不符，不能为“同改”所理解、所接受，而其本人却不以为然，这显然就不健康。

二是以某个人一贯的心理活动和行为表现为依据。比如：一个服刑人员一向乐观、开朗、活泼、好动，可是不知什么原因，突然变得抑郁寡欢、沉默少语，甚至绝望轻生；或者相反，一向沉默寡言，喜静不喜动者，突然，一反常态，变得十分活跃，表现欲望十分强烈，如“三课教育”时抢着发言，甚至夸夸其谈，口若悬河，自我感觉十分良好，这都表明这个人的心理和行为发生了异常的变化，同样是一种不健康的表现。

三、社会适应性的特点

（一）普遍性

每一个人都生活在社会之中，每一个社会成员都得在社会实践活动中学习和面对“社会适应”，从不同情境获得“社会适应性”，甚至可以说活到老，适应到老，没有人能够例外。服刑也不例外，既要学会适应监狱的新环境，同时也要尽量与社会保持不脱节。

（二）差异性

一方面，每个人的社会适应能力都不尽相同，有的人能很快融入社会，如鱼得水，有的人却到处碰壁，甚至格格不入；另一方面，不同时代、不同地区、不同民族、不同社会、不同文化、不同风俗的社会适应性都不尽相同。

（三）历史性

社会适应性并不是一成不变的，为社会所倡导的社会准则都带有深刻的时代烙印和局限性，因此必须随着人类社会的发展与时俱进。一些传统、保守、落后的社会规范和行为准则往往阻碍了社会的进步，如果改革者对之进行背离、反叛、改革、甚至革命，则是推动社会进步，尽管其心理和行为与当时社会倡导的常态模式不相容，也不能看成心理不健康。

四、什么是适应性障碍

如果一个人的社会适应能力较差，就可能出现适应性障碍。适应性障碍一般是因环境改变（如入狱）、地位改变（如职务变更、岗位调换）、或生活中突发某些不愉快事件（如患病、离婚）的刺激，个体不能适应新的情况而出现的一些情绪反应、生理功能障碍、行为障碍，从而影响病人的社会适应能力，使学习、工作、生活及人际交往等社会功能受到一定程度的损害。

现实生活中有多种多样的适应障碍。如儿童适应障碍、新兵入伍障碍、新生入学障碍、移民新居障碍、灾民新生障碍、再婚夫妻生活障碍等等。而服刑人员出现适应障碍就更为常见，因为监狱环境较之外界更加特殊，刚刚入监的新犯出现短暂的适应障碍不足为奇；而监狱服刑人员也比较复杂，可谓三教九流尽在其中，如果性格内向、生性敏感、自视清高者，与“同改”之间出现人际交往困难也比较常见；特别是服刑期间很多服刑人员遭遇妻子离婚、子女失学、父母去世、减刑假释受阻、政策改变等重大意外事件的刺激，更容易造成一时的适应障碍。

适应性障碍的主要表现：

1. 以情绪障碍突出表现的适应性障碍：多见于抑郁者，表现情绪低落、沮丧、失望、对一切失去兴趣，有的则紧张不安、心烦意乱、心悸、呼吸不畅等。

2. 以品行障碍突出表现的适应障碍：多见于青少年，表现为侵犯他人的权益或违反社会道德规范的行为，如逃学、斗殴、破坏公物、说谎、滥用药物、酗酒、吸毒、离家出走、过早开始性行为。

3. 以躯体不适为突出表现的适应障碍：患者可以疼痛（头、腰背或其他部位）、胃肠道症状（恶心、呕吐、便秘、腹泻）或其他不适为突出，而检查又未发现躯体有特定的疾病，症状持续不超过半年。

4. 以工作、学习能力下降为突出的适应障碍：患者原来工作学习能力良好，但出现工作能力下降，学习困难。

5. 以社会退缩为主的适应障碍：患者以社会性退缩为主，如不愿参加社交活动、不愿上学或上班、常闭门在家。

五、服刑人员如何提高社会适应性

消除适应障碍，提高社会适应性的方法很多，但就服刑人员而言，我们认为，最关键的是把握如下几点：

（一）适应环境而不是改变环境

服刑是人生的一大挫折，监狱是国家执行刑罚的特殊场所，高墙铁网、铁窗铁床、限制自由等这个环境是既成事实，不是你想改变就可以改变。既然你无力改变它，那么你就只能去适应它，所以，服刑人员消除适应障碍的第一要务，就是接受现实，承认现实，主动适应现实。

（二）转变身份准确定位

不少服刑人员之所以出现服刑适应障碍，一个重要原因就是还把自己当作过去的那个自由自在的我、掌权的我、当老板的我、吃喝玩乐的我、不受拘束的我、想爱就爱想恨就恨的我等等，就是没有想到自己其实已经是一个服刑人员，一个罪犯。所以，转变身份，增强服刑人员的意识，再次准确定位，重新设计自己的人生目标和努力方向，是减少适用障碍，顺利融入监狱环境的思想前提。

（三）遵守监规纪律这条红线

监狱是国家刑罚执行场所，为了维护正常的监管秩序，保障监管的安全稳定，监狱执行一套严厉的监管纪律，这是任何一个监狱的起码要求，也是服刑人员不得触犯的底线、红线，触犯这一底线，必然受到严厉惩处。所以，不触犯监规纪律这条红线，就能减少很多适应障碍。

（四）处理好与服刑人员之间人际关系

服刑人员在一起也算是某种缘分，而“同改”关系是否融洽，很大程度上影响服刑人员的适应状况。尽管服刑人员比较复杂，但如何处理好与之的关系，与社会上的普遍做法并无根本区别，正如当前全社会正在大力倡导的社会主义核心价值观一样，就个人层面而言，关键在于“爱国”“敬业”“诚信”“友善”八个字，只不过，这里的“敬业”暂时侧重于改造新生。只要每个服刑人员都秉承这一社会公认的做人准则，尊重服刑人员群体公认的“行为准则”，你与“同改”之间就能和谐相处，不然，人际关系难免紧张，并造成适应困难。

（五）提高个人的心理素质

既然社会适应性主要是指人与社会相互作用时的心理承受水平以及自我调节能力，提高个人的心理素质就显得尤为重要。心理学理论表明，个人的心理素质如何，在实际工作中无时无刻不在影响和制约着一个人对知识的运用、经验的积累和才能的发挥，特别是在应激状态下，一个人的心理素质，尤其是一个人的情绪稳定性和应变能力往往比智慧、才能显得更为重要。事实上，对于很多服刑人员，尤其是不少职务犯来说，其出现适应障碍，不是缺乏知识、经验和能力，而是缺乏必要的心理素质，缺乏自我调节能力。所以，提高自己的心理素质，尤其是提高应对突发事件和不幸事件的心理承受能力、自我调节能力，是提高服刑适应能力的重要途径。

（六）适当降低个人期望值

不少服刑人员之所以出现适应障碍，很多时候是自己期望值过高，还是站在原来的位置上考虑问题、要求他人和设计未来，甚至不少人还总想着怎么样把失去的损失给加倍夺回来，显然不切实际。因此，冷静分析现今所处的实际环境，降低自己各方面的期望，尝试学习古人与世无争、随遇而安的豁达思想，凡事想开点，多干事，少说话，不与人计较，宁愿多吃点亏，多受点苦，权当修身养性，积德行善，或许心结自然打开，人际关系很快改观，适应障碍也就一扫而光。

如果每位服刑人员都对自己的身体健康、心理健康和社会适应性有了一个全面、清醒的认识，那么，相信你一定能对“我到底健不健康？”这个问题，会有一个充满自信的回答。

心理链接

毛毛虫效应——毛毛虫习惯于固守原有的本能、习惯、先例和经验，而无法破除尾随习惯而转向去觅食。

法国心理学家做过一个著名的实验：他把许多毛毛虫放在一个花盆的边缘上，使其首尾相接，围成一圈，在花盆周围不远的地方，撒了一些毛毛虫喜欢吃的松叶。毛毛虫开始一个跟着一个，绕着花盆的边缘一圈一圈地走，一小时过去了，一天过去了，这些毛毛虫还是夜以继日地绕着花盆的边缘在转圈，一连走了七天七夜，它们最终因为饥饿和精疲力竭而相继死去。专家曾经设想：毛毛虫会很快厌倦这种毫无意义的绕圈而转向它们比较爱吃的食物，遗憾的是毛毛虫并没有这样做。导致这种悲剧的原因就在于毛毛虫习惯于固守原有的本能、习惯、先例和经验。如果有一条毛毛虫能够破除尾随的习惯而转向去觅食，悲剧就完全可以避免。后来，科学家把这种喜欢跟着前面的路线走的习惯称之为“跟随者”习惯，把因跟随而导致失败的现象称为“毛毛虫效应”。

人类也难逃这种效应的影响。如果在工作、学习和日常生活、包括改造过程中，仍然坚持过去的不良习惯甚至不良陋习而行，不能主动适应新的环境，就只能是到处碰壁，哪儿都没有自己的立足之地。

第二章

心理疾病如何防治？

随着 2013 年 5 月 1 日《中华人民共和国精神卫生法》的颁布实施，公民的心理健康被正式纳入国家宏观规划之列，受到全社会的高度关注。毫无疑问，人们的心理健康水平很大程度上取决于心理疾病的预防、矫治和维护，所以，本章着重介绍个人心理问题和心理疾病的防治。

第一节 心理问题及其分类

案例：“监狱长”蹲下成了一块心病

服刑人员被民警要求蹲下，是很常见的行为规范之一，但对于一个过去当过监狱长的服刑人员来说，就不那么容易了。服刑人员韩某，原系某大型监狱的监狱长，因徇私枉法罪被判处有期徒刑9年，从管囚犯的监狱长变成被管的囚犯，落差自然不小，韩某总是转不过这个弯来，特别是对要求“蹲下”的规定要求死活不依，觉得太没面子，要么借口身体不舒服不蹲，要么似蹲非蹲，要么干脆拒绝，总之，几个月下来，“蹲下”成了他的一块心病，民警不满意，“同改”也觉着“特殊”不舒服，韩某内心更加觉得沮丧、自卑。4个月之后不仅没有缓解，反倒越来越严重，平常的面子问题，竟然变成了严重的心理问题，最后不得不向心理咨询师求助。可见，看似平常的面子问题，也有可能酿成心理大问题。

一、心理问题人人都有

假如你是一名刚刚入狱3个月的服刑人员，女朋友就提出分手，你会有什么心理反应？答案可能很多，如沮丧、愤怒、报复、狂躁、冷漠、甚至屈辱、自伤自残、自杀等等各种心理都可能有。其实，这些心理反应都是正常的，没有什么不对，相反，如果没有一点反应，反倒是心理有点不正常。关键在于这种心理反应的强度有多大、持续时间有多长、是否影响了正常的行为，即行为是否导致了违规犯纪，是否影响了社会功能。

由此可见，每个人都可能有这样或那样的心理问题，没有一点心理问题的人是不存在的。所以大家应该坦然面对，大可不必讳莫如深，更没有必要刻意回避。

二、心理问题的分类

心理学将心理问题划分为四种程度，分别介绍如下：

（一）一般心理问题

一般心理问题是由现实因素激发，持续时间较短，情绪反应在理智控制之下，不严重破坏社会功能，情绪反应尚未泛化的心理不健康状态。其有三个特征：

其一，现实因素激发。即是由于生活中的某些事件如亲人亡故、夫妻离婚、环境不适应、压力大、人际关系紧张等因素而产生内心冲突，并因此体验到不良的情绪（如厌烦、懊丧、自责、自罪感、抑郁、焦虑等）。

其二，持续时间较短。指不良情绪不间断地持续一个月或不良情绪断断续续地持续两个月仍不能自行化解。与此同时，该不良情绪仍能在理智控制之下，始终能保持行为不失常态，基本维持正常的生活、劳动、学习和人际交往，只是效率有所下降。

其三，情绪反应尚未泛化。是指自始至终不良情绪的激发因素仅仅局限于最初事件，即使是与最初事件有联系的其他事件，也引不起此类不良情绪。如自己亲人亡故，内心感到悲痛，但这种悲痛并不会因为其他人失去亲人而加重。

（二）严重心理问题

严重心理问题是由相对强烈的现实因素激发，初始情绪反应剧烈，持续时间长久，内容充分泛化的心理不健康状态。其有四特征：

其一，强烈现实刺激。引起严重心理问题的原因对某个人来说是较为强烈的、威胁较大的现实刺激，不同原因引起的心理障碍，当事人分别体验着不同的痛苦情绪如悔罪、冤屈、失落、恼怒、悲哀等。

其二，持续时间较长。不良情绪持续两个月以上半年以下，仍不能自我化解。

其三，失去理性控制。多数情况下会短暂地失去理性控制，在后来的持续时间里，痛苦可逐渐减弱，但是却不能完全摆脱，对生活、劳动、学习、人际关系等改造活动有一定程度的影响。

其四，反应对象被泛化。痛苦情绪不但能被最初的刺激引起，而且与最初刺激相类似、相关联的刺激也可以引起。如有的服刑人员怕见狱政科长，一见到就哆嗦，后来泛化到也怕见狱政科其他的民警，甚至见到其他民警就心里发毛，这就是反应对象泛化的表现。

（三）神经症性的心理问题

这种类型的心理不健康状态，已经接近神经衰弱或神经症，或者其本身就是神经衰弱或神经症的早期阶段，但从情绪反应的程度上、时间上以及影响当事人的社会功能上，尚没有达到神经症的标准，有的仅是神经症性问题治疗取得疗效后的缓解期间所残留的症状。

（四）与心理问题密切相关的精神障碍

从严格意义上来说，精神障碍已经超出了心理问题的范畴，但不少精神障碍都与心理问题有关，其障碍的产生和障碍的消除除了进行药物、康复等方面的治疗外，很大程度上还需借助心理咨询与心理辅助才能完成。所以，不少心理学理论仍将精神障碍与心理问题一并介绍。目前比较常见的精神障碍，主要有神经症（抑郁症、焦虑症、神经衰弱症、恐怖症等）、精神病（精神分裂症、躁狂抑郁性精神病）、人格障碍（反社会型人格障碍、偏执型人格障碍）、癔病、性心理障碍（同性恋、性变态等）。

心理链接

虚荣效应—— 虚荣心是以不适当的方式来保护自己自尊心的一种心理状态，即为了取得荣誉和引起普遍注意而表现出来的一种不正常的社会情感。简单地说，虚荣心就是扭曲了的自尊心。就像那位死活不肯蹲下的“监狱长”，人家早就把他作为普通的服刑人员之一了，他还盲目自尊地放不下“监狱长”的架子。

一个人的需要超过了自己的担负能力，就会想通过不适当的手段来达到自尊心的满足，这样就产生了虚荣心。虚荣者在虚荣心的驱使下，往往只追求面子，不顾现实条件，最后造成危害。有时甚至产生违规犯纪动机，带来严重后果。

虚荣者的内心其实是空虚的。他们表面的虚荣与内心的空虚总是不断地斗争：没有满足虚荣心之前，会因为自己不如他人的现状而痛苦；满足虚荣心之后，又唯恐自己真相败露而受折磨。所以，虚荣者的心灵总是痛苦的，很难有幸福可言。虚荣心不但危害自己，而且危害身边的人，虚荣的人不但不会得到尊重和推崇，反而会招致别人的反感和敌意。

第二节　心理疾病及其产生的原因

案例：假释受阻前县长差点成神经

服刑人员黄某，原某县县长，因职务犯罪被判12年，按计划2014年第一批可以假释出狱。可是时运不济，刚好2014年3月申报的时候，中央政法委出台了严格规范职务犯、金融诈骗犯、涉黑暴力犯三类人员的减刑假释意见，黄某刚好属于此列，其假释申请被立即叫停。这下犹如晴天霹雳，受到强烈刺激，黄某从新闻报道的当晚开始，就不停地向民警打听、向"同改"打听、向家人打听、向朋友打听，连晚上做梦都一个劲地叫"完了，完了！"，真的是坐也不是，站也不是，惶惶不可终日。由于过分焦虑、恐惧，情绪十分沮丧，连吃饭睡觉都没点力气，神情恍惚，常常自言自语。他自己也知道这样下去不好，但就是控制不了这种焦虑情绪，最后不得不求助于心理咨询师进行咨询，才知道自己患上了典型的心理焦虑疾病，好在求助及时，最终得以化解。

一、什么是心理疾病

所谓心理疾病，也就是指一个人由于个人原因及外界因素引起个体强烈的心理反应，而使自己思维上、情感上和行为上，发生了偏离社会生活规范轨道的现象。心理和行为上偏离社会生活规范程度越厉害，心理疾病也就愈严重。在心理学科，通常把严重心理问题、神经症性的心理问题和与心理问题密切相关的精神障碍都纳入心理疾病的范畴。

心理疾病可根据不同的标准或其严重程度分类，可分为感觉障碍、知觉障碍、注意障碍、记忆障碍、思维障碍、情感障碍、意志障碍、行为障碍、意识障碍、智力障碍、人格障碍等。

而不同年龄阶段的人有不同的心理疾病，服刑人员对此不必深究，只需大体了解一下即可：

儿童常见心理疾病：拔毛癖、多动症、习惯性尿裤、屎裤（儿童遗便症）、夜尿症、自闭症、精神发育迟滞、口吃、言语技能发育障碍、学习技能发育障碍、儿童抽动症、儿童退缩行为、品行障碍、儿童选择性缄默、偏食、咬指甲、异食癖，以及一些具有儿童特点的儿童性别偏差（包括儿童异装癖）、儿童精神分裂症、儿童恐怖症、儿童情绪障碍（如焦虑征、抑郁征）等。

青少年常见心理疾病：考试综合征、严格管束引发的反抗性焦虑症、学习逃避症、师生恋（单相思）、恋爱挫折综合征、网络综合征、偷窃癖、纵火狂、神经性呕吐、物质依赖、洁癖、疑病症、癔病（癔症）、强迫性神经症、恐怖性神经症、抑郁性神经症等。

成年人常见心理疾病：过度成就压力、物质金钱关系不当（如致富的空虚症、吝啬癖）、教师的精神障碍、单调作业产生的心理障碍、噪音和心理疾病、夜班和心理问题、高温作业的神经心理影响更年期精神病、更年期综合征、痴呆、阿尔采莫氏病、退离休综合征、疑病性神经症（疑病症）、心脏神经症、胃肠神经症等。

二、心理疾病产生的原因

心病还得心药治，因此，了解心理疾病产生的原因，对于治疗心理疾病十分关键。而心理疾病产生的原因很多，既有遗传因素，又有教养方式，还有生活事件等方面，错综复杂。这里只简单列举以下几个诱因：

（一）工作压力大

超负荷的工作压力使人长期处于高度紧张的状态下，且常常得不到及时的调理，久而久之便会产生焦虑不安、精神抑郁等症状，重则诱发精神障碍或精神疾病。服刑改造的压力显然更大，不仅要承受高强度的劳动压力，而且行为约束压力、学习压力等都较自由人大得多，这是造成服刑人员产生心理疾病的主因。

（二）感情与家庭变故

失恋或离婚无疑是极为痛苦的情感体验，失恋的一方会因对感情的难以割舍而痛苦不已，失落感会加重心理失衡的程度，有些人因此产生心理障碍甚至是不理性的过激行为，给对方和自己造成难以弥补的伤害。特别是服刑期间，如果女友或妻子提出分手，会给服刑人员造成加倍的痛苦和心理伤害。

（三）生活贫困

农民工、下岗职工、高校的贫困生、劳教刑释人员是社会中比较贫困的群体。加上观念一时难以转换，对家政、建筑等工作不屑一顾，因而形成“高不成、低不就”的尴尬局面，心理压力与生活压力的双重作用极易导致心理疾病，甚至造成家庭破裂。特别是不少服刑人员过去之所以犯罪，就是因为生活贫困而铤而走险，到监狱服刑后，那些嫉妒心重、喜欢攀比而家庭经济又较困难者，心理不平衡和心理压力更甚。

（四）急功近利

有些人对事业的追求有急功近利的倾向，他们往往经不起失败的打击。由于他们对成功的期望很高，且不想耗费太多的力气，总想以小博大，希望事半功倍。可现实又往往不因人的主观意愿而改变，当然就容易失望、失落。也有些人因急于求成而拼命工作，不断自我加压，总是苛求自己，结果心有余而力不足导致失败，并诱发抑郁症、自闭症等心理障碍。

（五）学习任务繁重

学生天天面对着读不完的书和做不完的作业，面对着父母老师的殷切期盼，深感不堪重负。目前无论是小学生、中学生还是大学生，患有各种不同程度心理疾病者不在少数。考试压力所引发的心理症状主要有：反应迟钝、焦躁不安、学习恐惧、抑郁及厌学心理。不少服刑人员除了参加监狱组织的“三课学习”外，另外自己加压，自学不少知识和技能，由于只能安排在改造之余，所以，学习的压力也不小。

（六）过分溺爱

在溺爱中长大的孩子，除了养成任性、自私等不良习性之外，还常常表现为性格孤僻、耐挫力差、社交恐惧、甚至有暴力倾向。家长的溺爱会造成孩子的心理病灶，这种潜在危机就像定时炸弹，引爆后的杀伤力是巨大的。

（七）社会适应困难

现代社会飞速发展、瞬息万变，有些人却因种种原因而难以适应。这种不适应包括很多方面：对社会的不公平现象看不惯，又因自己无力改变现状而郁闷、烦躁；对公司的分配不均看不惯，为自己的报酬偏低而愤愤不平；因信仰的苍白而产生失落感、无归属感；因个人技能与现代化的差距而焦急、无奈；等等。上述这些可导致人们产生“心病”。

心理链接

习得性无助行为效应——是指一个人经历了失败和挫折后，面对问题时产生的无能为力的心理状态和行为。当一个人将不可控制的消极事件或失败结果归因于自身的智力、能力的时候，一种弥散的、无助的和抑郁的状态就会出现，自我评价就会降低，动机也减弱到最低水平，无助感也由此产生。

将小白鼠放进一个有门的笼子里，笼子的底部用金属做成，在笼子底部通上低电流，使小白鼠遭受到相当痛楚的电击但不致毙命。如果将笼子的门打开，小白鼠就会立即逃脱，但现在在笼子的门口安置一块玻璃将出口挡住，小白鼠在遭电击往外逃时，被笼门口的玻璃挡回，小白鼠一次次被电击，一次次外逃都被玻璃阻挡回来，最终，小白鼠屈服地匍匐在笼子里，被动地忍受着电击的痛楚，完全放弃外逃的欲望。这时，即使抽掉挡在笼子门口的玻璃，并让小白鼠的鼻子伸出笼外，它也不会主动逃出笼子，最终放弃了所有的尝试和努力。

第三节　服刑人员常见心理疾病及其产生原因

案例：一次挨骂埋下对抗的心理种子

服刑人员廖某，今年29岁，因抢劫罪被判刑8年。2012年3月刚到监狱收押中心进行集训的当天，民警从旁边经过，廖某不知道要回避，所以没有反应，结果被管事犯当众骂了几句，本来是件小事，一般过去了也就完事了，没想到廖某却受到强烈刺激，觉得受到奇耻大辱，从此心生恨意，产生了严重的逆反心理。从当天开始，廖某专门与管事犯对着干，管事犯要求向东，他就向西，管事犯要求向西，他就向东，总之，处处对抗。刚到监狱的“新口子”敢公然对抗，这并不多见，在监狱特殊环境中，这种对抗自然没少吃亏，但他吃的亏越多，反而对抗得越坚定，后来干脆与民警也对着干，很快被戴上了“反改造”的帽子。可见，一个意外的刺激、一次小小的不愉快，都可能酿成严重心理问题。

一、服刑人员常见心理疾病分类

服刑人员心理是一个从量变到质变的过程，大家在没有犯罪之前是一个普通公民，由于内外因素的共同作用，逐渐产生了犯罪心理，发生了犯罪行为，然后被绳之以法，受到审判，成为服刑人员。送入监狱后随之产生了刑罚心理和改造心理，准确地讲，服刑人员心理是在受到法院判决后全面形成的，并且随着改造时间和环境的变化而变化，大致要经过三个时期：服刑初期、服刑中期和服刑后期。

我们把服刑人员常见的心理问题在监狱这个特殊的环境中分为功能性心理问题、情景性心理问题两大类。

（一）功能性心理问题

这是由于服刑人员自身在社会上形成的，并在服刑过程中仍有所表现的心理问题。主要有以下一些种类：（1）心理活动障碍。主要指心理问题或创伤。

这类创伤，轻者可以降低某一反应活动性质和效率，重者可导致整个心理活动失调。（2）人格障碍。这是一种表现服刑人员性格特征的心理障碍。（3）心身障碍。这是服刑人员身体各器官系统发生病变前后所表现的心理障碍现象。服刑人员有了这种创伤，会直接影响与他人的关系，影响到对社会环境的适应。（4）智能障碍。这主要指个别服刑人员由于大脑功能发育不全，而使智力活动受到障碍。（5）严重精神障碍。主要是指整体心理机能瓦解，不仅心理活动本身的协调一致受到伤害，而且患者与周围环境的关系也严重失调。

（二）情景性心理问题

主要是指服刑人员个体，由于不能适应狱内环境以及由于服刑改造带来的各种变化而产生的心理问题，比较多的是不能适应狱内人际关系及由于判刑改造带来的生活、家庭、婚姻变故等问题而产生的心态失衡。另外，一些服刑人员由于对定罪量刑缺乏正确的思想认识，久而久之也容易产生心理问题。上述心理问题与服刑人员的身份、监狱的环境有着密切的联系。随着服刑人员对狱内环境的积极适应和思想认识的提高，事过境迁，大多数能够得到化解，但如果处理得不好，也可能成为阻碍一些服刑人员改造进步的“绊脚石”。

二、服刑人员心理疾病产生的主要原因

服刑人员心理疾病产生的原因与一般人有共同之处，也有不同之处。现代社会是一个充满活力、竞争激烈而又高度互联互通的社会，就生活在监狱高墙电网下的服刑人员而言，不仅会受到外部社会环境的压力，而且还受到内部身体方面的压力和困扰，更易产生不同程度的心理疾病，如果调节不力，就会严重影响自身的改造与新生。因此，服刑人员了解和掌握心理疾病产生的原因，对于预防心理疾病的发生，维护自身心理健康，提高改造质量，加快改造进程具有重要的意义。

服刑人员心理疾病产生的原因，主要包括以下几个方面的原因：

（一）遗传因素

遗传是指父母以基因和染色体的形式将自身主要特征转移给后代。实践证

明，某些心理疾病的产生，同某些遗传基因有不可否认的关系。从监狱的实际情况看，在患心理疾病的服刑人员中，遗传因素的作用是不容忽视的，他们中有的本身就携带着心理疾病的基因，有的自身就有心理疾病史。这样的服刑人员心理承受能力差，一旦在改造中遇到挫折或受到意外的精神刺激，则很容易导致心理疾病的产生或复发。

（二）心理因素

心理因素是导致心理疾病的重要原因，古人云："怒伤肝、喜伤心、思伤脾、忧伤肺、恐伤胃。"说的就是这个道理，就服刑人员而言，有哪些心理因素容易导致心理疾病的产生呢?

1. 刑诉压力。被捕、审讯、判决的过程中，几乎每个服刑人员都要经历"坦白从宽、抗拒从严"的复杂思想斗争，都要受到法院判决时的法律震慑，都要度过新入监时的恐惧与迷茫，这是心理疾病产生的重要原因之一。

2. 入狱后的角色转换冲突。服刑人员入监后，面对政治权利被剥夺、人身自由被限制、名声地位家庭生活巨变等现实，一般人都要产生激烈的角色转换冲突，即一方面不愿面对现实，另一方面又不得不面对现实，这种角色转换的心理冲突很容易导致心理疾病的产生。

3. 改造过程中的动机冲突。动机冲突也叫心理冲突，是指在个体有目的的活动中，因目标的多样性而出现相互排斥的动机。例如，有的人在改造中既想拿高分、多减刑、获假释，又不愿干重活、多出力，这样，愿望就很难实现，于是产生心理上的挫折感，抱怨"改造无门""新生无路"，这种改造中的动机冲突给心理疾病的产生提供了温床。

4. 个性差异。个性是决定一个人是自己而不是别人的那些构成要素的组合。每个服刑人员都有自己独特的个性特征，不同个性的特点决定了不同的处事态度。例如：在改造中，同样面对漫长的刑期，有的服刑人员满怀信心，稳扎稳打，不断进步；有的服刑人员却丧失信心，恐怖紧张，最后陷入心理疾病的泥潭不能自拔。

5. 心境失衡。心境是指一种平静而持久的情绪状态，实践证明，好的心境使人身心愉快，工作效率高，相反，坏的心境则容易导致心理疾病的产生。在改造中，不少服刑人员整天生活在消极的情绪状态中，心里始终蒙着一层灰色的阴影，这样不仅不利于改造，而且容易导致心理疾病的产生。

6. 自我压抑。自我压抑是心理疾病形成的重要原因，有的服刑人员在改造中遇到困难或者家庭发生变故后，内心严重失调，产生恶劣的情绪，这时他不是积极找管教警察或心理咨询人员倾诉，而是把这种恶劣情绪放在心里，久而久之，这些“心理内容”便积聚在潜意识里，成了心理疾病产生的诱因。

（三）社会环境因素

1. 家庭变故。服刑人员犯罪入狱后，常常会引发一系列的婚姻家庭问题，特别是家庭变故的发生或夫妻离异，会给服刑人员当头一棒。由于服刑人员的特殊环境、地位，因而会倍加痛苦、悲观。可以说，亲情是维系监狱内外的纽带，一旦这条纽带发生问题，那么服刑人员的心理也很可能随之发生问题。

2. 监狱环境。服刑人员离开原来生活的社会环境，来到监狱这个陌生而特殊的环境以后，面对高墙电网、荷枪实弹的武警、威严的监狱民警等等，很容易产生恐惧、压抑等心理；在以后的生活中，又要受到严格的监规纪律约束、艰苦的劳动改造、常年不断的“三课学习”，这种情况如果长期得不到有效扭转，则容易导致心理疾病的发生。

3. 人际关系。不良的人际关系是导致服刑人员产生心理疾病的重要原因之一。服刑人员的人际关系之一主要包括同犯关系。有的服刑人员由于这样那样的原因，不能被犯群接纳，整日孤独自悲，度日如年，产生严重的心理障碍。有的服刑人员一旦受到民警的批评，就闷闷不乐，灰心丧气，警囚关系也会变得紧张，甚至觉得“反正政府对自己的印象坏了，改造没出路”，于是“破罐子破摔”，心理严重扭曲。

4. 外部社会大环境。服刑人员被捕入监以后，可以说心里无时无刻不牵挂外部社会的发展情况。当今社会高速发展，日新月异，这都无疑给服刑人员产生了一定的压力。例如有的服刑人员考虑问题不是从积极的方面想，而是整天担心“出去以后怕是跟不上时代发展了”，“十年劳改之后到社会上还不跟傻子一样吗？”从而在内心产生焦虑，影响了自身心理健康。

综上所述，服刑人员心理疾病产生的原因是多方面的，是各种因素共同作用的结果，如果一个服刑人员先天不足，又受到身体疾病的影响，或受到压抑、挫折等消极情绪的困扰，再加上环境不良因素的影响和危害，则很容易导致心理疾病的产生，所以每个服刑人员都要做到“未雨绸缪”，做好心理疾病的防治工作，以此促进自身改造的进程。

心理链接

逆反心理——逆反心理是指人们彼此之间为了维护自尊，而对对方的要求采取相反的态度和言行的一种心理状态。

著名心理学家普拉图诺夫在《趣味心理学》一书的前言中，特意提醒读者请勿先阅读第八章第五节的故事。但实际结果是，大多数读者却采取了与告诫相反的态度，首先翻看了第八章的内容，这就是典型的“逆反效应”。

逆反效应对人的性格往往产生极大的影响，并经常性地左右一个人的一举一动。如：有的人对正面宣传不认同、不信任；对先进人物无端怀疑，甚至全盘否定；对不良倾向却大喝其彩；对规则纪律故意抵制；打架斗殴被看作是有胆量；公开对抗被视为有本事；而乐于助人、爱护集体、爱护公物、遵规守纪则被肆意讽刺、挖苦；等等。

具有逆反心理者虽然看似对许多事情都毫不在乎，实际上内心却十分痛苦和不安。他们常把自己摆在与别人对立的位置上，导致人际关系紧张；逆反心理还会使人无法客观地、准确地认识事物的本来面目。因此，逆反心理往往是孤陋寡闻、妄自尊大、行为偏激和头脑简单的产物。

第四节 服刑人员心理疾病的综合防治

案例：“市委书记”也习惯了进门喊“报告”

服刑人员蔡某，原系某地级市委书记，厅级职务犯，被判有期徒刑19年。蔡某由过去的一方诸侯变成今日的阶下囚，与一般年少无知的混混关在一起，颇有一种强烈的“虎落平阳被犬欺”之感，其心理落差之大、角色转换之难可想而知。因此，刚到监狱服刑时，可谓万般无奈，整日摇头叹息，心事重重，谁都不想见，也谁都不愿搭理，就连到民警办公室喊“报告”，蔡某也是千难万难，一万个不情愿，心理越来越封闭，精神越来越萎靡，一度出现了典型的服刑适应障碍。但改造还得继续，民警办公室还得去，报告还得喊，怎么办？只好求助于心理咨询师，面授机宜，传授了一整套自我调节心理的巧妙方法。不出半年，蔡某与其他服刑人员一样，人还没到民警门口，“报告”二字早已脱口而出，早前的抵触、逆反、不适应心理已经一扫而光。足见自我调节的方法十分管用。

既然服刑人员产生心理疾病的原因多种多样，所以，对心理疾病的防治也必须采取综合防治的办法，包括自我调节法、申请求助法、心理咨询和矫治法、心理危机干预法等等。申请求助法、心理咨询与矫治法在后面的章节中会具体介绍，本章仅从服刑人员主动与被动两方面，重点介绍自我调节法和心理危机干预法。

一、自我调节

自我调节也称为自我心理防卫或心理防御机制，是指个体在社会生活中，在遇到挫折、产生烦恼和不安时，自己主动把与现实世界相矛盾的关系变换成相适应的关系，从而减少自己内心的痛苦与不安，以保持个体的心理平衡。

自我调节的具体方法很多，现略举数例，遇到苦恼时，大家不妨一试。

（一）自我反省法

在自我反省中，可围绕以下线索作深入的思考：

1. 回忆自己一生中最难忘的人，包括自己的配偶、子女、父母、兄弟姐妹、老师、同事以及在你人生中的某个时刻曾对你有过重要影响之人。

2. 回忆自己一生中难忘的场面，重温自己在那些场面曾有过的美好体验。

3. 回忆自己曾经有过的美好生活和自豪感、进取心等。

4. 回忆进行犯罪活动时自己的心理体验和被害人的反应，恰当、客观地估计犯罪行为给自己和被害人的伤害。

5. 设想被害人在遭受犯罪行为侵害之后的不幸生活等，从而抚今追昔、深刻反省自己的罪行。同时通过心理暗示，给自己真诚改造、奋发向上增添勇气和信心，实现心理上的转化。

（二）自我矫治暴力倾向

具有暴力倾向的服刑人员，可尝试从下面几个方面做起，来控制和改变自己的坏脾气。

1. 当你经过一段时间的情绪压抑，感觉快要爆发时，要及时到监狱心理咨询室寻求专家对你的帮助，这样可避免你做出不该做的蠢事来。

2. 当你在发脾气的时候，尽可能地提醒自己用言语取代暴力行为来表达自己的情绪和感情变化。

3. 在进行冲动性暴力行为之前，要提醒自己考虑后果，要提醒自己还有更多更好的办法，要提醒自己暴力行为既可能会导致他人的伤害，更可能导致自身的伤害。

4. 要充分认识和掌握自己的情感变化，特别是掌握愤怒情绪变化的机制和规律，学会控制技能，而不是简单地体验这种情绪或者放任这种情绪支配自己的行为。

5. 要学会体验当你的暴力行为发生后，被害人的情感和行为反应会是怎样的。要权衡问题的大小与解决问题的手段之间的利弊关系，避免因一个很小的事酿成大的事故。

（三）自我放松训练

对于存在焦虑、抑郁、恐惧等情绪或患有紧张性头痛、失眠症、高血压等身心疾病的服刑人员可到监狱心理咨询室进行放松训练达到缓解，也可自我进行放松训练，效果一样不错。自我放松训练基本步骤：

1. 握紧拳头—放松—伸展五指—放松

2. 收紧前臂—放松—收紧上臂—放松

3. 耸肩向后—放松—提肩向前—放松

4. 保持肩部平直转头向右—放松—保持肩部平直转头向左—放松

5. 屈颈使下颌触到胸部—放松

6. 尽力张大嘴巴—放松—闭口咬紧牙关—放松

7. 舌头用力抵上腭—放松—舌头用力抵下腭—放松

8. 用力张大眼睛—放松—紧闭双眼—放松

9. 尽可能地深吸一口气—放松

10. 收紧臀部肌肉—放松—臀部肌肉用力抵住椅垫—放松

11. 伸腿并抬高 15~20 厘米—放松

12. 绷紧并收腹—放松

13. 伸直双腿，足趾上翘—放松—足趾下屈—放松

（四）自我暗示

自我暗示主要是通过语言引起或抑制人们的情绪和行为。自我暗示对人的情绪乃至行为有着奇妙的作用，既可用来松弛过分紧张的情绪，也可用来激励自己。当遇到愤怒、忧愁、焦虑、困难、挫折时，运用内部语言默念提醒自己“不要发怒，发怒会使事情更糟”“愁也没有用，还是面对现实想想办法吧”“别人能行，我也一定能行”“一切都会过去”等等。这种积极的心理暗示在很多情况下可以调整情绪，使情绪恢复平和、平静、平稳的状态。

（五）深呼吸训练

通过深呼吸，使身体各组织器官与呼吸节律发生共振，进而达到放松的效果，这种训练方法简便易行，不受场所、时间等条件的限制。行、坐、站、卧都可以

进行。方法：全身放松，用鼻子深吸一口气，再慢慢地、均匀地呼出。呼气的时候平和而舒畅。亦可重复 10 到 20 遍。然后慢慢闭上眼睛，不去想任何事情，过一两分钟就可以做你该做的事情了。

（六）克制

把人不能接受的痛苦体验排除在意识之外。有烦恼的事，设法把它忘掉，“难得糊涂”，不去认真，以减轻心理上的负荷，但不能过度，过度就变成压抑了。

（七）否认

对不愉快的事加以“否定”，只当它根本没有发生过，避免去品味它的苦涩。

（八）曲解

当遇到别人讽刺挖苦自己时，可以设想他人是出于告诫、帮助的良好动机；或者自我解嘲，说是：“人在屋檐下，怎敢不低头？”通过对现实世界的曲解、变形，求得内心安宁。

（九）转移

当自己极端愤怒，难以抑制时，为了防止发生越轨行为，可扭过身去撕碎一张纸或拼命地干重活，将注意力转移开去。

二、危机干预法

服刑人员心理危机干预是监狱改造工作中的重要环节，也是当前比较薄弱的环节，一般不轻易实施，因此平时看不出成效，但关键时刻，准确及时的心理危机干预往往能够把监管事故的源头当即切断，成为心理疾病防治的“救火队”，并为监管安全奠定坚实的基础。

（一）罪犯心理危机的概念

心理危机是指人们由于突然遭受严重灾难、重大生活事件或重大精神压力，使生活状况发生明显的变化，尤其是出现了用现有的生活条件和经验难以克服的困难，致使当事人陷于严重的内心痛苦、不安状态，常伴有绝望、麻木不仁、焦虑以及植物神经症状和行为障碍。

服刑人员心理危机是指服刑人员在外界环境和自身心理结构的双重作用下，

所发生的有可能危及监狱安全（包括监狱警察人身安全、他犯安全、服刑人员自身安全和监狱管理秩序安全）的一种极端状态。

监狱心理矫治工作者或服刑人员心理观察员，如果发现服刑人员存在心理危机，都应及时给予积极帮助，促其恢复心理平衡，战胜心理危机，转危为安，预防监管安全事故的发生。

（二）服刑人员心理危机干预的概念

1. 服刑人员心理危机干预是监狱心理健康指导中心和监区心理辅导站通过前期的摸排或形势分析，排查出需要进行危机干预的服刑人员，迅速制订干预计划，组织心理矫治警察对服刑人员的心理危机进行及时的干预，帮助其恢复心理平衡，战胜心理危机，预防监管安全事故的发生，维护监狱的安全稳定。

心理危机干预的主体是心理健康指导中心及监区心理辅导站的专业咨询师，一旦发现需要进行危机干预的服刑人员，监区要在第一时间汇报，并进行具体干预工作，对于危机干预中发生的各种问题和情况，中心协助监区及时予以解决，干预的具体操作者是从事心理咨询的咨询师，在心理危机干预中，心理咨询师警察必须服从中心的安排，对服刑人员的心理危机进行及时而有效的干预。

2. 服刑人员心理危机干预的对象。心理危机干预的对象是遇到心理危机的服刑人员，对下列情况之一的服刑人员，一般都应采取心理危机干预措施：

（1）家庭发生变故（直系亲属病故、婚姻危机、直系亲属被判刑、其他家庭变故情况）或家庭有实际困难（家庭受到地震、洪水、冰冻等自然灾害和交通事故、工伤等人为情况）导致思想负担严重、严重影响改造情绪的服刑人员。

（2）情绪长期处于极度紧张、压抑、焦虑、抑郁状态的服刑人员，存有绝望心态或有自杀危险的服刑人员。

（3）有严重心理问题需要进行心理咨询和治疗的服刑人员。

（4）存在涉及法律方面的财产、婚姻、家庭等问题确需法律援助的服刑人员。

（5）对管理有抵触，或借口病情等情由纠缠监狱警察，多次教育仍没有变化有可能滋事的服刑人员。

（6）与监狱警察对立情绪严重的服刑人员。

（7）长期患病、情绪低落确需进一步治疗的服刑人员。

（8）有强烈的求询动机，并有一定的自知力和潜在改善可能的服刑人员。

（9）缺乏适应环境的应对方式和问题解决技巧的服刑人员。

（10）有脱逃、行凶报复、自伤、自残、自杀倾向或行为的服刑人员。

（11）其他需要危机干预的严重情况。

（三）服刑人员心理危机干预的内容

服刑人员心理危机干预是一项比较系统的工作，主要包括心理危机的信息采集、危机排查、危机处置和跟踪调查等一系列内容，每项内容环环相扣，紧密联系，构成了服刑人员危机干预的管理体系。

1. 危机信息的采集。

服刑人员心理危机信息的采集渠道很多，监狱警察获取心理危机信息的方式也是五花八门，但归根结底不外乎以下几种途径：

（1）监狱警察在个别教育谈话中了解或是在服刑人员日常表现中以及在服刑人员与家庭通信和亲情电话中观察；

（2）服刑人员心理观察员主动向监狱警察汇报；

（3）其他服刑人员向监狱警察反映；

（4）监狱相关职能部门反馈。

2. 心理危机的排查。

服刑人员心理危机的排查不是单个民警和部门的事，它需要监狱各部门通力合作、形成合力才能顺利进行。

（1）监区心理矫治警察和管教警察结合服刑人员谈话工作，依据心理测试和历次评估、就诊等资料对其进行初次筛查。

（2）监区召开专项危机排查工作例会。

（3）监狱心理健康指导中心会同狱政科、狱侦科、医院等相关部门进行的专门排查评估。

3. 心理危机的处置。

（1）确保安全。监区排查出存在危机的服刑人员后，立即落实有效的安全防范措施，确保监管安全。

（2）确定和澄清问题。监区对显现危机信号的服刑人员要及时安排相关咨询师对其进行谈话，确定问题的性质和危险的等级。

（3）制订计划，实施干预。监狱职能部门对监区上报的名单要逐一进行走访了解，确定问题后，由监狱心理健康指导中心与监区联合制订干预计划，结合服刑人员的改造质量评估，对其实施危机干预。

（4）评估干预成效，巩固干预成果。干预危机结束后，有关部门和干预咨询师要评估干预的实际效果，及时反馈干预信息，防止危机反弹，并总结经验教训，为下一步工作做好准备。

总之，服刑人员心理疾病的防治是一项纷繁复杂的系统工程，需要多个部门和多种方式共同作用，才能形成合力，取得良好成效。

心理链接

厚脸皮定律——“厚脸皮定律”是指：人由于后天长期得不到别人的尊重，久而久之，其羞耻感会逐渐降低，变得对别人的强迫行为或不尊重行为习以为常。

心理学告诉我们，每个人天生都是有自尊和羞耻感的。脸皮就像手心的肉，如果经常磨它，它就容易形成茧子，以后再磨下去，感觉也就不敏锐了。即便是婴儿，从6个月大的时候，也能识别“好脸”“坏脸”。大人逗他笑，给他好脸，他会笑；大人横眉竖眼，大声吆喝，他马上会哭。可见人人都有自尊，一个人只有受到别人的尊重，他才会有羞耻感，脸皮才薄。相反，一个人如果得不到别人的尊重，动辄就被当众辱骂、训斥，日久天长，他就会视辱骂、训斥为“家常便饭”，不再脸红，不再害羞，也就是变成了“厚脸皮”的人。

我们在日常生活中，首先要学会尊重身边的每一个人。只有尊重了他人，才会赢得他人更多的尊重，才会有更多的“面子”；与此同时，我们也可以借鉴厚脸皮定律，必要时也可以放弃一点“面子”，即当自己无法避免某种强制要求时，不妨采取听之任之，“厚着脸皮”顺从的方式加以应对，以减少内心的痛苦和抵触情绪。

第三章

心理求助丢不丢人？

2013 年以来，湖南省几乎每个监狱都成立了心理健康指导中心，配备了专业的咨询师，建设了高标准的咨询场所，并添置了现代化的软、硬件设施。可是，不少服刑人员嫌心理求助丢人，纵然有一肚子委屈，有满腹心思，也强行闷在心里，不愿主动走进心理咨询室，久而久之，心理问题更趋严重。所以，首先要摒弃心理求助丢人这个念头。

第一节　心理求助新时尚

案例：美国上流社会的四大“贴身护卫”

美国是当今世界无可争议的超级大国，而在美国上流社会存在着一个有趣的社会现象，那就是衡量一个人是不是上流社会成员，过去流行的标准是看此人有没有“四大件”：私人飞机、私人游艇、豪华别墅、豪华轿车。而现在流行的标准则是要看看他身边是否拥有四大“贴身护卫”，这就是律师、心理咨询师、牙医师和理财师。在美国人看来，有心理问题向咨询师求助，就像身体患病上医院看大夫一样，不仅很正常，而且十分必要，即便是美国总统也配有专门的心理咨询师，一旦总统出现心理问题，心理咨询师就得“保驾护航”，以免在情绪不佳状态下做出无法挽回的决策，而且保镖之类的随从也要听取心理咨询师的意见。所以，寻求心理帮助，在美国不仅很正常、很时髦，而且还很昂贵，并不是每个普通公民都可以享受得到的。由此可见，心理求助在当今文明社会是何等重要。而反观我们身边，情况却恰恰相反，不少人觉得心理求助很丢人，令人哭笑不得。

一、一份特殊的提案

2013 年 3 月两会期间，人大代表谢晓梅等提出了一份议案，标题是——《中国人心理营养缺失不是丑事》。她在议案前写到：两会将要结束了，今天发这个议案，想要说说心理健康和心理营养这个话题。很多人并不了解心理健康的含义，也不知道心理营养对心理健康的重要性，甚至不了解心理营养是什么，也不知道如何做才能真正的幸福、快乐、喜悦和健康。美国有专家研究发现，人的身体内存在一种特殊的化学物质，这种物质像“化学传导者”一样，可以把人的想法和念头传遍全身每个器官和细胞。当传导的想法是正向和积极的时，能促进全身的新陈代谢，增强免疫系统；当传导的想法是负向和消极的时，会减低和影响免疫系统，增加生病概率或直接导致疾病。美国哈佛大学也有研究表明，人们 92%

以上的疾病来自于思想和情绪的影响、干扰。

为什么人大代表要提出这样一份议案?原因不外乎两条:一方面,当今社会已进入心理问题多发期和高发期。随着市场竞争的日益加剧,经济结构的深度调整,社会利益的重新分配,生活方式的快速变革,思想观念的激烈碰撞,人们的工作、学习、生活压力越来越大,心理包袱越来越重,心理疾病越来越多,不仅严重威胁到国民个人的健康,也造成了一系列的社会问题;另一方面,人们对健康的认识还比较狭隘,对心理健康的重要性尤其认识不足,对心理问题、心理疾病的处置还十分不力,对心理求助还存在不少的误区。所以,谢晓梅代表提出这一议案的目的,就是要唤醒国人对心理问题的高度重视,对心理求助大力扶持,从而为整个中华民族实现“中国梦”提供坚实的心理健康基础。

二、警惕“病由心生”

大家可能听到过“相由心生”,但不一定听说过“病由心生”。其实,越来越多的国际专家已有高度共识,认为从病的角度来说,是“心”病在前,身病在后,身是“心”的表象。这里所指的当然不是那个位于胸口的物理的心脏,而是意念、思想、意识、情绪、意志、人格等的总和。相对“心”来说,身体的密度大,频率低,你能触摸到,能直接感知它的存在;而“心”的密度小,频率高,虽然你触摸不到,但“心”的强度和穿透力更强大。你有什么样“心”的状态,就会有什么样的身体表象。国际心理学认为,从人类的共同渴望来说,心理营养有四个大的方面:安全感、被重视、无条件接纳、肯定认同和赞美。广大服刑人员可以用心去感受一下,你在这四个方面获得的感受充足吗?如果感到不充足,你的“心”可能会不舒适,如果长期不舒适,甚至纠结、郁闷、痛苦,你的“心”就会渐渐出毛病,“心”病了,迟早也会导致身体疾病,因为身体是人的终端,会忠实地反应人的“心”。

21 世纪的当下,竞争激烈,工作节奏快,生活压力大,人与人之间的信任度越来越低,这导致很多人紧张、焦虑、烦躁、郁闷、痛苦失望等,如果这种负性情绪长久积压,得不到排解、舒缓、治疗,必将有“稻草压死骆驼”的现象发生。新闻媒体上经常报道不少白领精英猝死，一个重要的原因就是心理负荷过重，加上粗心大意，忽视心理辅导，结果英年早逝，酿成惨剧。与此同时，还有相当一部分人，由于内心的世界观、价值观、人生观有失偏颇，甚至扭曲、极端，在别人看来挺正常的事情，在他看来却往往出现严重的心理失衡，并导致不少心理疾病、身体疾病和行为偏激。如有人信奉要成功就得“一不怕苦，二不怕死”，其实二者是不能画等号的。苦干还要巧干，还要看一定的运气。不怕死？服刑人员中不怕死的人多了，很多人就是不怕死，才为朋友两肋插刀，结果自己进监狱了，甚至缺胳膊少腿了，人家却照样在外面潇潇洒洒。不仅没有成功，相反带来失败，这其实就是价值观、人生观扭曲，不辨是非，不尊重生命的恶果；又比如，有的人只能上台，却下不了台，监狱不少职务犯都“上过台”，曾经春风得意，高朋满座，现在跟其他人一样，威风扫地了，心态一下子就变了，有的一蹶不振，整天唉声叹气，怨运气不好、怨别人检举等等，总之是全部归咎于别人和外因，偏偏不从自身，不从内心找原因。结果心态更加失衡，心里更加痛苦，精神趋于崩溃，高血压、糖尿病、心脏病等随之而来，职务犯的心理问题和身体疾病普遍高于其他罪犯，一个重要原因就是个人心理素质的脆弱、缺陷和失衡。可见，病由心生，不是虚言。

三、健康远比“面子”重要

为什么在中国会觉得心理求助丢人呢？一个重要原因就是落后的“面子观”作祟。人们可以接受身体会生病，却不允许“心”生病，其实，心理疾病如同感冒一样普通和平常，国际研究报告表明，97% 以上的人，一生中都曾有过需要治疗程度的心理疾病，最典型的就是忧郁症。可是，中国人由于爱面子，一向忌讳谈论自己的心理问题和心理疾病，那里像是一个不能触碰的“雷区”，人们可以对别人大谈身体的疾病，讨教医治身体疾病的方法，但就是不愿意谈心理问题，更反感谈论心理疾病，申请求助就更不用说了。所以，要健康，就必须破除这种宁伤身体、不丧面子的落后“面子观”。

古人都知道不能讳疾忌医，作为现代文明人士，更不能讳疾忌医。正如有病就要及时看医生，有了心理疾病，同样要主动去寻求心理帮助，及时给予疏导、治疗！让心灵有着充足的养分，让自己渐渐拥有强大的内心，这样你就可以承受住任何风吹雨打，就可以平心静气地看世事无常，看沧桑变化，才可以快乐地生活，才可以享受每一缕阳光，每一丝和风，每一顿饭你才会吃得津津有味，每一个觉你才会睡得舒适惬意！一句话，健康远比面子重要，正是有了这个全球的共识，也才有了每年 10 月 10 日的“世界精神卫生日”。

四、说出你的心理诉求

在国外，向咨询师坦露心迹是一种十分正常的就医行为，也被认为是充满自信、向往健康的积极表现。而在我国，由于文化背景不同和对心理咨询存在众多认识误区，许多求助者在咨询时总是左顾右盼，“犹抱琵琶半遮面”，即使在高度保密的环境下，求助者也是吞吞吐吐，不敢实说病情。他们心里有三怕：一怕失面子难启齿；二怕揭隐私失身份；三怕家丑外扬难做人。因此，不少人好不容易到了咨询中心，却又欲言又止，环顾左右而言他。其实，只有病人大胆地讲出自己的内心隐忧、心病根源、心理感受、心理诉求，咨询师才能找准心病的症结，对症下药，有的放矢地消除心理隐患。求助者完全可以放心，对患者的“隐私”，咨询师是绝对保密的，所以，求助者只管大胆就医，只管大胆讲出你的心理诉求，让“心理淤积”得到及时疏通，让咨询师及时提供心理营养，让你重新拥有一颗强大的心灵。

五、心理求助方兴未艾

随着改革开放的全面深化，社会结构的深刻调整，信息传播的互联互通，人们的思想观念也在快速更新，一些传统落后的思想观念正遭到现代文明的强大冲击，公民的思想、观念、意识、心态、意志等正迅速与世界接轨。心理咨询作为现代文明的新生事物也很快受到国人的重视和青睐，仅就监狱系统而言，心理求助、心理咨询和心理治疗正方兴未艾。特别是随着《中华人民共和国精神卫生法》的颁布实施，政府和监管部门都开始重新审视心理健康，力图解决心灵的焦虑和困扰，大家在关注身体健康的同时，也开始更多地关注心理感受、心理诉求及情绪变化，通过心理求助慢慢打开心灵，敞开心扉，在尊重自己心灵感受的同时，也学会尊重别人的心灵感受。主动向心理咨询师求助，逐渐成为了一种潮流、一种时尚、一种新的文明方式。所以，服刑人员如果真的出了心理问题，只管大胆地去求助，千万不要硬撑！

心理链接

心理平衡效应——当今社会是适者生存的社会，是高效率、快节奏、瞬息万变、充满竞争与挑战的社会，造成人们心理失衡的原因有很多，如果不能处之泰然，很容易引起心理不平衡，导致身体和精神上的疾病。因此，申请咨询师帮助保持心理平衡，显得非常必要。

那种心态容易“失衡”的人，常常看到自己身上的光环，却忽视了自身的缺点。而善于调整心态的人，则有强烈的反省意识，善于总结经验教训，朝着心中的目标不断努力。不平衡心理如何自我调适呢？

首先，需要调整自己的认知。在肯定别人优点的同时，也要肯定自己的长处，学会自我欣赏。将破坏性的“吃醋”心理转化成建设性的鞭策自己前进的动力。

其次，要有切合实际的抱负。应把目标定在自己能力范围之内，不努力达不到，尽心尽力则能超标，如果不切实际，或要求十全十美、吹毛求疵，结果受害者还是自己。

再次，要适当变换环境。过于安逸的环境反而更易引发心理失衡，而换一个新的环境，接受具有挑战性的工作、生活，可激发人的潜能与活力，通过变换环境进而变换心境，使自己始终保持健康向上的心理，避免心理失衡。

第二节　什么是心理咨询与矫治

案例：错把求助当跳板

服刑人员翁某，因盗窃罪被判刑9年，自入监服刑以来，总是拈轻怕重，觉得自己干的活太累太脏，一心想换个好点的劳动岗位，可轻松点的岗位都照顾老弱病残了，而自己年纪轻轻，身强体壮，走正常渠道肯定没戏。翁某灵机一动，计上心来，一连多日，装作一脸沮丧，心事重重的样子，饭是爱吃不吃，觉是爱睡不睡，心理咨询师果然找上门来。翁某信口吐了一肚子的心思，一个劲反映心理包袱重，心情差，一副严重心理疾病的样子。可咨询师仔细了解时，不仅发现其连心情不愉快的原因都没个准头，而且前言不搭后语，处处故意掩饰，心理测试也未见异常，自然引起了咨询师的怀疑，当最后询问翁某到底有什么心理诉求时，翁某终于道出了想换个轻松岗位的真实意图。咨询师当即严肃指出，心理咨询主要是帮助求助者查出心理问题的根源，然后传授求助者自我调节的方法，增强其自我调控不良情绪的能力，促进心理健康，而不是帮助服刑人员解决改造中的实际问题和困难，更不能成为投机取巧的“捷径”和“跳板”，翁某的小算盘自然落空了。

一、心理求助的多种方式

心理求助的方式，一般有以下几种：

（一）求助于长辈

过来人的生活经验丰富，跟他们沟通一下，能得到及时提醒，少走一些弯路，解决很多心理难题。

（二）求助于朋友

他们不一定能解决你的问题，但是你把心中的痛苦说出来给他们听，你会感觉好很多。

（三）求助于书本

比较内向的人可以选读一些心理方面的书籍，掌握一些心理方面的知识，试图进行自我调节，很有裨益。

（四）求助于网络

把你的心事在网上晒一晒，网友也能给你提出不少宝贵的意见。

（五）求助于咨询师

如果你的心理问题比较严重，很长时间都没法消除，那么最明智的途径就是直接向心理咨询师求助，寻求专业帮助。

作为广大服刑人员，由于条件受限，求助的方式显然没有太多的选择余地，但找你信任的监狱警官说一说、找你信赖的同犯聊一聊、找自己的亲属诉一诉、买一些心理学方面的书籍看一看，都未尝不可。但如果你的心理问题比较复杂、或比较严重，建议大家还是尽快向监狱的心理咨询师直接求助。

二、什么是心理咨询和心理治疗

监狱心理咨询与治疗是在监狱范围内面向服刑人员提供心理辅导，开展心理咨询与治疗的一项专门活动。监狱心理咨询师一般由受过心理学或医学专业培训的监狱警察担任，还有一些监狱外聘的社会心理专家。监狱咨询师虽然与监狱管教民警一样也是警察，但其工作性质与工作方法是不同的。心理咨询师的主要任务是从心理学的角度帮助服刑人员，严格遵守心理咨询原则，如保密原则、耐心细致原则、平等相待原则、理解支持原则等。心理咨询师与服刑人员之间的关系是平等、真诚、友好的关系。

（一）心理咨询与心理治疗的概念

服刑人员心理咨询，是指监狱心理咨询师运用心理学的理论和方法，帮助有心理问题的服刑人员发现自身的问题及其根源，挖掘其内在的潜力，改变其原有的认知结构和不良的行为模式，以提高服刑人员对监狱生活的适应性和应付各种不幸事件的能力。简而言之，就是咨询师运用心理学的理论和方法，对存在心理问题并希望得到解决的服刑人员提供帮助的过程。

服刑人员心理治疗，就是在建立良好治疗关系的基础上，由受过专业训练并取得相应资格的心理医生或其他工作者（可以是管教民警，也可以是社会上的心理工作者），应用心理学和医学的理论和技术，对患有心理障碍及其他异常心理的服刑人员，给予诊断和治疗，以减轻或消除其心理症状，促进其克服行为障碍，增进心理健康的过程。

现实生活中往往将心理咨询与心理治疗不做区别，而是当同一概念使用。

（二）心理咨询与治疗的范围

心理咨询与心理治疗在实践过程中是有区别的。在监狱中心理咨询侧重于对服刑人员的发展性问题进行咨询，如帮助其学习新的适应技能，帮助其正确认识自己、认识改造环境，解决所面临的改造生活中的情绪问题、人际关系交往问题、婚姻家庭问题等。

心理治疗则是侧重于对服刑人员心理障碍进行治疗，如犯罪心理、不良行为习惯、应激相关障碍、神经症、人格障碍等。一般来说监狱中的心理咨询室或心理治疗室既帮助解决发展性问题又帮助解决适应性问题。

（三）几种错误的认识

1.“精神病”才去做心理咨询与治疗。许多服刑人员患有心理障碍后，都存有病耻感，不愿申请心理咨询就诊，担心被其他“同改”发现，害怕别人认为他有精神病，以至于病情得不到及时的治疗，从而严重影响到他们的生活、学习和劳动。其实，精神病不属于咨询的范围，只有精神正常的人才会接受心理咨询。

2. 心理咨询就是聊天。心理咨询不同于一般意义上的聊天，尽管心理咨询的方式主要是谈话，它既不是普通的谈话，也不是随随便便、漫无目的的聊天。心理咨询师在谈话中会运用很多心理学的知识及技术，帮助来访者达到“助人、自助”的目的。帮助他们解除心理困惑，促进人格的发展。这完全不同于朋友之间漫无目标的聊天。

3. 咨询师是替人解决问题的人。许多人误认为心理咨询师是专门替人解决实际问题的人，例如以为心理咨询师会帮助服刑人员调换劳动工种、帮助失恋的人重获爱情、或者在减刑假释上给予方便等。这样的期待恐怕是要落空的，因为心理咨询师的主要工作是帮助服刑人员自我了解，进而发挥个人的潜能，去处理改造中的人际、情绪、适应等问题，一般都由自己做最后的决定。

4. 心理咨询师是万能的。有些求助者将心理咨询师神化，要么认为咨询师是研究心理学的，应该一眼就能看出求助者的心理问题，否则就是不称职；要么是来访者羞于表达内心感受，不愿将自己的心理活动吐露出来，认为心理咨询师能够猜得出。实际上，心理咨询师也是人，只是利用心理学原理，以求助者提供的信息为基础进行科学分析，才能对其有所帮助。正如有人感冒发烧时医生要先用体温表测出其体温后，再询问症状制定治疗方案一样。

5. 团体咨询就是玩游戏。由于团体咨询会设计一些游戏，让团体成员在活动中获得情绪体验，达到预期的咨询目标。所以一些对团体咨询不甚了解的服刑人员误以为团体咨询就是玩游戏，将团体咨询的功能片面化，忽视了其教育功能、发展功能、预防功能及治疗功能。

心理链接

隧道视野效应——一个人若身处隧道，看到的就只是前后非常狭窄的视野。因此，成大事者要视野开阔，看得高远，不能目光短浅，只顾眼前利益，而置长远利益于不顾。

有一个美国摄制组，找到一位柿农，说：“我想买1000个柿子，请您从树上把这些柿子摘下来，并演示一下贮存的过程，好吗？”谈好的价钱是1000个柿子20美元，柿农爽快地答应了。并立即找来帮手，说干就干。一旁的美国人把采摘过程全都拍了下来，接着又拍了贮存柿子的过程。

当美国人付了钱准备离开时，那位柿农却一把拉住他们，说：“你们花钱买的柿子，怎么不带走呢？”美国人说不需要带，他们买这些柿子的目的已经达到了。看着美国人远去的背影，柿农摇头感叹：“世界上还有这样的傻瓜！”

可柿农不知道，美国人拍摄了他们采摘和贮存柿子的全部记录，他的那些柿子并不值钱，值钱的是他们特有的采摘和贮存柿子的生产方式。相较柿农获得的蝇头小利，那几个美国人的收益可谓“如获至宝”。这个故事表明：眼光短浅，只能获得蝇头小利，而视野开阔，方能看得高远收获更多。

第三节　心理咨询与矫治的主要手段

案例：自作聪明被电脑“揭穿”

接受心理测试，本来是一件反映自己真实心理状况、诊断是否存在心理问题的有益活动，但服刑人员汪某不知出于何种原因，就是不讲真话、实话，企图蒙混过关，要么都回答“是”，要么都回答“不是”，要么都选择“A”，要么都选择“D”，自以为神不知、鬼不觉，正当他暗暗偷着乐时，没想到被电脑当即“揭穿”。测试结果显示汪犯“撒谎”，不值得信任。原来，心理测试软件早就对汪某这种不实事求是，而自作聪明者进行了预防，在设计的众多问题中专门设立了一些“前后矛盾”的测谎题，如果像汪某一样，信口开河地都选择“是”，或都选择“不是”，自以为掩盖了真实意图，没想到立马会被电脑识破，不仅测试没有过关，反而暴露出过于掩饰自己，测谎分数过高，成为心理素质有问题的“怀疑对象”，变成了一大笑话。可见，还是实事求是的好，不然，聪明反被聪明误。

其实，心理测试仅仅是心理咨询与矫治的众多手段之一，其他主要手段还有：个体咨询、团体咨询、心理宣泄、危机干预等等。本节主要介绍其中四种。

一、个体咨询

个体心理咨询是心理咨询的基础类别，是指一名咨询师针对一个来访者的心理咨询，具有针对性强，一对一操作的特点。

如果失恋了，一般都会出现情绪低落的状态，有些人经历一段时间后，可以通过自我的调节（称为“心理免疫能力”），从悲伤中走出来，而有些人则情绪一直持续低迷，出现暴力行为（自虐或攻击他人）和报复心理等，甚至很多年都没能走出创伤的阴影，甚至阻碍了再与其他人建立亲密关系，这就需要及时地对之进行个体心理咨询；又如，在人际交往中，曾出现和别人发生不愉快，从此以后就愤恨、迁怒这一类的人，泛化为不与更多的人交往，渐渐出现自我封闭，人际关系处于极其被动的状态，这就需要个体咨询；还比如，有的人思虑过多，总认为别人会在背后说坏话，担心别人都在预谋陷害于他的事；等等，不仅语言沟通出现严重的障碍，而且长期处于孤僻离群和极度焦虑恐惧当中，那么这时候就更需要接受心理咨询和治疗。只有通过个体咨询才能有效地缓解症状，调节自我认知、自我评价，重新建立良好人际关系！

参加个体心理咨询，一般采取一对一面对面的方式，通过多轮咨询过程来帮助心理求助者解决问题。心理咨询及治疗的从业人员一般有着丰富的生活阅历，并且经过系统而规范的培训，懂得将心比心去体恤来访者的感受，陪伴来访者接受自己的心理及情绪，度过一时的情绪困惑和心理冲突，重新获得生活的力量及信心。

二、团体咨询

团体咨询又称团体心理辅导，是相对一对一的个体心理辅导而言的，它是一种在团体情境下提供心理援助与指导的咨询形式，由领导者根据成员问题的相似性或成员自发组成课题小组，通过共同商讨、训练、引导，解决成员共同的发展或共有的心理问题。

团体心理辅导的优点主要有：适用面广，既可以针对具有共同心理问题的十人左右的小组，又可以针对几十人的发展性群体；形式多样，生动有趣，有利于吸引服刑人员积极投入；效率高，收效好，每个成员既是“求助者”又是“助人者”，可在有引导的相互影响中多视角地学习，有理论，有实践，有体验，有分享，获得多重的反馈，从而产生心理与行为的改变。在团体中不但可以更有效地影响或改变个人的某些自我概念或想法，还可以协助解决原本在个人之间难以解决的问题。

团体心理治疗的主要特色在于随着时间的进展，团体成员自然形成一种亲近、合作、相互帮助、相互支持的团体关系和气氛。这种关系为每一位患者都提供了一种与团体其他成员相互作用的机会，使他们尝试以另一种角度来面对生活，通过观察分析别人的问题而对自己的问题有更深刻的认识，并在别人的帮助下解决自己的问题。

人类的生活方式总是离不开群体关系，人在出生后，首先与家庭群体共处，在不断成长的过程中先后学会与邻居、同学、同事等许多不同的人相互交往，其中与许多生活中重要人物（如父母、配偶、老师等）的交往经验对个体的成长有更重要的影响。个体的各种心理活动也离不开人际关系，他在与他人及社会环境的相互作用过程中通过社会化的学习，逐步形成对周围环境中的任何事物以及对自我的认知体系，他们的情绪与行为反应也总是指向环境中一定的人和事，人格的形成与发展也不能脱离与他人和环境的相互作用而存在。

在团体心理治疗中，患者可以依据自己与他人所形成的特殊群体为参照框架，更为真实地观察、分析和描述自己的问题，并调动自己在实际生活中与人交往的经验，通过与其他患者的相互作用，在别人的帮助下，更有针对性地适应和改进生活。

在团体心理治疗中，你可以获得团体的情感支持。假如不被家人、朋友或他人所接受与容纳，会感到孤苦伶仃，心情无所依托。假如自己有身心上的缺陷而被人拒绝或排斥，更是难受。团体治疗的基本功能就是让参与者感觉到自己被团体里的成员所接受，感到自己是团体里的一份子而感到心安、有所归属。假如是患病的患者，由于“同病相怜”可获得同情与接受。你还可以获得群体的相互学习。交流信息与经验——团体是传达信息的媒介物。通过成员间的交往，可增进患者的内省力、自我理解水平和交往能力。通过角色转变，可看到别人眼中的我，并可提高自我表达能力，增加对他人的知觉敏感性，学习如何解决冲突。另外，在团体中可收获群体的正性体验。享受群体团聚性——有些人自小没有经历过温暖的家庭生活或体会亲近的朋友关系，对于人际关系持有负性的看法和态度。对于这样的人，很需要去尝试正性的群体经验。假如参加团体治疗的成员能经由治疗者的督促，逐渐建立有群体团聚性，能体会到成员相互关心，能团结一致，有共同的利害感，相互帮助，能对人与人的关系持有健康的态度。

参加团体治疗的条件：（1）有动机、想改变，准备好要做改变。（2）对团体治疗有信心，愿意参加治疗。(3)有一定的心理成熟度，能反思自己、关注他人，能耐受治疗过程中暂时的不如意。

现代团体治疗主要有三种方式：心理治疗、人际关系训练和成长小组。团体治疗已经广泛应用在医院、学校、企业、军队、监狱等领域，适于不同的人参加。

三、心理测试

（一）心理测试的概念

心理测试是一种比较先进的测试方法，它是指通过一系列手段，将人的某些心理特征数量化，来衡量个体心理因素水平和个体心理差异的一种科学测量方法。心理测试与体检有类似的作用，人们对检查身体并不会大惊小怪，每个人也会很配合；但因大多数人不了解心理测试的意义和方式，往往有一种神秘感，有些人也存在不同程度的戒备心理。

21世纪人才心理素质的要求，可概括为四个要点，即：独立性、合群性、创新性和开拓性。如果缺少其中的某些素质，就可能难于承受未来的竞争。心理素质是可以随社会发展而不断自我完善的，通过必要的心理测试，可以了解一个人的心理素质，并对其优势和弱点作出评价。如果你积极追求心理健康，就不会对任何心理测试感到恐惧和不安。不仅服刑人员刚刚进入监狱时要进行心理测试，而且服刑过程中如果发现心理有异常情况，也可以进行心理测试，尤其是申请心理咨询的求助者，在正式开始咨询之前，咨询师一般都会安排一次心理测试，便于及时了解求助者当时的心理状态，为下一步咨询提供参考。

（二）心理测试的种类

心理测试一般运用电脑化的方式，被试者直接将问卷答案输入电脑。心理测试涉及的内容很多，根据不同的需要，可以安排不同内容的测试。一般在人才招聘市场，新进员工可能要进行如下几种测试：

1. 人格测试：可对一个人人格倾向和个性心理特征有一个全面的了解。
2. 心理健康状况测试：反映被试者近期的心态，有无心理疾病症状。
3. 气质测试：了解神经系统类型、遗传特征和对外界反应的特点。
4. 成人智力测试：反映一个人的思维能力和创造能力。
5. 兴趣测试：兴趣爱好可反映一个人的潜能和预测发展前景。

6. 人际关系测试：了解被试者的交往能力、公关能力与合群性等。

7. 情景测试：根据行业需要，设置特定情景，进行灵活的角色扮演和心理适应测试，以了解其专业素质和行为方式。

而服刑人员的测试，目的是了解当前的心理状态，目前湖南省监狱系统各大心理健康指导中心统一配备了友迪心理矫治管理系统软件，其心理测试的量表项目就多达 81 种，但服刑人员常见的心理测试项目主要有多项人格测试、社会适应性测试、抑郁自评测试、焦虑测试、人际关系测试等。

（三）心理测试的注意事项

1. 实事求是，不要有任何顾虑。例如，“在别人不注意时，你有时做违反制度的事情”，如果你有过，就回答“是”，因为这不是道德判断的问题，而是反映一个人的性格倾向，是独立型还是顺从型的。

2. 对心理测试中答案的选择不要做任何是非判断，而应该反映自身真实想法和感受。

3. 心理测试问卷中，有部分“测谎题”，以保证测试的有效、真实。某些人过于掩饰自己，测谎分数过高，该被试者自然就会成为心理素质有问题的“怀疑对象”。例如，“我爱发脾气”，“我很少与别人争吵”，这两题是矛盾的，只选其中一个是比较正常的，如果两个题都答“是”或都答“否”，必有一个答案是谎言，或被怀疑有抑郁症，要么就是一个人格不统一的人。

4. 不必反复琢磨，不要随便修改你的答案。凭第一印象，尽快选择答案，以自己的理解作答。

5. 每个题都要做出选择，不可回避不答。

6. 必须独立答题，不可议论，也不能看别人的答案；以电脑测试时，必须相互隔离，以保证不受他人暗示。

7. 心理测试结果应是保密的，由心理学专业人员做出解释和评估。

四、心理宣泄

早几年有一首流行歌曲《冲动的惩罚》，大家应该比较熟悉，“那夜我喝醉了，拉着你的手，胡乱地说话，只顾着自己心中压抑的想法，狂乱地表达”。压抑久了的想法表达出来自然不是和风细雨式的，而是雷霆闪电之怒，破坏性强得很啊！

从这首歌中大家就可以知道冲动是要付出代价的！但是现在我要告诉大家，适度的“冲动”，用心理学上的心理发泄，对我们是有帮助的。因此，“偶尔冲动一下是生活还有激情，但一直冲动就是不会生活”。

当一个人情感长期受到压抑而没有得到正确的指引、转移或发泄，对一个人的精神以及心理都是一种伤害，会造成自己的心理沉重、爱发脾气。若是这份压抑达到自身的临界点依然无法得到转移或发泄，将极有可能做出错误的行为。现代犯罪的过程基本上都是一个从心理压抑而产生报复念头的过程。为什么说适当的发泄会有帮助？悲观的情绪、紧张的心理、极大的压力等这些对人的心理和情绪是起到负面作用的，它们会大大地降低人地判断力，使人的行为的理性程度大打折扣。那么，适当的发泄，它所起到的调节作用，可以使这些不好的东西减弱。当然，发泄只是起到一个调节作用，而不是关键的扭转情绪、改变情绪的作用，所以我们会在“发泄”一词前加一个“适当”。不管是因为什么需要发泄，如果你能选择适当的时间、适当的地点、适当的方式等去发泄内心的积郁的话，对你，对你身边的人，自然都是好的。反之，在时间、地点、方式的选择上不恰当，则会适得其反。比如，这一段时间你因为听到家里的一些烦心事而苦恼、郁闷，导致改造心不在焉，你可能想发泄了吧？那你总不能找不认识的同犯发泄，也不能找脾气暴躁的同犯发泄，通过什么方式宣泄不良情绪？你可以把自己不愉快的事向知心朋友或亲人诉说、或者干脆哭泣、咆哮、读诗词、写日记、看电视、听音乐、下棋、跑步等，都是常见的宣泄方式。由于每个人都有一种归属的需要，会习惯地把自己视为社会的一员，并希望从团体中得到爱，当你真诚的关心别人帮助别人，无私奉献自己的一片爱心时，你会欣喜地发现，你获得的比你给予的更多。还有，当你遭受挫折时，不妨采用阿Q的精神胜利法，比如“吃亏是福”“破财免灾”“有失必有得”等来调节一下你失衡的心理。或者“难得糊涂”，冷静看待挫折，用幽默的方法调整心态。另外，监狱里唯一一个“打人”不扣分的地方就是心理健康指导中心对服刑人员开放的宣泄室，大家可以申请去打打沙包和假人，告诉我们的咨询师你恨哪一个人，他可以给你打印一个大大的名字，贴在假人的头部，你可以放肆去击打，边打边念，“打你不死”“打醉你”！这个你要狂抽的人可以是你的江湖仇人，你的同犯，甚至可以是你的管教干警——这个咨询师绝对保密！打他个酣畅淋漓，打完以后，提醒大家：记住该记住的，忘记该忘记的；改变能改变的，接受不能改变的；珍惜已得到的，放弃得不到的。或许，你的心病就一扫而光了。

心理链接

投射效应——心理学研究发现，人们在日常生活中常常不自觉地把自己的心理特征归属到别人身上，以己度人，认为自己具有某种特性，别人也一定会有与自己相同的特性，自己若在心理测试时说谎，别人肯定也都会说谎……心理学家将这种把自己的感情、意志、特性投射到他人身上，并强加于他人的心理现象称为"投射效应"。

宋朝著名才子苏东坡，与佛印和尚相识。有一天，东坡突然在路上碰见佛印，见到佛印身上披着黄袍袈裟，身材魁伟，东坡灵机一动，笑呵呵地对他说："佛印啊，你知道你看上去像什么么？"佛印一下愣住，傻傻地问："东坡兄，你看我像什么？"东坡哈哈大笑一声，说："你呀，看上去像一堆大粪。"佛印微微点头，接着说："东坡兄，你知道你看上去像什么么？"东坡闻声，以为佛印要以牙还牙，很小心地问："你看我像什么？"只见佛印一字一句道："东坡兄，你一袭学士长袍，满面红光，活像一尊佛啊！"话毕，深深一鞠躬。东坡听完心理揣摩："这和尚傻不傻，连我对他的贬损之言都听不明白？"东坡找来苏小妹"分享战果"，小妹听完直跺脚，连声说："哥哥，你上当了，你被大和尚'涮'了！"东坡一惊，忙问："到底怎么了？"小妹说："哥哥呀，你真糊涂！难道你不知道佛教里有句话叫'心中有佛，见人是佛'么？大和尚在骂你'心中有大粪，见人是大粪'呀！"东坡顿时满面羞愧，不知所云。

如果总是"以小人之心度君子之腹"，那么我们既无法了解他人也无法了解自己。

第四节 心理健康指导中心简介

案例：“一下子掉到花园里了”

服刑人员董某第一次来监狱心理健康指导中心做个体咨询，刚一进门就被请到了专门的接待室，这里舒适沙发、精致茶几、液晶电视、时令花卉、现代空调一应俱全。董某正怀疑是不是走错了地方，没想到工作人员又递上了一杯上好的绿茶，并开启了尽显异国风情的心理片供自己享用，这种久违的舒适感觉，让原本有些忐忑不安的董某一下子彻底放松下来，自己的第一次咨询就此拉开序幕。更令董某没想到的是，这种惬意的享受才仅仅开始，接下来的电脑测试、个体咨询、电动椅放松、假人宣泄等环节，无一不让董某大开眼界，心旷神怡。两个半小时的个体咨询之后，董某原来的焦虑情绪一下子荡然无存，“同改”问他咨询后的感受，董某情不自禁地说道“好像一下子掉到花园里了”。看来，心理健康指导中心是个好地方，大家不妨到此一“游”！

湖南省各大监狱的心理健康指导中心是专门从事服刑人员心理健康指导的职能机构。一般设有等候室、个体心理咨询室、团体心理咨询室、心理宣泄室、心理测评室、身心放松室、监控室等多个功能室。

下面主要介绍其中几种：

（一）预约等候室

等候室是指心理咨询前期阶段接待心理来访者的场地。来访者可通过电话或者直接到预约等候室进行预约，在进行正式咨询前可在此等候，等候室用于心理咨询开始前，有些初次来访的来访者精神状态往往较紧张，如不缓冲一下，很难进入放松情绪状态，不利于心理咨询的顺利开展。等候区的设立就提供了一个让来访者充分休息或放松的空间，有利于下一步咨询的进行。

（二）个体心理咨询室

以个体来访者为对象，是心理咨询师开展一对一心理咨询辅导的区域。在安全、舒适的环境内，使他们能够在心理咨询师面前真实地表达自己，帮助他们获得心理健康。咨询师针对个体心理状况，通过科学的心理学手段缓解来访者心理压力并消除心理危机，使其能正常地适应改造生活，更好地自我成长。

（三）团体心理活动室

团体心理活动室是一种在团体情境下提供心理帮助与指导的一种心理咨询形式，是心理健康工作重要的工作内容之一，因为它可以通过游戏来拓展人们的创造力、内在感觉和记忆。团体辅导在帮助那些有着发展问题、潜能开发和相似心理困扰的群体时，是一种有效的方式。

（四）心理测试室

心理测试室是进行心理测评的专门场所。心理测评是指通过一系列的科学方法测试个体的心理状态、智力水平和个性差异的一种科学方法。心理测评是心理健康工作开展的有效辅助工具，根据测评结果，心理工作人员可以详细地了解测评对象的心理状态，可以及早发现一些性格缺陷和心理不良倾向，如抑郁、焦虑、强迫，自杀倾向等，从而更有针对性地给予指导和治疗。

（五）心理宣泄室

心理问题的最终产生，在很多情况下是负性情绪不断累积的结果。因此，及时地排除负性情绪，就可以起到预防和解决心理问题效果。而宣泄，就是人们常用而有效的方法之一。心理宣泄室是一个可以在合理范围内宣泄情绪的场所。在这里，人们可以通过身体强烈运动的方式，将内心压抑的郁闷、烦躁、愤怒等不愉快的情绪情感进行宣泄，达到心理调适的目的，进一步为自身心理疏导创造良好氛围。

（六）身心放松室

身心放松室主要是为来访者提供各种放松训练条件，进而帮助来访者缓解各种压力和情绪的场地。放松技术是通过一定的程式训练，个体学会精神上及躯体上放松的一种技术，是常用的一种行为治疗方法。放松室配备有音乐减压治疗系统，运用音乐特有的生理、心理效应，使来访者在咨询师的共同参与下，通过各种专门设计的音乐行为，经历音乐体验，达到消除和缓解焦虑、紧张等不良情绪，消除心理障碍，恢复或增进心理健康。

心理链接

布利斯定理——布利斯定理是由美国行为科学家艾得·布利斯提出来的。它的大意是：在做一件事之前，用较多的时间去做计划，去做心理准备，完成这件事所用的总时间就会减少。

他将志愿者分为三组，进行不同方式的篮球投篮训练。第一组每天练习实际投篮，不加任何热身和准备，这样持续 20 天，把第一天和第二十天的成绩记录下来。第二组则在这 20 天内不做任何投篮练习，同样也是记录第一天和第二十天的成绩。第三组在记录下第一天的成绩后，每天花 20 分钟进行想象中的虚拟投篮，如果不中，他们便在想象中纠正出手方式。实验结果表明：第二组的成绩没有丝毫长进，第一组的进球数增加了 24%，第三组的进球数增加了 26%。

实验结果表明：在做事前先进行“头脑热身”，进行充分的心理准备，计划好每一个细节，在实际行动中就会得心应手。很多 NBA 球队就是利用这个法则训练投篮的，篮球迷们熟知的凯尔特人队后卫雷·阿伦每天在实际三分球训练之余，都会加练 20 分钟的“虚拟投篮”，最终打破了 NBA 三分球总进球数纪录。

第四章

心理学是不是一门科学？

心理学是不是一门科学？心理学到底对服刑人员有无作用？不少服刑人员对此仍然心存疑虑。可随着新闻媒体及社会大众对心理学关注度的不断升温，服刑人员对心理学是不是一门科学的纠结也与日俱增。而这正是本章所要探讨的内容。

第一节　心理学是一门新兴的科学

案例：刘翔败赛根源在“心”？

刘翔无疑是我们国家难得的田径名将，在世界上拿到过多块跨栏奖牌，然而刘翔恐怕也是最让国人牵肠挂肚和令国人伤心落泪的名将之一了。2008 年举世瞩目的北京奥运会，国人争先恐后准备一睹刘翔为国争光之际，刘翔却临阵因伤退赛了，成为国人永远的痛；2012 年伦敦奥运会，背负一雪前耻期盼的刘翔，再次因伤中途退赛，国人从此无语，“不提刘翔”竟成了当时的一种时尚默契。后经媒体报道，刘翔两次关键的比赛退出，自然与腿伤不无关系，但更重要的还是心理素质欠火候。他本人也多次坦陈，赛前压力过大，心理负担过重，到底刘翔临阵退赛的主因是腿伤，还是心理不过关，至今尚无定论，但心理学被体育等多个部门提上了前所未有的重视高度，却是不争的事实。

一、什么是心理学

科学是指揭示事物运动的一般真理或普遍规律的知识或理论体系，是被实践反复验证过的正确认识的结晶。

心理学则是探索有关意识起源之谜的科学。它是对人类自我思维、行为方式的认知和剖析，它是研究人类怎样感知外界信息和怎样进行信息内化处理的心理和行为的规律的科学。

心理学之所以成为一门科学，主要基于两点：一是它用科学的技术手段来研究人的心理和行为，并总结出带有规律性的知识和理论体系；二是这些知识和理论体系同样被大量投入实际应用，并经受起了实践的验证。

心理学是一门发展历史短暂的新兴科学。心理学有一个漫长的过去，却只有短暂的历史。说心理学古老，是因为自人类有了意识以来就从未停止对自身问题的探索，“心灵”是古老哲学永恒的研究命题。说心理学年轻，是因为直到 19

世纪末，冯特在德国莱比锡大学建立起世界第一个心理实验室，才使现代科学心理学从哲学的附庸中脱胎出来成为一门独立的学科。

但心理学的发展速度迅猛且应用越来越广泛。目前，心理学不仅在国外受到普遍重视，而且在国内也是方兴未艾。不仅国家于 2013 年颁布实施了《中华人民共和国精神卫生法》，第一次以国家法律的形式要求各级政府加大对国民心理健康的重视和保护，而且社会各个层面都对心理学趋之若鹜，心理学俨然成为一种时尚，就连社会上出现任何一个热点事件，媒体都会请一个心理学家来点评一番，通过各种媒体的大力宣传和反复炒作，心理学甚至成为各大媒体满足人们的好奇心及偷窥欲的一大卖点。公民个人对心理学的关注度就更不用说了，不少人把心理学知识甚至当成了搞好人际关系，争取发展机遇的宝典秘籍。

二、为什么心理学饱受争议

然而，心理学似乎从诞生的第一天起就饱受争议。这是为什么呢？主要原因有四：

（一）形形色色的心理学充斥市场

现在不仅是常见的风水、算命、星座、血型性格决定论。字迹性格导致论，还是书店里大量以心理学为主题的心理辅助、心理自助书籍，以及媒体为提高收视率而炒作的五花八门的心理学充斥市场，不仅向公众传递了许多不准确的信息，而且还模糊了人们对心理学领域中真正的、科学的心理学知识体系的认识，公众不能肯定到底哪些是正宗心理学，哪些是伪心理学，所以，对心理学是否是一门科学心存疑虑。

（二）每个人都推崇自己的心理学

由于每个人都有丰富的心理活动体验，似乎每个人都有关于处理人际关系及自我内省的心理学理论，只是人们很难清晰地将这些理论表达出来罢了。但其实这些理论大多基于个人的生活经验，不同个人的个体心理观点间存在着很大的差异。这些“世俗心理学”尽管没有合理周密的结构，但很难被证伪，导致你推崇你的心理学，他推崇他的心理学，无形之中降低了心理学的科学权威。

（三）心理学验证比较困难的现实

心理学很多时候只能观察现象，提出理论解释（心理学理论），但是他们不可能轻易做验证。举个例子，心理学家通过无数单个案例统计后得出结论，父母若常谴责孩子，体罚孩子，孩子长大之后会自尊低落，于是酗酒或有暴力行为。但为什么这一观点并不能随便验证？因为你不能分派一组的父母常常这样做，而分派另一组父母不这样做。正是面临诸多的验证困难，所以，一些人对心理学的科学性也持怀疑态度。

（四）长期受到思想界和学术界的歧视

心理学不仅在国外长期受到哲学等学科的压制和贬低，而且在我国更长期被纳入唯心主义的范畴，在相当长的时期内，心理学被当作辩证唯物主义和历史唯物主义的对立面，受到人们的严厉批判和禁锢，使得我国研究心理学的历史非常短暂，对人的内心世界很少进行长期、具体、深入的研究，心理学的基本理论大都是“舶来品”，所以，心理学的根基并不扎实，不少人对心理学的科学性打了折扣。

三、心理学的研究对象

（一）心理学研究的对象

世界有三大谜：物质起源之谜，生命起源之谜，意识起源之谜。在我们生活的环境中，存在各种各样的现象。有自然现象，如日月星辰、风卷云舒。有社会现象，如风土人情，社会准则等。而人的心理现象却是自然界最为复杂和奇妙的一种现象。恩格斯说：“人的心理现象是地球上最美的花朵。”

心理学的研究对象就是人的心理现象，它是探索有关意识起源之谜的科学，它是对人类自我思维、行为方式的认知和剖析，它是研究人类怎样感知外界信息和怎样进行信息内化处理的心理和行为的规律的科学。

而人的心理现象分为心理过程和个性心理两大部分。

（二）什么是心理过程

是指人们在认识、对待客观事物时所表现的心理活动。人类通过认识过程来认识客观世界；通过情感活动来体验客观事物与个体需要间的关系；通过意志行动来改造客观世界。认识过程、情感过程、意志过程，统称为心理过程。心理过程是从认识开始的，情感和意志是在认识的基础上产生的，同时反过来又影响着意识。彼此相互影响，相互制约。

1. 认识过程

人在实践过程中，对客观事物的现象和本质的反映过程，即认识过程。感知、记忆、思维、想象、注意等都是人在认识世界时产生的心理活动，综合在一起，构成认识过程。

感觉：用眼睛看物体的颜色、形状，耳朵听声音，鼻子闻气味，舌头尝味道，手触摸软硬、湿冷等，这些都是对外界事物个别属性的认识。

知觉：人们对事物的认识，除了解个别属性外，还要对事物有整体的认识。如知道梨子的颜色、外形、软硬，还要亲口尝一尝，才能对梨子的整体属性形成认识。它是人对客观事物整体及各种属性的综合反应。

记忆：人不仅感知当前的事物，有时还要回忆过去经历的事情，甚至事过境迁之后，还能感到“言犹在耳”“历历在目”。

思维：把感知的材料，进行分析、综合、比较、抽象、概括，从而认识事物的本质和规律。它是人脑对客观事物概括和间接的反应，是认识的理性阶段，也是认识过程的核心部分。

想象：人利用感知和记忆的材料，对原有表象进行加工改造而建立新形象。它是一种特殊形式的思维，分为有目的、自觉的有意想象和没有特定目的、不自觉的无意想象。梦就是在睡眠状态时的无意想象活动。

注意：人们在认识客观世界过程中，为了更清楚和有效地思维、记忆，从而把精力集中在某一事物上。它是沟通心灵与外界事物的窗户，是认识事物的必要条件，不通过这扇窗户，外界的事物就不能进入心灵，人也就无法认识客观事物。

2. 情感过程

人们在认识客观事物的过程中，不仅产生思维意识，同时也会产生情绪和情感。它是人对客观事物所持的态度的体验，是由客观事物是否符合人的需要而产生的。当客观事物满足人的需要时，人就产生肯定积极的情感体验，如满意、愉快、高兴等；当客观事物违背人的需要，则产生否定、消极的情感体验，如苦恼、愤怒、恐惧、忧愁。情绪和情感，是人对事物的一种特殊反映形式，反映了客观现实与人的需要之间的关系。

3. 意志过程

人们在实践活动中，凡是建立在某种需要或愿望的基础上，确定一个奋斗目标，并为实现这个目标，有意识地支配、调节其行动，克服各种困难，实现预定目标的心理过程，称为意志过程。它有明确的目的性，为了实现目标，支配人们产生努力克服困难的行动。正是在克服困难的过程中，才表现了一个人的意志力量。

（三）什么是个性心理

个性心理是人与人心理活动差异的表现。它主要包括个性倾向和个性特征。

1. 个性倾向

指反映人们对客观事物的基本趋向、态度和根本看法的心理特点。是人们进行活动的基础动力和出发点。如果已知一个人的个性倾向，就可以有更大的把握来预测其远期行为。它包括需要、动机、兴趣、理想和世界观。

需要：是生理的和社会的要求在人脑中的反映，是人们为了生存，对客观事物的需求，是推动人进行各种活动的基本动力。马克思主义认为，个体的需要是个体行为积极性的源泉。换言之，人的活动的积极性，根源在于他的需要。需要可划分为生理需要和社会需要；物质需要和精神需要。美国心理学家马斯洛提出需要五个层次：生理需要、安全需要、社会需要、尊重的需要、自我实现的需要。

动机：是指推动人的活动，并使活动朝向某一目标的内部动力。如一个人希望得到团体的承认，并在团体中享有一定的地位，这种内部动力会成为推动他处理各种人际关系的动机。即使像走路、开门、休息、睡眠这些较简单的日常活动，也都是在一定动机推动下进行的。动机的基础是人类的各种需要。人有生理的需要，如饥则食、渴则饮等；也有社会的需要，如劳动的需要、人际交往的需要、成就的需要，自尊的需要等。人有物质的需要，如食物、衣着、住房、交通工具等；也有精神的需要，如认识的需要、美的享受等。正是在人的各种需要的基础上形成了人的不同的动机。动机具有性质和强度的区别。动机不同，人们对现实的态度以及相应的行为方式也不一样。

兴趣：是一个人力图认识某种事物或参加某种活动的积极态度，兴趣是事业的先导，是人积极探究某种事物的认识倾向，是人获得知识的巨大动力。雷锋的“干一行，爱一行，钻一行”，就是从兴趣入手，培养对所从事专业的兴趣，热爱本职工作，努力钻研其中的知识，最终在平凡的岗位上做出成绩。

理想：是人对未来的向往和追求，是以现实生活发展的客观规律为依据，经过努力就能实现的想象，是人生奋斗的目标。理想不是空想。正确的理想，要以科学原理为依据，以社会需要为前提。理想是随着自我发展，自我意识的形成而树立起来的。青年时代是树立远大理想的时期。

信念：是坚信某种观点的正确性，并支配自己行动的个性倾向。理想是否能成为激励行动的动力，取决于个人的信念，没有坚定的信念，再好的理想也是海市蜃楼。

2. 个性特征

是指人心理活动的差异性。属于人心理活动的特异性系统，主要表现在能力、气质和性格诸方面的不同。当我们关注个体对同一情境的不同行为反应时，个性的影响就显现出来了。譬如，当坐过山车时有人感到恐惧，有人感到兴奋。

能力：是顺利实现某种活动所具备的心理条件。如有人记得快，有人记得慢；有人擅长于想象，有人擅长于思考，这是能力的差异。

气质：主要表现在心理活动的快慢、强弱、灵活性等方面，也就是人们常说的脾气和禀性。通常分为胆汁质型、多血质型、黏液质型、抑郁质型。

性格：是人对客观现实的稳定态度以及与之相适应的习惯化的行为方式。如有人性情温柔，有人泼辣开朗；有人冲动莽撞，有人畏惧退缩；有人谦虚谨慎，有人骄傲自满等。它具有稳定性，但随着自然环境、社会环境和教育环境的变化，可以使人的性格发生改变。

四、个人心理发展的八段论

个体心理发展是一个由量变到质变、不断矛盾运动的发展过程。人的一生，在不同时期有不同的矛盾，这些特殊矛盾的产生和解决，不仅推动了心理发展，还形成了不同阶段的心理特征，使心理发展呈现出明显的阶段性。目前心理学界比较权威的观点是埃里克森提出的“八段论”：

第一阶段：为婴儿期，从出生到 2 岁。婴儿在本阶段的主要任务是满足生理上的需要，发展信任感，克服不信任感，体验着希望的实现。

第二阶段：为儿童早期，从 2 岁到 4 岁。这个阶段的儿童主要是获得自主感而克服羞怯和疑虑，体验着意志的实现。

第三阶段：为学前期或游戏期，从 4 岁到 7 岁。本阶段儿童的主要发展任务是获得主动感和克服内疚感，体验目的的实现。本阶段也称为游戏期，游戏执行着自我的功能，在解决各种矛盾中体现出自我治疗和自我教育的作用。

第四阶段：为学龄期，从 7 岁到 12 岁。本阶段的发展任务是获得勤奋感而克服自卑感，体验着能力的实现。

第五阶段：为青年期，从 12 岁到 18 岁。这一阶段的发展任务是建立同一感和防止同一感混乱，体验着忠实的实现。

第六阶段：为成年早期，从 18 岁到 25 岁，发展任务是获得亲密感以避免孤独感，体验着爱情的实现。

第七阶段：为成年中期，从 25 岁到 50 岁，发展任务是获得繁殖感而避免停滞感，体验着关怀的实现。

第八阶段：为老年期（成年晚期），从 50 岁直到死亡，发展任务是获得完善感和避免失望、厌倦感，体验着智慧的实现。

五、服刑人员心理发展三段论

对于服刑人员来说，服刑阶段显然是人生的一段特殊旅程，从开放的社会进入到相对封闭、管理严格的环境中，必然发生较大的心理变化，随着服刑进度的延伸，也呈现出不同阶段的心理特征。一般将服刑人员心理发展阶段分为：服刑初期、服刑中期和服刑后期三个阶段。这三个阶段的特点在后面的章节中还会详细阐述，本节只作简要介绍：

（一）服刑初期——心理适应期或心理过渡期

服刑初期是指从入监开始的半年到一年的时间，从心理学的角度，我们称之为心理适应期或心理过渡期，对个体来说，主要是以下三个方面的适应：延续对判决的心理适应；对监狱环境的适应；对监规纪律的适应。这一阶段的主要表现特征是情绪不稳定，而这一阶段心理的变化和发展往往会对个体整个服刑期间产生很大的影响，这一阶段常见的影响服刑人员心理发展变化的因素主要有以下几种：悲观无助的心理因素、焦虑心理因素、新奇与解脱心理因素、寻求支持的心理因素等等。

（二）服刑中期——外表平静的心理矛盾期

服刑人员经过半年或一年的改造后，对监狱的生活基本适应，心理进入改造关键期。这一阶段的主要表现特征是外表上情绪稳定，而且由于有了明确的改造目标，绝大多数服刑人员进入了半自觉或自觉改造阶段，但内心深处却经历着复杂的心理冲突，如新旧心理之间，常态、犯罪、改造心理之间，积极、消极心理之间进行着长期艰苦的较量。多数服刑人员会在情绪和行为上表现出反复。这一时间较长，主要心理特点是平静中的矛盾运动，在量变中孕育着质变，在这一阶段，影响服刑人员心理发展变化的常见心理冲突和现象有：悔罪与逆向自我抱怨、希冀与悲观、醒悟与迷惘、监狱人格等等。

（三）服刑后期——稳定，巩固与社会适应准备期

服刑人员的心理在服刑中后期一般会得到一定的改善，心理状态基本稳定，改造会完全进入稳定期，但改造任务此时没有结束，还需要巩固防止新的反复。而在服刑后期，即刑释前的半年甚至一年里，服刑人员往往又会打破服刑中后期的平静，出现新的心理躁动，这种情绪主要是由于要面临新的社会适应造成的：对前途的向往与忧虑心理、自卑与自尊交织的心理、强烈的归属心理、报复心理、重操旧业心理、如释重负心理等等。

总之，服刑人员的心理发展是一个复杂的过程，在改造的过程中，要明白健康的人生始于健康的心理，健康是从“心”开始的，在生活中要善待生命，要常怀感恩之心，这样的人生才会充满阳光。

心理链接

詹森效应——有一个名叫詹森的运动员，平时训练有素，实力雄厚，但一到正式比赛中，他就失误连连，让自己失望，让看好自己的人大跌眼镜。后来人们把这种平时表现良好，一到竞技场上就因为心理素质不好而导致失败的现象称为“詹森效应”。

在竞技场上，选手之间的较量不单纯是实力水平的较量，更重要的是心理素质的比拼。只有心理素质好，才能沉着冷静、从容不迫，这样才能发挥自己的真实水平。如果心理素质不好，一到比赛的时候就紧张，那么选手的真正实力就很难发挥出来，即使他再有实力，也无济于事。因此，培养良好的心理素质至关重要。詹森效应启示我们：要注重过程，淡化结果。有些人之所以无法在正式比赛中发挥自己真实的水平，与他们过分看重比赛结果有关。他们总想着不能输，输了会怎样，这样无形中就给自己增加了心理压力，甚至让自己喘不过气来，自然难以发挥自己全部的实力。如果懂得淡化结果，注重具体过程，把主要精力集中于具体的解决问题或比赛过程中，就能使自己的心理保持平静与放松，较好地发挥正常水平。

第二节　心理学的十大规律现象

案例：盲目从众买回一堆烂瓜

一日，王某从车间收队回宿舍区，刚进大门，就发现前面的“同改”不约而同地跑到一支队伍后面排起了长龙，王某看到这么多人争先恐后地排队，想必肯定有白沙烟之类的紧俏物品可买，唯恐错失良机，立马排在后面。20分钟过去，好不容易挨到前面，原来是超市在卖西瓜，王某本想买烟不想买瓜，可见到这么多人蜂拥抢购西瓜，想必西瓜质量一定不赖，随即也跟着其他人要了一蛇皮袋。费了九牛二虎之力扛上五楼，可打开一个，西瓜倒瓤了，王某想运气不好而已，立即又开一个，结果又倒瓤了，王某不甘心，再开一个，还是倒瓤了，王某真是哭笑不得。王某为何不明就里地就轻易跟随呢？其实，这就是典型的从众心理使然。

心理学能不能算得上一门科学，关键在于它能否反映人们心理活动的普遍规律。其实，这样的规律有很多，为了增强广大服刑人员对其科学性的认识，本节重点介绍易于为广大服刑人员所理解和借鉴的十大心理学规律，也可以说是十大心理现象。

一、从众效应

正如上例王某闹出的笑话，用通俗的话说，从众就是“随大流”，是指个人的观念与行为由于群体的引导或压力，而向与多数人一致的方向变化的现象。它可以表现为在临时的特定情境中对占优势的行为方式的采纳，也可以表现为长期性的对占优势的观念与行为方式的接受。例如：如果多数服刑人员都是通过积极的改造表现来争取减刑假释，那么你也会采取积极劳动的方式；如果大家都在通过投机取巧来争取减刑假释，那么你也可能就会选择投机取巧。

二、晕轮效应

许多青少年因崇拜某位明星的某些特征，比如长相啊，歌声啊，于是就不顾一切模仿明星所有的言行，搜集他们用过的一切东西，只要与他搭上边的，通通崇拜。这就是晕轮效应，又称“成见效应”，是一种以偏概全的倾向，即人们在对一个人的某种特征形成好的或坏的印象后，倾向于据此推论该人的其他方面都或好或坏。这种强烈知觉的品质或特点，就像月亮形式的光环一样，向周围弥漫、扩散，从而掩盖了其他品质或特点，所以就形象地称之为光环效应。平时说的“爱屋及乌”就是晕轮效应的一个突出表现。

三、罗密欧与朱丽叶效应

罗密欧与朱丽叶相爱，但由于双方世仇，他们的爱情遭到了极力阻挠，但阻挠并没有使他们分手，反而使他们爱得更深，直到最后殉情，这样现象被称为罗密欧与朱丽叶效应，即当出现干扰恋爱双方爱情关系的外在力量时，恋爱双方的情感反而会加强，恋爱关系也因此更加牢固。

心理学认为，当人们被迫做出某种选择时，人们对这种选择会产生高度的心理抗拒，而这种心态会促使人们做出相反的选择，并实际上增加对自己所选择对象的喜欢。因此，人们在选择恋爱对象时，由于人们对父母反对等恋爱阻力的心理抗拒作用，反而会使双方的感情更牢固。而当这种恋爱阻力不存在时，双方却有可能分开，经历过重重阻力和生死考验的爱情，不一定能抵得住平凡生活的冲击。当爱情的阻力消失时，也许曾经苦恋的两个人反而失去了相爱的力量。

四、马太效应

《圣经·马太福音》有这样一则故事：一个富翁给他的三个仆人每人一锭银子去做生意。一年后他召集仆人想知道他们各自赚了多少，其中第一个人赚了十锭，第二个人赚了五锭，最后一个人用手巾包了那锭银子，捂了一年没赚一个子儿，这位富翁就命令后者把那锭银子交给赚钱最多者。该书第二十五章说：“凡有的，还要加给他叫他多余；没有的，连他所有的也要夺过来。”

1973年，美国科学史研究者莫顿用这句话概括了一种社会心理现象："对已有相当声誉的科学家做出的科学贡献给予的荣誉越来越多，而对那些未出名的科学家则不承认他们的成绩。"莫顿将这种社会心理现象命名为"马太效应"。此术语后为经济学界所借用，反映贫者愈贫，富者愈富，赢家通吃的经济学中收入分配不公的现象。

五、期望效应（罗森塔尔效应）

心理学家罗森塔尔要求教师们对他们所教的小学生进行智力测验。然后他告诉教师们说，班上有些学生属于大器晚成者，并把这些学生的名字念给老师听。自从罗森塔尔宣布大器晚成者的名单之后，罗森塔尔就再也没有和这些学生接触过，老师们也再没有提起过这件事。事实上所有大器晚成者的名单，是从一个班级的学生中随便挑选出来的，他们与班上其他学生没有显著不同。可是当学期之末，再次对这些学生进行智力测验时，他们的成绩显著优于第一次测得的结果。这种结局是怎样造成的呢？罗森塔尔认为，这可能是因为老师们认为这些大器晚成的学生，开始崭露头角，予以特别照顾和关怀，以致使他们的成绩得以改善。罗森塔尔效应反映了期望的作用，所以又称为期望效应。

六、安慰剂效应

指病人虽然获得的治疗实际上是无效的，但却"预料"或"相信"治疗会有效，而让病患症状得到舒缓的现象。有人认为这是一个值得注意的人类生理反应，但亦有人认为这是医学实验设计所产生的错觉。使用安慰剂时容易出现相应的心理和生理反应的人，称为"安慰剂反应者"。这种人的特点是：好与人交往、有依赖性、易受暗示、自信心不足，经常注意自身的各种生理变化和不适感，有疑病倾向和神经质。

七、首因效应与近因效应

首因效应：人与人第一次交往中给人留下的印象，在对方的头脑中形成并占据着主导地位，这种效应即为首因效应。

近因效应：与首因效应相反，是指交往中最后一次见面给人留下的印象，这个印象在对方的脑海中也会存留很长时间。

在我们的人际交往中，这两种现象很常见。

八、刻板效应

又称刻板印象、社会定型，是指对某人或某一类人产生的一种比较固定的、类化的看法。是还没有进行实质性的交往，就对某一类人产生了一种不易改变的、笼统而简单的评价，这是我们认识他人时经常出现的现象。

有些人总是习惯于把人进行机械的归类，把某个具体的人看作是某类人的典型代表，把对某类人的评价视为对某个人的评价，因而影响正确的判断。刻板印象常常是一种偏见，人们不仅对接触过的人会产生刻板印象，还会根据一些不是十分真实的间接资料对未接触过的人产生刻板印象，例如：老年人是保守的，年轻人是爱冲动的；北方人是豪爽的，南方人是善于钻营的；等等。

九、破窗效应

破窗效应是关于环境对人们心理造成暗示性或诱导性影响的一种认识。如果有人打坏了一幢建筑物的窗户玻璃，而这扇窗户又得不到及时的维修，别人就可能受到某些暗示性的纵容去打烂更多的窗户。

美国斯坦福大学心理学家菲利普·辛巴杜于1969年进行了一项实验，他找来两辆一模一样的汽车，把其中的一辆停在加州帕洛阿尔托的中产阶级社区，而另一辆停在相对杂乱的纽约布朗克斯区。停在布朗克斯的那辆，他把车牌摘掉，把顶棚打开，结果当天就被偷走了。而放在帕洛阿尔托的那一辆，一个星期也无人理睬。后来，辛巴杜用锤子把那辆车的玻璃敲了个大洞。结果呢，仅仅过了几个小时，它就不见了。以这项实验为基础，政治学家威尔逊和犯罪学家凯琳提出了一个“破窗效应”理论，认为：如果有人打坏窗户玻璃，而又得不到及时的维修，别人就可能去打烂更多的窗户。久而久之，这些破窗户就给人造成一种无序的感觉。结果在这种公众麻木不仁的氛围中，犯罪就会滋生。

十、得寸进尺效应

美国社会心理学家弗里得曼做了一个有趣的实验：他让助手去访问一些家庭主妇，请求被访问者答应将一个小招牌挂在窗户上，她们答应了。过了半个月，实验者再次登门，要求将一个大招牌放在庭院内，这个牌子不仅大，而且很不美观。同时，实验者也向以前没有放过小招牌的家庭主妇提出同样的要求。结果前者有 55% 的人同意，而后者只有不到 17% 的人同意，前者比后者高 2 倍。后来人们把这种心理现象叫作“得寸进尺效应”。

心理学认为，人的每个意志行动都有行动的最初目标，在许多场合下，由于人的动机是复杂的，人常常面临各种不同目标的比较、权衡和选择，在相同情况下，那些简单容易的目标容易让人接受。另外，人们总愿意把自己调整成前后一贯、首尾一致的形象，即使别人的要求有些过分，但为了维护印象的一贯性，人们也会继续下去。上述心理效应告诉我们，要让他人接受一个很大的、甚至是很难的要求时，最好先让他接受一个小要求，一旦他接受了这个小要求，他就比较容易接受更高的要求。

上述心理规律已经融入到人类生活的各个领域，服刑人员通过学习、认识、了解、掌握并利用心理效应，就可以让自己在日常生活中游刃有余，受益终身。

心理链接

从众效应——是指个体在真实的或臆想的群体压力下，在认知上或行动上以多数人或权威人物的行为为准则，进而在行为上努力与之趋向一致的现象。

一名老者携孙子去集市卖驴。路上，孙子骑驴，爷爷在地上走，有人指责孙子不孝。爷孙二人立刻调换了位置，结果又有人指责老头虐待孩子。于是二人都骑上了驴，一位老太太看到后又为驴鸣不平，说他们不顾驴的死活。最后爷孙二人都下了驴，徒步跟驴走，不久又听到有人讥笑：“看！一定是两个傻瓜，不然为什么放着现成的驴不骑呢？”爷爷听罢，叹口气说：“还有一种选择，就是咱俩抬着驴走了。”这虽然是一则笑话，但是却深刻地反映了日常生活中的一种现象——盲目从众，后来人们把这种现象命名为从众效应。

从众是一种普遍的社会心理现象，从众效应本身并无好坏之分，其作用取决于在什么问题及场合上产生从众行为。但是盲目从众的行为却是不可取的，因为其有可能扼杀了个人的独立意识和判断力，因此，对待从众行为要辩证地看待。

第三节　心理学对服刑人员的重要作用

案例：巧用心思，夫妻重归于好

服刑人员魏某，职务犯，原县委书记，因受贿罪被判刑12年，只因魏某在位时有过一位暧昧女子，妻子觉得遭受奇耻大辱，执意离婚，而且自从丈夫进监狱后，连续2年不闻不问，压根就没这个人似的。刚开始，魏某也觉得妻子太绝情，气得七窍生烟，恨得咬牙切齿，可无济于事。后来，魏某上了心理课，意识到妻子大动肝火的心理诱因就是与自己有暧昧关系的那位女子，明白了"解铃还须系铃人"。所以，立马与该女子一刀两断，并托朋友将此信息无意间告之妻子，妻子态度果然有了转机。此后，站在妻子的角度设身处地为她着想，妻子想要离婚，他表示尊重；妻子想要孩子的抚养权，魏某也给了；妻子提出财产分配意见，魏某也认了。总之，一切都顺着妻子的心意来。慢慢地妻子终于想起丈夫过去的好了，如不嫌弃她家穷，鼓励她自学，鼓励她竞聘，想方设法照顾她的兄弟姐妹，常年请保姆不让她劳累等等。结果，到了正式签离婚协议的那天，妻子反倒不签了，而且回心转意，重归于好，魏某会心地笑了。

心理学一方面丰富了人类对自身心理现象和本质规律的认识，另一方面也极大地促进了社会的文明和进步。目前，它已广泛应用于心理健康、教学实践、体育运动、人力资源管理、广告与营销、产品设计和司法工作等诸多领域，在政治、经济、教育、管理和军事等领域有广阔的"用武之地"。如果说社会是一个"万花筒"，那么心理学就是一盒"万金油"，甚至可以说，心理学的发展水平反映了一个国家、民族、社会的文明发达程度。而对于服刑人员个人来说，心理学同样具有不可替代的重要作用。

一、有助于正确认识自我

心理学是人类为了认识自己而研究自己的一门科学。我们到底有多了解自己？当我们试图弄清“我是谁”和“我想成为谁”之间的距离时，我们许多人都会感到纠结。因为我们每个人的认知能力有限，容易受到外界客观因素的干扰和蒙蔽，从而导致对自我认识的偏差和误解。由于种种因素，我们抑郁、恐慌、嫉妒、自私、狂妄、焦躁、退缩、痛苦、悲观……我们的心智、勇气和行为也随之受到影响。每一个人都是一个独立的与众不同的个体，认识别人和感受外界对于一个人来说并不是难事，真正难的是认识你自己！一个人只有通过学习心理学知识，充分认识自己，才能用批判的思维去制约直觉，用判断力去提纯情感，用理解替代幻想，并且能够看清在复杂人际关系中自己所扮演的角色，最终做出理智的判断，找准自己在社会生活中的准确位置和方向。

二、有助于调控情绪和行为

现实生活中，每个人都是通俗心理学家，我们每天都在“扪心自问”“察言观色”，对自己和他人的行为进行归因。人的心理特征具有相当的稳定性，但同时也具有一定的可塑性。因此，我们可以在一定范围内对自身的情绪和行为进行预测和调整，也可以通过改变内在、外在的因素实现对情绪和行为的调控。也就是说，可以尽量消除不利因素，创设有利情境，调动自己的积极情绪，引发自己的正确行为。特别是当服刑人员由于出现家人去世、婚姻破裂、减刑受阻等重大因素刺激导致情绪巨大波动时，可以运用心理学知识，找到诱发这些行为的内外因素，积极地创造条件改变这些因素的影响，控制自己的最初冲动，处理好自己的心理危机，通过自我心理的调节和控制，能尽快摆脱负性情绪的影响，有效防止脱逃、袭警、自伤自残、自杀等极端行为的发生。

三、有助于保持健康心态

在这个竞争异常激烈的世界里，为什么有的人能够面对挫折且越挫越勇，百折不挠，泰然自若；而有的人在遭受到一次打击之后却一蹶不振，从此消沉下去，主要区别在于是否有一颗平常的心，是否练就了一颗强大的心。我们可以通过心理学的知识来梳理自己的生活，把自己的心态调整到最佳状态，从容面对各方面的压力与挫折，始终维护自己的心理健康，提高自己的生活质量。俗话说：“笑一笑，十年少；愁一愁，白了头。”其实，我们都需要健康，既要生理上的健康，更要心理上的健康。生理健康，要注重生理卫生；心理健康，要重视心理卫生。只有躯体、心理和社会功能均处在良好的状态，才算是真正的健康。

四、有助于改善人际关系

和谐的人际关系对于服刑人员的改造来说至关重要，如果警囚关系不顺、“同改”关系紧张、亲情关系生疏，服刑改造的难度就可想而知。而通过学习心理学知识，就会明白无论是生活中的衣食住行，还是人际交往中的为人处世，凡是与人有关的东西都包含在心理学里面，这样就会懂得要遵循人的心理活动规律，不论是监狱民警、服刑“同改”，还是父母兄弟，都应关注对方的心理诉求，尊重对方的人格尊严，力所能及地相互支持，最大限度地让自己获得对方好感，顺利融入周围的环境之中，建立和谐的人际关系，形成融洽的心理气氛，使大家在心理相容、心情愉快的情景下改造和生活，这样自己的改造之旅就会减少很多障碍，少走很多弯路。

五、有助于子女的健康成长

每个人都带有心理能量，它不一定能影响周围很多人，但一定能影响与你朝夕相处的人，尤其是你的子女，既然我们明白生活环境的差异对子女早期的心理发展有着深远的影响，作为父母就要尽量发挥正能量，避免负能量，不让孩子生活在一个暴力的家庭，不然，他的心理上就会发展不健全，可能会成为一个性格古怪、情绪反常、十分叛逆的人，他可能早早辍学，不愿回家，讨厌家庭，讨厌社会，甚至走上犯罪的道路；相反，应该尽可能给他创造一个和睦幸福的家庭，他的心理就会健康地发展，自小懂得关爱和帮助别人，懂得尊敬长者，懂得好好学习，珍惜家庭温暖。他将来就有更大的可能性拥有一个幸福美满的人生。

六、有助于改造的顺利完成

通过上述分析可见，服刑人员学习和掌握一定的心理学知识，不仅对认识自己、了解自己、掌握自己的个性、驾驭自己的情绪、控制自己的行为、激励自己沿着正确的方向努力具有重要作用，而且对于了解“同改”、了解他人、了解社会，并与之和谐相处，相向而行，具有重要作用。特别是对于那些刑期在 10

年以上、无期、死缓的服刑人员来说，能不能学习和掌握一定的心理知识，能不能长久保持一种良好的心理状态，对于顺利度过漫长的改造生涯至关重要。如果你想平安地度过自己的刑期，如果你不想成为一个有心理缺陷的人，如果你想健健康康地回到家人的身边，如果你想顺顺利利地融入监外的世界，那么，学习和掌握必要的心理学知识就不可或缺。

总之，生活是一条波涛汹涌的大河，穿峡谷、过险滩、漫平原，九曲十八弯，时缓时急，直至奔腾入海。人则是这条大河上的航行者，时而激动万分，时而忧心忡忡，时而又迷茫惆怅，但终归还是奔向一望无际的大海。只有懂得运用心理学管理自己，我们的生活才会幸福、有意义，我们的改造、学习、生活才会有所成就。而人人都可能有一座心理地库，打开门，挖下去，拂去尘封的蛛网，清理清理旧物，让阳光照进暗室，让那里重获光明，你的生活将从此与众不同。

心理链接

态度效应——你有怎样的态度，就会拥有怎样的人生。

有位动物学家和一位心理学家一起做了一个有趣的实验：

两间房子的墙壁镶嵌许多镜子，然后把两只猩猩分别关进去。

一只猩猩性情温顺，它刚进到房间里时，满脸堆笑，这时它从墙壁的镜子里看到了许多“同伴”对它报以友善的微笑，于是它很快就和这个新的群体打成一片。它在房间里嬉戏，和同伴和睦相处，关系十分融洽。三天之后，当它被实验人员带出房间时，竟然显得恋恋不舍。

另一只猩猩则性格暴烈，它从进入房间的那一瞬间开始，就满脸不悦，这时它从镜子里看到了“同类”对它凶神恶煞，很不友好。很快，它就被同类激怒了，于是它与这个新的群体进行无休止的追逐和争斗。三天之后，当实验人员打算将它带出房间时，惊讶地发现这只性格暴烈的猩猩因气急败坏、心力交瘁而死亡。

这种现象被心理学家称为“态度效应”。有人说：“生活是一面镜子，你对它笑，它也会对你笑。”笑与不笑，取决于你的态度，这种态度决定你的人际关系，决定你的家庭关系，也决定你的工作业绩，决定你的人生成败。

第五章

如何度过痛苦的入监初期？

俗话说：万事开头难。服刑也是一样，入监初期是最痛苦、最难过的时期，也是非常重要的时期。本章重点分析入监初期所要经受的痛苦，产生这些痛苦的原因，以及如何减少或解除心灵痛苦，顺利度过这段最难熬的时期。

第一节　造成入监痛苦的三大因素

案例：入监3月瘦了20斤

韦某，男，21岁，身高1.75米，体重53公斤，犯故意伤害罪判处无期徒刑。韦某被送到监狱的当天，抓住大门死活不肯进来，就像小孩子第一次被送幼儿园一样，又哭又闹，无论民警怎么劝，就是不肯踏入监狱一步，最后，只好由武警强行“请”进来，也算是创了一个先例。入监3个月来，一直烦躁不安，恐惧、失眠，一天到晚担心自己会遭到像电影里的监狱囚徒一样被欺负、虐待、甚至血腥杀害。由于刑期太长，对能否出狱毫无信心，加上突然与外界完全隔绝，内心感到极度恐慌。每天吃不下饭，睡不着觉，经常做噩梦，头脑昏沉，对民警的教育根本听不进去，好像脑子不转了，神经又绷得紧，深怕出错挨揍。整整3个月都处于一种如临大敌的紧张不安之中，人也迅速消瘦，3个月内体重减了20斤。这就是典型的入监初期心理适应障碍。

入监初期，服刑人员内心之所以最为痛苦，是外部强烈刺激、内心痛苦体验、身体明显不适三大因素共同作用的结果。

一、痛苦的外部刺激

痛苦的情绪体验首先来自于对监狱这个陌生环境的刺激。服刑人员进入监狱，真正过上囚徒的生活，完全不是以前生活的情景，原来的生活经验和经历在监狱根本用不上，特别是服刑人员身份地位的转变，时时处处受制于人，自己的尊严一点一点地被磨灭，尤其是面临着以下四个方面的变化：

（一）封闭的生活环境

监狱是我国的专政机关，高墙、电网、荷枪实弹的武警战士守卫，威严的狱警全天候管理，到处营造的是一种严肃的惩罚气息，这种气息给服刑人员以视觉上和心理上的高压感；监狱饮食统一管理，生活清苦；大监舍的集体生活，人多拥挤；个性差异大，生活情趣少；进入车间关门，回到宿舍锁门；等等。这种封闭环境很容易让初入监的服刑人员产生高压、苦闷、难受、身体疼痛等情绪体验。

（二）严厉的监管制度

每个服刑人员必须服从监规监纪，参加劳动改造，进行集中学习和统一作息，而这种严格的管理制度并不是服刑人员内心想要的，内心得不到满足，自然就会产生消极怠慢、悲观失望的情绪。劳动改造时间稍长，生产任务稍多，服刑人员不仅心理上感觉愤懑，而且身体上感觉这也痛那也酸，尤其是那些过去自由散漫惯了、很少进行劳动、怕苦怕累的服刑人员更是叫苦不迭，度日如年。

（三）严格的监狱考核制度

严格的监狱考核和减刑制度，特别是2014年开展实施的从严减刑、假释等新政策，导致要求多，考核项目多，评优指标少，扣分处罚多，层层过关，也让那些想要积极改造的服刑人员感到惊恐、焦虑，减刑假释就变得特别“漫长”，似乎看不到尽头，这让初入监的服刑人员感到沮丧、恐惧，失去了对将来出狱生活的期望，甚至使小部分服刑人员陷入重获新生的绝望之中。

（四）复杂的人际关系

初入监的服刑人员必须处理三种人际关系，一是自己与教育干警的关系；二是自己与同室服刑人员的关系；三是自己作为“新口子”（新犯）与“老口子”（老犯）服刑人员的关系。服刑人员的年龄差异大，性格差异大，原来的社会地位、社会阅历及知识素养也有很大不同，犯罪的性质和种类不同，致使沟通交往困难，老犯欺负新犯比较常见，有的甚至相互歧视，钩心斗角，人际关系十分复杂。因此，初入监的服刑人员一般少言寡语，不善交际，不懂沟通技巧，如果不幸遇上牢头狱霸，就更加惶惶不可终日。

二、痛苦的内心煎熬

初入监的服刑人员，离开了自由自在的社会生活，走进壁垒森严的监狱，可谓冰火两重天，心理落差大，导致激烈的内心冲突，心灵备受煎熬。具体表现在：

（一）思念亲人

入监初期差不多所有的服刑人员都念家心切，思念亲人，希望能尽快和他们取得联系，尽快见到他们。但是条件受限，不是想见就可以见，想联系就可以联系，所以，倍感思亲痛苦。

（二）无助心理

由一个自由人一下子变成一个囚犯，犹如惊弓之鸟，一下子没了底，有一种“叫天天不应，叫地地不灵”的感觉，感到非常无助。

（三）焦虑不安

表现为时时刻刻紧张，担心害怕：害怕亲人的唾弃、背离；害怕配偶与其离婚；害怕子女无人管教；害怕自己改造得不到减刑，无法早日出狱；害怕自己将来出狱以后找不到工作，无法养活自己，不能养家糊口，被人们歧视；等等。整个头皮、神经系统或四肢都处于高度紧张之中，常常伴有头痛、胃痛、心悸、失眠、食欲减退等症状。

（四）害怕恐惧

表现为怕“老口子”欺负，对自己刑期的无尽恐惧，度日如年，对未来失去信心，对未知充满恐惧，胆小，怕事，不愿见人，行为猥琐，不少初入监的服刑人员夜夜梦呓不断，噩梦缠身，惊醒之后，再也无法入眠。

（五）抑郁寡欢

特别是性格孤僻、内向，不善言谈的服刑人员最易抑郁。整日面带愁容，沮丧忧郁，沉默寡言，不轻易与人交往，也不轻易向别人吐露自己的心思，连抽搐都小心翼翼，谨小慎微，两眼经常左顾右盼，躲躲闪闪；常常独来独往，不情愿参与集体学习和文体活动，在生活、劳动中很少违规犯纪，表面上“非常老实”，内心却让人捉摸不透。

（六）悲观绝望

新入监的服刑人员普遍存在意志脆弱，不愿正视现实，尤其不能勇敢承担刑事责任，不愿认罪服法，不能冷静分析自我罪孽，不愿接受监狱的改造环境，由此悲观厌世，看不到自己人生的希望，对人生心灰意冷，自入监的那天起，就唉声叹气，心情沮丧，个别甚至自伤自残、自寻短见。

（七）逆反抵触

表现为不遵守监规监纪，不接受教育，甚至抗拒改造，无故殴打“同改”，故意制造事端和矛盾；挑拨服刑人员之间的正常关系，拉帮结派，即使受到关禁闭处罚，也无所谓，屡教屡犯。或借口判决不公、自己蒙冤受屈，或轻罪重判，不断申诉，愤愤不平，厌恶改造，不认罪，不服法。有的臭味相投，拉帮结伙，在监狱形成类似“黑社会”的小圈子，坑蒙拐骗，明抢暗偷，极为恶劣。

（八）伪装心理

伪装心理指制造假象骗取信任，实现个人企图的心理状态。主要表现有装病、装残、假装积极或者消极。出现该类心理与行为的服刑人员也基本可以认定其认知上并未认识到自己所犯下的罪孽，企图通过各种途径逃脱惩罚和减轻劳动强度，甚至不惜采取欺骗、伪装的方式。

2008 年陈水扁案件就因伪装一事闹得风生水起。被监禁入狱后，陈水扁多日禁食，11 月 16 日晚终因体力不支被送到亚东医院，很多支持者非常心疼！但也有很多民众怀疑这又是扁的花招。台网民骂得更凶，说陈水扁一家人真的都是纸糊的，说他避免牢狱之灾的三大绝招，就是“装傻、装病和庄孝伟（装疯子，台语）”。据台湾东森新闻网报道，躺在担架上被送往亚东医院，陈水扁初看起来好像很虚弱，但在网民眼里，一眼就看穿其在演戏，而且演技很差，网民当即戳穿，哪有人在急诊室昏睡一夜，眼镜还戴得好好的，跟吴淑珍的嫂嫂陈俊英吞药自杀时手还握得紧紧的一样奇怪。因此网民很不屑地说，阿扁就像当逃兵的人一样，故意不吃东西，根本就是想畏罪自杀。陈水扁显然是在装病，有意夸大病情想得到“从轻发落”。此类伪装心理大多出现在高智商犯罪群体，他们在犯罪判刑之后内心并未认罪，而是想方设法逃脱监禁与惩罚，将“装”的行为发挥到极致。

服刑人员中像陈水扁一样伪装改造者大有人在。有的伪装学习积极，可“三课学习”作业都是请人完成，报刊投稿都是请人代笔；有的伪装生产积极，可自己的劳动产品都是请人代劳；有的伪装遵规守纪，可是往往当面一套背后一套，甚至事先策划好让他犯故意严重犯规，然后，自己举报，获取重大奖励；等等。伪装改造的服刑人员往往处心积虑，心思都花在“投机取巧”上，而且还要担心被人揭穿，东窗事发，给自己平添了不少心理负担。

三、痛苦的病痛困扰

每个人的身体里，都有一张关于情绪的地图：高兴、兴奋、恐惧、焦虑、内疚、压抑、愤怒、沮丧……这些情绪不仅带来心理上的变化，研究表明，70% 以上的人最终会遭受到情绪对身体器官的“攻击”，即当人情绪变化时，往往伴随着一系列生理变化，身体随情绪的起伏而发生了改变。良好的情绪使人精力充沛、身体健壮；不良的情绪使人颓废沮丧、萎靡不振、疾病丛生。

古人很早就意识到情绪过度对五脏的损伤。大喜伤心，心脑血管病人往往高兴过度容易发病，有人就是在麻将桌上摸到一手绝牌后高兴过度倒下去的；大怒伤肝，右胁下岔气作痛，引发肝火，使气血上逆，头晕目眩，甚至昏厥；大悲伤肺，忧伤过度，往往感到气接不上来；大恐伤肾，恐惧使得二便失调，肾气虚弱；多思伤脾，太执着于思考一件事，就会不思饮食，没胃口，脾气郁结。

现在，大量临床医学研究表明，小到感冒，大到冠心病和癌症，都与情绪有着密不可分的关系。比如恐怖会让人瞳孔变大、口渴、出汗、脸色发白；而情绪低落或过度紧张时，人会越来越讨厌自己，觉得自己无能，怎么样都不顺心，然后就会发现自己头发爱出油、鼻翼出油、心烦冒汗；充满心理矛盾、压抑，经常感到不安全和不愉快的人，免疫力低下，经常感冒、一着急就喉咙痛；紧张的人则会头痛、血压升高，容易引发心血管疾病；经常忍气吞声的人得癌症的概率是一般人的三倍。

现实中因为心理问题导致身体疾病的现象很多。服刑人员张某，男，20 岁，初中文化，因抢劫网友十多元钱被判有期徒刑 5 年，入监之初，情绪非常低落，感觉前途渺茫，对不起养育自己的母亲，每天总想哭，常失眠，易疲劳，怀疑自己感染艾滋病毒，觉得自己就快要死了，整天没精打采，行为懒散，加上总认为自己无罪，抗拒改造，不主动参加集体活动，个人卫生差，不仅很快产生了抑郁、焦虑、敌对、疑病、躯体化等心理问题，而且身体也出现了大问题，直至多次休克，几乎丧命。

广州某企业的董事长陈先生，一接到大的工作项目就会满嘴生疮，无论吃什么药也不管用。溃疡会持续很长时间，休息一段就好了，可下次接到大项目时又会复发。

一位42岁的男性患者，因工作负担过重，经常睡眠不好，又与朋友发生争吵，起初认为是工作压力大或别的原因就在家休息了几天，可几天后发现坏情绪反而更加严重，记忆力减退，慢慢地伴有心悸、胸闷，整日精神不振，最后甚至不愿与人交往、不想工作。这时其家人才开始重视，赶紧去医院咨询，结果确诊为抑郁症。

在正常社会生活中的人都可能因情绪大起大落而出现如溃疡、头痛、失眠、疲倦、心悸、胸闷和原因不明的疼痛等身体病征，何况，初入监的服刑人员经历了犯罪时的惶恐、紧张到追责的一连串的高压和挫败，一会儿担心，一会儿着急、一会儿忧虑、一会儿恐慌……心境随着环境的变化没一刻平静的，情绪波动就更大，身体内分泌系统发生紊乱，抵抗力降低，来到了监狱这样一个完全陌生的环境之中，心理的、环境的不适就更容易引起身体的不适，大多数人都有过失眠、胃痛、头痛、精神恍惚、便秘等症状，严重的还会出现心绞痛、高血压、十二指肠溃疡、全身疼痛抽搐等病，有些人甚至会怀疑自己得了绝症。这些症状其实就是躯体化症状，原来除了有烦躁、紧张、焦虑、恐惧、压抑及情绪低落这些情绪外，还会以身体病征如头痛、失眠、疲倦、心悸、胸闷和原因不明的疼痛等表现出来。不懂心理学的管理干警又往往把这些人视作装病者加以训斥，强迫劳动改造，初入监的服刑人员就更容易消极怠慢，敌对抗拒，甚至就一副死猪不怕开水烫的样子，违规违纪，一蹶不振。

心理链接

跳蚤效应——是指当一个人屡屡碰壁，多次受挫后，就会失去追求目标的勇气，从而逐渐降低自己的渴望，慢慢接受并适应严酷的现实。

它来源于一个有趣的实验：把跳蚤放在桌子上，一拍桌面，跳蚤会高高跃起。

生物学家在跳蚤的上面倒扣一个玻璃盒子，然后再拍桌子，跳蚤高高跃起，却重重碰到了玻璃上。生物学家再次拍桌子，跳蚤高高跃起又碰壁了，于是跳蚤为了避免碰壁，越跳越低。经过一段时间的训练后，生物学家拿掉了玻璃盖子。再拍桌子，跳蚤依然不敢高高跃起，因为它害怕碰壁。从此以后，这只跳蚤再也不能高高跃起了，直至生命结束都是如此。

为什么在没有限制了以后，跳蚤也不能高高跃起呢？理由很简单，因为跳蚤已经调节了自己跳跃的高度，而且适应了这种情况，没有勇气去改变，这就是“跳蚤效应”。

其实不但跳蚤如此，人也一样，在不断遭受挫折之后，自信心会受到重创，同时追求安全、避免受伤的心理会越来越强烈，因此就会降低自己的目标，慢慢接受现实，安于现状。

第二节　负性认知是入监痛苦的根源

案例：这是邻居逼人太甚！

服刑人员邵某，男，26岁，初中文化，因报复邻居纵火被判有期徒刑5年。入监一年来，情绪很不稳定，易激动，紧张，焦虑不安，沉默寡言，行为固执。从入监的第一天起就坚持自己无罪，反复强调是邻居欺人太甚，先拆了他家的房，他才放火烧邻居家的房。见人就振振有词地嚷嚷：毛主席说了“人不犯我我不犯人，人若犯我我必犯人”，因此，自己只是对邻居家的正当防卫，不但无罪，还是受害者，邻居必须要赔他家的房子。为此，邵某整天愤愤不平，从骂公安，骂检察官，到骂法官，一路不停地骂，一路不停地写申诉状，全然不顾自己违法犯罪的事实。到了监狱也是如此，反复申诉，无心改造，也不愿与他人交谈，不主动参加集体活动，而且睡眠少，食欲不佳，一心盼着有关部门接受其诉状并重新改判无罪。所以，尽管人已经到监狱服刑了，可全部心思都还在纠缠到底谁对谁错，其认知偏激真是到了极点。

美国著名心理学家埃利斯认为，使人心理痛苦的其实不是事件本身，而是对事情的不正确的解释和评价，也就是说，错误的认知和不合理的观念是导致行为与情绪问题的根源。上例邵某的情绪体验中就存在典型的选择性抽取、两极化思维、责备他人等偏离正常的负性认知，有了这些负性认知，其情绪的痛苦体验和身体病态的出现就可想而知。

既然负性认知是造成入监初期痛苦的根源，那么首先就得找出这些负性认知。调查发现，服刑人员中普遍存在八大负性认知。

（一）冤屈认知

总认为国家、社会对自己不公平，总认为自己受了极大的冤屈，怨恨办案人员，怨恨政法机关，怨恨社会，有的甚至怨恨亲人和朋友，因此不服判决，要求申诉，也不服改造，抵触改造，甚至破罐破摔。

（二）孤苦认知

初入监的服刑人员总觉得家里的亲人因自己坐牢受到社会的歧视而远离自己，不再理会、关心自己，配偶也因此与自己离婚；也有的认为同监服刑人员会故意孤立自己，侵犯自己，打压自己，陷害自己；甚至怀疑管理干警会故意打压自己，为难自己；有些服刑人员则走到另一个极端，其不停地反省自己，觉得自己有错，对不起亲人或他人，过度责备自己，以至因为愧疚疏远他人，内心极度孤苦，又无处诉说，遂产生了不如一死了之的念头。

（三）两极化思维

这种思维只支持黑白两种状态，不允许阴影或者灰色地带的存在，非此即彼，进退没有余地。这种思维方式影响正确客观的自我评价系统，使情绪波动于绝望、得意、愤怒、狂喜和恐惧之间。常常对突发事件导致的挫折缺乏承受能力。一件事，要么完全适合心意，要么就认为是完全失败的。如，“不成功，就成仁”，“不是好人，就是坏蛋”。

（四）“糟透了”的思维

事情没有最坏，只有更坏，初入监的服刑人员容易将自己遭遇到的事情看成是“最不幸的”“最可怕的”“无可救药的”“最冤的”，由此陷入极端的焦虑、紧张、绝望等不良情绪中。如“进了大牢，我这辈子彻底完蛋了”。

（五）“应该”和“必须”思维

初入监的服刑人员抱有一些固定、刻板、僵化的思维定势，习惯用“应该”“必须”这些观念来约束自己和别人。如“亲人必须给我申诉”“别人必须公平地对待我”“国家应该让我们过得更好”“人民法院应该给我改判、减刑”等等。

（六）单一片面的脑筋过滤器（选择性抽取）

初入监的服刑人员大部分都纠结于自己在犯罪过程中自己的某个细节行为或想法，只从自己单方面来考虑问题，忽视其他重要细节或行为，总认为是公安、检察人员或法官故意不朝有利于自己的方面去认定刑事责任，从而冤枉了自己，判决不公。因此闷闷不乐、愤愤不平，不断地要求申诉，要求公平。还有些初入监的服刑人员看到了某些劳动改造轻松的服刑人员就心生嫉妒，一门心思认定这个犯人肯定是找了什么关系，送了什么礼，自己也要削尖脑袋、不顾一切去行贿，一旦不如意就敌视、仇恨甚至报复他人。

（七）以偏概全

这种思维方式会根据单个事件或者一个迹象就作出宽泛的结论，导致束缚的限制性的生活模式，畏惧生活中任何可能发生的改变；另一方面是过早给不喜欢的、有争议的人或者事物盖棺定论，用一种绝对的口气，不可改变的规则决定可能得到的快乐的机会。这种思维方式实际上无视支持相反观点的迹象，使个人世界越来越呆板片面。给人感觉就是偏激、顽固不化。

（八）责备他人

绝大多数服刑人员将自己的消极感受推给他人，拒绝承担责任和改变自己。如“穷山恶水出刁民”，“是他们错在先，我没办法”，“我是被生活所迫”，“是社会逼我的”，“我身不由己”，“是我的父母造成了我的问题”。

心理链接

思维定势效应——所谓“思维定势”，就是按照积累的思维活动的经验、教训和已有的思维规律，在反复使用中所形成的比较稳定的、定型化了的思维路线、方式、程序、模式。

美国心理学家迈克曾经做过这样一个实验：他从天花板上垂下两根绳子，两根绳子之间的距离超过人的两臂长，如果用一只手抓住一根绳子，那么另一只手无论如何也抓不到另外一根。在这种情况下，他要求一个人把两根绳子系在一起。不过他在离绳子不远的地方放了一个滑轮，意思是想给系绳的人以帮助。然而系绳的人却没有想到它的用处，结果没有完成任务和解决问题。如果系绳的人将滑轮系到一根绳子的末端，用力使它荡起来，然后抓住另一根绳子的末端，待滑轮荡到他面前时抓住它，就能把两根绳子系到一起。

能够把人限制住的，只有人自己。人的思维空间是无限的，也许我们正被困在一个看似走投无路的境地。这种境遇只是因为我们固执的定势思维所致，只要勇于重新考虑，就一定能够找到不止一条跳出困境的出路。

第三节 身份意识的转变是转折点

案例：身份一变天地宽

沈某，男，汉族，44岁，高中文化，因涉黑犯罪获刑12年。初入监时，总认为自己过去如何了得，到了监狱还时时想着当老大，等级观念强烈，驾驭欲望很强，自然招来不少麻烦，矛盾纠纷接踵而至。为此，情绪不稳定，易激动，经常伴有紧张、焦虑、不安；行为上经常坐立不安，注意力不集中；生理上，经常失眠，食欲减退，血压不稳定；人际关系上与其他服刑人员交流和沟通少，越来越孤立。沈某后来经过一段时间的心理调试，逐渐转变身份意识，不再把自己当作老大了，和别人关系也融洽了，反而觉得自己不那么烦躁、压抑了，心情也变得放松，如释重负，有了积极的想法，烦闷不安的情绪明显改善，先前的焦虑情绪也得到了明显的缓解，能够认真参加监狱组织的多项学习、教育活动，与亲属的关系也逐渐恢复正常，正可谓身份一变天地宽。

服刑人员身份地位的转变是一个艰难的过程，刚入监时，尽管人到了监狱，但他们在内心深处还不能真正接受服刑的现实，没有忘记在自由时候自己的身份和社会地位，习惯性地保留着过去生活中的一些尊严和荣耀，一些愉快的生活情景还历历在目。特别是有些服刑人员东窗事发之前，手下还有不少员工，那些员工服从自己的安排和调遣，很少有顶撞忤逆自己的现象，所以，自己一直高高在上，地位显赫，身份尊贵。可来到监狱以后，自己成了阶下囚，人身自由被限制，名声、地位、家庭生活已经不再拥有，时时处处都受监规监纪的管制和约束，加上还要受其他服刑人员的歧视或虐待，内心深处产生了强烈的角色转换冲突，过去的自己与现在的自己相比，简直是一个天上一个地下，心理落差非常大，抵触心理极强。

身份伴随着一个人从出生到死亡，他是每个人社会化的重要标志之一，改变身份意识对于每个人来说都是一件极其困难的事。但是面对监禁现实，从狱外到狱内，从原本的自由人到如今的阶下囚，身份的转变是必然的，服刑人员需要做的不是如何维持原本的身份而是如何适应现有的身份，以求平稳度过牢狱惩罚，为自己所犯下的罪孽救赎。

因此，初入监的服刑人员如果想安稳地度过入监初期，角色转变至关重要。服刑人员可以从以下两方面进行心理调试，转变身份意识。

一、放弃过去身份，认同囚犯身份

服刑人员只有完全忘记以前的身份，认同囚犯的身份，将自己的身份与心态放低，为自己之前的犯罪行为赎罪，才能够不为自己目前所处的服刑改造环境而感到不平，也只有这样，才能够专心地投入到教育改造与积极参加生产劳动中去，才容易在监狱特殊环境里做出成绩，争取尽快减刑，早日获释而回归社会，与亲友团聚。

前例陈水扁在狱中的确有夸大病情的嫌疑，但是我们也不能说其是完全装病，其在狱中产生生理不适的重要原因，便是身份意识未能很好转变。从一个在台湾社会地位极高又拥有众多支持者的地区领导人到如今的阶下囚，要在短时间内转化身份意识，的确比较困难。也正是因为未能很好地将身份意识转化，陈水扁在入狱初期出现了众多生理和心理问题。

二、接受现实，改变观念

面对人生的大起大落，服刑人员要做的不是执着过往，而是接受现在，为了未来活好当下。

当服刑人员走进监狱，曾经的经历、喜悦、痛苦、成功与辉煌，都已经成为历史，那是过去，而不是现在，也不是将来。服刑人员得毫不犹豫地把过往抛弃，忘却过去的成功与辉煌，摆脱以往的思维惯性，重新思考自己对社会、对家人、对他人的责任；思考自己是责备多、要求多，还是贡献多、回报多；思考自己是脚踏实地、诚实劳动，还是投机取巧、拉帮结伙；正确分析自己有什么样的人生观、价值观，将来自己应该具有哪些与社会一致的思想，才不至于被社会所抛弃、所指责；自己所得到的财富是否是合理合法的；面对将来各种挫折和失败自己应该如何去正确对待；再遇纠纷是积极想方设法、合法解决问题，还是不择手段再去铤而走险。等到这些问题自己都有了明确的答案后，你才会发现，原来入监初期要考虑的问题很多，要做的事情也很多，由不得自己再胡思乱想，白白浪费时间。

心理链接

瓶颈效应——当人群通过一个入口或出口处，若有次序地进行，可顺畅流通。行进速度愈快则流量愈大。而当人群很拥挤时，则流量大大减少。在公路上行驶的车辆，若相互保持一定距离，则车辆流量会很大。如果遇到一个狭窄的路段，则会因为车辆密度增大而形成堵塞，流量立即减小。这就是所谓的“瓶颈效应”。

瓶颈效应可以解释生活中的许多事情。比如，有一天，你在公共汽车上或者在马路上，突然听见有人叫你的名字。你抬头一看，噢，这不是我多年未见的老同学、老朋友某某某么？这是人之常情的反应，自然应当是回叫老同学、老朋友的尊姓大名，可奇怪的是，这个“某某某”，你心中明明是一清二楚的，几乎很快就能叫出他的名字来了，却偏偏就是转化不成具体的语言符号，被卡住了脖子似的，叫不出来，令人好不尴尬！

对个人发展来说，“瓶颈”一般用来形容人生发展中遇到的停滞不前的状态，就像瓶子的颈部，往上便是出口，但是如果没有找到正确的方向，也有可能一直被困在瓶颈处。因此，要寻求更大发展，关键还得突破瓶颈。

第四节　改变自己，主动适应

案例：监狱也是“适者生存”

李某、王某原来都是省直某单位的副厅级干部，三年前两人因受贿罪各获刑六年，入狱以后，由于两人的心态不同，选择的方式不同，导致结果也完全不同。李某入狱后，接受现实，改变自己，主动适应，很快地实现了由领导到罪犯这一身份的转变。在行为养成上，三十八条背得滚瓜烂熟，从不违规犯纪；在生活上，一切“入乡随俗”，从不搞什么特殊化，连被子都叠得有棱有角，物品摆放有条不紊；在劳动中，每个月排名不是第一就是第二；在人际关系上，不仅和干警关系好，而且和“同改”的关系也很好，大家都叫他“李协调”。入狱第一年被评为生产能手，第二年又被评为积极分子；更难能可贵的是，三年下来，他利用业余时间写作，完成了两部书稿；刑期过半立马就获得假释回家。而王某却不同，总是留念过去八面威风的好时光，整天摆着领导的架子，人在监狱，心却在社会，地位早变了，心态却始终没变，依然我行我素，自然是到处碰壁，因违反监规多次被扣分，不仅减刑愿望泡汤，而且影响了假释，只得在监狱继续服刑。

一、改变自己

无论走到人生哪一个阶段，想改变环境、改变别人是极其困难的，唯有改变自己最为有效。所谓适者生存，改变自己，重塑自己，懂得变通，才能适应环境，方能把自己的潜能和学识发挥到极致，战胜更多的挫折与更大的苦难。

服刑人员要适应环境，就要懂得改变自己，积极主动去适应。正如识时务者为俊杰，人生如流水，同样是顺者昌，逆者亡。有的人总是不肯改变自己，总希望环境变化，总希望通过环境的改变来得到好处，迁就自己，反被环境所弃。

适应是一种觉悟，应付却是一种手段。应付往往不是真心实意的，而是以利害为前提的，不少服刑人员信奉拉关系可以改变自己的环境，其实未必。就如一次送礼往往不能得到长久的好处，因为，监狱的管理是流动的，服刑人员的岗位变动也是经常的，多次的请客送礼也不见得能让服刑人员一劳永逸，何况请客、送礼本身就有再次犯罪的风险，而且长期送礼恐怕家属也没有这样的经济实力，加上这么多的上层关系，勉强应付一个也许还可以，层层过关就不见得，只有彻底改变自己，才是唯一正确选择。

世界上有两种人：一种是观望者，一种是行动者。做人如水，做事如山。做人要柔和、谦让，像水一样顺势而为；做事则要诚实、踏实，像山一样拔地而起。要改变现状，就得改变自己。要改变自己，就要改变观念。一切成就都是从正确的观念开始的，一连串的失败，也都是从错误的观念开始的。要以最快的速度适应改造新环境，唯有改变自己。

把握自己的今天，那么明天绝对会更好，你对改造生活微笑，那么改造生活也对你微笑。你对改造环境怒目而视，改造环境也会对你百般挑剔。因此，想让服刑的心灵不再压抑，唯有改变自己，顺应环境，这样才能让囚禁的心灵自由飞翔，去迎接那绚丽的阳光。

二、培养适应能力

我们每个人一生中都要不断地经历新的环境变化，接触新事物，适应新环境，并改变自己行为习惯或态度，从而与新环境之间形成一种协调和谐、相宜相适的状态，这也是我们现在所提倡的构建和谐社会的基础。

环境适应能力的内容一般包括以下几个方面：个人生活自理能力、基本劳动能力、选择并从事某种职业的能力、社会交往能力、用道德规范约束自己行为的能力。新环境对每个人来说都是陌生和孤独的开始，这期间也就是结束旧行为开始新行为的适应过程，是我们个人心理健康发展的重要里程碑。

适应新的环境通常需要三个月，这亦是关键的三个月，因为这期间给别人留下的印象非常深刻，你的一言一行都会受到别人的关注，若留下一个坏印象，将来很难改变，若留下一个好印象，也不容易改变，所以，要特别注意自己入监初期的言行举止。

（一）做好心理上的调节

对新环境不适应，集中表现为心理上的不适应。这种心理上的陌生感、孤独感、失落感，往往是由于自我封闭的心理障碍所造成的。因此，要学会心理上的自我调节，只有学会自我解脱、自我宽慰，靠自己的努力转移不良情绪，才能使我们在心理上尽快适应新环境。这种调节应把握三点：

1. 要学会接受无法避免的现实。如果不幸的事情已经发生，并且我们不能改变它，那么我们要做的就是接受不可改变的现实，即使再不情愿，也要及时收住自己错误的脚步，寻找新的方向。为失去的东西一味懊悔是没有用的，有些东西失去了就不会再回来，更重要的是要为以后的生活做好计划。很多时候我们在监狱的生活中感到痛苦，甚至以为自己置身于永无希望的黑暗中，这是因为我们把环境的缺陷放大了，让它遮掩了一切。如果要想平稳度过这段苦难的岁月，就要学会去接受这无法避免的现实，学会去接受自身存在的种种缺陷，而且不为此而烦恼。我们要意识到，烦恼比缺陷本身对我们更有害，烦恼会毁掉我们的生活，磨灭我们的信念和意志。如果我们能把烦恼所浪费的时间和精力用来解决由此带来的问题，那么我们就不会再有烦恼。面对缺陷，唯有面对它，正视它，并努力接受和改变它，才能使我们的心绪重归平静。

2. 医治孤独的良药是交往。只有置身于人际交往之中，把自己逐渐融于新的群体之中，打开心灵的闸门，以真诚换取他人的信任，才能在相互沟通中建立起新的友谊，从而适应新的环境。走进监狱牢门，意味着我们和外面的人际圈暂时封闭了，但是人是社会人，没有人与人之间的交流足以摧毁一个人的身心与意志力。既然之前的联系断了，我们可以努力寻求新的联系，走进监狱，我们要放下自己的身段，在这里同样人人平等，试着放低姿态，收起自己身上的芒刺，平等地与人交流，就可以结交新的朋友，建立新的人际关系，尤其是有了良好的"同改"关系和警囚关系后，就可以慢慢排解心中的郁结。

3. 要对自己有信心。无论是对当前的生活还是对未来的憧憬，服刑人员不应该动摇最初的信念，要对自己的改造有信心，相信自己可以适应监狱现状，相信自己仍然有未来。信心是成功的秘诀。拿破仑曾经说过："我成功，是因为我志在成功。”如果没有这个目标，没有这个毅力和决心，成功当然也与他无缘。在现实生活中，信心一旦与思考结合，就能激发出潜意识，激励人们表现出无限的智慧与力量，使每个人的欲望转化为物质、金钱、事业等方面不懈奋斗的强大动力。因此，只要有信心，即使今天身陷囹圄，同样不影响自己活好当下，也不会影响对未来的执着追求。可见，信心是我们适应新环境必不可少的心理前提。

（二）主动调节生活方式

来到了一个生活节奏全然不同的新环境，同样会产生生活上的不适应。初入监的服刑人员一般都会对监狱作息时间感到不适应，但是监狱作息时间不会因为个人而有所变化，因此我们只有主动调整自己的生活节奏，才能尽快适应新环境。不仅作息时间，包括生活习惯、饮食结构等都要重新调整、重新安排，才能顺利度过监狱生活。

作息时间上，必须学会适应早晚有规律的作息时间表，及时调整生物钟，适应监狱作息，劳逸结合，注意身体健康。

生活习惯上，也要有所改变，特别是要学会适应群居的生活，对于卫生习惯、就寝习惯等都会有所改变，只有慢慢适应这种群居生活、集体生活，才能有一个更加健康的生活环境。

饮食结构上，监狱的饮食虽然没有家里丰盛，但是整体的饮食结构还是较为科学的，作为初入监狱的服刑人员，首先就要克服这样一个并不丰盛的饮食结构所带来的口味习惯上的不适应，随遇而安，顺其自然。

（三）要增强角色意识

作为进入一个新环境的服刑人员，首先应该认清自己在改造环境中所承担的社会角色，以及这个角色的性质、职责范围，弄清楚改造关系中赋予自己的职权和自己承担的义务。只有这样，才能尽心尽力地去扮演好自己的角色。因此，服刑人员要将监狱环境作为一个新的工作环境对待，逐渐扮演好一个服刑者的角色，这样才能更好融入监狱生活，适应新的环境。

1. 主动交往。要主动投入到新的改造生活当中，在监狱生活中应该主动随和，谦虚谨慎，给人一种较亲近的感觉，切忌自命清高，与人格格不入。没有一个良好的交际环境会大大增加生存的压力，初入监狱，服刑人员更应主动寻求与他人融合，共同努力，共“同改”造。

2. 避免卷入是非旋涡。监狱是一个由各类人组成的小型社会，其中不乏说长道短、添油加醋、挑拨是非的人，这些是是非非可以听，但别忘记分析，不了解事情的来龙去脉，最好还是保持缄默，以免说错话，引来不必要的麻烦。

3. 完善自己的知识结构。监狱服刑人员必须清楚自己进入牢门除了为自己所犯的错误赎罪以外，更重要的是改造自己，改造自己的一个重要方面就是完善自己的知识结构，为自己走出牢门后的职业生涯重新做好准备，使自己在漫长监狱生活中有所期盼，有所作为，有所收获。

（四）学会调控情绪

服刑人员入监之初，难免遇到这样那样的困难，难免和“同改”磕磕碰碰，这很容易引发不良情绪。因此，要特别注意调节和掌控自己的情绪，做情绪的主人。

1. 换个背景看烦恼。比如说，平时我们所见的月亮在天空当中，其背景是浩瀚无垠的宇宙，月亮相形之下就比较小。当月亮刚出地平线，陆地上的房屋、树梢都成为一种参照物时，月亮就显得比在当空时大得多。所以，当你感到环境对你有一种压抑感，或者你总是为一些小事忧愁不已时，不妨换一个更为开放、开阔的环境，以调节情绪，改善心境。

2. 明确改造目标。烦闷是服刑人员普遍具有的一种“常见情绪”。在这种心境下，你会感到做什么事情都没有意义，这也不想做，那也不想做，非常无聊，以致总有一种茫然无措、心神不定的感觉。产生烦闷的最直接因素通常有两个：不知道该去做什么，不知道自己怎么做。因此，服刑人员从入监起，就要趁早确定改造目标，制定好新生规划。

3. 忙碌去忧愁。“志士嗟日短，愁人怨夜长。”人在无所事事时，烦恼就多，感到度日如年；人在做事时，特别是做自己认为有意义的事时，不但没有累的感觉，相反还充满乐趣，感到光阴如梭。服刑人员在服刑期间要找到自己认为有意义的事，勤奋努力去做，既可以驱走烦恼和忧愁，还可能有所作为。

4. 宣泄你的忧伤。培根曾说：“如果你把快乐告诉一个朋友，你就会收获两个快乐；如果你把烦恼告诉一个朋友，你的烦恼就会减去一半。”初入监的服刑人员在心情不好、忧愁时，可以和信得过的“同改”说说，不要把什么事情都闷在心里，闷多了、闷久了就会产生心理问题。

5. 微笑是心理健康的“通行证”。莎士比亚曾说：“如果你一天中没有微笑，那你这一天算是白活了。”美国一位心理学家也认为：“会笑、会哭，是衡量一个人能否对周围环境适应的尺度。”俗话说：笑一笑，十年少。真诚的微笑既能愉悦自己，又能感染他人。微笑是良药，是心理健康的“通行证”，是世界上最廉价、最实用的滋补品。

“播下一个动作，你将收获一种习惯；播下一种习惯，你将收获一种性格；播下一种性格，你将收获一种命运。”美国著名心理学家威廉·詹姆士的这句话也许能让我们终身受益。作为初入监狱的服刑人员，如何提高自己适应新环境的能力，在漫长监狱生活中养成一种坚忍不拔的性格，不仅对较快适应入监环境，解除初期痛苦有重要作用，而且对未来走出监狱大门，续写人生新篇都大有裨益。

心理链接

鲶鱼效应——人只有不断挑战自己，参与竞争，才能更快地成长和发展，而安于现状，只能一事无成。

在日本有一个广为流传的故事。古时候日本渔民出海捕鱼捉鳗鱼，回到岸边时，鳗鱼几乎死光了。但是，有一个渔民，他捕的鱼每次回来都是活蹦乱跳的。他的鱼卖的价钱也因此高过别人一倍。没过几年，这个渔民就成了远近闻名的大富翁。直到身染重病，不能出海捕鱼了，渔民才把这个秘密告诉他儿子：在盛鳗鱼的船舱里，放进一些鲶鱼，为了对付鲶鱼的攻击，鳗鱼也被迫反击，始终处在战斗的状态中，鳗鱼生的本能被充分调动起来，所以就活了下来。

“鲶鱼效应”不仅在企业参与市场竞争、激发创新活力中发挥重要作用，在个人的社会生存和市场竞争中同样发挥巨大效应。人们只有认清现实环境，主动参与社会竞争，才能激发内在潜力，改变不利的处境，在激烈的社会竞争中处于不败之地。否则，就只能是一条任人宰割的“死鱼”。

第六章

漫长刑期怎么度过？

如何度过漫长的服刑中期，是每个服刑人员都必须面对和思考的问题。在服刑期间，有的服刑人员认罪悔罪、悔过自新，从此开始了新的人生；有的服刑人员拒不认罪、抗拒改造、耽误了新生旅程，即便最后出去了，但是过不多久又进来了，一辈子就在社会—监狱—社会—监狱的循环中打转。本章从介绍服刑中期的心理特征入手，帮助服刑人员顺利度过漫长刑期。

第一节 漫长刑期的心理特征及其对策

案例：喜怒无常被人疏远

服刑人员张某，身高 1.78 米，五官端正，相貌堂堂，看上去是一个人见人爱的帅小伙，可实际上却成为监区的一个老大难。张某刚到监区时，环境的新鲜感使他处于兴奋状态，成天嘻嘻哈哈，和“同改”搞得比较火热，可半年之后，就判若两人了。一天晚上，睡在他上铺的王某翻来覆去睡不着，弄得床板嘎吱响，一向友善的张某爬起来，二话不说就把王某的被子甩到地上，望着不可理喻的张某，王某丈二和尚摸不着头脑，冷得直打颤，却又敢怒不敢言。第二天，监室的两个“同改”在一起说笑，张某以为是在笑他，又是二话不说，跑过去一人一巴掌。过了几天，张某正和一个“同改”高高兴兴地下棋，邻舍的李某过来助兴，在旁边给对方指点了一下，没想一向大度的张某把棋盘一掀，揪住李某就打。几次折腾下来，“同改”们实在是摸不透张某的脾气了，表面看上去十分安静、随和，可一不小心就电闪雷鸣，翻脸不认人，调了几次监舍，也是一样，谁也消受不起，也被他那喜怒无常的情绪搞怕了，只好敬而远之。后经咨询师诊断，属典型的服刑中期心理冲突障碍。

一、心理冲突是服刑中期的突出特征

服刑人员经过半年或一年的改造后，对监狱的生活基本适应，开始进入改造中期。这一阶段的主要特征是外表平静，似乎情绪稳定，而且由于绝大多数服刑人员有了明确的改造目标，进入了半自觉或自觉改造阶段，但内心深处却经历着复杂的心理冲突，新旧之间、正反之间、积极与消极之间、接受与抵触之间、主动与被动之间、常态与变态之间等矛盾心理进行着长期艰苦的较量。这一阶段时间较长，多数服刑人员会在情绪和行为上表现出反复，主要心理特点便是外表平静而内心冲突，是平静中的矛盾运动，在量变中孕育着质变。这种内心冲突集中表现在：

（一）悔罪与自我抱怨

到了服刑中期，多数服刑人员会对自己的罪行产生自我悔恨，这是服刑人员积极改造的内在动力，但也有个别服刑人员对自己的犯罪手段、犯罪时机、个人命运产生抱怨，怪自己手段不高明，时机没有掌握好，或运气差而被绳之以法等。

（二）希冀与悲观

希冀就是服刑人员对新生活的希望和迫切追求，对改造前途和未来生活充满了信心，从而在希望中改造。但同时，刑期较长的服刑人员面对漫漫刑期，也会带有悲观情绪、带有无可奈何的心情。

（三）醒悟与迷惘

醒悟是服刑人员经过改造后对人生道理的觉醒，对人生意义开始产生正确的领悟，从而促进改造进程。同时，心理上的模糊认识依然存在，再加上现实中的不确定因素，因此对前途还存在迷惘。

（四）监狱人格

监狱人格是在服刑中期出现的一种消极适应现象，是指由于长期的服刑生活所造成的消极效应。即在一部分服刑人员（特别是重刑犯）中有可能出现的以双重人格为主要特征的人格变异。这种人格的特征：一是屈从。由于长期被强制管理改造，逐渐失去自己原有的个性，一切听命于他人，委屈服从。二是自卑。过分降低自己的价值，过于谨小慎微，唯唯诺诺，对任何人都唯命是从。三是人格冲突。指同一个人同时存在两种相互矛盾或完全对立的人格特征，比如强与弱，好与坏同时并存。有双重人格的服刑人员在警察面前是一副假的卑躬屈膝，毕恭毕敬的弱者与尊重的面孔，而背后则对其他服刑人员中的弱者进行欺侮、凌辱或对警察的管理发泄怨气。四是缺乏活力。此类服刑人员整天循规蹈矩，行为死板，像机器人一样，自己无积极的主动表现，如在交流会上从不提建议，不发表自己的见解等。五是犯罪心理的延续与纪律的约束。有些服刑人员的犯罪心理并未消失，而是在不同程度地延续，甚至通过各种方式进行满足或代偿性满足，如监内偷盗、脱逃、违反监规纪律。但由于监狱环境和各种制度的约束产生了一定的惧怕感，抑制了自己的行为，但只要有机可乘，还是会铤而走险。六是好逸恶劳与强迫劳动。好逸恶劳是人的本性，在服刑人员身上表现得更为突出，一般表现为抗拒劳动、消极怠工和弄虚作假。这三方面又与强迫劳动的惧怕心理之间形成矛盾。七是常态需要与自由受限。常态需要表现在：生理需要、业余爱好与兴趣的需要、衣食住用的生活需要、与亲人团聚的需要。这四方面分别与监狱生活受限引起的不满足感、压抑感之间形成矛盾。总之，监狱人格不利于服刑人员的彻底改造，也不利于服刑人员在今后重返社会。

二、消除内心冲突的五大策略

既然服刑中期服刑人员最大的心理特点就是存在众多的内心冲突，因此，能否主动调节情绪，维护心理平衡就显得至关重要。

一位哲人曾经说过："一个人的心态就是一个人真正的主人，要么你去驾驭生命，要么是生命驾驭你，而你的心态将决定谁是坐骑，谁是骑士。"

心情是一种持续的情绪。情绪，人皆有之，喜、怒、悲、恐是人的基本情绪。每个人都有自己的情绪，人们常说："冲动是魔鬼。"在现实生活中，许多人都会在情绪冲动时做出令自己后悔不已的事情。何况服刑人员在服刑期间的心理、家庭、环境的压力较大，改造又是一个漫长而痛苦的过程，难免遇到这样那样的困难，难免与"同改"磕磕碰碰，这些都容易引发不良的情绪。因此，在漫长刑期中学会有效管理和控制自己的情绪，消除心理冲突，保持心态平衡，是服刑人员顺利改造、获得新生的基本功。

（一）认知调控策略

认知是指一个人对某一件事的认识和看法，包括对事件的评价、解释以及对未来发生事情的预期。认知心理学的研究表明，引起人们情绪困扰的并不是外界发生的事件，而是应该改变的不合理的认知。因此，我们可以通过改变对事件的不合理认知，进而改变情绪。服刑中期的众多心理冲突都是因为个人的不合理认知造成的，在漫长刑期中，服刑人员常见的不合理认知有过分概括化、糟糕至极、绝对化这三种。过分概括化指的是一种以偏概全的不合理思维方式。例如，某服刑人员因为改造中的一些小挫折就全盘否定自己的能力与价值。糟糕至极指的是把事情的可能后果想象得非常可怕非常糟糕。例如，某服刑人员仅因为自己的一次违规，就认为自己再也没有减刑的机会了。绝对化指个体以自己的意愿为出发点，认为某一事物必定会发生或不会发生的信念。例如，某服刑人员认为其他服刑人员都应该对其友善，在其提出需求时都应该帮助他。这些都是不合理的认知，应当纠正它、克服它，从而消除不必要的内心烦恼，求得心理平衡。

（二）注意转移策略

注意转移策略指把注意力从产生消极否定情绪的活动或事物上转移到能产生积极肯定情绪的活动或事物上来。其心理机制是大脑皮层优势兴奋中心的转移。当服刑人员在漫长刑期中，一味地沉湎于消极情绪中，会使身心受到极大伤害，所以，必须把集中于消极情绪的注意力转移到愉快的有意义的活动上来。注意转移法可分为积极的转移和消极的转移。积极的转移，指把时间、精力从消极情绪体验中转向有利于个体发展的方向上，如勤奋学习、努力改造等。消极的转移，指情绪不佳时，用消极的行为表达情绪，如逃避、退缩、自暴自弃，这是应该努力避免的情绪转移方向。能够转移注意力的活动有音乐、学习、体育、读书、绘画、劳动等。音乐中优美的旋律刺激了大脑中的“愉快中枢”，使人感到舒适、愉快、安详、恬静、振奋，从而把这些肯定情绪扩散到其他事物中。学习时，不良情绪的苦恼完全被学习的兴趣所取代，注意力由逆境的“苦”转移到学习的“甜”上来了。体育活动既能松弛紧张情绪，又能消耗体力，使消沉者活跃、激愤者平静，求得内心平衡。

（三）合理宣泄策略

宣泄就是将内心积累的情绪倾倒出来，是缓和不良情绪，恢复心理平衡的重要方法。宣泄要合理而适度，既不宣泄不足，也不宣泄过度。宣泄不足使得情绪能量得不到充分释放，导致压力积累。宣泄过度会导致情绪能量衰竭，破坏心理平衡。当不良情绪产生时，可以通过身心放松的方法（呼吸放松、肌肉放松、冥想放松），利用生理和心理彼此交互影响，以身体或生理各部分的松弛作为练习时的目标，使生理和心理两方面同时达到松弛效果。

倾诉也是一种很有效的宣泄情绪、缓解压力的方法。人在心情愉快的时候，往往希望与别人分享快乐，更容易敞开心扉。而人在长期遇到挫折、麻烦、情绪不佳时，倾诉同样能起到宣泄情绪的作用，让身旁的人分担苦恼、排解忧愁。培根说过："如果你把快乐告诉一个朋友，你将得到两个快乐。如果你把忧愁向一个朋友倾诉，你将被分掉一半的忧愁。"需要找他人倾诉时，可以找值得信任的亲人、朋友、民警、服刑人员，也可以是心理咨询师。只要能把不愉快说出来，获得旁人的理解、共鸣，心中的忧愁、烦恼、焦虑等负面情绪就能得到一定程度的释放。倾诉并不仅限于人与人之间的交谈方式。当找不到倾诉的对象时，还可以采取模拟倾诉和书面倾诉的方法。运用上述倾诉方法，都可以使你的情绪得到排解，让你的思路更加清晰，使你能够更加客观地看待事物。

（四）业余消遣策略

参加健康的文体活动，可以锻炼身体，陶冶情操，改善人际关系，使人生活得更有意义。现在，各大监狱都致力于文明监狱的建设，开展了丰富多彩的文体活动，极大地丰富了服刑人员的业余生活，这对缓解漫长刑期的心理压力十分有益。

俗话说，生命在于运动。服刑期间不仅要改造思想、学习文化，还要注意锻炼身体。曼德拉在漫长的27年监狱生涯中一直坚持运动，他身高1.83米，被关押在不足4.5平方米的牢房，即便在这样简陋恶劣的环境里，他每天早晨在牢房里原地跑步45分钟，做100个俯卧撑、200次仰卧起坐、50次下蹲。此外，他还利用每天放风的半小时在院子里跑步，风雨无阻。72岁出狱后，就任南非的第一任黑人总统，成就了一番辉煌的事业。试想，如果他没有强健的身体，即使本事再大，也难以胜任，也不可能活到95岁。可见，运动不在于场地的大小，也不在于环境的好坏，如跑步，在操场可以跑圈，场地小可以原地跑；年轻的可以打打球，年纪大的可以打打太极拳、练练气功，还可以下下棋。尤其是刑期长的，在服刑期间，一定要找到适宜于自己的活动，并长期坚持下去。进行这些活动，有的是时间，有人说：坐牢，什么都缺，唯一不缺的就是时间。

（五）理性升华策略

升华是指当个体原有的冲动或欲望不能实现，或不可能得到社会的允许时，就将它们改变成社会许可的形式，或者用更崇高的，具有创造性和建设性的、有利于社会的活动表现出来。如人们常说的“化悲痛为力量”就是典型的升华。补偿是感情升华的一种常见方法。所谓“补偿”，就是发挥自己的才智和特长，来弥补由于自己生理上或心理上的缺陷所引起的烦恼或痛苦等情绪。比如，有的服刑人员貌不惊人，就勤奋学习，不断增长自己的才能与内涵。有的服刑人员教育改造成绩不好，就在劳动改造中加倍努力，取得过人的成绩。补偿不仅能消除不良情绪，还能提高服刑人员的适应能力。当一个人在困难面前或身处逆境时，自我激励能使你从困难和逆境引起的不良情绪中振奋起来。“失败是成功之母”，但是在失败后一味消沉，那么失败只能永远是失败。所以，采取升华策略，可以将单调乏味的漫长刑期，变成目标明确，饶有兴趣，不断收获，惊喜不断的充实过程。

心理链接

苏东坡效应——“不识庐山真面目，只缘身在此山中。”诗人苏东坡的这两句诗既包涵了对自然、对社会、对人生的探讨，在自我认识上也是一个美丽的注脚。明明自己就站在这个山中，却偏偏看不到自己的真实面目。明明自己就拥有“自我”，却偏偏无法透彻地领悟这个“自我”。这种难以正确认识自我的心理现象，被社会心理学称之为“苏东坡效应”。

古代有一则笑话，有位解差押解一位和尚去县城，在旅馆吃饭的时候，解差被和尚灌醉，昏昏沉沉地睡着了，和尚趁机剃光他的头发，然后逃走了。

当解差醒来时，发现少了一个人，大吃一惊，然而当他一摸自己的光头时，立马转惊为喜：“幸而和尚还在。”可是突然他又感到困惑了：“我在哪里呢？”

古往今来，人们想了解但又最难了解的正是自己。一个人认识别人容易，认识自己却很难，正如“人贵有自知之明”。

第二节　漫长刑期仅是人生的驿站之一

案例：这一站我没有白来

李某，1956 年出生在长沙市望城县的一个农民家庭，上学时正碰上史无前例的“文化大革命”，初中毕业就在家务农。改革开放后他开了一个小饭店，赚了十几万元，1998 年他与香港一家公司合作办了一家房产公司。后来，由于港资没有到位，导致公司资金链断裂被清算，公司破了产，还因非法集资罪、合同诈骗罪获刑 15 年。2000 年，他拖着病重的身躯来到长沙监狱，在依法维权的同时积极投入改造。亲人和“同改”劝他，你趁着有病干脆休息算了。他说：人生之旅短暂，我必须对自己的每一站都负责，既然来到监狱，我就不能让这一站留下空白。为此，多年与“同改”同出工同收工，月月超额完成生产任务；他在搞好改造的同时，积极为《麓峰报》《育新报》写稿，8 年时间，共投稿 200 多篇，刊发 100 多篇；他写的《逆境当自强》《修身》等文章多次在省局组织的征文活动中获奖；2008 年出狱后公开出版了《狱园春秋》一书；他利用业余时间继续学习工程业务知识，参加全国自学考试拿到大专文凭，出狱后很快办起了一家工程公司；他三次被评为监狱改造积极分子，一次被评为省级改造积极分子；三次获得减刑奖励，于 2008 年假释出狱；在他出狱的当年，他的案子出现重大转机，原来起诉的检察院作出了不起诉决定。回首 8 年监狱生活，他自豪地说：“这一站我没有白来。”

人生是指人的生存和生活过程。人从出生到死亡是一个生命周期。世界上有高山，也有大海；大海有高潮，也有低潮。人在这漫长的生命周期中，正如月有阴晴圆缺一样，也有跌宕起伏，有时身处顺境，事事顺利，是人生的高潮；有时身处逆境，事事不顺，跌入低谷。服刑自然是人生最大的不幸，最大的悲哀，是人生的最低谷。但从漫长的人生看，服刑也仅是人生的一个时间段，也可以说是人生的一个点、一个站。

2014年初去世的南非前总统曼德拉，享年95岁，在他漫长的人生中在监狱里度过了27个春秋。27年可谓很长，但在他95年的人生中也不到1/3。据调查统计，长沙监狱的服刑人员平均刑期为7年，按我国现在的平均寿命75岁计算，也不到1/10。这是从时间的长短分析，我们也可以从人生的质量或人生的价值分析，曼德拉从45岁到72岁在监狱度过，入狱前，一直从事反对种族歧视、争取南非独立的斗争；在狱中仍然坚定信仰、坚持斗争；在他72岁出狱后，成为南非的第一任黑人总统，也成为南非人民的精神领袖。

有人说人生如戏，那么服刑仅是戏中的一幕，幕布一拉就过去了；有人说人生就是一个故事，那么服刑就是故事中的一个情节；一个完整、动人的故事都是由多个情节构成的，没有情节，就没有故事；没有跌宕起伏的情节，也就没有扣人心弦的故事。所以，服刑仅是人生的驿站之一。

一、服刑是人生道路的维修站

在高速公路建设上，每隔120公里必须建一座集维修、加油和餐饮于一体的综合服务站。因为汽车在路上跑，跑久了，就难免出现一些小故障，如果有了故障不及时修理，就可能造成大的车祸；车子跑久了，燃料不多了就需加油；人也和汽车一样，在车上坐久了，也要下来方便、休息一下。

在高速公路上跑的车，由于有了故障没有及时修理，结果出了车祸，就要拖到修理站修理。在人生的道路上出了问题，犯了罪，伤害了他人，伤害了社会，就要到监狱进行改造，进行矫治。从这个意义上说，监狱就是一个修理站，监狱的警察就是维修“师傅”，法律法规、监规纪律就是维修的规程。车子修好了，就可以重新在公路上奔驰；服刑人员改造好了，就可以重新回归社会，在新的人生道路上开启新的航程。

二、服刑是人生道路的加油站

汽车没油了要加油，加上汽油，跑起来就更有劲，跑得更快。服刑人员在监狱，不仅通过维修换掉坏零件，改掉坏毛病，而且有充裕的时间学习法律、学习道德、学习文化、学习技术，从这个意义说，服刑就如人生道路的加油站。

古往今来，在监狱里奋发努力、取得成就的不乏其人。司马迁在《报任安书》写道："盖文王拘而演《周易》；仲尼厄而作《春秋》；屈原放逐，乃赋《离骚》……韩非囚秦，《说难》《孤愤》；《诗》三百篇，大抵圣贤发愤之所为作也。"司马迁本人也受过宫刑，在狱中写下了历史名著——《史记》。

人生有顺境，也有逆境。顺境有利于人成就事业，但逆境更能磨砺人、激励人；顺境也可能让人贪图享受、玩物丧志，逆境也可能使人意志消沉，一无所成。所以，一个人能否有所成就，不在顺境或逆境，顺境、逆境只是外因而已，真正起决定作用的是人的心志，"有志者，事竟成"说的就是这个道理。

古人云：顺境不贪，逆境不嗔。这就告诉我们：人身处顺境，要珍惜，要把握，应做可做之事，要做有为之事，决不能被境界所转，决不能贪念名闻利养。身处逆境，要不怨天，不尤人，当自强，要发愤，放飞梦想，成就人生。《圣经》中说：上帝关了一道门，就会给你打开一扇窗。

一张 20 元的纸钞，无论是弄脏了，还是弄皱了，它仍然有 20 元的价值。在我们的生活中，有许多时候，我们跌倒、被击垮、弄得灰头土脸的。当这些情况发生时，往往令我们觉得自己一无是处。但是要明白：不管发生了什么事或者将要发生什么事，我们都不会失去自我的价值；只因我们每个人都是如此的特别，我们还是原来的自己。越多的磨砺，只会令我们越发成熟。如蒙灰的黄金，即使经过再多风雨的打击，也不会损及它原本的价值。

心理链接

皮格马利翁效应——每个人都会不同程度地受到他人或自己的暗示。如果这些暗示是积极的，你便能获得积极的影响；如果这些暗示是消极的，你的行动自然也会受到消极的影响。

在古希腊的神话里，塞浦路斯的国王皮格马利翁爱上了自己雕塑的一个少女，并且希望自己的爱能被接受，希望这个雕塑活过来。他的这种真挚的爱情和真切的期望感动了爱神阿芙罗狄忒，于是她就给了雕像以生命，让皮格马利翁的幻想变成了现实。皮格马利翁效应由此而来。

暗示是一种神奇的力量，但它既不是迷信，也不是特异功能，它是人们心理作用的结果。如果一个人不断地接受“你行”这样的暗示，即使这是一句谎言，但是长久之后，“你行”的念头也会在他心里扎根，让他备受鼓舞；如果一个人不断地接受“你不行”的暗示，即使这同样是一句谎言，长久之后，他也会觉得自己确实不行。

第三节　悔过自新是服刑的第一要义

案例：浪子也有回头时

田某是在 2011 年被关押到长沙监狱的，初来时，他这也看不惯，那也不顺眼。人的心情不好，做事就不上心，有一次搞生产时他做的一个产品不合格，值班的警察批评他，当时他火冒三丈，握起拳头就要打，几个“同改”连忙把他抱住才没有打着。之后，他被关了禁闭，罚了 80 分。为这事，他怎么也想不通，认为这算个鸟事，我又没有打着他，真是小题大做。自那以后，他抱着破罐子破摔的想法，出工不出力，经常和警察对着干，和“同改”的关系也非常紧张，他成了长沙监狱有名的顽危犯。后来，在监区干警的帮助下，他接受了心理咨询。经心理测试诊断为冲动型人格障碍，对其实施了长达一年半的心理调节和矫治，终于让他明白了为谁改造、怎么改造的基本道理。之后，他情绪稳定，遇事冷静，再也不像以前那么冲动了，与干警的关系明显改善，和“同改”的关系也日渐融洽，心态好了，做事也有奔头了，第二年他被评为生产能手，拿掉了顽危犯的帽子，成为浪子回头的典型。

古人云：“人非圣贤，孰能无过。”孔子的弟子子贡曰：“君子之过也，如日月之食焉。过也人皆见之，更也人皆仰之。”古人又说：“过而能知，可以谓明。知而能改，可以即圣。”这三段话告诉我们：人，大到圣贤，小到凡人，皆有过。关键是要能认识自己的过，改掉自己的过。改过了，也就焕然一新。

圣贤有过，凡夫俗子有过，服刑人员当然有过，不仅有过，而且是违了法、犯了罪的大过。因此，悔过自新便成为服刑的第一要义。这既是刑罚的手段，又是刑罚的目的，既是服刑人员与过去罪恶的决裂，又是走向新生的开始。而能不能悔过自新首先就得弄清楚为谁改造、怎么改造这个前提。

一、为谁改造

（一）深刻领会刑罚的价值

服刑人员接受刑罚是自己违法犯罪的必然结果，一个人犯了罪后受到刑罚惩处是任何文明社会天经地义的事，犯罪而不受到惩罚，社会就没有公平正义可言。因此，每一名服刑人员都必须认识到判处刑罚是咎由自取，怨不得别人，只有心悦诚服接受，才是明智的选择。

（二）深刻体会刑罚与改造的关系

“矫枉必须过正”，一个人从思想的堕落、行为的放纵，到走上犯罪道路，是其错误的人生观、价值观、世界观日积月累的结果。要转变思想，强有力的行为管束和矫正，是必不可少的，因此，要改造思想就必须自觉地接受惩罚，接受监规纪律的严格约束，只有自觉地接受这种刑罚，才谈得上踏实改造。

（三）坦然面对刑罚

所谓刑罚就是惩戒、责罚、处罚，原意是指施加鞭挞或体罚使之服帖、受辱或以苦行赎罪。而“刑罚”的核心内容就是监狱利用一系列的监管制度限制罪犯的自由，约束罪犯的行为，防止其再次对社会和他人发生危害行为，抑制再犯罪的发生。“刑罚”可以说是为监狱服刑人员砌了两道围墙，一道是用钢筋混凝土砌的围墙，它将肉体上的罪犯与社会隔离；另外一道是用精神桎梏砌成的围墙，它从心理上把罪犯与社会隔离。

由此可知，服刑人员改造，既是触犯社会法律后受到惩处的必然结果，是社会维护公平正义所必需，更是清除自身污垢、改过自新、重新做人的唯一选择，所以，归根到底，服刑人员是在为自己改造。

二、怎么改造

（一）消除犯罪心理，真诚认罪

犯了错就要承担责任，犯了罪就要接受惩罚，这是做人的一种担当，可现实中有的服刑人员就是不想认罪，或者嘴上说认罪，心里并没有认罪，当面说认罪背后不认罪。

为什么会是这样的呢？主要有两个方面原因：一是犯罪心理尚未消除，在这种心理支配下，当然心里就不会认罪；二是根本就不知道怎么认罪，从哪方面去认罪，甚至将自己的行为合理化。如：将犯罪归咎于家庭困难，生活不下去“不得已而为之”；把自己犯罪的原因看成是外界环境所诱使，不是“自己想为之”，是经不起诱惑；把整个世界看成漆黑一团，认为追求金钱是人生的唯一目标，把赚钱分为“红道手段”和“黑道手段”；在与其他服刑人员定罪量刑攀比中，“感到自己判重了，吃亏了”，产生了法院定罪量刑不公的思想；对自己的犯罪情节歪曲辩解避重就轻；等等。

每一个人都要对自己的行为负责任，服刑人员也一样，必须学会辨认自己行为的是非性质，承担起自己的责任，而不是去谴责别人。“认罪”就是承认自己的罪行。认罪主要体现在三个方面：一是要明白犯罪行为是社会规范所不容许的，破坏了大家共同的生活规则；二是犯罪行为对被害人、对社会造成了伤害，受到刑罚是理所应当的；三是犯罪心理因素的形成、犯罪行为的发生是有其心理轨迹的，要主动去认识。认罪这一关过不了，对过去罪行视而不见的人，对未来也是盲目的，那么你的犯罪心理要想消除，简直是天方夜谭。

（二）培养悔罪意识，虔诚悔罪

在与服刑人员谈话中，民警经常问到这样一个问题：“你对自己的犯罪后悔吗？”大多数人回答是：“不后悔，后悔也没用。”后悔真的没用吗？虽然事情已经发生，似乎后悔已于事无补。然而，说后悔无用的人至少忽视了三个方面的事实：一是后悔对未来有用；二是后悔对心灵有用；三是后悔对他人有用。

关于“悔”，字典中组词有“悔改”，指认识到错误并加以改正；有“悔过”，指承认并追悔自己的错误；有“悔悟”，指认识到自己的过错，悔恨而醒悟；等等。所有这些的前提，都是已经明白了自己的过错，都是在告诫自己不要犯同样的过错。如果不悔，怎么能真正地悔改、悔过、悔悟呢？“悔”既是对事情的觉醒，又是改造的前提，是一种自我反省，是洗刷心灵的清洁剂，是塑造崇高人格的催化剂，是自我的扬弃。

所谓“悔罪”就是领悟自己的犯罪、明白犯罪的后果，憎恨自己的罪恶。

悔罪的目的就是通过扪心自问，进行深刻反省和忏悔，使服刑人员在内心达到自动悔改，完善精神改善。培养悔罪意识，是服刑人员自我心理矫治的关键步骤。那么怎样悔罪呢？最根本的就是要从内心主动消除自己的犯罪心理，构筑守法心理系统，具体而言就是遵守监规纪律，努力提高自己的改造成绩，这就是悔罪，这就是在“自新”。

（三）纠正不良行为，重塑自我

行为是心理的反映，许多服刑人员幼年开始就养成了一些不良行为习惯，这些行为令人生厌，遭人白眼，继而自暴自弃走上了犯罪道路。克服不良行为习惯是改造不良心理因素的措施之一，在心理学上被称为行为矫正。通过矫正不良行为习惯，可以提高一个人的心理素质，进而改善心理状态。

1. 要冷静，不要冲动。冲动是魔鬼。有些服刑人员如犯故意伤人罪、寻衅滋事罪很多都是由于一时冲动铸成千古恨的。这些服刑人员自身存在冲动的人格特点，在自身调节能力不足的情况下，再加之自己的言语表达能力差，在生活中形成了用身体攻击行为解决问题摆脱困境的习惯。当他们遇到挫折时，往往不能用解释、协商等理性的方式解决问题，而是常常诉诸暴力。其实，退一步，海阔天空，有这种习惯的人遇到问题时要注意先冷静分析，只要稍稍冷静一下，那么，你就能想出比暴力解决问题更好的办法来。

2. 要柔顺，不要逞强。从服刑人员的性格分析，有的服刑人员性格刚强，喜欢逞能，喜欢逞强，这是人性的一大弱点。《周易》上说：阴阳相生，阴极必阳，阳极必阴，互相转化。水最柔却能滴水穿石，火亦柔却能熔化钢铁，世间万物大都如此。人逞强，就容易上火，就容易冲动，在冲动情绪的支配下就容易做出失去理智的事情。俗话说：木秀于林，风必摧之。在监狱复杂的人际关系环境中，逞强往往受到孤立，遭人讨厌。况且，山外有山，人外有人，做人还是低调一点好，更重要的是，柔顺者更容易得到别人的同情，更容易获得生存空间。

3. 要诚实，不要说谎。有些服刑人员在成长过程中由于不良的家庭、学校等环境因素的影响形成了用说假话解决问题摆脱困境的习惯。有的诈骗犯罪与这种不良习惯有直接关系，入狱后如果不能及时意识到自己的问题，一次、两次别人可能看不出来，但时间一长、次数一多别人就会看出你说假话的问题。其结果就是不搭理你，疏远你。游离于团体之外是孤独的、痛苦的，与其忍受这样的痛苦，还不如拿出毅力来努力改正自己说假话的毛病，这样才能做一个让人喜欢的人。

4. 要吃苦，不要恶劳。好逸恶劳是许多人犯罪的根源之一，因为好逸恶劳才实施了盗窃、抢劫、贩毒等行为，最终导致犯罪。由于渴望舒适安逸的生活但又害怕辛苦，怎么办呢？只好通过非法手段来达到自己的目的，这样就走上了犯罪的道路。而且，案发、被捕、判刑、入狱之后，监狱环境既不能解决恶劳，又不能好逸。但游手好闲、好逸恶劳的条件反射行为方式又已经形成而且跟着你来到监狱之中。怎么办？继续这样下去，肯定行不通，所以要面对现实，借着监狱的严格纪律自我矫正这种不良习惯，积极参加劳动，把劳动与自己的出监再就业结合起来，变被动劳动为主动劳动，就会在劳动中找到快乐，产生成就感，把自己改造成一个能够靠勤劳而获得尊严的人，这样你在监狱就没有白过，在你的人生中这应是你的一笔宝贵财富。如果做不到主动矫正，出狱后重操旧业的可能性就比较大。据调查，某监狱的屡犯中有 80% 的是盗窃和抢劫。为什么呢？因为好逸恶劳的思想、游手好闲的习惯在前面服刑的过程中没有改掉。

5. 要敬畏，不要偷窃。有些盗窃犯罪的服刑人员由于形成偷窃习惯而犯罪，甚至已经形成了偷窃病态心理——偷窃狂，不偷手就痒，不偷就不舒服，表现为经常产生不加克制的偷窃冲动。尽管所偷东西对自己没有什么使用价值，并且常将偷到的东西弃之不用，甚至毁掉，但见到机会不偷就产生强烈的焦虑或抑郁。“莫伸手，伸手必被捉。”偷多了终究会被人发现，不仅会影响自己的改造成绩，遭人嫌弃，影响人际关系，而且出狱后可能又会进来。

6. 要淡泊，不要贪欲。有些服刑人员由于其文化等方面的素质较高，在服刑期间，监狱警察往往根据其个人特点安排一些“管事”的岗位，这时，他们中有些人就忘了自己犯罪的原因，凭借手中的权力得点小便宜，甚至从事违规违纪甚至违法的活动。一方面辜负了监狱警察对之的信任，丧失了重新获得自尊的机会。另一方面，在犯罪心理状态上又给自己加了一个紧固的“螺丝”，这对自己的改造是很不利的。

弘一大师曾说："改过之事，言之似易，行之甚难。"人的心理导致行为，行为多了、时间长了形成习惯。冰冻三尺，非一日之寒。服刑人员的不良行为不是一天两天形成的，而是日积月累的结果，要想改掉这些不良行为习惯，也不是很容易的事。第一，自己要想改，要从内心深处认识到这些不良习惯的危害，要有痛改前非的决心；第二，要有切实可行的改正计划；第三，要行动，从现在做起，从小事做起；第四，要持之以恒。弘一大师说得好："天天行不怕千万里，常常做不怕千万事。"世上无难事，只怕有心人，只要持之以恒努力改之，就一定能到达新生的彼岸。

三、刑期当学期，全面给自己充电

所谓不破不立，认罪悔罪、消除犯罪心理、纠正不良行为等仅仅是"破"的一面，更为重要的是要"立"，要利用服刑的契机，将坏事变好事，把刑期当学期，努力学习新的知识、技能、品质，重新给自己充电，重新武装自己，最终实现脱胎换骨，凤凰涅槃。

（一）端正学习态度，增强学习动力

服刑人员在监狱服刑，不仅仅是接受惩罚，更重要的是要接受改造。改造，不仅在于认罪服法、遵规守纪、踏实劳动，不仅在于获得行政奖励和法律奖励的多少，更重要、最根本的是在于服刑人员的思想观念、文化知识、技术技能、行为模式的根本改变，唯其如此，才能顺利回归社会并被社会大众认可和尊重。目前服刑人员的文化水平和思想素质低于社会正常人群，这不仅影响人们处理问题的方式和态度，在遇到问题时不能采取理性的方式冷静应对，一不小心就会犯罪，而且影响人们处理问题的能力，导致认识问题片面，处理问题偏激，缺乏正确的解决问题的能力，无知者无畏，不能了解事情的严重后果，等到违反法律的行为发生后则后悔晚矣，同时，还直接影响到服刑人员将来的生存能力。没有知识、没有技能、没有素质就找不到合适的工作，就不会有稳定的收入，就难免被社会淘汰，重新走上犯罪的道路。所以，必须端正学习态度，增强学习的必要性、紧迫性和自觉性，为改造新生注入强大的动力。

（二）确定学习目标，制定可行计划

从前，有两个水手在海上同时遇难，分别漂流到两个相邻的荒岛上，一个因为忍受不了无边的孤独，在绝望中死去，另一个却因为有雕刻的爱好，整天在岩石上雕刻心中理想的图案，既找到了一种打发时间驱走孤独的方式，又学习和掌握了不少新的雕刻技能，并计划好每年要完成多少件作品的宏伟目标，因此感到很充实，终于有一天海上飘来一叶白帆，他登上船，向着自己更大的目标远航了！同样的环境，前者看到的是绝望的茫茫大海，后者看到的是上帝的恩赐和生活的乐趣；前者看到的是生命的茫然，他就死了，后者看到的是生命的意义，他得救了。

每个服刑人员初入监狱都如漂流到孤岛，一旦你认清了周围的现实，适应了现实，你就会发现生命的价值，你就会把此时此地作为你新的起点，寻求生命的意义，追求新生的目标。一个没有目标的人，就像一只没有舵的船，永远漂流不定。服刑人员入监以后应在熟悉环境、适应环境的基础上迅速而勇敢地建立自己的“零点”和“目标”，有了“零点”就找到了自己的位置，有了“目标”就有了自己人生的坐标，就有了前进的方向和动力。当然，这个目标必须是切实可行的，计划也必须是细致而周到的，既不能好高骛远，也不能止步不前，因为，重要的不在于终极的理想有多远，重要的是在于眼前拥有一个什么样的起点。

（三）挤出时间，持之以恒

服刑改造，时间是宝贵的，劳动改造、行为养成、“三课学习”等等，本来就很紧张，不少服刑人员抱怨没有学习时间。确实，服刑比较艰苦，能自由支配的时间并不多，但时间老人对任何人都是公平的，给社会上的人每年 365 天，给服刑人员不会少一分一秒。监内要劳动改造，社会上的人也要工作、生产，改造期间的劳动时间，并不比社会上长多少，就是长一点，只要肯学习，也同样可以挤出时间来。况且，现在监狱每周都安排了专门的学习时间，开办了文化班、电脑、电工等培训班，只要大家想学习，总会有时间。当然关键是要持之以恒，不能心血来潮就学习一天，过后就三天打鱼两天晒网，最后不了了之。所以，服刑学习要有毅力，要克服这样那样的干扰，咬定青山不放松。

在学习问题上，许多服刑人员存在着误区，或者认为日常的改造任务就够繁重的了，哪还有时间和精力学习，或者认为学习知识没什么用处，白白占用娱乐的时间，与其傻乎乎地学习，还不如扯扯谈、下下棋。可是，大家想一想，今天之所以服刑，在很大程度上就是自己没有知识，没有一技之长造成的，不少“同改”走进监狱时还是文盲、半文盲，如果还不抓紧时间学习，到刑满的那一天，就会发现自己是“赤条条”地进来，又“赤条条”地出门，而外面迎接他们的是激烈的竞争、无情的优胜劣汰。你只有争分夺秒，日积月累地掌握更多知识的时候，你才会发现整个世界都在向你招手。

（四）多方学习，全面充实

服刑人员的学习既要根据自己的刑期和兴趣爱好有所选择，更要根据自己的缺陷不足和将来社会需要综合考虑，只要条件容许，就应该多方学习，从思想品德、法律知识、文化水平、职业技能、心理素质、社会常识、现代科技等各方面努力充实和提高。长期以来，监狱工作始终以提高服刑人员改造质量为中心，不断丰富教育改造工作的内容，创新教育改造工作的方式、方法，促进了服刑人员法律意识、道德观念、文化知识、劳动技能的提高，对服刑人员顺利回归社会和减少重新犯罪发挥了重要的作用。监狱教育工作内容很多，所以服刑人员可以学习的内容也很多，既要利用监狱规定的时间进行学习，更要利用业余时间进行学习，尽可能多地掌握一技之长，所谓“技不压身”，如果你在漫长的刑期中通过自学掌握了过硬的本领，你走出监狱后的人生之路将一马平川，将来回首这段漫长的服刑之旅时，你就不再是遗憾，而是一种庆幸，一种自豪！

心理链接

不要为打翻的牛奶哭泣——失败、错误和挫折都在所难免，我们无法拒绝它们的发生，但事情既已不可挽回，就没有必要再为它伤心落泪了。

在中学时的第一堂生理卫生课上，老师保罗·布兰德威尔博士把一瓶牛奶放在桌子边上。他们都坐了下来，望着那瓶牛奶。然后，保罗·布兰德威尔博士突然站了起来，一掌把那瓶牛奶打碎在水槽里，同时大声叫道：“不要为打翻的牛奶而哭泣！”

接着他让所有学生来到水槽旁边，让他们好好看看流在水槽内的牛奶。他告诉学生们：“好好地看一看，因为我要你们这一辈子都记住这一课，这瓶牛奶已经没有了——你们可以看到它都漏光了，无论你如何抱怨，如何着急，都不可能再救回一滴。但只要你动一下脑子，先加以预防，那瓶牛奶就可以保住，可是现在已经太迟了。现在我们所能做的只能是把它忘掉，然后集中精力去做下一件事情。”

这就是有名的“不要为打翻的牛奶哭泣”的心理故事。人生漫漫的征途上，总会伴随许多困难、挫折，重要的不是我们失去了什么，而是要从中学会什么，得到了什么，下一步该怎么做。所以，必须跟过去说再见，朝着更大的目标迈进。

第七章

如何看待减刑、假释？

减刑、假释是人民政府对服刑人员的刑事奖励，是服刑人员改造成绩的体现，也是服刑人员争取早日回归社会的有效途径。有的服刑人员不能正确地看待减刑、假释，或者错失了减刑、假释的机会，或者没有达到应有的减刑幅度，因而产生了某些心理问题——减刑、假释心理综合征。本章帮助大家克服减刑、假释心理综合征，争取减刑、假释，早日回归社会。

第一节　什么是减刑、假释心理综合征

案例：让我欢喜让我忧

服刑人员马某一向小心谨慎，遵守监规，认罪悔罪，劳动积极，服刑以来没有因违规扣过一分。但在自己减刑的材料呈报后，总是担心出现意外情况，结果每天处于紧张状态，晚上睡觉失眠，白天无精打采，慢慢发展到每天晚上只能睡三四个小时，甚至出现躯体化症状，有时头痛、肠胃功能紊乱。这种情况持续了半个多月，整个人瘦了一圈。当马某身心实在无法承受时，他才找到了管教民警，最终通过心理咨询师的心理疏导缓解了其紧张情绪，两个多月后，他终于心情愉悦地拿到了减刑裁定，一颗忐忑不安的心总算重归平静。

一、减刑、假释是服刑人员魂牵梦绕的梦想

“你这样一个女人，让我欢喜让我忧，让我甘心为了你，付出我的所有……”这是著名歌手周华健唱的一首歌里的歌词，相信大家都十分熟悉。也许有人问，这首歌不是说男女感情吗？难道与监狱服刑生活有关吗？回答是肯定的，这首歌的名字叫作《让我欢喜让我忧》，试想一下，服刑人员在争取减刑、假释过程中的情绪波动：“你这样一个裁定，让我欢喜让我忧，让我甘心为了你，付出我的所有……”是不是有些相似呢？

是什么东西能这样紧紧地绷住人的中枢神经，“让我欢喜让我忧”呢？是一个魂牵梦绕的心愿，是一个日夜牵挂的梦想。服刑人员因各种不同的原因而入狱，但他们都有一个共同的愿望，都渴望早日走出高墙。如何才能早日回归？依法减刑和假释是唯一的选择和出路，舍此别无他途。因此，减刑和假释就成为所有服刑人员梦中的呼唤，心中的追求。而作为监狱警察，我们的神圣职责就是依

法监管和改造罪犯，让广大服刑人员尽快告别过去，走向新生。因此，民警的职业梦想与服刑人员的回归梦是紧密相连的。而减刑、假释心理综合征则是服刑人员实现回归梦的绊脚石。

二、减刑、假释综合征是实现“回归梦”的绊脚石

减刑、假释心理综合征是指服刑人员在监狱服刑改造过程中，面对减刑、假释呈报、审核及裁定下达过程中的等待或出现与自己预期目标相违背的情况时，所产生的抑郁、焦虑、恐惧、沮丧、偏见等不良情绪，导致自己的行为出现异常，较严重的甚至出现各种躯体化症状及发展成精神类疾病。

减假释心理综合征是服刑人员中普遍存在的一种心理障碍，它是服刑人员这一类人群在特殊环境下产生的一种负面心理状态。像前面马某这样的情况，在监狱服刑人员中并不少见。相当一部分服刑人员在面临减刑、假释，尤其是在争取减刑、假释过程中遇到挫折和失败时，情绪激烈波动，轻则吃饭不香，睡觉不安，重则情绪失控，行为反常，个别严重者出现躯体化症状，甚至有自残或自杀的倾向。因此，这个问题解决得好不好，不仅关系到服刑人员的身心健康和改造成效，关系到监狱的安全稳定和监管改造工作目标的实现，而且还关系到服刑人员的家人、亲友的期盼和圆梦，狱中一个人，狱外一家人，影响数十人。大而言之，这也是我们追寻和实现中国梦的组成部分。因此，需要引起高度重视，并努力寻求解决之道。

心理链接

幽默效应——幽默是一种特殊的情绪表现。它是人们适应环境的奇特工具，是人类面临困境、身处尴尬、或遭遇烦恼时减轻精神和心理压力的有效方法之一。生活中，人与人之间常会发生一些摩擦，有时甚至剑拔弩张，弄得不可收拾，而一个得体的幽默，往往可使双方摆脱窘困的境地。

幽默大师萧伯纳一天在街上散步时，一辆自行车冲来，双方躲闪不及，都跌倒了。萧伯纳笑着对骑车人说：“先生，你比我更不幸，要是你再加点劲，那

就可作为撞死萧伯纳的好汉而永远名垂青史了！”两人握手道别，没有丝毫难堪。

幽默使得批评教育的效果更好，幽默往往要比单纯的训斥或嘲弄使人开窍得多。幽默表达了人类征服忧愁的能力，它令人如沐春风，神清气爽，困顿全消。在人的精神世界里，幽默感实在是一种丰富的养料。用幽默来处理烦恼与矛盾，会使人感到和谐愉快。因此，谁都喜欢与谈吐不俗、机智风趣者交往，而不喜欢和抑郁寡欢、孤僻离群的人接近。

第二节 减刑、假释综合征的表现及危害

案例：听信谣言减刑受损

服刑人员吴某，36岁，因贩毒罪获刑13年。入狱后，妻子与他离了婚，家里就只有65岁的老母亲和5岁的小女儿，使他精神压力很大。他的唯一愿望就是通过积极改造，早日获得假释，回家重新撑起这个破碎的家。他得知犯贩毒罪的不能假释，精神又受到一次不小的打击，但他还是挺了过来，就把希望寄托在减刑上，继续努力改造。2011年新刑法开始执行时，他的改造分刚好够减一年的徒刑，原计划半年后最后一次减刑1年11个月，便可减刑释放，但当时他听信了服刑人员中的一种谣传，说是即将颁布实施的新《刑法》执行以后，所有服刑人员的减刑，一次都只能减刑1年，现在是最后一次机会，过了这村可就没这店了。他立即毫不犹豫地提前申报了减刑1年。可实际政策还是“新人新办法、老人老办法”，结果导致其浪费了一次减刑的机会，少减了几个月，后悔莫及，从此郁郁寡欢，并迁怒“同改”，人际关系一度紧张。这就是对减刑假释政策掌握不够而导致的心理障碍。

根据多年的观察和总结，我们发现许多服刑人员身上的减刑、假释心理综合征有以下几种典型表现。

一、焦虑

正常焦虑人皆有之，即因担心某些不好的事发生而产生的着急、烦躁情绪。而当引起焦虑的刺激反复出现时也可逐渐适应而最终不再引起焦虑；或事情发生的结果并不如担心的那样坏而焦虑自然消失。但服刑人员中因担心减刑、假释不能顺利呈报或呈报后被刷下来等而产生的焦虑情绪或很难适应结果出来之前的等待，从而出现失眠、食欲低下，严重的还因此违规，造成本来可以呈报减刑、假释的却因违规而搁浅的后果。这就是一种典型的期待性焦虑。

二、抑郁

抑郁是人类心理失调的最主要和最经常出现的问题之一，是几乎每个人在生活中都体验过的情感的“普通感冒”。抑郁情绪有正常与异常之分（虽然这种界限是难以截然划分的）。服刑人员中因担心减刑、假释不顺利或不能实现自己的预期目标而引起的抑郁情绪是较为普遍的，其中很多人的抑郁情绪尚属正常之列。因为他们对自己服刑的身份处境能做出较为客观的恰当分析，对减刑、假释的期望值虽然较高，但还是有弹性的，也还有较为充足的自信，没有行为适应不良的表现。这种不太严重的抑郁情绪会随着时间或减刑、假释申报过程的顺利推进而逐渐消散。但还有一部分服刑人员由于本人个性等方面的原因，其产生的抑郁情绪则更为严重，这种情绪导致他们对自己在监内所处的环境及减刑、假释过程中的种种规定、环节不能做出客观的判断，情绪十分低落，对什么事都没有兴趣，对前途感到悲观，注意力难以集中，动作也失去了应有的灵活性，给生活、学习、劳动造成障碍，个别的甚至产生绝望心理。其中严重的属于抑郁性神经症。他们的情绪持续低落，伴有焦虑，认知障碍，身体不适和睡眠障碍。

三、从众

2008年“非典”时期，大众因为听信了醋能防治“非典”的谣言，出现哄抢而导致醋价上涨几十倍的情况，这是老百姓从众心态的集中表现。在服刑人员中，由于种种原因，经常有各种道听途说的“小道消息”，一传十、十传百，添枝加叶者有之，断章取义者有之，危言耸听者亦有之。而部分服刑人员不假思索，不加辨别，听到风就是雨。于是，有的减刑、假释条件尚未达到就找管教民警要报名，结果自找没趣；有的明明达到了条件却不敢申报，结果错过了一次呈报时机。上述不论哪种情况都是因为盲目从众而害了自己。

四、偏见

14世纪欧洲鼠疫大流行时，人们发现了一个令人费解的现象：与基督教徒比较起来，犹太人的得病率和死亡率明显低得多。对疾病的恐惧心理和心理上的不平衡，产生了对犹太人的强烈愤怒，他们认定是犹太人与魔鬼沆瀣一气，合谋制造了这场导致千百万基督教徒死亡的灾难。而事实上，是因为犹太人特别关注个人卫生和公共卫生，所以才出现这种差异。心理学研究表明，愤怒会引起自发性、不自觉的偏见。这就是心理学上人的情绪对认知影响的夸大性的表现。

有些服刑人员看到同犯获得了减刑的时候，由于缺乏客观、辩证的观点，总是用自己的长处比别人的短处，认为其中一定有什么猫腻，对获得减刑的同犯产生严重的偏见，甚至抵触情绪。还有部分服刑人员，因未获得减刑，就认为是管教民警和自己过不去，从而产生怨恨情绪，以致在以后的改造生活中走偏方向，给自己种下苦果。

五、沮丧

沮丧是个体在经受挫折后出现的失意、懊丧的心理反应。部分服刑人员因在争取减刑、假释过程中遇到了困难或挫折，如自认为该呈报，而初审就因条件不符合而被刷，或自认为该批准而最后却未批等情况时，出现的情绪十分低落，心灰意懒，信心全无的不良情绪。他们不能冷静地分析挫折产生的主客观原因，特别是主观原因，却往往把结果归因于别人，或认为只是自己倒霉不走运等，以致抬不起头来。

以上五种不良心态，在有的服刑人员中是单独存在的，而在有些服刑人员中则同时具有两种以上不良心态。不管哪种情况，如果不能及时采取正确的方法加以排解、释放予以解决，给服刑人员带来的结果则是：身心备受煎熬，健康受到不同程度的影响，改造计划不能顺利完成，导致最终不能获得或者很难获得最高刑事奖励——减刑、假释。

心理链接

巴纳姆效应——“巴纳姆效应”指的就是这样一种心理倾向，即人很容易受到来自外界信息的暗示，从而出现自我知觉的偏差。

广受欢迎的著名魔术师巴纳姆曾经在评价自己的表演时说：他的节目之所

以受欢迎，是因为节目中包含了每个人都喜欢的成分，所以每一分钟都有人上当受骗。现实生活中这样的例子也很多。手相学、面相学、星相学都是伪科学，而接受者的“感同身受”其实是巴纳姆效应在作祟。很多人请教过算命先生后都认为算命先生说的“很准”。其实，那些求助于算命的人本身就有易受暗示的特点。当人的情绪处于低落、失意的时候，对生活失去控制感，于是，安全感也受到影响。而一个缺乏安全感的人，心理的依赖性更大大增强，受暗示性就比平时更强了。加上算命先生善于揣摩人的内心感受，稍微能够理解求助者的感受，求助者立刻就会感到一种精神安慰。算命先生接下来再说一段一般的、无关痛痒的话便会使求助者深信不疑。

其实，别人谁也不能做你的镜子，只有自己才是自己的镜子。拿别人做镜子，白痴或许会把自己照成天才。

第三节　产生减刑、假释综合征的根源

案例：认知偏差吃大亏

服刑人员张某，个子不高，比较单瘦，身体较弱，家境比较困难，入狱后与同犯比较起来感到很自卑。民警要他制定改造计划，他听“老口子”（老犯）传经送宝，获悉“要减刑、假释，就要打点，没有钱，改造再好也是假的”，便信以为真。可偏偏自己家里一贫如洗，于是，他像泄了气的皮球，认定减刑无望，从此抱着混刑度日的态度。学习时打瞌睡，生活上懒懒散散，劳动时出工不出力，行为养成上是大错不犯小错不断，被连续扣分多次。结果，服刑四年后还没有挣够一次减刑的基本分，等到后来认识到情况并不是“老口子”（老犯）所传那样时，可时间又来不及了，只得哑巴吃黄连，有苦说不出。

作为服刑人员，总是希望能顺利地获得减刑、假释，早日回归社会与亲人团聚，这是正常的，也是应当的。但是，目标的实现，是知行统一、并一以贯之的结果，且知是行的先导，一旦认知产生了偏差，目标肯定难以实现。

所谓认知就是人们看待事物的方式，它包括一个人的思想观点，阐释事物的思维模式和习惯，评价是非的标准，对人对事的基本信念等。认知有时又称为认识。认知还可以分为一般认知与社会认知。一般认知是指对客观物质世界的认知；社会认知是指对自己和他人的认知。服刑人员减刑、假释心理综合征正是一般认知和社会认知均产生了偏差，进而导致心理失常的结果。服刑人员中之所以产生减刑、假释心理综合征，是由于以下四个方面的原因造成的。

一、有关信息不对称，法律政策不了解

国家对服刑人员的减刑、假释有明确的法律和政策，但是，服刑人员毕竟

是失去人身自由的特殊群体，生活相对封闭、单一，他们获得相关信息的渠道比自由人少。加上部分服刑人员文化偏低，又缺乏学习钻研法律和政策的良好习惯，经常造成他们对减刑、假释法律政策的了解不透彻、不全面，以致一知半解、将信将疑，甚至理解完全错误。在监狱，往往道听途说市场大，误传、误信、误解多。国家关于减刑、假释的有关法律和政府有关部门关于操作方面的规定，这些都是客观存在的东西。而服刑人员对这些客观存在的东西了解不清楚、不全面，是因为他们的一般认知水平较低，这与大多数服刑人员文化水平较低，又不爱学习不无关系。

二、自我认知有偏差，过于乐观或悲观

人们的心理、思想和行为都是从认知开始的，正确的认知可以导致正确的思想和行为，错误的认知则会导致错误的思想和行为。越是具有不安全感的人，越容易出现不合理的认知。服刑人员中产生减刑、假释综合征的重要原因之一就是自我认知发生了偏差。有些服刑人员不能正确认识和估计自己，对自己各方面的能力和条件估计过高，认为时间间隔一到（例如从执行之日起一年半）就一定可以呈报减刑，平时从不认真计算自己在有限的时间内能否争取到基本分的起报标准。结果时间到了，分数差一截，导致自己陷于被动和悲观，心理出现失衡。还有些服刑人员则正好相反，自信心不足，对自己的能力和潜力估计过低，平时又没有随时跟踪自己的改造分数，结果导致本来减刑分数够报减刑而因疏忽错过了一个批次，等明白过来时为时已晚，同样使自己陷于心理失衡。

三、盲目从众跟风跑，改造规划不实际

有些服刑人员不善于周密思考，缺乏自己的追求目标和独立见解，对行动目的的正确性和重要性认识不足，对监狱内纷繁多变的情况和众说纷纭的信息缺乏判断能力和灵敏应变的能力，行为被动、盲目，易受他人的影响，内心深处总认为随大流不出众最安全，因而常常跟风跑。当身边某位同犯从自身实际出发精心制定争取三年内刑期过半后假释的改造计划时，他不顾自身条件的不同，也跟着制定一个三年后假释与妻儿团聚的计划。当监狱组织技能培训时，他看到不少人因为怕耽误自己工余休息时间不报名，于是自己也跟着不报名，白白浪费了学习实用技能和争取改造分的机会。结果，三年一晃而过，别人减了一次刑又顺利

假释回家了，而自己却因改造计划不落实，行动不努力而一次刑未减。这时，妻儿热盼，自己却身不由己，内心懊丧、焦急，陷于悲观而不能自拔。

四、改造态度不端正，遇到挫折陷迷茫

部分服刑人员本身就是带着不服、埋怨甚至怨恨的心理入监的。入监后，由于环境、生活条件的显著落差，更加剧了他们消极不满的不良心理。由于改造态度不端正，他们一心想着如何让自己的改造日子过得舒服点，生产劳动少干点，服刑时间混快点。于是，学习不认真，劳动不卖力，行为不规范等现象在他们身上时有发生。他们的这些不良动机和行为，必然带来挨的批评多，扣的分数多，减刑比人慢，假释遥遥无期的结果，于是，各种挫折在他们身上频频发生。屋漏偏逢连夜雨，这些打击与他们原来想“快乐服刑”“加快减刑”的心理预期形成巨大反差，给他们不断带来新的心理冲突和矛盾，使他们不知所措，陷入迷茫，导致心理失衡，行为失常，甚至出现焦虑和恐惧。

心理链接

蝴蝶效应——“蝴蝶效应”是气象学家洛伦兹于1963年提出来的。其大意为：一只南美洲亚马逊河流域热带雨林中的蝴蝶，偶尔扇动几下翅膀，可能两周后在美国德克萨斯引起一场龙卷风。此效应说明，事物发展的结果，对初始条件具有极为敏感的依赖性，初始条件的极小偏差，将会引起结果的极大差异。

某房地产公司的一名女职员在给老板送文件的过程中不小心和一位同样拿着文件的律师撞了个满怀，把公司的文件散落一地。律师在帮她捡散落在地上的文件时，不小心把一页文件夹到了自己的文件中。在她去公司报到时，她的老板发现少了一份文件，于是狠狠地批评了她一通，她由于受不了老板的盛气凌人而突发心脏病。在她被送往医院的过程中恰逢一位明星去医院看自己的朋友。这位明星被粉丝围在了医院门口要求签名，使得这位女士不能及时进入医院，延误了抢救时机。好不容易进了医院，又碰到一个年轻的实习医生给她做手术，由于手术失误，最终导致这位女士失去了生命。

蝴蝶效应告诫我们：要注意微小的心理问题，包括认知上的细微偏差，并对其保持高度的“敏感性”，否则有可能酿成大的不良后果。

第四节　正确对待减刑和假释

案例：心态决定一切

周某是长沙监狱2013年第四批刑满释放的服刑人员。2003年，他因贩毒罪获刑15年。入监后，他对自己的犯罪有深刻的反省，深感自己的犯罪不仅害了自己、害了亲人，而且危害了社会。他的愿望就是积极改造，争取早日回归社会，与家人团聚。当他得知贩毒罪不能假释时，情绪波动很大，感到回家之路遥遥无期，非常悲观失望。后来，通过干警的心理辅导，帮他解开了心结。从此，他把重点放在积极改造、争取早减刑、多减刑上。他通过学习了解掌握了减刑的有关政策，制订了争取三次减刑5年的计划，并把计划落实在平常的改造生活之中，严格遵守监规监纪，服刑期间没扣一分；积极参加生产劳动，每个月都超额完成生产任务；发挥自己的特长，经常为《麓峰报》投稿。他的改造表现得到了政府的肯定，三次被评为改造积极分子，三次被评为生产能手，三次获得减刑奖励共减刑五年零三个月，按计划如愿以偿地回归了社会。

服刑人员要战胜减刑、假释心理综合征，必须抓住根本，从改变自己的认知，改变自己的信念开始。人的情绪及行为反应与对事物的看法、想法有很大的关系。同样遇到减刑受挫，具有不同信念的人产生的想法是截然不同的。因此，必须通过长期多方面的努力，帮助服刑人员培养、建立合理的认知方式，并把它贯穿于监狱实施教育改造的全过程。服刑人员则应从正确认识和评价自我开始，通过学习和各方面努力逐步适应减刑、假释对自己的要求，从而掌握服刑改造的主动权。

一、培养合理认知

合理的认知将引导服刑人员客观地面对现实，积极地对待改造，从而加速减刑、假释走向新生的进程。改变认知从学习开始。认知是行为和情感的基础。

一个人的心情是由他的“认知”或“思想”产生和决定的。消极的情绪是由消极的认知、思想决定的；相反，积极的情绪是由积极的认知、思想决定的。同样是服刑，同样是通过学习、劳动改造去争取减刑和假释，具有积极认知的服刑人员既能正视眼前的现实，又能看到新生的希望和回归后的美好前途，因而积极主动地参加改造；而认知消极的服刑人员则往往只看到眼前的挫折、痛苦和困难，而看不到事物还有积极的一面。而改变这种消极认知的重要方法之一，就是学习和训练。通过学习和思维训练，调整他们的思维方式，让他们逐步学会积极的思维方法，看到事物的多样性，懂得任何事物都有“好的”一面和“坏的”一面，学会用全面、客观和发展变化的观点去观察和看待事物。监狱的“三课学习”等在传授新的知识和信息的同时，要紧扣如何培养服刑人员的合理认知，帮助他们掌握客观、全面、辩证地看待事物和思考问题的方式和方法。对减刑假释这些关系到服刑人员最紧迫、最现实、最急需解决的问题，需要下功夫帮助他们认清影响减刑、假释的诸多主客观因素，减少认知上的盲目性和肤浅性。作为服刑人员，则要紧紧抓住这一关系自己改造“命运”的咽喉，加以全面的观察和审视。

对服刑人员的减刑、假释，国家的法律和政策都有详细明确的规定和解释，省里和各监狱在操作上也有一系列具体规定，这些是规范减刑、假释的客观因素，是本人不能改变的。监狱也会经常地进行宣讲和阐释，服刑人员必须多阅读、多过问、多思考，予以全面的了解和掌握。而主观因素则是自己的改造表现，奖励分数，考核等级等。如《刑法》2012 年进行第 8 次修改后，并不是所有罪犯的犯罪行为都要按新的《刑法》执行，而是以 2011 年 5 月 1 日为界限。如果所犯罪行是在 2011 年 4 月 30 日以前（含 4 月 30 日）发生的，减刑、假释仍适用老《刑法》，只有在 2011 年 5 月 1 日（含 5 月 1 日）以后发生的犯罪行为，减刑、假释才适用新的《刑法》。不少 2011 年 4 月 30 日以前犯罪的服刑人员，按照老《刑法》规定，一次减刑可以减一年以上、两年以下。而有些服刑人员因误信传闻，认为所有人都一次只能减刑一年，因而提早报了减刑，结果导致本来可以减一年多刑期的，只减了一年，从而浪费了一次减刑的机会。

要克服认知上的盲目性，除了自身加强学习外，还要多注意向管教警察请教和向法律政策水平较高的“同改”请教。例如，服刑人员的第一次减刑是有严格的时间规定的，那就是一般情况下，第一次减刑必须是在法院判决执行起一年半后才能启动，以法院判决生效的执行之日算起；第二次减刑的间隔必须在一年以上（法律另有特殊规定的除外），从上次减刑法院裁定书下达之日算起。此外在具体操作上，各地也有一些具体规定，如湖南长沙监狱从2013年起每次呈报减刑假释的四批呈报启动时间由原来的2、5、8、11月份改为1、4、7、10月份等。这些具体规定是不断变化的，而只有执法的民警最熟悉，解释也最具权威性。因而，服刑人员必须经常向管教干警请教，这样可以使自己的减刑假释少走弯路。

二、端正服刑态度

在很多情况下，态度决定成败。监狱服刑生活既充满坎坷，也充满机遇。你的服刑生涯是挫折多一些，还是成功多一些，在很大程度上取决于你的态度和努力。人的心态、心理对于人生目标的实现具有重要作用。在竞争无处不在的当今世界，几乎所有人都有不同程度的心理问题。而服刑人员作为一个特殊群体，更是心理问题、心理疾病的高发人群。这是因为服刑人员都是背着种种“包袱”的过来人，又时时身处严格监管的监狱环境之中，犯罪给亲人、家庭带来的伤害，特殊环境的刺激以及对前途的担忧等，使他们相当普遍地存在着不同程度的郁闷、悲观、猜疑、烦躁等不良心理。一些人消极抗改，经常违规违纪，甚至重新犯罪都与其不健康的心理和不认罪悔罪的态度密切相关。所以，服刑人员要想在监狱顺利地走上减刑、假释之路，首先就必须端正改造态度，调整好自己的服刑心态。要牢固树立认罪悔罪，努力向善的改造态度和自尊自强、积极向上的服刑心态，摒弃各种不良的心理。

要敢于正视现实，直面惨淡的人生。坐牢可能是你人生中最大的不幸和挫折，但事情既然已经发生了，退却、逃避是不现实的。唯一可取的就是正视淋漓的鲜血，承担应该承担的责任，“悟以往之不谏，知来者之可追”。换个角度看，挫折对于人生而言，也可以成为宝贵的财富。法国大文豪巴尔扎克曾经形象地把挫折比作一块石头。石头本身是中性的，无所谓好坏，但对于不同的人就会产生不同的影响。对于弱者，它可能成为前进路上的绊脚石；对于强者，它可能成为登高向上的垫脚石。“福兮祸所伏，祸兮福所倚”，事物从来都是可以转化的。古代有个人在路上捡到一匹没有主人的马，邻居纷纷向他祝贺，他却说捡到马未必就是好事，不久他的儿子就因为骑马摔断了腿。这时，一些邻居纷纷表示惋惜，他却说儿子摔断了腿未必就是坏事。不久官府强制征兵，他儿子则因为腿断了而被免去兵役，而抓去当兵的人大部分都战死沙场，只有他的儿子得以为他养老送终。

所以，服刑人员一定要学会辩证地看待事物，不要把服刑看得那样悲惨和可怕，只要好好改造，仍然可以成为社会的有用之才，可谓浪子回头金不换。应从正反两个方面的典型中正确吸取经验与教训，要有既来之则安之、安心改造的心态，沉下心来，把功夫下在培养健康心理、加速改过自新上，使自己的监狱生活成为告别过去、战胜挫折、走向新生的桥梁。

三、制定合理计划

古人云：凡事预则立，不预则废。作为服刑人员，要实现早日回归社会的梦想更是如此。所以，到监狱后的首要任务，就是要结合自身的实际，即刑期的长短、自己适应服刑生活和从事生产劳动的能力等，对照减刑、假释的有关法律政策规定，制定出切实可行的减刑、假释计划。改造计划既要积极可行，又要留有余地。好的改造计划，既是指引你改造之路的醒目路标，也是激发你积极改造的动力源泉。如何才能制定出切实可行的改造计划呢？

（一）要了解考核规则

比如监狱规定每个服刑人员的月考核分最高为 5 分，而且拿 5 分的人数一般不能超过服刑人员总数的 5%。一个分监区 100 多人，每个月能拿 5 分的就几个人，基本上都是劳动中的生产能手。4.5~4.9 分的，4~4.4 分的以及 3.5~3.9 分的比例也都分别只有 5%。服刑人员应根据自身的年龄，身体状况，技能特长，对监区所从事的生产项目的适应能力等，对自己进行合理的估计和准确定位。

（二）要积极而有余地

计划中的目标不能太低，太低了不能充分调动自己积极改造的主观能动性，也不利于自己早日新生梦想的实现；但也不能太高，太高了肯定实现不了。理想的目标是一个可以跳起来能摘到的桃子，且在时间规划上留有个把批次，即 3 个月左右的余地，这样进可攻退可守，可使自己立于不败之地。

（三）要目标具体明确

即计划减刑的次数，申报时间，每次减刑的多少及申报假释的时间等，都要进行详细的测算和规划。目标越具体明确，越便于执行和及时修正。目标明确后，还要有落实的措施。比如你争取减刑两次后再假释，但在规定的时间间隔内又没有把握得到足够的改造分，而你又有写作方面的特长，那在计划中就要有为省里和监狱的改造小报投稿的安排，并对每个季度需投多少篇，争取拿多少奖励分等都做出具体的计划。这样的计划便于落实，也有利于鞭策自己的改造行动。

（四）要及时予以修订

常言道“计划没有变化快”，服刑人员制定减刑假释计划，还必须紧跟国家和有关部门的减刑假释法律修订和政策调整。减刑假释往往受到社会大环境的影响，如十八届三中全会之后，党和政府加大了对公务员腐败的打击力度，故职务犯的减刑假释条件明显从紧；2014 年新疆暴恐分子十分猖獗，多次发生砍伤、炸伤无辜平民的血腥事件，则暴力犯、涉黑涉毒犯的减刑假释明显从紧。特别是 2014 年 3 月，中央政法委出台专门意见，就职务犯、金融诈骗犯、涉黑暴恐犯“三类人员”的减刑假释作出了另行规定，无论是减刑还是假释以及保外就医等都一律从严。尤其是减刑幅度、减刑间隔、服刑年限等大幅度从紧。这些国家法律政策上的调整，都不以服刑人员的个人意志为转移，因此，服刑人员应坦然接受，及时对自己的新生计划进行修订和调整，而不能一厢情愿地坚持原来的标准。否则，难免陷入减刑假释的心理泥潭。

四、脚踏实地改造

计划的落实要靠行动。脚踏实地改造，不断用实际行动扩大改造成果，是最终战胜减刑、假释心理综合征，也是实现自己“回归梦”的唯一出路。

（一）积极完成劳动改造任务

劳动改造是我国监狱机关改造罪犯的三大手段之一，是中国特色监狱制度的重要内容，是化消极因素为积极因素，变破坏力量为建设力量的伟大创举。劳动改造作为改造罪犯的主要手段，在罪犯改造工作中已经并将继续发挥不可替代的重要作用。服刑人员通过参加生产劳动，不仅可以端正劳动态度，矫正好逸恶劳的恶习，增进对劳动人民的感情，而且可以培养自己的就业技能。集中精力劳动，本身还有利于排除心理上的杂念，转移和减轻减刑、假释心理综合征的不健康心理。因此，监狱把服刑人员劳动的态度和劳动成果的考核作为改造表现和计量改造分的重要依据。积极劳动是服刑人员实现减刑假释目标的基本手段和必由之路。服刑人员应充分发挥自己的主观能动性和聪明才智，努力完成和超额完成劳动生产定额，多得改造奖励分，依法为加快减刑和假释创造良好的主观条件。

（二）始终保持良好行为养成

《监狱服刑人员行为规范》，有 38 条，是国家对服刑人员行为素养的全面要求，不管是基本规范、生活规范、学习规范还是劳动规范和文明礼貌规范，都体现了法律和道德的基本要求。严格遵守和执行这些规范，服刑人员不仅可以多得奖励分，不扣分，而且有利于改变自己的不合理认知，形成良好的行为习惯。现在监狱对行为规范执行得好的单位和个人定期进行表彰，获得监管改造前几名的监区还可以得到集体奖分，获得奖励的监区服刑人员都可以得到加分的奖励；在内务卫生评比中获得流动红旗的监舍成员也可以得到奖励加分。你千万别小视这些奖分，加起来说不定比你一个月的劳动得分还多。所以，服刑人员千万不要把遵规守纪看成小事，要想使自己的减刑、假释顺利就要经常算算这笔“加减法”，遵规守纪能加分，违规违纪必减分（扣分），一旦有违规违纪行为，轻则扣分，使自己的辛苦得分付之东流，重则关禁闭影响自己的减刑假释，少则推迟一年多则推迟两年，那可真是因小失大，得不偿失。

（三）积极参加各种有益活动

湖南省长沙监狱最近几年就相继举办了一系列很有特色的活动，如服刑人员篮球赛，服刑人员首届文化节，书香文化节等，既丰富了服刑人员的精神文化生活，为大家表演才艺、展示风采提供了舞台，又为大家争取改造分提供了机会。爱好写作的还可以申请成为监狱改造小报的通讯员，练习写作，刊稿得分。还有工间操比赛、拔河比赛等，有条件、有能力的服刑人员应积极申请，主动参加。

（四）要努力摒弃各种陋习

一要摒弃极端个人主义，处处只为自己着想。不顾别人利益和感受，只会处处碰壁。二要摒弃小团体主义，监内决不允许拉帮结伙，欺压他人。三要摒弃拜金主义，决不能为了金钱丧失道德，甚至践踏法律的红线。四要摒弃只顾追求吃喝玩乐的享乐主义。五要摒弃江湖义气，决不允许为了“哥们义气”而不分是非，胡作非为。不改掉这些不良习气，就谈不上改过自新，当然也就难以得到减刑、假释的奖励。

五、把握申报时机

在积极改造努力争取多得奖分的同时，准确把握好减刑、假释的申报时机也很重要。

（一）要提前测算好分数和间隔期

攒满分数和达到间隔期，是申报减刑、假释的法定条件。每位服刑人员一定要在申报之前提前测算好自己的分数，既不要分数不够盲目申报，更不要分数超过一大截还迟迟不申报，做到适当留有余地，又不浪费太多的分数。至于间隔期，则要记住是从上次减刑的法院裁定之日起计算，而不是批次对批次。

（二）要正确选择减刑、假释的方式

在合理选择减刑、假释方式的问题上，适应新刑法的服刑人员相对简单一些，而适用老刑法的服刑人员就要讲究一定的技巧，否则就会事倍功半，甚至事与愿违。因为适用旧刑法的服刑人员既要争取一次多减刑，又要算好下一次减刑或假释的间隔期。如果预测下次间隔期不够，可以采取提前一至几个批次申报，一次适当少减刑的方法；如果间隔期不受影响，则尽可能攒够减1年11个月的分数再申报。准备假释的服刑人员，也要先算好分数和间隔期，是减刑后再假释，还是不减刑直接假释，两种方式各有利弊，不同的情况应有不同的选择，因人而异。

但总的来说，能减刑则先应争取减刑再假释，这样即使假释的时间推后了 1~2 个批次，但整个刑期缩短了总是有利的。是否应当去星城监狱学习出监实用技能，则应将自己的情况对照有关规定，刑期 10 年以上、余刑在一年半以下，刑期 5 年以下、余刑在 1 年以下，且符合改造表现好等条件才能报名。符合条件则应及时报名，这样有可能获得更多的减刑机会。

六、正确对待结果

只要你做到了端正态度、积极改造、严守规范、合理申报等事项，一般来说，你的减刑、假释之路肯定会比较顺利。但是，谋事在人，成事在天。由于各种复杂的原因，有时也难免有意外，所以还要有一颗宽容、冷静的心，做到正确对待法院关于减刑、假释的裁定结果。

（一）要理智地对待裁定

首先要明确法律和政策只规定了减刑、假释必须达到的条件和标准，达到了这些条件可以减刑、假释，但并没有规定必须减刑、假释。另外，政法机关对减刑、假释是有指标控制的，你即使完全符合条件，也不一定能批下来，因为每批都会有一定比例的不能通过，这是很正常的情况，因此，申报后一定要有两种思想准备，一旦遇到没有通过的情况，一定要冷静、理智地对待。

（二）要多从自身找原因

在每一批申报减刑、假释的服刑人员中，被刷下来的毕竟是少数。政法机关在审查时，有一个相对选优的问题。因此，被刷下来的服刑人员总会有这样或那样的缺点或不足，要多从自身找原因，可能是别的服刑人员的条件比自己更好更充分，可能是自己某些方面做得还有欠缺，或是受害者还没有原谅自己，社会影响还有待进一步消除等。遇到这样的情况，多从自身找原因对自己有好处，能促使你今后做得更好。

（三）要继续努力不气馁

不要悲观失望，不要怨天尤人，更不要自暴自弃。人生不如意事十之八九，这是古人的经验总结，任何人任何事都不可能一帆风顺，何况是在监狱。消沉气馁不仅有损自己的身心健康，而且还会影响自己今后的改造和减刑，应该想开一点，看远一点，无非就是推迟个把季度而已。服刑改造就必须静得下心，沉得住气，千万不要因为一次减刑、假释未通过就心浮气躁，心灰意懒，而要做到一鼓作气再努力，改造路上再加油。这样，不仅你今后的减刑、假释之路会更加顺利，而且，你的意志品质也会更加坚强，你今后的整个人生之路也会更加顺畅。

“逝者已往矣，来者犹可追！”没有一颗心会因为追求梦想而受伤。当你真心渴望某样东西时，整个世界都会来帮忙。衷心希望广大服刑人员以真诚的心告别过去，以理智沉稳的恒心坚持改造，以满怀希望的信心来实现自己减刑假释、早日新生的梦想。

心理链接

酸葡萄效应——所谓酸葡萄效应，是指当一个人真正的需求无法得到满足而产生挫折感时，为了解除内心不安，编造一些“理由”自我安慰，以消除紧张，减轻压力，使自己从不满、不安等消极心理状态中解脱出来，保护自己免受伤害，使自己能够更好地接受现实。

在枝繁叶茂的葡萄架上，挂着一串串硕大的葡萄，绿的如翡翠、紫的像玛瑙，葡萄上面还有一层薄薄的粉霜。望着这些熟透了的葡萄，谁都想摘一挂尝尝。有只狐狸一点东西都没吃，肚子已经饿得咕咕直叫，它走到葡萄架下，发现了诱人的葡萄，口水马上就流出来了。可葡萄架太高了，狐狸够不着，怎么办呢？聪明的狐狸很快就想到了办法，它向后退了几步，鼓足了劲，猛地跃起，可惜，还是差了半尺。再来一次，狐狸决定再试试看，可是它越跳越累，越跳越低，最后实在跳不动了。面对可望不可即的葡萄，狐狸难免有些失落，狐狸叹了口气。忽然，它笑了起来，自言自语地说：“那葡萄看着是很诱人，但说不准是生的，又酸又涩呢。幸亏没吃到嘴里，不然我会难受死的，哼，这种酸葡萄，就是送给我吃，我也不愿意吃。”于是，狐狸在自我安慰中高兴地走开了。

“酸葡萄效应”其实就是人们常说的“阿Q精神”，偶尔用之未尝不可。

第八章

怎样处理“同改”关系？

服刑人员之间的关系，是特殊环境下的人际关系。服刑人员在监狱中处理好“同改”关系尤为重要，也颇有讲究，既有社会人处理人际关系的一些共性、共同方法，也有在这种特殊环境下的特性和特殊方法。本章就什么是“同改”关系、怎样处理“同改”关系等大家关心的问题进行初步探讨。

第一节 处理“同改”关系的正确态度

案例：太过功利交友碰壁

服刑人员倪某，因金融诈骗罪被判刑7年，自服刑以来，与“同改”的关系一直很僵，“同改”们背后都叫他“倪人精”。何故？只因倪某交友太过功利。举个例子，监舍来一个“新口子”，他总是第一个上去嘘寒问暖，那股热乎劲好像在外面早就是忘年之交，一旦打听到此人有“来头”，要么有钱，要么有地位，要么有过硬的关系，则鞍前马后，忙个不亦乐乎，一副“孙子”的孝敬样，接下来，便是自愿凑成一个锅子吃饭，东西不分你我，大小便宜通吃；可一旦打听到对方是个没啥来头的不起眼角色，则立马拉下脸来，爱理不理，有求不应，冷眼旁观，甚至吆五喝六，颐指气使，自己成了“爷爷”，对方则成了“孙子”。时间一长，倪某交友的这种功利心理“同改”们个个心知肚明，结果是关系热乎的，不过三月，关系冷淡的，更加冷淡，处处不受人待见。

一、什么是“同改”关系

“同改”关系是服刑人员在服刑期间与周围服刑人员之间的人际关系。它既有社会上通常的人际关系的基本特征，也有监狱这个特殊环境下的个性特征。

正常的“同改”关系具有如下四大特征：

（一）互相平等关系

服刑“同改”都是按照国家刑法和监狱法的有关规定，依法被强制带入监狱接受刑罚的对象，他们在法律地位、人格尊严、个人自由、学习机会、改造条件，以及在监狱的衣、食、住、行等各方面都享有平等的待遇，任何人都不允许凌驾于他人之上，享受特殊的待遇。

（二）互相学习关系

“同改”之间来到监狱的最终目的，都是接受强制改造，学习补课，洗心革面，争取早日新生。为了实现这一目的，他们不仅要接受监狱组织的思想教育、文化教育、技术教育，同时，相互之间也有互相鼓励，取长补短，相互学习，形成比、学、赶、帮，共同进步的良好氛围。

（三）互相监督关系

“同改”之间并不是随意的自由组合，他们无论在哪个监狱、哪个监区、哪个中队、哪个监舍、哪个互监组，都是由管教部门统一指定的，他们时刻生活在一个集体中，不容许有个人的单独空间，必须时刻彼此监督，共同遵守监狱的有关规章制度，共同维护监狱的改造秩序。

（四）互相帮助关系

“同改”之间尽管来自五湖四海，但同在一个监狱服刑改造也是一种莫大的缘分，不论时间长短，都要共同面对监狱服刑的种种现实困难和各种考验，因此，“同改”之间还需互相关心，互相帮助，一方有难，八方支援，珍惜“同改”友谊，共同走向新生。

二、处理“同改”关系的正确态度

认识了什么是“同改”关系，了解了“同改”关系的四个主要特征，就为广大服刑人员正确处理“同改”关系奠定了重要基础。

但监狱的实际情况表明，“同改”关系的处理并不是件容易的事情，很多服刑人员就是在处理“同改”关系上使不上劲，打不开局面，甚至碰了一鼻子灰，轻者心情郁闷，常年苦恼，重者甚至矛盾激化，结下梁子，触犯监规纪律，受到严肃惩处，直接影响了正常的改造进程，所以，处理好“同改”关系十分重要。

总结众多服刑人员的心得体会，“同改”关系能不能处理好，关键在于服刑人员自己所持的态度，甚至可以说，自己有什么样的交友心态，就会有什么样的“同改”关系，可见，交友态度，决定了“同改”关系的好坏。

那么，我们究竟应该抱有什么样的态度来对待“同改”关系呢？

（一）交友目的要单纯

服刑人员交友不能像上例“倪人精”那样带有明显的功利性，而应该目的单纯，也就是说，要把与“同改”交往，看着是一种缘分，看着是共同面对艰苦服刑考验的同盟军，交友的目的是为大家的日常改造有一个宽松、舒适的环境，在遇到困难时我拉你一把，你推我一把，发挥“同改”的长处，发挥难兄难弟的友谊，共同走向新生。如果交友时，总是抱着功利的心态，处处想着是否有利可图，时刻盘算能否得到“好处”，将正常的“同改”交往变得“铜臭气”十足，也许偶尔能得点小便宜，但时间一长，“同改”就会看清你的“庐山真面目”，对你嗤之以鼻，避你唯恐不及，“同改”关系就可想而知。

（二）交友心态要阳光

长沙监狱麓峰职务犯监区的服刑人员，绝大部分是高学历，高阅历，高资质，高年龄，原在社会上基本从事的是脑力或者智力劳动，或多或少都有人生经历的光环和辉煌。要让他们彼此“口服”，很容易，“同在屋檐下，不得不低头”。但要让他们彼此“心服”，使他们都阳光起来，那需要下一份气力和功夫，但所有的气力和功夫，只有一个中心，那就是“心与心的交融，灵与肉的沟通”，使广大服刑人员坦荡交流，不要像在社会上、在政治上、在名利场上当面一套，背后一套，甚至钩心斗角，明打小报告，暗中使绊子。应该说，服刑人员牢都坐了，就没有什么不能说，也没有什么不能解决的，所以，完全可以有啥说啥，有什么问题解决什么问题，只要心态阳光，很多事情都可以解决，做到心与心的交融。如有人吸烟，有人不吸烟，明白提出来，可以建立无烟监舍；有人打鼾，有人不打鼾，可以提出来，建立鼾房；你也想评劳动能手，我也想评劳动能手，双方都可以提出来，自然有民警按照实际表现、轻重缓急逐一解决。

相反，如果在处理“同改”关系时，彼此都带着面具，心里都藏着掖着，表面上你好我好大家好，内心却各自打着自己的小九九，“同改”的关系就会死气沉沉，生活在这样的环境中谁都不会开心。某监区曾经有一段时间“同改”关系复杂，整个监区气氛很沉闷，导致一位服刑人员精神压抑，抛开爱情、友情、亲情，抛开他的难兄、难弟、“同改”，不珍惜自己的生命，自伤自残，让所有“同改”都后悔莫及。后来监区民警鼓励全体服刑人员敞开心扉，坦诚交往，并着力营造“快乐生活、快乐学习、快乐改造、快乐新生”为主题的阳光氛围，组织大家一起唱山歌、唱情歌、唱流行歌曲，公开表达对爱情、对亲情、对友情的渴求，对自由生活的渴望，对患难之交的珍惜，使一张张青春的脸写满阳光，让每一个“同改”都能感受到这种阳光，彼此感染，“同改”关系立即大为改观。

正如：“把石头放在心里，是负担；把石头踩在脚下，是成功的阶梯”；“没奔头的人，含泪苦想；有奔头的人，含笑苦干”；“身处逆境的时候，梦有多甜，生活就有多甜”。可见，处理“同改”关系“阳光”心态不可缺少。当然，一个人的阳光心态来之不易，它需要生活阅历更加丰富，获取的知识更加充实，对待人生的态度更加积极。它需要用修养之水浇灌，勤劳之力扶持，宽容之心呵护。如果心态“阳光”，会觉得身边的万事万物都好，哪怕“同改”骂你，你都觉得是在开玩笑，你的快乐就会感染你的“同改”，你与“同改”交往，就会和谐。“雷公不打吃饭人，阎王不勾笑面人”，就是这个道理。反之，如果你内心乌云密布，哪怕“同改”好心帮助你，你也会认为他是假惺惺的，是做给管教民警看的。

（三）交友心胸要宽广

心胸宽广非常重要。尤其是服刑人员在监狱长时间的监禁，会变得多疑、敏感，安全感缺失，自我防护心理增强。本来相聚是一种缘分，服刑人员在这个特殊的地方聚在一起，更是一种缘分，作为难兄难弟就更要心胸宽广，少计较自己的得失，多替“同改”想一想，特别是对“同改”的缺点和不足，多包容，多谅解，明白“一个人的快乐，不是因为他拥有的多，而是因为他计较的少”，“退一步海阔天空，忍一时风平浪静”，只要心胸宽广，“同改”关系就一定能和谐融洽。

（四）交友原则要坚持

很多服刑人员在交友问题上一个重大缺陷就是不讲原则，是非不分，好坏不辨，最后害了自己，也连累了“同改”，影响了“同改”关系。如有的服刑人员认为，在监狱里能通过非法渠道弄点酒菜让“同改”吃吃喝喝，就是够朋友，够义气，混得好，有面子。其实这并不叫“有面子”，显然是违规犯纪，何况吃吃喝喝必然对家人经常提一些过分的要求，那是在“同改”家人的伤口上撒盐，不是大丈夫所为。有个服刑人员廖某，在社会上是国家工作人员，讲哥们义气，但偏偏不讲原则，是非不分，乱交朋友，竟然充当黑社会的“老大”，还沾沾自喜，进入监狱后，继续充当“老大”的角色，不惜打肿脸充胖子，标新立异，今天带“同改”去偷点菜，明天带“同改”来喝点酒，在“同改”面前显得自己神通广大，自觉高人一等，不料，与“同改”一道被民警逮个正着，通通关禁闭，通通受处罚，通通不能减刑。可见不讲原则，认知错误，不辨是非，头脑不清，往往害了自己的同时，也会害了“同改”。只有认知正确，才能少走很多弯路，使“同改”关系朝着积极、健康、向上的方向发展。

（五）交友身份要自信

不少服刑人员入监交友有一个重要的心理障碍，就是过分自卑，缺乏自信。本来每个服刑人员在监狱都完全地位平等，可是有的认为，自己坐牢了，就彻底完蛋了，社会上的人看不起，“同改”们也看不起；有的认为自己是强奸犯，连自己都觉得可耻，在“同改”面前更是抬不起头来，交往之时自然矮了一大截；有的认为自己家里穷，人家是要什么有什么，自己是要什么没什么，因此交友底气不足；有的认为自己是农村来的，比不上城里人，所以，在城里“同改”面前特别不自信；有的认为自己是一介草民，可周围的“同改”都是有头有脸的“人物”，甚至不少是做过大官的职务犯，因此，与之交往时，缺乏自信，如此等等。总之，不少服刑人员就是在交友身份上缺乏自信，结果本来很正常的“同改”交往，由于不自信而变得复杂化了，畏手畏脚，前怕狼后怕虎，结果“同改”关系别扭。

（六）交友方式要讲究

严格说来，服刑人员身上都或多或少有些毛病、瑕疵，在与“同改”交往时，如果不注意方式，这些瑕疵就有可能放大并影响“同改”关系。因此，在处理“同改”关系时一定要讲究交友方式，注意生活细节，不能过于粗心大意，自顾自话。如有的服刑人员大大咧咧惯了，“同改”正处于伤心、沮丧的时候，他还在高谈阔论，甚至欢声笑语，就难免遭到“同改”反感；有的“同改”本来有洁癖，你倒好，不管对方喜不喜欢，一屁股就往人家床单上坐；睡在上铺的服刑人员下床来，往往会踩着下铺的垫单，注意的，会把床单拉平，大大咧咧的，看都不看就走人，时间长了，次数多了，对方会认为你故意整他，害他，就会产生矛盾，影响关系；有些服刑人员卫生习惯不好，别人正在吃饭，“啪”的一口痰，或者旁若无人地上厕所；“同改”都在监舍学习，他却伸出“香港脚”，不分时段地抓，地下一层死皮，弄得整个监舍臭气弥漫；有的服刑人员把洗漱台当垃圾站和潲水桶，往里面吐痰、倒剩余饭菜、倒杂物、倒洗脚水，引来“同改”不满，经常发生争吵。总之，好的生活习惯，讲究点的交友方式，不仅是处理与“同改”关系的需要，服刑改造的需要，同时也是今后走向社会以后顺利就业、与人相处的需要。

心理链接

刺猬法则——人与人交往时，既要保持一定的亲近感，凝成合力，又要保持一定的距离，不丧失原则。

生物学家做了一个实验：把十几只刺猬放在户外空地的笼子里，寒风凛冽，刺猬们被冻得瑟瑟发抖。为了取暖，它们只好紧紧地靠在一起，但由于它们身上有长刺，因此会刺痛对方，也会被对方刺痛，于是刺猬们很快就分开了。可是天气实在太冷了，为了互相取暖，它们又靠在了一起。然而，靠在一起时又无法忍受刺痛，只好再度分开。挨得太近，身上会被刺痛；离得太远，又冻得难受。在这样反反复复的聚散中，刺猬们不断地在受冻与受刺之间挣扎。最后，它们终于找到了合适的距离，既可以互相取暖，又不至于被彼此刺伤。

刺猬法则主要强调人际交往中的“距离”，包括心理距离、空间距离、时间距离，在与人交往的时候，应注意这三种距离的尺度，如此才能活用“刺猬法则”，让距离产生美。

第二节 怎样处理“同改”关系

案例：不会交往自寻短见

“爆竹声声辞旧岁，总把新桃换旧符。”正当其他服刑人员一起欢度新春佳节，迎接新的一年到来之际，服刑人员郝某却在除夕之夜向自己的血管捅下一刀，顿时鲜血直流，染红了枕头，幸得“同改”及时发现，急送医院抢救，才保住性命。郝某因父母离异，母亲改嫁他人，父亲常年在外地打工，从小就由爷爷奶奶抚养，由于缺少父母亲情和教育，总觉得低人一等，一直很少与人交往，也不知道如何与人交往，因此从小养成了孤僻的性格。二十多岁谈了一个女朋友，却嫌他太死板、太不会交往而很快分手，感情受挫的刺激，使郝某更加自闭。由于他没有读过多少书，也没有学一点专长，又不愿干活出力，就打起了不费什么力气而捞到钱财的主意。在游手好闲中结识了一位“好人”，邀他一起“发横财”，加入了由一位叫“豪哥”为头的盗窃团伙，专门在某国有特大型化工基地盗窃化工原料、化工产品。一次盗窃一台变压器，导致化工基地一车间停工，直接损失达几千万元，后被公安机关抓捕，被法院判处有期徒刑十四年。入狱后，没有了吃喝玩乐的生活，也没有了“志同道合”的“朋友”，加上爷爷奶奶年老多病，收入微薄，无法来监狱看他和资助他，也就成了“三无”人员。自入监起就整日闷闷不乐，沉默寡言，根本不与“同改”交流，也懒得与周围人搭理，加上平时又不注意讲究卫生，乱丢乱吐，引起大家的反感，也都不搭理他，更加游离于群体之外，自己有点高兴的事，也无人分享，自己有了伤心的事，也无处诉说，日渐孤独，了无生趣，看到除夕夜人家有说有笑，自己一人形单影只，一时想不通，便想一死了之。

这个事例使我们清醒认识到，正常的人际交往，对于我们服刑人员来说是何等重要。那么，服刑人员究竟应采取怎样的交友方式才能建立起正常的“同改”关系呢？

一、要有同情之心，善于理解他人

服刑人员之所以在监狱一起服刑，都是由于违反了国家法律，受到了法律的制裁而从各个地方走到了一起。但是每个人的情况并不是完全相同的。有的刑期长，有的刑期短；有的是“老口子”，到监狱好多年了，有的是“新口子”，初来乍到，“人生地不熟”；有的年轻，有的年老；有的家庭富有温暖，经常有人来探监，上账送物，有的就是一个人，长年无人问津；有的身体健康，有的体弱多病；有的学历、学识水平高，有的还是小学文化；大多数来自国内，也还有来自国外的；大多数是汉族，但也有除汉族以外的其他少数民族；等等。由于个人的情况不同，每个人的心态也就不一样。既然走到了一起，要在一起生活，一起服刑改造，就必然要发生很多联系，就必然要打交道。怎样才能取得正常的关系，和谐地在一起生活和服刑改造呢？

这就要有同情心。“同是天涯沦落人，相逢何必曾相识。”都是来服刑改造的，就不能有“新口子”向“老口子”“进贡讨好”的非分之想，服刑人员本是弱者，不论新来的还是后到的，也都是弱者，那就不能以弱者的身份去做强者的事情。有的刑期短的，或已经快服完刑期即将出监的，就不能有高人一等的意念去为所欲为，戏弄他人甚至欺压他人。有同情心，才能理解他人。“同改”们已经受到了法律的制裁，人生跌入了最低谷，人生没有比这更难过、更难受的了，服刑人员都对此感同身受，心情应该都是一样的，而后悔、烦闷、焦躁的心理，往往与激动、冲动、发火、出轨一脉相承，稍不留神，就可能酿成悲剧。所以，在“同改”出现这种情况时，特别是对自己的利益有所触及时，不能去责备他，批评他，更不能激怒他，惩处他，而应该充分理解他，从而劝解他，疏导他，引导往好的方面想，朝对的路上走，便能化险为夷，和谐共处。

二、要有忍让之心，摒弃意气用事

“六尺巷”的故事很多人知道。它讲的是安徽省桐城县城一条小巷的故事。桐城盛产桐油，故称桐城。在县城一条百多米长的小巷两旁，住着张家和叶家两大户人家。据说在清朝康熙年间，张家有个叫张英的人博闻强记，是个才子。他中了进士以后，步步高升，官越做越大，直至文殿大学士兼礼部尚书。张英在朝中做了高官，老家的人便一个个神气起来。这一年，张家打算扩大府第，便在邻居身上打主意，要邻居让出三尺宽的地面，以便张家修院墙。但这邻居并非寻常百姓，叶家的主人是与张英同朝供职的叶侍郎。叶家对张家的无理要求，根本不买账。张家的人见叶府寸土不让，便修书一封，派专人送往京中，试图以张英的权势压倒对方。不料张英却从朝中寄回一首诗："千里修书只为墙，让他三尺又何妨，长城万里今犹在，谁见当年秦始皇？"家人读罢，觉得很有道理，便命家丁后退三尺筑墙。叶家的人听说张家派人进京，正焦虑不安，忽见张府让地三尺，大为困惑。一打听，才知道是张英的主意。于是，叶家忙把此情告诉叶侍郎。叶侍郎听罢，很受感动，便令自己家人，也把院墙后移三尺。这样就在两家之间形成了一条六尺宽的巷子，从此两家人和睦礼让，相安无事，并由此到处传颂。这种处理邻居关系，人与人之间关系的绝妙做法，多少年来，一直成为中国人的美谈。这个故事也为服刑人员处理相互之间的关系提供了范例。

什么是"忍"？"忍"就是锋利的刀刃放在"心"上面也不为此害怕、颤抖。人生之中，世上之事，没有比这更担心可怕的了！在这种情形下都能挺住，哪还有什么不能让人冷静的呢。遇事冷静下来，好好地先思考思考，是作为还是不作为，要作为的话又要怎么去做？只有先想好了，权衡了利弊、得失后再去行动，才能不至于因小失大，甚至犯错。"小不忍则乱大谋。"不能容忍小事，就会坏了大事。"忍"，首先是"嘴"要能够"忍"。俗话说"祸从口出"，"伤人一语，利如刀割"。伤害感情的话，不利于共事的话，不利于改造的话，甚至是没有什么作用的话，一概不说，养精蓄锐，沉静修身。其次，行为也要能够"忍"。如果说"说出的话是泼出去的水"，那么，付诸的行动就成了不可磨灭的事实，再想挽救是不可能的。因此，动手动脚更要慎之又慎。要牢记古人的教诲，"忍得一时之气，免得百日之忧"。对非原则性的问题一律不予计较，做一个心胸宽广的人。

三、要有仁慈之心，乐于帮助他人

离开社会，离开家庭，来到监狱服刑的每个人都面临着不少的困难和问题，而且必须面对、克服和解决。思想、心理上有疙瘩。这类问题，每个服刑人员都有。监规纪律严格，行动处处受限；熟人、朋友全无，家人会见、联系很难；劳动任务压头，生活条件不好；刑期漫漫悠长，看不到生的希望，感到前途渺茫，心情异常复杂，也很矛盾，不知道怎样才好，有的甚至想到了去走绝路一了百了。人在这个时候是特别希望得到他人帮助的。就是想死的人在即将了结之时，也还是希望别人能够拉一把。可见，人越是遇到困境，越是陷入低谷，越是需要他人的帮助。在这个时候，相互讲一讲话，谈一谈心，相互启发开导，作用可能还是很大的。在自助和他助的共同努力下，陷入此类困惑的人，重新认识自我，自强起来，这样的事例是很多的。人不能永远沉浸在消极的痛苦中，对待挫折，除了选择痛苦和死亡之外，还可以选择乐观和坚强。不管遇到什么样的挫折和痛苦，都不能消极，因为“人间没有永远的夜晚，世界没有永恒的冬天”。

在监狱服刑的人员中，在生活上、身体上都有这样或那样的困难。能够尽其所能，帮一帮他人，既是“义举”、积德，也是融洽“同改”之间关系的“黏合剂”。其实，帮人也是帮己。首先，你帮了人家，人家高兴、感激，自己也快乐、愉悦，因为自己又做了一件善事。其次，你也有需要别人帮助的时候，那时，别人帮助了你，你既得到了回报，又收获了友情。

战国时期有一个小国的国君叫中山君。他在一次与楚国的交战中失败后逃跑的路上，遇到两个手持武器的人时刻不离其左右地保护着他。中山君并不认识这两个人，感到非常疑惑，便问：“你们是什么人，为什么要保护我？”这两个人边听边跪下说：“大王，您还记得吗？有一年夏天，麦子歉收，我们的父亲饿倒在大路旁，连眼睛都睁不开，眼看就要死了。那时您从这儿路过，看到他的情形，赶紧下车拿出一碗稀饭让他喝了，我们的父亲才没有死。后来他在临终时嘱咐我们兄弟：‘中山君救我一命，你们俩要记住，在中山君有难时，一定要誓死保卫中山君。’眼前您遇到了困难，我们俩要保护您啊！”中山君听完后，仰天叹息道：“给予别人的东西不论多少，关键是在他真正有困难的时候，因为一碗稀饭救了一个人，在危难之时却得到了以死相报的两个人啊！”这也就是《增广贤文》说的：“救人一命，胜造七级浮屠。”“恶有恶报，善有善报”，相信行善的人是一定能够得到回报的。

四、要有细腻之心，加强相互沟通

就婚恋而言，无论是媒妁之言，还是自由恋爱，在走入婚姻的殿堂前，都要经过一个相识、相恋、相知、相爱和结婚的过程。其实，这种轨迹就是一条曲线，到山顶就到了曲线的顶峰，而后就开始走下坡路。

造成这种现象主要有两方面的原因：第一，男女双方刚开始相处时，都会将自己美好的一面展现给对方，隐藏起不好的一面。成家以后，这种差异仍然存在，但是双方的心态却起了变化：男士会把精力更多地移到事业方面；女士不像婚前有那么多想法，行为也发生变化，恋爱的时候，每次约会都精心打扮一番，婚后也就不会太注意穿着打扮。第二，恋爱中双方都是浪漫为主，现实为辅；婚后却是现实为主，浪漫为辅，面对的都是生活中的琐碎小事，以前的有意无意表现的优点都已使双方习惯，突然表现出的差异性会给双方带来很大的心理落差，解决不好就会造成更大矛盾。

面对突然的变化，很多夫妻都选择按照自己的心智模式改变对方。但是一个人的生活习惯和思维习惯是日积月累起来的，强制性地改变，将会出现如下三种结果：

第一，使鸡毛蒜皮的小事严重化，不断地争吵和伤害，如果这种矛盾越来越深，甚至会落到劳燕分飞的境地。

第二，双方在生活的过程中，会意识到用自己的心智模式改变对方的不易，最后双方在不断妥协的过程中消除差异、达成一致。

第三，在生活的过程中，想改变的一方反而会被对方同化，最后双方越来越接近一致，慢慢把差异降至最低，和好如初。夫妻相就是因为在天长日久的生活中，双方在思想、行为举止等方面越来越相近而形成的，即一致性形成的过程是差异性逐渐降低的过程。其实，婚姻的维持很大程度上是依靠夫妻双方的细腻、宽容、谅解和沟通，才能美满幸福。

同样，处理好“同改”关系，也要心思细腻，注意细节，防微杜渐，及时进行有效的沟通、宽容和谅解，甚至妥协都很重要。这就要求：

1. 拥有同理心的思考方式。同理心指的是在思考问题的时候，在认知层面和情感层面对问题的看法趋向于一致，即要有共同的心理体验。

2. 达成一致的思考方式。每个人所处的环境、自身所具备的知识经验和所处的层级不同，获取信息的量和考虑问题的角度不同，考虑问题的层次也会不一样，因此服刑人员在沟通过程中应当学会不同的思考方式，达到求同存异的结果。

3. 学会换位思考。沟通双方要换位思考。在与“同改”的沟通过程中，更多地用到这种思考方式。沟通的要点可归纳如下：第一，彼此尊重，从己做起；第二，易地而处，换位思考；第三，平等互惠，礼让对方；第四，知己知彼，塑好形象；第五，把握时机，调适方式；第六，体现圆通，不要圆滑；第七，逐项沟通，层级递进。

4. 讲究沟通效果。首先，沟通可能要多次，一次不成功，或者效果不理想，不能气馁，可再次进行沟通。其次，要保持正常的沟通。“同改”之间发生了一些心理摩擦或小的利益冲突，需要及时沟通，说明解释或就利益补偿进行商量，以求得和解；“同改”在心理上、行为上出现了不利于该服刑人员的改造生活及影响改造环境的改善等情况，需要及时沟通；在学习政策法规、监管办法以及在学习文化知识、专业技能等方面有疑惑时，也需要及时沟通，释疑解惑，求得真知。

五、要有敬畏之心，维护正常秩序

一个人如果没有敬畏之心了，就会如“天马行空”，独往独来，目无一切，胡作非为，什么违法违纪，残害他人，损人利己的事情都做得出来，这必然破坏大家的改造环境。所以，敬畏之心，可以说是一个人生存的生命线，生活的高压线。

国家颁布的各项法律法规是一个国家的公民都必须遵守的共同规范，是每个公民的最高行动准则，任何人不得违反，否则，就会遭到严厉惩罚。这一点，监狱服刑人员是有亲身感受的，如同切肤之痛。可以说，现在感受到了国家法律的无比威严，不敬畏是绝对不行的。现在我们要讨论的问题是，已经违法犯罪进入了高墙，受到了严格的约束，除了敬畏法律法规外，还有哪些东西是需要畏惧的，也就是还应敬畏些什么呢?

在监狱里服刑，做人的基本道德和健康的人格也是狱中人必不可少的。如果缺失了，不在改造中逐步补回来，想顺利度过服刑生活，将来走向社会以后，能够被社会所接受，也是很难的。因此，在改造中，注重道德修养，加强人格培养，正确处理各方关系特别是“同改”之间的关系就更显重要。例如：

在“同改”之间，不能以“老乡”“同学”“同案”“同寝室”“同时入监”等搞“小帮派”“小团伙”。大家都在这里搞改造，无所谓亲疏。特别是不能相互纵容、掩饰违规犯纪行为，那样只能是害了“同改”，也害了自己。“世上没有不透风的墙”。做了坏事，迟早会被管教民警、监狱知道。

在“同改”之间，不能“搬弄是非”，今天说这个好那个不好，明天说那个好这个不好，“搬来搬去”，说去说来，弄得不好就成了“是非”，就会起矛盾，闹纠纷。因此，“同改”之间遇到不明白的事情，首先是要本着实事求是的精神，与人为善的态度把事情弄清楚，不要盲目地讲谁是谁非，乱发脾气。

为人坦诚正直、宽宏大量很重要。坦诚正直、宽宏大量是品格，是一种人格修养，也是高尚道德，要靠自己领悟，在处理“同改”关系中应很好地把握和应用。

宋朝名臣吕蒙正为人正直善良，心胸宽宏，曾三次为相。有一次，朝廷要任命高官，许多大臣都极力推举吕蒙正，但有一位大臣却强烈反对，并在皇帝面前和其他大臣讲了吕蒙正很多坏话。吕蒙正的一个朋友感到愤愤不平，决意要把这件事情调查清楚。吕蒙正知道后忙劝这位朋友：“事情都过去了，不必要一定查清是谁。尽管我没有什么问题，但对我今后秉公办事，不讲私情不是很有帮助吗？”事后，那位诋毁吕蒙正的大臣听说吕蒙正不计个人恩怨的情况后，亲自到吕蒙正的家中赔礼道歉，并终生与吕蒙正结为好朋友。这个故事警示我们，到处讲别人的缺点和错误，甚至讲别人的坏话，指责别人，本身就是一种过错。人家知道了，将会给自己带来麻烦，甚至是灾祸。“人无完人，金无足赤。”宽容他人，也就给自己留下了平安。

在监狱的监管中，对服刑人员尤其强调要循规守制，遵章守纪，讲求公德，其用意还有一个，就是营造一个和谐的改造环境，让大家能在一个平和的氛围中，把压力变为动力，真诚改造，悔过自新，学习技能，力争出狱后能自食其力，回报家庭和社会。

因此，所有服刑人员都要参与营造监狱的和谐改造环境中来，并为之做出自己的努力。监狱改造环境好了，“同改”之间的关系融洽了，每个服刑人员自己也能享受到好的改造环境和氛围所带来的乐趣和实惠。

心理链接

孤独效应——孤独，就是缺乏正常的社会接触。孤独一般有两种类型：其一是情绪性隔绝，指孤独者不愿意与周围人来往；其二是社会性隔绝，指孤独者不具有朋友或亲属的关系网。

孤独产生的原因多而复杂，比如事业上的挫折，缺乏与异性的交往，失去父母的挚爱，夫妻感情不和，周围没有朋友等。此外，孤独的产生，也与人的性格有关。比如有的人情绪易变，常常大起大落，容易得罪别人，从而使自己陷入一种孤独的状态；还有的人善于算计，凡事总爱斤斤计较，考虑个人的得失太重，因此造成了人际交往的障碍，最终也很孤独。

心理学家认为，真正的孤独，往往产生于那些虽有肉体接触，却没有情感和思想交流者之间。事实上，不管你是已婚抑或是未婚，也不管你是置身于人群之中，还是独居一室，只要你对周围的一切缺乏了解，和你身处的世界无法沟通，你就会体会到孤独的滋味。

重要的是，我们要去驾驭孤独，而不是被孤独驾驭。人人都可能有孤独的时候，但并非人人都能够战胜自身的孤独感。一个人独处，可能并不感到孤独；而置身于大庭广众之中，未必就没有孤独感产生。

第三节　防止几种不正常的“同改”关系

案例：拉帮结伙“同改”相残

“本是同根生，相煎何太急。”服刑“同改”在一起本是患难之交，可是，刘某等六人却反其道而行之。因为来自同一个县，刘某纠集其他五位同乡结成了一个狱内“六人帮”，由于六人都犯抢劫罪入狱，各个身高马大，且都争强斗狠，很快成了监区一霸。该帮由于人多势众，心狠手毒，所以，很快就形成了势力范围，从分配囚服、打扫卫生、安排上下铺、打饭打菜、购买零食、接见物品、岗位分工、工间休息、产值指标、奖分评选、年度评先等日常改造的方方面面，该团伙都强行染指介入。“同改”稍有不满，便大打出手。所以，明明知道他们的做法违反监规纪律，但是慑于六人的淫威，谁也不敢向监狱民警告发。后来，该团伙更加嚣张，将一名外地人唐某打成双腿残疾，这才东窗事发，“六人帮”被一锅端，因故意伤人罪每人被加刑三年，受到应有的惩处。

由于种种原因，监狱的“同改”关系并非像人们希望的那样处处正常，不少“同改”关系已经滑出了正常的轨道，不仅为服刑人员的改造带来了很多阻力，也给监狱的改造秩序造成了一定的破坏，需要极力防止。这种不正常的关系，主要有如下几种：

一、鱼肉“同改”型“同改”关系

一部分服刑人员要么凭借自己身高马大的身体优势，要么利用自己过硬的社会关系，要么利用与民警的特殊关系，要么利用自己优越的经济条件等方式，以大欺小，欺负弱者，鱼肉“同改”，牟取不正当利益，严重破坏了正常的“同改”关系。如上述“六人帮”的案例，这是一种需要严格防止和打击的“同改”关系。

二、钩心斗角型“同改”关系

一些文化层次相对较高、心机较重的服刑人员，尤其是一些职务犯，大家经济条件、社会阅历、社会关系、个人能力等都比较接近，谁也不怕谁，谁也不服谁，谁都不希望别人混得比自己好，人人都想出人头地。所以，有的人沿袭了过去在单位钩心斗角、尔虞我诈的一套，相互攀比，相互拆台，你告我的状，我打你的小报告，总之，弄得鸡犬不宁，这也是重点打击的“同改”关系。

三、一盘散沙型“同改”关系

一些文化程度较低、能力较弱、意志消沉的服刑人员，与上述钩心斗角型的相反，这些人个个都不想出头，谁都不关心其他“同改”，谁都不关心集体。你弹你的调，我唱我的曲，井水不犯河水，各顾各的，没有一个中心，也没有一点团队意识，形同陌路，鸡犬之声相闻，老死不相往来，就像是一盘散沙。这种“同改”关系，不但不能鼓励服刑人员积极改造，相反，打消人的上进心，消磨人的意志，也是需要防止的“同改”关系。

四、沆瀣一气型“同改”关系

这种“同改”关系，要么是因为同乡关系结成一帮地方势力，要么是因为属于抢劫等同一种罪行而同病相怜，要么是因为都经济条件很好或很差而物以类聚、人以群分，要么是因为到监狱后有共同的兴趣爱好，要么是因为服刑期间有共同的利益关系如盗窃，要么是服刑期间都习惯同一种违规犯纪如吸毒、酗酒等等。一帮人凑到一起，臭味相投，甚至同流合污，干一些为其他“同改”所不齿，为监狱民警所打击的背后交易和勾当，如集体盗窃他人生活物品，集体盗窃监狱食堂饭菜，集体聚众赌博，集体违规饮酒等等，败坏改造风气，破坏正常改造秩序。这同样是被严厉打击的“同改”关系。

五、对抗改造型“同改”关系

极少数服刑人员由于对社会不满，或对原判刑罚不满，或对党和政府的司法政策不满，或对监狱的管理体制机制不满，或对某个特定管教民警的管理方式不满等等。同流合污，建立攻守同盟，或阳奉阴违，或公开对抗，故意制造矛盾，寻衅挑起事端，直接破坏监管秩序，对抗监狱民警，恶意告状，纠缠申诉，甚至辱骂民警，公开袭警等等。这是需要重点打击的“同改”关系。

心理链接

泡菜效应——同样的蔬菜在不同的水中浸泡一段时间后，将它们分开煮，其味道是不一样的。可见，环境可以造就一个人，也可以毁掉一个人；人也可以通过努力去改变环境，让自己生存的环境越来越好。

根据这个原理可知，人在不同的环境里，由于长期耳濡目染，其性格、气质、素质和思维的方式等方面都会有明显的差异，这正如人们常说的“近朱者赤，近墨者黑”。泡菜效应揭示了环境对人的成长具有非常重要的作用。譬如家庭环境对孩子的影响，甚至会决定孩子一生的价值取向，一个在父母的争吵打骂中成长起来的孩子，他的家庭观念会很淡薄，对社会对人生的理解也会很偏激，对家庭、对社会缺乏责任感。而在一个温馨宽松的家庭气氛中成长起来的孩子，会对家庭充满依恋、对社会对人生的理解宽厚而平和，从而有更多的机会走向成功。

一个人出生于什么样的家庭无法选择，但争取怎样的生存环境和发展却是可以选择或奋斗的。

第九章

怎样处理警囚关系？

对警囚关系的理解，可谓仁者见仁、智者见智。处在不同的地位，站在不同的角度，就会有不同的解读，但警囚关系对于服刑人员改造重要性的认识却高度一致，如果警囚关系不理想，服刑改造就可能颇费周折，甚至寸步难行。本章从警囚关系的本质、意义及其影响因素等方面就怎样处理警囚关系进行探讨，希望能对服刑人员的正常改造有所裨益。

第一节 警囚关系的本质及其重要意义

案例：位置颠倒自讨苦吃

张某是个“二进宫”，第二次因盗窃被法院判处四年有期徒刑，投入监狱服刑以后，一直是个“老油子”的做派。他的口头禅是“我一不要分，二不要减刑，只要不违法，民警就拿我没办法”，他不仅这样想，这样说，还真的这样做。因此，处处与民警对着干，成为监区大名鼎鼎的反改造尖子，大错没少犯，小错更不断。有时民警不在场，他还有所收敛，只要管教民警在场，他反而更来劲，好像“天下”是他的，自己的东西到处丢，“同改”的东西随便拿，个人卫生时好时差，开口就是脏话粗话，集体活动不参加，劳动生产经常返工，互监组“同改”不但不能说他，还经常受到“牵连”，不是批评检讨，就是通报扣分。民警警告几次无效后，决定将其严管30天，且不许接见、不许打亲情电话、不许购物、不许订餐、不许和任何人接触。这下张某终于领教了警方的厉害，吃尽了苦头，实在熬不住了，只好乖乖“投降”，从此不再对抗。这就是张某自不量力，颠倒了警囚关系所带来的必然结果。

一、什么是警囚关系

从上述张某的案例可以看出，警囚关系之所以处理不好，是因为张某颠倒了自己与民警的关系，自以为只要不违法，犯点规，违点纪，监狱就没办法。其实，监狱作为国家刑罚执行者，有的是办法，警囚关系闹僵，最终吃亏的只能是服刑人员自己。

那么什么是警囚关系呢?

警囚关系也即监狱民警与服刑人员之间的人际关系，其本质是一种管理与被管理、改造与被改造的关系，是一种既相互对立、又相互统一的关系。

具体来讲，监狱民警是管理者，是改造者，代表国家政府行使法律赋予的刑罚执行职责，限制服刑人员的自由，强迫服刑人员参加生产劳动，维护监狱正常的监管秩序，矫治服刑人员的恶习，促使服刑人员自食其力，改过自新。相反，服刑人员则是被管理、被改造的对象，处于被动服从的地位。从这个角度来说，二者之间天然就是对立、矛盾的关系，这是显而易见的，没有必要遮遮掩掩。但这仅仅是一个方面。另一个方面，二者之间又是统一的关系。因为监狱民警并不是为惩罚而惩罚，惩罚的目的是为了“治病救人”。监狱民警实施管理、改造的根本目的，是要把服刑人员改造成为社会新人，使之服刑完毕以后顺利融入社会，不再重新犯罪，不再危害社会，以此维护社会大多数人的利益，维护现有的社会秩序，所以监狱民警在实施管理的过程中，强调执法的公开、公平、公正，尊重服刑人员的人格尊严，实行宽严相济的刑事政策，不断创新人性化的管理模式，致力于全面提升服刑人员的改造质量，这与绝大多数服刑人员能够认罪悔罪，悔过自新，主动接受监狱民警的教育管理，充分发挥个人的主观能动性，自觉改造，积极追求新生是不谋而合、完全一致的。

二、处理好警囚关系的重要意义

如何处理警囚关系，既是一个非常现实的问题，也是一个难题，更是所有服刑人员关心的一个问题。众所周知，警囚关系处理得好，个人的改造就比较顺利，警囚关系处理得不好，个人的改造前程势必受到影响。不仅如此，这个问题不但关乎服刑人员一方，而且还涉及管教民警执法水平和清廉作风，广大服刑人员平时拿到台面上来讲警囚关系的比较少，私底下倒没少议论，特别是近年个别民警与一些服刑人员沆瀣一气，受到严肃查处，这个话题就更加敏感。可见，警囚关系涉及民警和服刑人员两方面，两者之间关系是否正常，既与服刑人员有关，也与民警有关。正确处理两者的关系，具有重要的意义。

（一）关系到国家刑罚目的的实现

国家监狱的性质和任务决定了监狱执行刑罚的目的，不是单纯地为了惩罚而惩罚，也不是为了对犯罪者实行报复，而是通过教育改造、惩罚管理等一系列有效的措施，使服刑人员能够成为自食其力的守法公民和对社会有用的劳动者。要达到这个目的，就需要监狱的两大刑事法律关系的主体，即监狱管教民警与监狱服刑人员之间建立良性的、互动的警囚关系。

（二）关系到刑罚制度的改革

我国目前刑罚制度仍然在变革中，仍然处于一个自由刑为中心的时代，犯罪者80%以上由“自由刑”加以处置。在中国社会向现代社会转型的影响下，刑罚制度变革，无论是倡议“废止死刑”，还是主张推行“社会矫正”等，皆可视为企图缓解刑罚关系的“紧张”。正确处理警囚关系其实也是在具体刑罚执行过程中缓解这种“紧张”的一个缩影。

（三）关系到“宽严相济”刑事政策的实施

正确处理警囚关系是“宽严相济”刑事政策的需要。宽严相济刑事政策最简单、最朴素的理解就是刑事措施既要有“宽”，又要有“严”，而且两者之间必须“相济”。但是不同的时代，基于不同的时代背景和价值理念，对于如何“宽”，如何“严”，宽严之间如何“相济”有着不同甚至是截然相反的理解。在构建和谐社会和社会主义法治理念的价值取向下，最大限度地增加社会和谐因素，最大限度地减少社会不和谐因素，最大限度地缓解社会冲突，最大限度地防止社会对立，建立警囚之间的正常关系就很有必要。

（四）关系到服刑人员合法权益的保护

保障服刑人员的合法权利是监狱工作法治化的基本要求之一。我国在人权保障方面做了大量的工作，服刑人员人权状况近年来有了很大改善。但由于各方面（法律、政策等）的原因，特别是由于服刑人员特殊的地位，服刑人员的很多权利又不可能完全实现。而服刑人员的特点又决定了其维权意识逐渐增强，这就势必形成不可调和的矛盾。因此，监狱管教民警要通过自身的执法素质、人格魅力，与服刑人员建立一种良好的互动关系，这是保障服刑人员人权有益和必要的保证。

（五）关系到文明监狱的创建

正确处理警囚关系，建立良好的警囚关系，是构建和谐监狱、打造平安监狱的需要。建立社会主义和谐社会，应该是民主法治，公平正义，诚信友爱，充满活力，安定有序，人与自然和谐相处的社会。监狱对服刑人员的惩罚本身也就是构建和谐社会的一个方面，而打造平安监狱要求必须建立良好的警囚关系，调动监狱刑罚主体双方的积极性。

角色效应——现实生活中，人们以不同的社会角色参加活动，这种因角色不同而引起的心理或行为变化被称为“角色效应”。

大多数人都看过陈佩斯和朱时茂演的小品《警察和小偷》，大体意思是：一个小偷冒充警察为另一个小偷放风，后来逐渐忘了自己的小偷身份，竟然主动协助警察抓获了自己的同伴。这看上去似乎不可思议，但恰恰证明了一个简单而又往往不被人们所注意的道理：一个人如果忘记了自己的真实身份而进入另一个角色，那么，他就会去做那一个角色所应该做的事。

每个人都要在社会中扮演属于自己的社会角色，不同角色的权利与义务是各不相同的，不能混为一谈，应当区别对待。在角色转换后，应当及时对所承担角色的权利与义务有明确的认识，对该角色应有行为做出清晰的理解，以求顺应变化，尽早进入新角色，转换角色行为。

第二节 影响警囚关系的主要因素

案例：请客送礼害人害己

刘某因贩卖毒品被判刑七年。由于家境条件比较好，在外面好逸恶劳，游手好闲，加之贩毒，生活“风光”得很。入狱后，过不惯监狱的艰苦生活，受到社会上“高人”的指点，便多方找关系，到处请客送礼，通过“关系民警”，不仅安排了轻松的劳动岗位，而且常常托“水路干部”带点酒菜进监来改善生活，日子过得有滋有味。可刘某还不知足，又打起了提前出狱的主意，继续请客送礼，两次“破格”评上了改造积极分子，既增加了奖励分，又顺利减了刑，接着又在假释上做文章，贩毒罪假释原本从严控制，但他千方百计多方“疏通”，最终竟然蒙混过关，获得了假释。刘某假释后更加张扬，结果被人举报而“东窗事发”，不但“帮忙”的民警受到党纪国法的严肃处理，而且刘某本人也被重新收监，一切又得从头再来。这样的警囚关系显然是被扭曲的不正常关系。

从上例可以看出，影响正常警囚关系的因素很多，而且复杂多变，发现和梳理这些因素，可以了解和掌握警囚关系变化的诸多变量，因势利导，化不利为有利，促进警囚关系的良性发展。

影响警囚关系最主要的因素，有如下几个：

一、国家刑罚的法律和政策

国家颁布实施的《刑法》《监狱法》以及司法部门制定的有关监狱管理的具体法规细则等，决定了警囚关系的目标、原则、基本内容和基本走向，尤其是“惩前毖后，治病救人”的方针，惩罚与改造相结合、以改造人为宗旨的国家刑罚理念，宽严相济的刑事政策，依法治国、以人为本的理念，保障人权的法律精神等等，对警囚关系的建立具有决定性影响。如在“以阶级斗争为纲”的年代，国家提倡“残酷斗争、无情打击”，所以那时的警囚关系自然非常紧张，呈现的是纯粹的敌我关系；在20世纪80年代实施的多次“严打”运动中，当时的警囚关系也是针锋相对，较为紧张；现在，随着党和国家政府执政理念和执政方式的重大转变，提倡“依法治国”“以人为本”“执政为民”，服刑人员的人格尊严和个人权益也相应得到了保障，所以，监狱的警囚关系也随之改善。

二、社会大环境

也就是我们平常所说的“大气候”，监狱的警囚关系一定程度上可以说是这种社会“大气候”在监狱中的具体体现。社会上提倡大力构建和谐社会，则监狱的警囚关系相应也会比较和谐；社会上盛行市场经济，一切向钱看，奉行金钱交换，监狱的警囚关系也必然受到“请客送礼”等不良风气的影响；社会上提倡党风廉政建设，鼓励清廉之风，反对奢侈浪费，监狱警囚关系也会相应改变；社会上大力提倡反腐，职务犯就难免受到更多关注，在监狱就会产生诸多不便；社会上大力倡导人权，甚至国外媒体特别关注监狱的人权状况时，服刑人员的合法权益相应会得到更多重视。总之，社会大环境或多或少都会影响到监狱中来，也间接影响到警囚关系的正常建立和发展。

三、监狱小环境

监狱的整体改造环境是影响警囚关系不可忽视的重要因素，每个监狱都有自己不同的特色和差异，有地理位置上的、有规模档次上的、有传统特色上的、有执法水平上的、有规章制度上的、有追求目标上的等等。监狱的小环境总会不知不觉影响到警囚关系的建立、维系和发展。如长沙监狱近年来高度重视“宽严相济”的刑事政策，大力开展服刑人员心理咨询与矫治工作，尽量化解服刑人员的心理压力，尽可能为服刑人员创造宽松的改造环境。同时，越来越重视监区文化建设，监狱民警和服刑人员经常共同开展体育文艺活动，成为监狱的一大亮点和特色，警囚关系自然比较融洽。所以，维护好监狱良好的小环境，将直接关系到每位服刑人员的切身利益。

四、民警执法水平

民警始终处于警囚关系建立的主动地位，监狱管教民警能不能做到执法公开、公平、公正至关重要。可以说公平、正义是服刑人员最大的改造诉求，说白了能否顺利减刑、假释、重获自由是其最大的利益，如果监狱和管教民警能够做到一碗水端平，警囚关系就能根本好转。如果办事不公正、不公开，暗箱操作，甚至看“关系”如何，就很容易激化警囚矛盾。可以毫不夸张地说，监狱民警的执法水平高低及其思想、品德、言谈举止的优劣，是决定警囚关系好坏最直接、最主要因素，决定警囚关系的层次和发展走向。所以，民警的执法理念、执法知识、执法素养、执法艺术基本主导了警囚关系的质量好坏。可以想象，如果民警动不动就体罚、虐待罪犯，动不动就侮辱罪犯的人格，显然不可能建立良好的警囚关系。

五、服刑人员改造表现

服刑人员作为警囚关系的主体之一，也直接影响警囚关系的建立。服刑人员的认罪悔罪表现、身份转变表现、参加“三课学习”的表现、参加劳动生产的表现、遵规守纪表现、行为养成表现、思想意识和心理健康表现等等，是影响警囚关系的关键因素。服刑人员改造表现好，自然能得到监狱民警的好感、认可，警囚关系就比较融洽。如果服刑人员的改造表现与监狱民警的要求格格不入或背道而驰，两者的关系就可想而知。

六、身边“同改”影响

有些服刑人员本来表现尚可，也无意给监狱民警添麻烦。可遗憾的是，他周围的“同改”太不给力，他想表现好点，周围的同伴就风言风语、冷嘲热讽。他不想与周围的人员一同违规犯纪，周围的人就百般刁难，甚至威逼利诱，最后只好盲目听从、同流合污。如服刑人员陈某在一次违禁物品查处中，被发现与一件违禁物品有关，在调查的过程中，管教民警一直觉得很奇怪，陈某一贯表现较好，基本上没有出现过违规违纪行为，而且对减刑的愿望很强烈，按道理应该不会私藏违禁物品。在管教民警的再三劝说下，陈某交代是“同改”诱导的。他曾想拒绝，后来被另一名服刑人员连哄带吓，加上别的“同改”都有，也就随大流了。显然陈某缺乏主见，当受到群体的引导或者压力影响时，会盲目地跟从群体的行为，怀疑并改变自己的观点、判断和行为、朝着与群体和大多数人一致的方向变化，这就是典型的“近朱者赤、近墨者黑”。

七、亲情和社会帮教影响

服刑人员由于身陷囹圄，更觉孤独、寂寞、无助，导致其精神包袱重、心理压力大、心理落差大，同时经济依赖性较强，因此，其对亲情和社会帮教的需求更为迫切。如果亲情和社会帮教给力，对他们建立良好的警囚关系能发挥很大的促进作用，如果亲情和社会帮教不给力，甚至不闻不问，任其自生自灭，必然造成服刑人员心理失去平衡，并造成改造阻力，也对建立良性互动的警囚关系十分不利。

心理链接

边际效应——有时也称为边际贡献，原来是指消费者在逐次增加一个单位消费品的时候，带来的单位效用是逐渐递减的。后来也用于揭示重复某种行为的效果不断地被打折扣的现象。

举一个通俗的例子，当你肚子很饿的时候，有人给你拿来一笼包子，那第一个包子的感觉是最好的，吃得越多，单个包子给你带来的满足感就越小，直到你吃撑了，那其他的包子已经起不到任何效用了；又比喻给人送礼，第一次送礼，对方可能很高兴，如果第二次送礼，还是相同数目，对方的高兴劲就小多了，再次送礼，人家甚至就不当回事了。这就是明显的边际递减效应。

了解边际递减效应，就可以尝试在实际生活中巧妙地运用它。如一是要避免简单的重复行为，如果第一次奖励员工 100 元，第二次奖励就不能还是 100 元，可以提升为 120 元；二是要改变服务或商品的种类，如第一次奖励现金，第二次可以奖励外出旅游，第三次奖励公费培训等等，这样就能避免边际递减效应。

第三节　如何建立良好的警囚关系

案例：“明码标价”被一锅端

据《南方文摘》2014 年 3 月报道，某监狱二十多个民警在其所属监区服刑人员减刑、假释、评先、评优及对服刑人员的考核投票、违规从监外代购菜食、劳动改造岗位调换等诸多环节，置党纪国法于不顾，长期以权谋私，从中渔利，竟然发展到“明码标价”。服刑人员则各取所需，纷纷按照市场“标价”送钱或以物折钱。结果被有关部门严肃查处，所有涉案民警和服刑人员被“一锅端”。这里的警囚关系已变成赤裸裸的“金钱关系”“商品买卖关系”，这显然是违纪犯法。尽管这只是极少数，但由此产生的社会影响却非常恶劣，成为当年司法腐败的一大丑闻。

认识到警囚之间对立统一关系的本质以及影响警囚关系的诸多因素，目的是为了建立良好的警囚关系。既然影响警囚关系的因素是多方面的，因此，建立良好的警囚关系也需要多方面共同努力。本节仅从服刑人员的角度，探讨如何建立正常的警囚关系。

一、建立良好警囚关系对服刑人员的要求

（一）接受服刑现实，这是建立良好警囚关系的前提

只有接受了服刑这个现实，才能意识到自己被管理、被改造是法律确定的既成事实，是很正常的事情。监狱民警限制自己的自由，强迫自己劳动等等，都是法律赋予的职责。其实监狱民警与服刑人员今日无冤，往日无仇，站在你的对立面完全是法律规定的。如果你不触犯法律，前来监狱服刑，你就不会有今天这个局面。既然犯了，那就勇敢地接受现实，自觉转换角色。当然，从自由到不自由，从违法到服刑，这对个人来说都是一种巨大的挫折，但如果能够正确认识自

己，正视客观事实，就能打败消极的自己，实现自我的救赎。

如果始终不能接受服刑现实，就不能够适应新环境，在监狱内就可能丧失自我，不仅增加监狱民警管理的难度，而且本人也难以洗心革面、改过自新。所以，服刑人员还是要经常“三问”，即：“这里是什么地方？自己是什么人？在这里干什么？”只有把这三个问题弄明白了，警囚关系才可能有效建立。

（二）诚恳认罪悔罪，这是建立良好警囚关系的思想基础

只有真正认识到自己所犯罪错给社会、给他人造成了伤害，并为此感到愧疚、自责、悔恨，希望弥补过失，才会主动向监狱民警确定的方向、目标靠拢，警囚之间才能从对立面向统一面转化。如果不能认罪悔罪，建立良好的警囚关系就失去了根基，成为无源之水。所以能不能认罪悔罪，在很大程度上决定了警囚关系牢固与否。

（三）表现赢得好感，这是建立良好警囚关系的正确途径

只有靠实实在在的改造表现，包括参加“三课学习”、积极参加劳动、严格遵守纪律、服从民警指挥、关心帮助“同改”等等，才是赢得民警肯定和好感，建立良好警囚关系的正当途径。不要老想着拉关系、走捷径，那些方法可能一时有用，但肯定不长久、靠不住。特别是一些家里经济条件比较好的服刑人员，总是迷信金钱、关系的魅力，“正经事儿”不做，一味瞎折腾，结果，还不如那些家里一贫如洗，专心专意搞改造的服刑人员，他们更能赢得监狱民警的好感。

（四）不违规犯纪，这是建立良好警囚关系的底线

监狱是一个执行国家刑罚的特殊场所，保证监管安全稳定，维护正常改造秩序是监狱的起码要求。如果挑衅这一要求，超越这一底线，必将受到严惩。某监区一名服刑人员因减余刑受阻，竟然不分“青红皂白”，在生产时拿起缝纫用的剪刀刺伤“同改”，这自然要受到管教民警的严肃处理，自然，警囚关系一下子也就发生了急剧变化，马上就对立起来了。所以，服刑人员不违规犯纪这是建立正常警囚关系的起码要求。

（五）维护改造环境，这是建立良好警囚关系的一大义务

监狱良好的改造环境是经过民警与服刑人员付出多年心血营造出来的，它对服刑人员的日常改造有着不可替代的作用。如有的监区技术创新氛围浓厚、有的监区学习氛围浓厚、有的监区文体活动丰富、有的监区环境卫生优雅、有的监区“同改”关系融洽等等，这些良好的环境都来之不易，值得大家共同珍惜。如果你肆意破坏，就有可能成为众矢之的，也将严重影响警囚关系。

（六）不断调整心态，这是建立良好警囚关系的心理基础

良好的心态是服刑人员应该修炼的一项基本功，监狱特殊的环境对服刑人员的心理势必产生重大影响，时代在变迁，社会在进步，信息在暴增，监狱的改造目标在变、改造手段在变，服刑人员的心理也将随之而变，如果不能主动调整心态，顺势而为，有可能造成严重的心理障碍，甚至产生违法犯纪的过激行为。特别是当服刑人员遇到家庭变故、亲人去世等意外事故时，必然情绪低落，这就要主动调整心态，学会适当倾诉、合理发泄，将心中滋生的负面情绪扼杀在摇篮中。其实，心理咨询师就是服刑人员十分重要的倾诉对象和解决问题的关键角色。正是有鉴于此，现代监狱才大力开展心理健康指导工作，开展心理健康教育、个体心理咨询、团体心理辅导活动等一系列工作，目的就是希望大家能拥有一个好的心态，拥有一个健康的心理，从而使警囚之间能够心灵相通、良性互动。

二、建立良好警囚关系的具体方法和技巧

上述六个方面的要求，主要侧重于服刑人员建立良好警囚关系的基本态度和自觉意识，这无疑是建立良好警囚关系的首要条件。但监狱实践也表明，服刑人员光有态度和意愿还远远不够，建立良好的警囚关系，还得讲究一定的方法，甚至是一定的技巧。总结不少服刑人员的成功经验，下面简要介绍几种：

（一）“服从”是第一要诀

服从监狱民警的管理，既是监狱对服刑人员的起码要求，也是建立良好警囚关系的不二法门。服刑人员只有服从管理，听从安排，民警的教育改造工作才能有序开展。所以，“服从”是建立良好警囚关系的第一块基石。哪怕是民警指挥错了、说错了、做错了，服刑人员也要先坚决服从，其余的事情待“服从”过后再说不迟。

（二）“主动”赢得主动

虽说建立良好的警囚关系，需要民警和服刑人员双方互动，但作为服刑人员不能老是被动坐等，而应发挥主观能动性，发挥主人翁作用，主动向政府靠拢，主动向民警靠拢，主动表现，主动争取，主动抓住机会。不但个人要主动，而且还要尽可能带动所在监舍、所在互监组主动，既突出自我管理、自我提高，又突出共同进步，共同提高，让民警有更多机会对你刮目相看，你与民警之间的良好关系自然率先建立。

（三）“业绩”说话更管用

不少服刑人员认为与民警建立良好关系，得靠地位、权力、金钱、物资，得靠人脉、靠“社会关系”。不可否认，这些因素有时的确能起到一定作用，但时间长了，关系多了，也就派不上什么用场了。相反，真正能长时间说得上话的，能长时间起作用的，能随时拿到桌面上来的，还是自己的改造“业绩”。因此，服刑人员不要信奉社会不良风气的影响，到处求爷爷、拜奶奶，走后门，拉关系，而应脚踏实地地做好自己的改造本分，用自己实实在在的改造业绩说话，更能打动民警，更能为民警所认可、所欣赏、所亲近。

（四）“第一印象”很重要

根据心理学规律，一个人留给他人的第一印象往往是最重要的，它作用力强，持续时间长，往往左右着对你的评价。即如果服刑人员一开始就给民警留下好印象，那么可能一直就是好的；如果一开始给民警留下坏印象，则可能一直就是坏的。所以，建立良好的警囚关系，给民警留下好的第一印象十分重要，为此，你必须十分留意你与民警的第一次见面、第一次交谈、第一次发言、第一次分配任务、第一次上交作业、第一次参加活动等等。有了第一次良好的印象，今后与民警的关系就可能如鱼得水，否则，就可能开局不利，甚至寸步难行。

（五）袒露个人“心迹”

人是最复杂的动物，而服刑人员由于过往的复杂经历，加上监禁的特殊环境，其内在思想、意识、心理、动机、情感等显得更加复杂、敏感、脆弱、多疑，导致服刑人员一般不轻易向他人敞开心扉，服刑人员与民警之间往往无形之中隔了一堵墙，而这便是建立良好警囚关系的一大障碍。因此，能不能主动向民警申请心理求助，及时袒露心迹，有什么心思告诉民警，这既是对民警的充分信赖，为建立良好关系打下厚实基础，而且也为民警走进你的内心世界，尽快形成交流互动，尤其是在你遭遇感情挫折、婚姻危机、亲人变故、减刑受阻等重大负性事件的强烈打击，产生强烈的心理波动、情绪波动和心理危机的关键时刻，民警能及时出手援助，从而将警囚关系提升到一个新高度创造重要契机。

（六）维护集体“形象”

民警向来把集体看得比个人更重要，而且，每个监狱甚至每个监区都致力于建设别具一格的集体特色。因此，服刑人员如果能够积极参加本单位的集体活动，主动融入到民警用心打造的特色集体中去，为集体争光，为单位添彩，自然就会受到民警的特别青睐，你与民警之间的关系自然也就非同一般。因此，服刑人员应尽可能发挥自己的一技之长，有一分热就发一分光，主动投入到监狱的各项集体特色创建活动中去，通过创建集体形象和维护集体形象为自己建立良好的警囚关系加分。

（七）经得起“表扬”

服刑人员都希望得到管教民警的表扬，因为，表扬某种程度上也是自己与民警良好关系的一种公开承认和肯定。但遗憾的是，不少服刑人员往往经不起“表扬”，一旦得到民警的表扬，就认为自己与民警的关系非同一般了，就再也不需要像过去那样遵规守纪、踏实改造了，就可以“船到码头车到站”——万事大吉了。更有甚者，还会因此骄傲自满、四处张扬、胆大妄为起来，其结果自然事与愿违，最终损害自己好不容易在民警心目中建立起来的良好形象。因此，服刑人员一定要经得起民警的表扬，越是在高兴的时候，越要清醒，越要谨慎，越要“百尺竿头更进一步”，这样良好的警囚关系才会更上一层楼。

（八）挨得起“批评”

如何对待民警的批评，不仅直接考验服刑人员的身份意识，而且直接关系到警囚关系的好坏。不少服刑人员习惯了当“天之骄子”“家之宠儿”，只能听奉承话，一听到批评，就一百个不高兴，甚至立马翻脸，当场对抗，警囚关系可想而知。因此，挨得起批评某种程度上成为检验警囚关系的一块试金石。服刑人员要本着有则改之无则加勉的态度对待民警的批评，即便是民警一时误解了、批评错了，也要正确对待，先主动接受，待批评过去之后，再找机会向民警解释清楚。

（九）消除掉“误解”

不少服刑人员由于性格孤僻，不善沟通交流等种种原因，容易导致自己与民警之间产生误解。有的是民警对服刑人员产生误解，但更多的则是服刑人员对民警产生误解，如固执地认为民警对自己有偏见、民警故意和自己过不去、民警在故意“找茬”、民警在故意给自己“穿小鞋”、民警一定是在“打击报复”等等。这些误解如果不能及时消除，自然就会心存芥蒂，产生隔阂，要么对民警不理不睬，要么横眉冷对，甚至心生怨恨，公然对抗，良好的警囚关系就自然泡汤。因此，不论是何种形式的误解，都应及早、主动消除，免得夜长梦多，损害警囚关系。实际上，服刑人员对民警的诸多误解往往都是“以小人之心度君子之腹”的产物，纯属子虚乌有。一旦化解了，警囚关系也就“雨过天晴”了。

（十）切忌“顶撞”

民警管理服刑人员可以说是天经地义，同时民警也是人，也有感情好恶。不管是日常的起床、排队、出操、生产、活动、收队，还是指定床位、安排岗位、确定监舍、确定互监组、安排“三课教育”、进行心理测试等等，都希望所有服刑人员服从管理，接受安排。最不能容忍服刑人员“打折扣”“讲价钱”“打反口”，甚至当面抵触，公开顶撞。这样的警囚关系只能是越来越糟糕。所以，服刑人员要建立良好的警囚关系，千万不要动不动抵触顶撞，成为“不带爱相”者。

（十一）懂得感恩

人是有感情的动物，服刑人员和民警也都概莫能外。监狱民警对服刑人员进行教育改造，目的并不是指望能获得什么金钱物质上的回报，而是希望服刑人员能脱胎换骨，重新做人，做一个遵纪守法的合格公民，这是他们最大的期盼。因此，服刑人员应充分理解监狱民警的这份良苦用心，充分理解民警平时对自己的真情关怀、严格管理、严厉批评，甚至是严厉处罚，并用自己扎扎实实的改造业绩来回报监狱民警的这份关爱、这份担当、这份责任。只有学会了感恩、懂得了感恩，监狱民警的苦心就没有白费，良好的警囚关系就不言而喻。

三、坚决防止不正当警囚关系的发生

建立警囚之间良好的关系固然重要，但防止不正当警囚关系的产生同样重要。根据目前监狱的实际情况，应主要防止以下几种不正当的警囚关系：

（一）公然对抗型

这是应该防止和打击的重点，这种类型的服刑人员公然反对监狱的监管秩序，肆意挑战法律赋予监狱民警的职责，不服从管理，不接受教育，不认罪悔罪，甚至脱逃、袭警、寻衅滋事。如某监区的一名服刑人员被判处较长的有期徒刑入狱服刑后，总觉得判刑太重，而从事生产劳动又感到自己吃不了这个苦，于是趁晚上收工人员比较多的时候，企图翻越围墙逃跑。又如某监区一名服刑人员对监狱的严格管理和生产任务较重等不满，就在管教民警的批评时公然袭警等。这尽管是极个别情况，但影响恶劣，应该予以重点打击。

（二）消极对抗型

这类服刑人员不公开挑衅管教民警，但却阳奉阴违，采取欺骗等多种手段，逃避改造。如生产劳动中装病、“三课学习”装文盲、生活中故意装疯卖傻等等。这类服刑人员自以为聪明，实际到头来，聪明反被聪明误，最终会被管教民警揭穿，直接影响到服刑人员自己的减刑或假释。

（三）腐蚀拉拢型

这类服刑人员总认为“苦干不如巧干，巧干不如围着民警转”。只要民警一进监区，他们要么是递烟送茶，要么是汇报自己的思想，要么是述说过去的苦衷，要么就是侃谈未来的宏图，大搞感情投资。更有甚者，或利用社会关系、或利用金钱利益、或利用许诺等等手段，腐蚀拉拢监狱民警，为其谋求不正当的改造利益。如个别服刑人员给监狱民警送钱，争取额外奖分，给监狱民警送物免予违规处分，给监狱民警其他好处让其违规减刑、假释等。如最近发现的某监狱敲诈勒索、徇私枉法窝案等，十分恶劣，既害了管教民警，也害了服刑人员，必须坚决杜绝。

（四）拉帮结伙型

这是典型违反《服刑人员行为规范》要求的类型。这类服刑人员沆瀣一气，同流合污，不仅平时欺压“同改”，而且联合起来欺骗、抵触，甚至对抗监狱民警的管教。有的还在一定范围内形成了小气候，影响十分恶劣，弄得管教民警十分头痛。特别是有些减刑无望、或余刑较长的服刑人员，破罐破摔，满不在乎，联合起来对抗改造，通过消极怠工、拉拢他人打压部分表现较好的服刑人员以达到壮大声势的目的。有些服刑人员不明其真实目的，盲目地选择了跟从，放弃了自己应有的立场，给监区的监管稳定带来了极大的影响。这部分服刑人员自己最终也得不偿失，不是在考核上被扣分处罚，就是被限制甚至不准购物、加菜、会见或打亲情电话，受到严肃的处理。

（五）讨价还价型

近年来，少数民警出于维护单位形象或看重改造成绩的考虑，往往对服刑人员一些违规违纪行为持迁就态度，睁一只眼闭一只眼。尽管管教民警可能是一番好心，但却刺激和助长了某些服刑人员的消极欲望。他们尝到甜头后，往往开条件、讲价钱、追求“等价交换”、得寸进尺、讨价还价。特别是个别历年表现较好的积委会成员、生产技术能手、改造积极分子，以为有了一点改造成绩就“居功自傲”，三天两头找管教民警要求这个要求那个，这极易形成误导和恶性循环，影响正常的警囚关系，也必须严加防止。

心理链接

南风效应——在处理人与人之间关系时，要特别注意讲究方式方法，有时和风细雨的方式往往比疾风暴雨的方式更为可取。

法国作家拉封丹曾写过这样的一则寓言：北风和南风比威力，看谁能把行人身上的大衣脱掉。北风首先来一个冷风凛凛、寒冷刺骨，结果行人为了抵御北风的侵袭，便把大衣裹得紧紧的。南风则徐徐吹动，顿时风和日丽，行人觉得越来越热，所以开始解开纽扣，继而脱掉大衣。结果很明显，南风获得了胜利。这就是“南风效应”这一社会心理学概念的出处。

管理中也存在“北风”和“南风”这两种效应。

一种是北风效应。有的人企图以自己的强势来压倒别人，但是他不了解人都是有思想有感情的。你管理他，有时候并不一定就是你比他强，只是因为你的职务比他高而已。运用强势的手段，往往给下面的人带来的是北风效应。你想征服他，反而迫使他产生抗拒心理。

另一种就是南风效应。有的人通过与对方交流，告诉他，我可以帮助你什么，你其实是在为自己做事，你需要的是自我实现，而非为他人做嫁衣。也许这种管理模式，相对来说显得管理者比较弱势，然而事实并不尽然。一个成功的管理者是把你手下的兵全部带成与你一样强势一样优秀的人，而不是以强势来把自己的兵变成任你使唤的奴才。

第十章

服刑人员有没有自尊？

服刑人员作为被严格监管的对象，很多时候都会下意识地认为自己不仅失去了自由，还失去了人格与自尊，所以，自卑感非常明显。并导致改造过程中自我认同感不强，缺乏自信和责任心，直接影响到改造进程和效果。如何让服刑人员正视自尊的问题，培养健康的自尊观念，从而顺利进行改造，是监狱民警和服刑人员都需要考虑的问题。那么，到底什么是自尊？服刑人员的自尊从何而来？以及服刑人员如何获得自尊？本章将逐一进行讨论。

第一节　自尊的起源和特点

案例：强奸丢人自寻短见

服刑人员周某，原是一个公司的老板，一年有二三十万元的纯收入，在一次与“朋友”们的聚会上，颇有成就感的他架不住“朋友”们的吹捧，一杯接着一杯把自己灌醉了。在酒店休息时，趁着酒劲他把前来房间的服务员给强奸了，由此被判处有期徒刑十年零六个月。犯强奸罪连周某自己都嫌丢人，所以，他觉得实在无脸见人。投入监狱三年多以来，一直抬不起头来，精神颓废，闷闷不乐，孤僻寡言。干什么都只想一个人去，不愿与“同改”往来，除了管教民警找他谈话简单应付几句外，其他人找他，他都是能躲则躲，躲不开就低头避让。想到自己刑满释放回家，也没有脸面见亲人朋友，于是便产生了轻生的念头。一天下午，车间劳动收工时候，趁大家忙于收工排队，他从三楼的楼梯口跳了下去，幸好楼层不高，又被楼梯扶手挡了一下，才捡回一条性命。

一、什么是自尊

从上述事例中可以看出，自尊对于一个服刑人员来说，是多么重要。可什么是自尊呢?

自尊从字面上理解，即自我尊重，指既不向别人卑躬屈膝，也不允许别人的歧视。《礼记·表记》提到“不自尚其事，不自尊其身”，是最早有关“自尊”二字的记录和简要说明，此处提到的自尊便有自我尊重的意思。而在现实生活中，自尊还包含了个体对于自身的积极的评价和认可。

目前，心理学界对于自尊尚无统一的定义，不同学者对其定义甚至存在很大的分歧。有的强调自尊是一种体验；有的强调自尊的评价性；还有的主张自尊是理想与现实的差距。整体而言，从“价值”角度定义自尊似乎是到目前为止最为普遍使用的定义。在众多的定义中，“自我的认知”“情感的满足”和“理想的实现”三个要素是几乎被普遍接受的。

二、自尊的起源

关于自尊的起源，有许多国内外的心理研究专业人士都对此提出了自己的看法。斯坦利·库珀施密斯在《自尊的起源》中指出：“自尊是个人对自己所作的各方面的评价和通常所持有的一种对自己的看法。它表达的是一种对自己的认可和不认可的态度，表明了一个人在多大程度上相信自己是有能力的、有价值的、重要的和成功的。简言之，自尊是一个人对个人价值的主观判断，它表达的是一种个体对自己的态度。”林崇德主编的《发展心理学》中：“自尊是社会评价与个人的自尊需要之间的相互关系。”

而威廉·詹姆斯是第一个在心理学著作《心理学原理》中提出自尊这个概念的人，他同时指出了自尊心理的来源来自于比较：“在这个世界上，人们的自我感受完全取决于人们如何看待自己，取决于人们的实际情况与自己所设想的可能性的比值，即自尊＝成功／抱负水平。”

根据上述内容的概括，我们可以了解到以下几点：一是自尊是来自于人的内心；二是自尊是一种自我评价的体现；三是自尊一般与人的现实状况成正比，与人的理想状态成反比。

自尊来源于三个部分：其一，它是自我认知的直接体现；其二，来自于情感的满足程度；其三，来自于理想自我实现的评价。有的心理学家将自尊称为健康的自恋，是情感生活的一个组成部分，而不同人的自尊存在着惊人的差异。构成一个人自尊的所有因素，形成了被认为理所当然却又无法说清的个体心理面貌的那部分，就像水对于鱼，它的存在从未被完全意识到，但却无时无刻地悄然伴随左右。

作为人格特质的一部分，自尊这一特质表现出了人们喜爱或不喜爱自己的程度各有不同：

（一）有了自尊心，人才能节制自己的行为，不做庸俗卑贱的事情，有尊严地生活

（二）有了自尊心，会为自己的不当行为而难为情

（三）有了自尊心，做错了事会感到惭愧

（四）有了自尊心，辜负了他人的期望会觉得内疚

三、自尊的特点

一个人的价值观并不是一成不变的，就像马克思唯物主义中所指出的，任何事物都是在运动发展着的，人们的自我意识和自我认知水平也是变化发展的。其发展特点主要体现在以下几个方面：

（一）年龄特点

根据研究得出的结论，人自尊程度发展成“∧”形。在婴儿和幼儿时期，人的自尊程度很低，而随着年龄的不断增大，自尊的程度也在不断增加，但是随着年龄的进一步增大，人的自尊程度到达某一个顶点后又开始呈现下滑的趋势。孔子曰：“三十而立，四十而不惑，五十而知天命，六十而耳顺，七十而从心所欲。”其中就含有自尊心程度的明显变化。

（二）性别特点

不同性别的自尊感肯定会有明显差别，比如在体育和户外活动体能方面，男性的自我价值感水平明显高于女生，而其他方面女生会高一些。与各项综合起来看，总体水平不相上下。但是具体表现出来就差别较大了，例如婚后男性的自尊经常来源于其对家庭做出了多大的贡献，而女性的自尊感觉经常来源于家庭为其提供了多大的幸福感。

（三）成长环境与人际特点

一是儿时父母的教育方式，父母的严厉惩罚、过分干涉和溺爱均不利于自尊的发展，而父母的温情、理解和鼓励则与自尊成正比；二是家庭经济情况，父母的职业和家庭的社会经济地位与自尊的形成也有复杂的关系；三是同伴关系，有亲密同伴的人会通过交流和沟通来缓解来自社会的压力，有助于自尊水平的提高，同时，受同伴喜爱的人通常具有较高的自尊。

心理链接

自尊原理——维护好他人的面子，就是维护他人的尊严，他才会给你面子，你才有“好果子”。

我们可能都听过“晏子使楚”的故事。就是那个机灵的晏子，他的君王齐景公是个好色贪杯的昏君。晏子作为人臣，给我们树立了许多“聪明做人”的榜样。

有一次，齐景公抱着美女饮酒七天七夜还不停杯。一位大臣弦章进谏说：“您饮酒七天七夜了，我请求您停止。不然，请您把我杀了。”正在这时，晏子进见。齐景公说：“弦章这小子竟然这样阻止我饮酒作乐。如果我听从他的，不是臣子反过来管我了吗？但如果把他杀了，我又舍不得。”晏子回答：“弦章幸遇明君！如果他碰到殷纣那样的昏君，早就死了。”齐景公闻言便停止饮酒。

晏子的一句话便将齐景公从两难处境中拉了出来，既保全了齐景公的面子，又救了弦章的性命，促使齐景公不再沉湎于酒色。

“面子心理”是人们自尊心的表现，在中国，这种“面子心理”表现得极为重要，在日常生活中，我们只有维护好他人的面子，他人才会给你面子，甚至给你位子。

第二节　服刑人员的自尊

案例：有无自尊结果迥异

服刑人员张某和王某是同案，同样被判刑七年，同年投入同一个监狱服刑，但两人的服刑结局却大相径庭。张某七年刑期，实际执行四年半就刑满了，这是由于他在监狱服刑时，发奋要用自己的实际行动挽回别人对自己的尊重。因此，踏实改造，积极追求进步，时刻不忘监规纪律这条“高压线”，没有受到过一次扣分处罚，连续两年被评为劳动改造积极分子，并获得了两次减刑奖励，提前两年半出狱；而王某却恰恰相反，他坚持认为，自己坐牢了，不仅没有了人身自由，也从此没有了做人的尊严，反正出去后也没人把自己当人看，与其在外面被人瞧不起，还不如躲在监狱更省心。从此，自尊心丧失殆尽，能活一天算一天，什么丢人的事都干尽了，偷牙膏、偷袜子、偷鞋子、偷背心、偷零食、偷菜，凡是别人有自己没有的基本都偷遍了，被人当场逮住也脸不红，心不跳，压根没发生似的；经常喝点小酒，时常发尽牢骚，拉帮结伙打人，单个“游监串号”，劳动额度完不成，质量常常出问题。管教民警批评，狱政部门通报，身边“同改”嫌弃，亲人朋友小瞧，他都无动于衷，面壁、戴铐、上镣、关禁闭，都成了家常便饭，彻彻底底一个“死猪不怕开水烫”，七年刑期一天不少坐完才走人。

一、服刑人员有没有自尊

这个问题的回答当然是肯定的。

一方面，作为服刑人员肯定是拥有自尊的。服刑人员因为违法犯罪被判处刑罚，而在监狱接受监管和改造，但并没有被剥夺一个自然人的身份，仍是中华人民共和国的公民，除了依法被剥夺的权利外，服刑人员仍然拥有广泛的公民权利，因而也就拥有不容置疑的自尊。

另一方面，服刑人员由于入监改造，可能会引起一些人的轻视和不尊重，让自己觉得没有自尊，这是事实。但也要看到这仅是暂时的，服刑人员通过服刑改造，悔过自新，洗涤身上的污垢后，完全可以重新做人，赢得别人的尊重，甚至可以通过服刑改造，将刑期当学期，或者将服刑改造当作人生磨砺的天赐良机，在服刑期间或在出监之后干出一番事业，让人刮目相看，赢回他人的尊重，找回失去的自尊。

失败一次，就永远失败吗？其实不然。失败，这是任何人都不想有的，但人非圣贤，孰能无过？任何人都不可能没有一次失败。可以说，人的一生就是由失败再到成功，一步一步走过来的。在现实生活中，失败越多的人、坐牢越久的人，偏偏成就越大，且获得广泛尊重的事例也并不少见。

张贤亮从 22 岁到 43 岁，在监狱呆了整整 21 年。他没有放弃，没有消沉，他将挫折升华，变为前进的动力，在磨炼中成熟，在困境中崛起，把这 21 年的经历视为一种宝贵的财富。他不仅成为了我国著名的文学作家，写出了《绿化树》《男人的一半是女人》《灵与肉》《我的菩提树》等一系列著名文学作品，而且还建立了“中国西部影视城”，成为一个知名文化企业家。当张贤亮成名后，曾经开除他的母校邀请他回去作报告。他送给母校这样的条幅：“感谢母校。”他说：“这是我发自内心的，没有母校，就没有我大西北的经历，也就不会有我今天的成就。”感谢母校等于感谢挫折，这就是张贤亮所要表白的内涵。由此例可见，服刑不仅是人生的一大挫折，而且还可能成为最宝贵的财富，当挫折带来痛苦的时候，也提供了契机，只要很好地把握，挫折就会成为从失败到成功的转折。

服刑人员入狱改造后，如果从此沉沦下去，那人生就真的彻底失败了，没有自尊了。如果汲取教训，一边改造，一边积蓄新生的力量，就有可能走向新的成功，重新赢得别人的尊重，找回自己的自尊。

二、服刑人员的自尊受到法律和政策的多重保护

（一）服刑人员的人格尊严受法律的保护

《中华人民共和国宪法》第二章第三十三条至第五十六条专门规定了我国公民的基本权利：（1）平等权。公民的平等权，是指我国所有公民根据宪法和法律规定，享有同等的权利和履行同等的义务。公民的平等权主要包括公民在法

律面前人人平等、男女平等和民族平等的权利。（2）政治权。公民的政治权，是指国家宪法和法律规定，公民享有参加国家政治生活的民主权利。主要包括公民的选举权、被选举权、监督权。（3）政治自由权。政治自由权属于政治权利的范围，是指公民依法自由地发表意见，进行正当的社会活动以及参加国家管理的一种权利。主要包括言论自由权、出版自由权、结社自由权、集会、游行、示威自由权、宗教信仰自由权、文化活动自由权。（4）人身自由权。人身自由权，是指公民个人在符合国家法律要求的范围内，有一切举止行动自由的权利，主要包括人身自由不受侵犯权、人格尊严不受侵犯权、公民住宅不受侵犯权、公民通信自由权和通信秘密不受侵犯权。（5）生存权。公民的生存权是指公民依法享有从社会获得基本生活条件的权利。主要包括劳动权，社会保障权即物质帮助权或社会救助权，受教育权，生活环境权，休息、休养、休假权。（6）特殊主体保护权。是指依法享有特殊公民身份和生理方面具有特殊性的公民，依法享有国家法律特别保护的权利。主要包括妇女权益保障权、老年人权益保障权、未成年人权益保障权、残疾人权益保障权、华侨归侨侨眷权益保护权、人民代表和军人身份特殊保护权。在这些基本权利中，服刑人员除了被依法剥夺的权利以外，其他都是可以享有的。

《中华人民共和国监狱法》第七条中明确规定："服刑人员的人格不受侮辱，其人身安全、合法财产和辩护、申诉、控告、检举以及其他未被依法剥夺或者限制的权利不受侵犯。"

可见，根据我国《宪法》《刑法》《监狱法》及有关法律的规定，服刑人员未被剥夺政治权利的有选举的权利；有维护身体健康，生病得到诊治的权利；有按规定通信、会见的权利；有依法获得行政和刑事奖励的权利；有刑满依法获得按期释放的权利；等等。这些都是服刑人员拥有人格权利的法律、政策依据。

（二）监狱工作方针对服刑人员的自尊给予明确保护

现行监狱工作方针的基本内容有两个方面：一是"以改造人为宗旨"是监狱工作的总体要求；二是"惩罚与改造相结合"是我国监狱实现监狱工作宗旨的根本途径。这就说明了监狱的直接管理者人民警察与服刑人员不仅仅是管理与被管理的关系，同时还存在教育和被教育的“类师生关系”。这就为警察和服刑人员在某种程度上的平等和尊重提供了依据。此外，作为教育者，培养服刑人员拥有良好的心理状态也是教育改造工作目标之一，在这个方面，管理和尊重是不矛盾的。

（三）监狱的人性化管理越来越体现对服刑人员的尊重

随着国家法制化的进程，无论是监狱机关的执法者，还是社会、舆论，都越来越倾向于对人格和尊严的尊重，这是历史发展的必然要求。监狱的人性化管理，其核心是以人为本，基础是管理者与被管理者人格上的平等，目的是将其改造成为守法公民，实际上就是在具体的监管改造工作中加强对服刑人员生理、心理需求的考虑和照顾。例如：在硬件配置上注重监舍的建设和布局，注重监狱院内绿化和美化，使之更适合于服刑人员的生活需要，为服刑人员提供文化娱乐场所；在对服刑人员管理上，更注重对服刑人员心理和情感的研究与沟通；在思想教育上，加强对服刑人员亲情的关注；在日常工作中注意维护服刑人员的人格尊严，通过尊重服刑人员，全力促进服刑人员的思想转变；在文化建设上，加强监狱文化的建设，鼓励服刑人员在狱中学习文化、科技知识；等等。而对服刑人员人格的尊重，本身就是服刑人员拥有自尊的基础。

三、服刑人员为什么会认为失去了自尊

很多服刑人员都认为自己已经坐牢了，失去了自由，受到严格的管理，加之社会对服刑人员的一些偏见，因此认为自己没有自尊，对自身、对未来失去信心和积极的评价，这其实就是自卑心理的一种具体表现，归根结底是自卑心理在作怪。

自卑心理：即由于心理、生理和其他方面（如家庭、工作等）的某些缺陷，有时是自以为的缺陷，而产生的轻视自己，看不起自己，认为无法赶上别人的一种消极心理。例如：由于面貌或者器官缺陷；家庭出身卑微；屡受挫折或者打击（包括遭受拒绝、羞辱、歧视、失败等）的经历，都会使人形成自卑心态。

自卑往往是人孤僻、悲观，缺乏自信心，特别是受到周围人们的嘲弄和侮

辱时，有时会以暴怒，嫉妒，自暴自弃等形式表现出来。自卑感强烈的人对周围的“刺激”非常敏感，这种对周围环境的敏感导致的精神消耗使得他们对很多的经验又是封闭的。他们总是被外在的一些因素操纵。既然是一种被操纵的感觉，其根源是对自己缺乏认同感。

自卑是怎么样产生的呢？其实，自卑人人都有，只是程度不同罢了。著名的奥地利心理学家阿德勒就认为：人类都有自卑感，以及对自卑感的克服与超越。当我们小的时候，看到别人长大而自卑；当我们大的时候，却发现别人比我们更有钱；当我们有钱的时候，看到别人比我们更富年轻力壮，这些都会在我们心底里产生自卑。这样看来，自卑其实是不可怕的，从某种程度上讲，自卑也是推动一个人不断自我完善的动力。但是，如果你已经认识到自己的自卑，而不愿去进行自我突破的话，那么自卑对你来讲就是非常有害的。一般而言，自卑的形成主要有客观和主观两个方面的因素。

（一）客观方面

自卑心理的产生是社会化的结果。自卑心理能否形成取决于社会化过程中能否形成正确的自我评价。

从客观原因来讲，自卑产生的原因在于对外界，包括社会环境，如社会主流价值观、周围个别人（尤其最亲的人或者最尊重的人），由于种种原因针对自己某个方面的严厉或者不公正地看待，身边人的过于突出或者优秀的表现，以及周围人的看法或者意见的恐惧。正是由于恐惧，因而大大限制了自己的发挥和表现，从而使得自己的表现更加糟糕从而造成恶性循环，甚至逃避表现，孤立自己。并且这种恐惧很有可能是许多消极情绪产生的根本源头，比如内向不爱说话、羞于表达自己的看法、出了错过于内疚和自责、遇到重要机会和场合心情异常紧张和不安等等。事实上，这种恐惧也许并没有那么大，只是自己一遍又一遍地在自己内心重复而扩大和加重了这种影响。具体而言，客观原因主要有以下两个方面。

1. 家庭因素：家庭是极重要的社会文化，如父母的离异，家庭内部的争吵，对孩子的漠不关心等。家庭是一个人无法选择的，所以其对一个人的心理构成存在“必须接受”的因素，没有在肯定里长大的孩子，长大后很容易产生自卑心理。

服刑人员如果在服刑后受到了来自家庭不理解、不关心的待遇，很容易产生自卑心理。

2. 社会文化因素：自卑感强烈的人，在社会文化上得不到道德快感。他们对文化似乎很陌生，作为一个社会人，没有了社会文化愉悦感，那么这个人很难有发自内心的自信。当然反过来也说明，自卑感也是与文化对当事人的冲突和“漠视”后的退缩反应。所以自卑感一旦形成，就有扩散性和感染性，影响着人的学习、工作生活及人际交往等各个方面，他们看起来可能很安详，但他们内心是抵触现有文化的，却又没有脱离文化的自信，所以他们进入了一个“恶性循环”。可见，服刑人员对自我的不认同，很大程度上与社会上对服刑人员的一些偏见是有关系的。

（二）主观方面

服刑人员由于原有的生活轨迹突然中断，失去原有正常的社会性支持，环境的巨大反差和创伤性的经历引发了其各种负性情绪体验——恐惧、紧张、焦虑、孤独、悲观、绝望、愤怒和内疚等。而且此类负面的情绪并不一定随着时间的流逝而自动消失。如果缺乏有效的外界干预和自我调节，反而会加重服刑人员自尊感的流失。

服刑人员的服刑期间可以理解为人生道路上最为低谷的时期，身心均处于虚弱状态，情绪体验明显且强烈。加之服刑人员目前文化水平普遍不高，自身的心理情况也并不理想，自我调节能力较差，在监狱的特殊环境中，面对艰苦的环境、严格的管理、漫长的刑期，可能会觉得自己的人生失去目标或者失去意义，得过且过，从而失去对自身的正确评价。自卑形成的主观因素主要有以下两点。

1. 性格因素：意志品质。气质抑郁、性格内向的人大都对事物的感受性强，对事物带来的消极后果有放大趋向，而且不容易将其消极体验及时宣泄和排解。因而外界因素对他们心理的影响往往要比对其他气质、性格类型者的影响大，产生自卑的可能性也相应增大。而意志品质表现为自觉性、果断性和自制力的人在其上进心、自尊心受到压抑时，不是变得自卑，而是激起更强烈的自尊，及时调整自己的行动，以更大的干劲冲破压抑，努力拼出一条成功之路来。但有自卑心理的人则正好相反，在经过一番努力后尚无效果，便会泄气，认为自己不行，于是变得自卑起来。

2. 认知因素：自我认识不足，过低评估自己。每个人总是以他人为镜来认识自己，如果他人对自己的评价过低，特别是较有权威的人的评价，就会影响对自己的认识，从而过低评价自己，产生自卑心理。对自我形象不认同，觉得自己长得不好，或者是对自己能力的怀疑，优越感降低甚至没有了，自己没有赢得别人尊重的本钱，于是产生了极强的失落感，进而形成了自卑感。

心理链接

恭维效应——大多数人把自尊心看得极重，当自尊心受到侵害时，人们往往会不加考虑地进行反击；当人们的自尊心得到满足时，又往往会不加考虑地付出。利用自尊心的这一特点，在求人办事时，有意恭维对方，抬高对方，把你要对方做的事情说成“只能由他，独一无二”的，对方往往就会答应你。心理学家把这种现象归结为“恭维效应”。

孙雪是一家乐器行的老板娘。有一天，一个三十多岁的男客人来到店里。他看上一把标价很高的小提琴，就向孙雪提出试琴的要求。孙雪答应后，客人迫不及待地拉了一曲《拿破仑奏鸣曲》，拉完后，店员们都鼓起了掌。

但客人看了看标价，有些踌躇，看样子似乎买得起，却又下不了决心。

孙雪发现这种情况后，悄悄跟他说：“先生，您看上的这把小提琴是吕思清先生在佛罗伦萨音乐节上演奏《梁祝》时用的那把琴的双胞胎琴。它是我们店的镇店之宝，技艺不精的人，我们是不会卖的。”

这位客人闻言立即喜形于色，吕思清先生是第一个获得帕格尼尼国际小提琴大赛金奖的黄种人，能和他用双胞胎琴，是每个演奏者的梦想。于是客人毫不犹豫地拿出银行卡，痛痛快快付了账。

孙雪正是利用了“恭维效应”，“哄抬”了那位客人的自尊心，使他掏出腰包买了那把昂贵的琴。

第三节 服刑人员如何获得自尊

案例：自尊赢得财富

很多年前的一个冬天，美国南加州沃尔逊小镇上来了一群逃难的流亡者。镇长杰克逊大叔给一批又一批的流亡者送去粥食。这些流亡者，显然已好多天没有吃到这么好的食物了，他们接到东西，连一句感谢的话语也来不及说，就个个狼吞虎咽，大口大口地吃起来。只有一个人例外。当杰克逊大叔将食物送到他的面前时，这个脸色苍白，骨瘦如柴的青年人问：先生，吃您这么多东西，您有什么活儿需要我做吗？杰克逊大叔想，给一个流亡者一顿果腹的饮食，每一个善良的人都会这么做。于是他说：不，我没有什么活儿需要您来做。

那个流亡者的目光顿时暗了下去，他硕大的喉结剧烈地上下动了动说：先生，那我便不能随便吃您的东西，我不能没有经过劳动，便平白得到这些东西！杰克逊大叔想了想又说：我想起来了，我家确实有一些活儿需要您帮忙。不过，等您吃过饭后，我就给您派活儿。

不，我现在就做活儿，等做完了您的活儿，我再吃这些东西！那个青年站起来说。杰克逊大叔十分赞赏地望着这个青年人，但他知道这个青年人已经两天没吃东西了，又走了这么远的路，可是不给他做些活儿，他是不会吃下这些东西的。杰克逊大叔思忖片刻说：小伙子，你愿意为我捶捶背吗？说着，就蹲在那个青年人跟前。青年人只好也蹲下来，十分认真而细致地给杰克逊大叔轻轻地捶背。捶了几分钟，杰克逊大叔十分惬意地站起来说：好了，小伙子，你捶得棒极了，刚才我的腰还直犯疼，可现在，它舒服极了。杰克逊大叔说完，将食物递给那个青年人。青年人立刻狼吞虎咽地吃起来。杰克逊大叔微笑着注视着那个青年人说：小伙子，我的庄园现在太需要人手了，如果你愿意留下来的话，那我可就太高兴了。

那个青年人就留了下来，并很快成了杰克逊大叔庄园里的一把好手。过了两年，杰克逊大叔还把自己的女儿玛格珍妮许配给了他，杰克逊大叔告诉女儿说：别看他现在什么都没有，可他百分之百是个富翁，因为他有尊严！尊严迟早会给他结出一大笔财富来的！

20 多年后，那个青年人果然拥有了一笔让所有美国人都羡慕的财富。这个青年人就是美国石油大王哈默。

这个故事说明，一个人拥有自尊，就为人生的成长打下了良好的基础，而自尊感越强，人生成功的概率就越大。

一、自尊的正反两面表现

在学习如何获得自尊之前，我们有必要先了解一下自尊的外在表现有哪些。一般而言，自尊心的体现有五个方面：自信、自爱、自卑、自负、偏激。

前两者是自尊心强的正面、积极的表现。自信是建立在谦逊的基础上，对自己的行为抱有成功的信心。自爱则是不允许别人侵犯、侮辱自己。

后三种情况就是自尊心强带来的负面、消极的表现。自卑是自尊消极的一种普遍表现形式。建立在自信基础上，现实与理想的差距往往是自己自卑的原因。自负是一种极端的自信，建立在自卑的基础上。自负的人往往主观地贬低他人或过分抬高自己来确立自己在自己内心中的位置。偏激则是自尊心达到了一种无法控制的程度而表现出来的反社会倾向的特别情况，属于自尊狂妄。

因此，服刑人员的自尊感不仅仅要从积极的方面去获取，更要学会规避消极的方面，使自身的自尊感保持在一个健康的状态。

二、积极地获取自尊感

（一）自己尊重自己是获取自尊感的前提

一般来说，一个没有自尊的人，也很难得到别人的尊重。别人欣赏我们的长处，不耻笑我们的弱点与缺点，这种被尊重更能使我们体验到快乐与感动。自尊与被人尊重都是快乐的。真正有自尊心的人，必定是知耻的人。知耻是自尊的重要表现。

作为服刑人员，如果一味地给予自身不肯定的评价，打心底不接收自己和目前的处境，那么就没有自尊的前提。自尊，首先就是要自己尊重自己，而且应当认识到自我肯定的重要性。

（二）尊重他人是自尊的需要，也是自我完善的需要

我们有责任去关心他人的自尊，维护他人的尊严。要想赢得他人的尊重，

首先要尊重他人。尊重他人的主要表现是：（1）欣赏、鼓励、期待等角度来善待对方；（2）不做损害他人的事情。由于尊重与被尊重的相互效应，服刑人员在日常的改造过程中，长时间面临家人、“同改”等人际关系的处理，只有充分对他人予以尊重，才有可能赢得对方的尊重，从而获得自尊感。

自尊的人最看重自己的人格。尊重他人的最基本的表现，就是对人有礼貌，尊重他人的劳动，尊重他人的人格。首先，要善于欣赏、接纳他人；其次，不做有损他人人格的事情。尊重可以使人理智，尊重可以使人悔过，尊重可以唤醒人的良知，产生无法估量的正面效应。

俄罗斯文豪屠格涅夫遇见一个乞丐，他很想有所施舍，但他翻遍所有的口袋却没找到一分钱。见乞丐的手高高地举着，他握着乞丐的手说：“兄弟，实在对不起，我忘了带钱出来。”乞丐流着泪说：“您能叫我兄弟，让我和您站在同一条线上就已经让我感激不尽了。”

春秋战国时期，有一年，齐国发生了一次严重的饥荒，一大批穷人由于缺粮少食，而被活活地饿死。有一位名叫黔敖的贵族奴隶主在大路旁摆上一些食物，等着饿肚子的穷人经过，施舍给他们。

一天，一个饿得不成样子的人用袖子遮着脸，拖着一双破鞋子，摇摇晃晃地走过，黔敖看到后，便左手拿起食物，右手端起汤，傲慢地吆喝道：“喂！来吃吧！”那个饿汉抬起头轻蔑地瞪了他一眼，说道：“我就是因为不吃这种‘嗟来之食’才饿成这个样子的。”黔敖也觉得自己做得有点过分，便向饿汉赔礼道歉，但那饿汉最终还是不肯吃而饿死于路旁。这就是不尊重他人，伤害他人自尊心而造成的伤害。

三、有效回避不良的自尊

（一）不良的自尊

自尊，简言之，就是尊重自己，从而具有维护自己的人格尊严，不容许别人侮辱和歧视的心理状态。具有自尊心的人，能够积极履行个人对社会和他人应尽的义务，为人处事光明磊落，对工作有强烈责任心，学习上能够自觉、勤奋、刻苦，待人有礼貌，做事情考虑后果，并希望自己的事业能不断发展，出人头地。自尊心越强的人往往压力越大。

从现实具体情况看，自尊心产生的言行和结果并不是一样的。因为自尊心有成熟与不成熟之分，如果价值观成熟了，并且具备了一定的修养、能力和学识，就能在社会中取得与其自尊心相应的成就。比如说那些成功的企业家，那些有突出成就的政治家、科学家、军事家，他们有自尊心是正常的而且是有益的。

自负和自卑的人也是具有自尊心的人，但如果没有任何值得他人尊重的能力，就不能履行或者不能完全履行个人对社会和他人的义务。在这里并不是说一定要成功的人才能有自尊，而是强调个人的自尊心应当和自身的能力和处境相匹配，这样才是健康的自尊，不问能力和处境的自尊就是自大。大家都知道“夜郎自大”的成语典故，现实生活中，自尊心太强的人很多都在重复着夜郎自大的故事。

在我国汉朝的时期，在西南方有个名叫夜郎的小国家，它虽然是一个独立的国家，可是国土很小，百姓也少，物产更是少得可怜。但是由于邻近地区以夜郎这个国家最大，从没离开过国家的夜郎国国王就以为自己统治的国家是全天下最大的国家。有一天，夜郎国国王与部下巡视国境的时候，他指着前方问道：“这里哪个国家最大呀？”部下们为了迎合国王的心意，于是就说：“当然是夜郎国最大啰！”走着走着，国王又抬起头来，望着前方的高山问道：“天底下还有比这座山更高的山吗？”部下们回答：“天底下没有比这座山更高的山了。”后来，他们来到河边，国王又问：“我认为这可是世界上最长的河流了。”部下们仍然异口同声地回答：“大王说得一点都没错。”从此以后，无知的国王就更相信夜郎是天底下最大的国家了。有一次，汉朝派使者来到夜郎，途中先经过夜郎的邻国滇国，滇王问使者：“汉朝和我的国家比起来哪个大？”使者一听吓了一跳，他没想到这个小国家，竟然无知到自以为能与汉朝相比。更没想到后来使者到了夜郎国，骄傲又无知的国王因为不知道自己统治的国家只和汉朝的一个县差不多大，竟然不知天高地厚也问使者：“汉朝和我的国家哪个大？”成为千古笑谈。

自尊心不是天生的，而是事业、人际关系成就感累积而成的心理状态。不健康的“自尊心”会让人们停止进取的步伐，不关心他人感受，在他人面前表现出浮躁、玩世不恭和叛逆。比尔·盖茨有一句忠告道破了天机：在你强调自尊之前，社会要求你首先要有能力得到他人肯定。在没有得到他人肯定之前就强调自尊，就等于盲目自大，这就是自负。

同时，自尊心太强，也有可能是自卑，在现实生活中这种情况并不算少见，其中最突出的一点就说明了自尊心强的人首先或多或少地都会有点自负，其次就是特别在意其对外界的影响以及评价。因而，如果一个没有能力，自尊心又强的人，表现的就是无法接受自己的现状，因而避开或者无法面对任何触及自己自尊的事物，自尊心强的人表现的应该就是在意，对自己有关的任何影响都特别地敏感，总之自尊就像一种固定的思维，一种规则，一种底线，表现的形式就是或强或弱，自尊心强的人对自己要求越高，因而越不能接受自己处境的不堪，但在与现实的冲突中，只能接受但又不甘心，挣扎在两者之间，自卑而又自尊。

（二）服刑人员不良自尊的矫正

过度自卑和过度自负都是自尊心过强的不良表现形式。解决方法是：加强人文知识学习，多学习和掌握自身匮乏的知识。在日常生活上，主要应做到以下几点：

1. 争取健康体魄。服刑人员应尽可能地有规律生活，养成健康的作息时间，晚上不熬夜，早睡早起，在改造之余挤出时间加强身体锻炼，努力为自尊争取一个强健的体魄，一个毫无精神、肮脏邋遢、形态猥琐、弱不禁风的人是很难获得他人的尊重的。

2. 多方充实知识。少看情感类或者无太多意义的电视剧、电影，多看科普类电视节目，多看《百家讲坛》《探索》等人文、科普性的栏目，学习掌握文化、科技知识，了解最新时事动态，拓展个人视野，增强人文修养，培养谦逊的态度，以平和、理性的态度矫正不健康的自尊感受。知识是弥补自身不足，赢得自尊的最佳途径。

3. 注意“口头禅”。口头禅是留给他人自尊的第一印象，矫正过度自卑的方法是：在口头语上，要刻意使用、多使用“我认为”这三个字，在与别人交谈时，尝试多发表自己的见解，而且，在发表自己见解时，频繁使用“我认为”“我的意见是”“我想”“我看”等的口头禅语言；相反，过度自负的人在与别人交谈时，则应少用“我认为”等“我”字开头的口头禅，而要多使用“您认为”“您的意见是”“可不可以”等口头禅，多当听众，少当“讲师”，或者干脆无言地默默点头，赞许别人的发言，这对获取他人的好感和尊重十分有效。

4. 主动参加公共活动。服刑人员多参加监狱或监区组织开展的公共文体活动，可以增加大家对你的认知度，有效发掘你的潜能，让他们对你刮目相看，这样可以有效矫正过度自卑；同样，通过参加公共活动，服刑人员可以发现“山外有山、人外有人”，在发现别人的长处时，看到自己的短处和不足，从而有利于矫正过度自负心理，养成“谦虚谨慎”的处事态度。总之，多参加公共活动，是广大服刑人员获取自尊的良好机会和有效渠道之一，切不可轻易放弃。

心理链接

塞利格曼效应——这是美国心理学家塞利格曼在一组实验中得到的，他指出：只要自己不跪着，没有人会比你高。

一个下着小雨的中午，车厢里的乘客稀稀落落的。中途上来一对残疾的父子。中年男子是个盲人，而他不到十岁的儿子呢，则只剩下一只眼睛略微能看到东西。父亲在小男孩的牵引下，一步一步地摸索着走到车厢中央。当车子继续缓缓往前开时，小男孩开口了：“各位先生女士，你们好，我的名字叫林平，下面我唱几首歌给大家听。”接着，小男孩用电子琴自弹自唱起来，电子琴音乐很一般，但孩子的歌声却有天然童音的甜美。

正如人们所预料的那样，唱完了几首歌曲之后，男孩走到车厢头，开始“行乞”。但他手里既没有托着盘，也没直接把手伸到你前面，只是走到你身边，叫一声“先生”或“小姐”，然后默默地站在那儿。乘客们都知道他的意思，但每个人都装出不明白的样子，或干脆扭头看车窗外面。当小男孩两手空空地走到车厢尾时，旁边的一位中年妇女尖声大嚷起来：“真不知道怎么搞的，这里的乞丐这么多，连车上都有。”

这下，几乎所有的目光都集中到这对残疾父子的身上，没想到，小男孩一字一顿地说：“女士，你说错了，我不是乞丐，我是在卖唱。”车厢里所有淡漠的目光刹那间都生动起来，有人带头鼓掌，然后是掌声一片。

第十一章

我为啥老受不良情绪影响？

人非草木孰能无情。人是情感最为丰富的动物，我们看到感人的作品会热泪盈眶，产生强烈的情感共鸣；接到亲人的噩耗会悲痛欲绝、泣不成声；而听到新疆恐怖分子在昆明火车站的暴行则会义愤填膺。我们平常所表现出来的这种喜、怒、哀、乐、愁、爱、恨、惧等内心体验，就是情绪。本章主要介绍什么是情绪、什么是不良情绪，以及如何摆脱不良情绪的影响。

第一节　什么是情绪

案例：夜夜惊醒，噩梦连连

服刑人员曹某，26 岁，身体单薄消瘦，因抢劫罪被判有期徒刑 11 年。在看守所羁押期间，受到在押人员的多次欺凌和殴打，身心受到较大伤害。进入监区服刑后，又受到监舍“老口子”（老犯）的再次刁难、打压，因担心报复不敢向民警反映，以致长期处于一种担惊受怕的恐惧之中。尽管处处谨言慎行，唯恐被“同改”抓住小辫子，但还是被经常找茬。衣服鞋袜多次被偷不敢吭声，生产的产品被人拿走也不敢吭声，生活卡多次被人盗用也不敢吭声，多次挨打后民警主动问起也不敢吭声，不仅身强力壮的“同改”欺负他，就连比他个子弱小的“同改”也欺负他，结果连晚上睡觉都惊魂不定，一入睡就做噩梦，大呼小叫，精神高度紧张，整日提心吊胆，身心受到极大摧残，体重迅速下降，免疫力迅速减退，情绪极度低迷，人际关系严重受挫，几近崩溃。后经咨询师半年多的综合矫治，这种恐惧情绪方才逐渐改观。可见，情绪对服刑人员身心健康的影响不可小觑。

一、什么是情绪

情绪是人对客观事物的态度体验及相应的行为反应，是多种感觉、思想和行为综合产生的心理和生理状态。

情绪有一般情绪和高级情绪之分。一般情绪是指最普遍的喜、怒、哀、乐、愁、爱、恨、惧等，一般情绪与生理反应和认知程度相联系；高级情绪则是一些细腻微妙的情绪，如嫉妒、羞愧、羞耻、自豪、尊严等，高级情绪与社会道德相联系。

情绪让我们体会到人生的快乐，也让我们体会到人生的烦恼。我们平时的状态和行为或多或少都会受情绪的影响，而情绪的发展和变化是因人因时因地因事而异的，情绪在制约人，也在成就人，往往不同的情绪状态带来不同的生活体验，所以，我们要管理好自己的情绪，驾驭好自己的情绪。

二、情绪的构成因素

情绪一般由以下五个基本因素构成：

（一）认知评估

注意到外界发生的事件或人物，认知系统会自动评估这件事的感情色彩，因而触发接下来的情绪反应。例如，监狱减刑假释政策从紧，服刑人员会把这件事评估为对自身改造有重大影响的负性事件。

（二）身体反应

即情绪的生理构成，在情绪产生过程中，会伴随系列生理活动，包括神经系统、循环系统、内分泌系统等。例如：民警突然找自己个别谈话时，自己会心跳加快，呼吸急促，情绪紧张。

（三）主观感受

即人们体验到的各种不同自我感受，如喜、怒、哀、乐等。例如：见到年迈的父母探监，内心会涌出一种不孝的愧疚感；收到妻子的一封激励书，会感到无限的快慰感等。

（四）外在表现

主要指情绪产生时，面部、声音和姿态等会出现相应的变化，这是为了向周围的人表达和传递自己的某种情绪。例如，迎面看到民警会不由自主地微笑表示欢迎，挨了民警批评会不由自主地眉头紧皱。情绪的外在表现既有人类通用的方式，也有各自独有的成分。如同样在高兴的时候，有的服刑人员会放声大笑，有的服刑人员则会喜极而泣。

（五）行为倾向

情绪往往产生动机，动机往往导致行动。例如：自己悲伤的时候，会找要好的“同改”倾诉；自己愤怒的时候，按捺不住想要发泄，甚至做一些平时不会做的傻事。

三、情绪的基本状态

按照情绪发生的速度、强度和持续时间，可将情绪分为心境、激情和应激三种状态。

（一）心境

心境是一种微弱、弥散和持久的情绪状态，也即平时说的心情。心境可以持续几小时、几天、几周、几个月，甚至一年以上。心境的好坏，常常是由某个具体而直接的原因造成的，它所带来的愉快或不愉快会保持一个较长的时段，并且这种情绪容易带入生产、学习和日常改造生活中，影响人的感知、思维和记忆。愉快的心境让人精神抖擞，感知敏锐，思维活跃，待人宽容；而不愉快的心境让人萎靡不振，感知迟钝，思维麻木，使改造度日如年。

（二）激情

激情是一种迅速、强烈而短暂的情绪状态，类似于平时说的激动。激情是由某个事件或原因引起的当场发作，表现猛烈，但持续的时间不长，并且牵涉的面不广。激情通过激烈的言语和行动爆发出来，是一种心理能量的宣泄，从一个较长的时段来看，对人身心健康的平衡有益，但激情过度也会产生危险，不少服刑人员之所以犯错就是一时冲动的结果。

特别是当激情表现为惊恐、狂怒而又爆发不出来的时候，可能导致全身发抖、手脚冰凉、小便失禁、浑身瘫软，发现服刑人员出现这种情况就需要送医院治疗。

（三）应激

应激是在出乎意料的紧迫与危险情况下引起的高速而高度紧张的情绪状态。应激是机体在各种内外突发因素刺激时所出现的全身性非特异性适应反应，又称为应激反应，这些刺激因素称为应激源。应激的最直接表现即精神紧张，并引发一系列的生理反应，如肌肉紧张、心率加快、呼吸急促、血压升高等。应激是短暂的，不能长时间持续，否则，可能导致应激障碍。例如，一个瘦弱且有心脏病史的母亲，平时基本上不进行剧烈运动，一跑就会喘粗气，跑不了几步，必须停下来。有一天，她外出买菜回家，离家一百余米的时候，正巧看见自己两岁的儿子从自家六楼的窗户口往下掉，在这千钧一发之际，她丢下菜篮，拼命往自家窗口跑去，在这几秒钟的时间里，她居然接住了儿子。儿子得救了，母亲的心脏却停止了跳动。事后专家预测，这位伟大母亲跑步的速度比专业运动员还快，这就是应激产生的效果。

四、情绪的作用

情绪人人都有，也无处不在，没有情绪的生活是单调乏味的，所以，情绪对于人们的正常生活具有重要作用。

（一）情绪是心情的晴雨表

所谓“情为心声”，一个人心情的好坏都直接表现在他的情绪上，或者让人看见，或者让人听见，或者让人体会到。如果你此刻很快乐，那么你会表现出积极、愉悦的情绪状态，这种快乐情绪会表达在脸上（笑逐颜开），也会反映在声音上（亲切洪亮），以及表达在行动上（轻松敏捷）。这种良好的情绪可以感染你周围的“同改”，他们会分享你的快乐，与你一起创造一种和谐愉快的氛围；如果你此刻比较悲伤，你可能会一脸的沮丧，说话也会无精打采，走路都会有气无力，你的不良情绪同样会感染你身边的“同改”，他们可能会为你担忧，大家都会沉浸在这种悲伤的氛围之中，感到压抑、悲伤。可见，情绪是人们心情好坏的晴雨表，透过情绪的蛛丝马迹可以准确把握一个人此刻的真实心情。

（二）情绪是生理的调节器

情绪调控的好坏直接影响到身体的健康，因为情绪能通过神经系统、内分泌系统和免疫系统等引起的生理变化影响个人的身心健康，即情绪可以直接影响心率、血压、呼吸、肠胃、汗腺、内分泌等的功能变化。积极的情绪能提高大脑皮层的张力，通过神经生理机制，保持机体内外环境的平衡与协调；消极的情绪则严重干扰心理活动的稳定，导致分泌紊乱，免疫力下降。正如古代医书《内经》所载：怒伤肝，喜伤心，思伤脾，忧伤肺，恐伤肾。因此，人们应该通过情绪这个调节器学会调控自己的情绪，既不能悲伤过度，也不能乐极生悲。

（三）情绪是生活的动力源

人是需要有一点激情的。而情绪则是人动机系统的重要心理因素，是人们追求美好生活的动机之源，它能激发人的活力，发挥人的潜能，提高人们的工作效率，推动工作目标的实现。“情绪的力量是巨大的”，这种力量可以从两个方面发挥作用：一是负面情绪的消极破坏作用；二是正面情绪的积极推动作用。如同样是患了严重的身体疾病，有的服刑人员由于情绪低落，疗效欠佳，很快被病魔夺去了生命；而有的服刑人员，却始终保持一种乐观的心态，积极配合治疗，通过良好的情绪提高了自己的免疫力，增强了对疾病的抵抗能力，最终战胜了疾病，获得了新生。

（四）情绪是人生的调色板

遇上喜事，今儿个要高兴，遇上倒霉的事，也不妨伤心一回。情绪让人们的生活配上了丰富多彩的颜色，使人们的心理生活更富有意义。正是因为每个人都有丰富多彩的情绪，才形成了一个个有血有肉的独立个体。试想一下，如果没有人类的情绪活动，人类社会将会是什么样子？人类世界就可能要么都是冷冰冰而毫无生机，要么都是兴高采烈而变成疯子。可以说，在人们心理生活的这个调色板上，每一个人既是绘画者，又是这幅画的欣赏者。每个人都可以成为情绪的主人，你可以设计、描绘各种各样的色彩。只不过在很多情况下，当事人并没有自觉地意识到自己的这个双重角色，不自觉地放弃了自己绘制心理生活美景的责任，失去了创造心理生活美景的机会，从而降低了自己对情绪生活的感受和享受。

（五）情绪是交往的润滑剂

情绪在人们的人际交往中有着不可替代的作用，人们的内在心理都可以通过身体姿势、面部表情、语音语调等方式表现出来，这就为人们相互了解、相互沟通和相互学习提供了便利和可能。心理学专家认为，在人们的信息交流总量中，仅有 7% 是通过语言传达的，而 93% 则是通过手势、面部表情、语气、语调等各种情绪的表达方式传达的，尤其是一些比较尴尬、难以启齿的信息往往通过一个苦笑、一个眼神、耸耸肩、摊开手掌、仰天长啸等方式，便能恰到好处地传递给对方。人们常说人际交往时一定要学会察言观色，其实，察言观色的目的就是为了准确把握对方的情绪，以此选择合适的交往方式，以免对牛弹琴或不识时务。一个善于捕捉对方情绪而又善于表达自己情绪的人，在人际交往中往往能如鱼得水，游刃有余。

野马结局效应——野马结局的心理学效应是指：生活中，有些人总会被芝麻大的小事困扰，因别人的过失而伤害自己，以致大动肝火，危及身心健康。

野马结局的心理学效应，主要来源于非洲草原上野马与蝙蝠的故事：

在原始的非洲草原上，有一种很小的飞行动物叫作吸血蝙蝠，靠吸取动物的血液为生，它是野马的最大天敌。蝙蝠攻击野马的顺序是：首先附在马腿上，用锋利的牙齿敏捷且迅速地刺破野马的腿，然后用尖尖的嘴慢慢地吸血。野马是一种极其敏感的动物，受到这种外来的攻击后，会迅速地做出甩尾、蹦跳、狂奔等反抗动作。尽管如此，野马却无法驱逐吸血蝙蝠，因为蝙蝠可以快速地从腿上飞到身上，直到吸饱血后才会扬长而去，而野马由于经常生活在这种暴怒、狂奔和流血中，最终无可奈何地死去。

最初人们认为，野马的死去是由于流失了大量的血液，可经过动物学家的研究证明，实际上，蝙蝠所吸的血量是微不足道的，根本不会危及野马的生命，而野马死亡的真正原因是它自己的暴怒和狂奔。

野马结局给人们留下了深刻的启示：在生活中，每个人都会遇到不顺心的事，此时如果不能从容处置，而是时常冲动、暴躁、愤怒，不仅会危及自身健康，还会使事情向着更坏的方向发展。

第二节　什么是不良情绪

案例：唯恐东窗事发而焦虑不安

服刑人员陈某，系某监区服刑人员大组长，改造一直顺风顺水，与民警关系一向良好，在服刑“同改”面前也很有威信。平时乐观开朗的他，近日却明显烦躁不安，不仅精力不集中，常常答非所问，甚至连连出错，而且，情绪不稳，坐卧不安，敏感多疑。过去从不打探小道消息，如今却十分感兴趣，同时，警惕性特高，让人摸不着头脑。渐渐地连吃饭睡觉都不得安生，身心极度疲惫，一副大难临头的架势，不仅严重影响了自己的改造，而且导致管理秩序上出现不少差错。管教民警多次找他了解原因，他都敷衍搪塞。后来身体实在熬不住了，才向心理咨询师坦露了心迹。原来，前段监狱开展群众路线教育活动，狠抓民警队伍的廉洁自律问题，有几名管教干警被纪委和检察院带走调查，陈某恰恰就给其中的一名监区领导送过钱物，抹掉了一次违规受罚的记录，蒙混过关减了一次刑。自从这位民警被带走接受调查那天起，陈某便担心东窗事发，受到有关部门严厉处罚，这才导致坐卧不安，产生了严重的焦虑情绪。最后，陈某主动向有关部门交代自己的违纪行为，将处罚减到了最低程度，困扰多月的焦虑情绪才最终消除。

一、什么是不良情绪

不良情绪是指个体受到外界的刺激而产生的或内在矛盾无法及时解决而产生的一种负面的、消极的情绪体验。

科学家曾做过这样的实验：将同时出生体质健康的羊羔，一头与其他羊群为伍喂养，另一头则与圈在笼中的狼为伍喂养，一段时间后前一头羊羔活泼健壮，后一头羊羔则体弱消瘦。另一实验则将 6 只狗关起来，想办法使它们长期惊恐不安，无法正常休息，另外 4 只狗则生活在平静的环境里。经过一段时间后，前面的 6 只狗中有 3 只狗患了癌症而死亡，后面的 4 只都安然无恙。科学实验表明，内心的情绪体验与外界环境的好坏存在一种必然的联系，环境恶劣是导致不良情绪的根源。

二、服刑人员常见的不良情绪

服刑改造与上述实验则颇为相似。长年累月置身于高墙、电网之中，时刻受到监视和严格管束，这种特殊的环境较之外界更易产生不良情绪。所以，服刑人员是不良情绪的易发、频发群体，不仅刚刚入狱的服刑人员会产生不良情绪，而且服刑中期和服刑后期也容易产生各种各样的不良情绪。下面我们介绍几种常见的影响服刑人员的不良情绪：

（一）自卑

自卑是指由于对自我的评价过低而产生的一种羞怯、惭愧、萎靡、沮丧、缺乏自信的情感体验。也就是我们平常所说的自己瞧不起自己。

服刑人员产生自卑情绪的原因可能很多，如文化程度较低、家庭出身困难、自己长相欠佳等等，但主要还是入监服刑本身让服刑人员产生了自卑心理。不少服刑人员认为自己犯了罪、蹲了监狱，觉得人生履历上从此有了污点，家人失望，朋友嘲笑，社会歧视，一辈子都抬不起头来了，彻底完蛋了，所以严重自卑。其实，情况并非想象的那么糟糕。入监服刑自然不是件什么光彩的事情，但也不至于让你一无是处，入监不能抹杀你原有的优点和长处，更何况，入监服刑还可以坏事变好事，将服刑改造当作你人生的逆境磨炼，或许通过服刑让你变得更坚强、更有毅力、更自信。

（二）抑郁

抑郁是指由于种种原因出现的闷闷不乐、愁眉苦脸、沉默寡言、缺乏兴趣、食欲减退等持续较长的情绪低落现象。大多数人都有过情绪低落的时候，时过境迁就会消失，但如果长时期处于这种情绪低落状态就会演变为抑郁症。一般内向型人格得抑郁症的概率较高。

产生抑郁情绪的原因一般有环境变化、个人待遇改变、自我评价过低、归因不当等，但主要还是受到负性事件的影响比较多，如亲情变化、感情受挫、人际关系紧张、身体欠佳、违规受罚等等因素，都容易诱发抑郁情绪。

（三）焦虑

焦虑是由于紧张、烦躁、不安或身体症状所伴随的，对未来危险和不幸的忧虑预期。情绪焦虑的人总担心会出现最坏的结果，总担心不幸事件的发生。焦虑通常被分为三类：一是现实焦虑。这是客观存在的威胁因素引起的焦虑。如国家减刑假释政策变更，给个人出监计划造成的心理压力和情绪焦虑。二是神经过敏性焦虑。它往往由外界因素诱发，如周围“同改”在讲悄悄话，本来话题与自己无关，但因为自己前几天被人家抓住了小辫子，所以认定对方是在贬损自己，甚至陷害自己而感到焦虑。三是道德性焦虑。指由于个人违反社会道德标准或个人行为与社会要求的标准发生冲突从而产生的内疚、不安情绪。

（四）恐惧

恐惧是一种由于感觉到现实的危险或想象的危险而引起的比较强烈的害怕情绪。常常伴随有强烈的心跳加快、呼吸困难、肌肉紧张、手脚颤抖、头皮发麻等生理反应。特别是刚刚入监的服刑人员由于对监狱环境的陌生，一入监狱的铁门就心生恐惧；也有部分服刑人员的恐惧心理是由于受到服刑“同改”的长期欺负、刁难甚至蹂躏造成的；少数服刑人员的恐惧心理很大程度上是自己想象出来的。如自己一时冲动与管教民警争吵了几句，本来不是什么大事，民警批评一下就过去了，但自己却认定事态很严重，认为管教民警一定会想方设法报复自己而感觉大事不妙。

（五）愤怒

愤怒是由于目的或愿望没有达到，或者一再受到他人的阻挠、干扰不能达到而产生的恼怒情绪。往往表现为暴跳如雷、出口伤人、寻衅滋事等等，并伴随有血压陡升、心率紊乱、失去理智等生理反应。愤怒是服刑人员常见的不良情绪之一，不少“同改”就是因为平时没有控制好自己的愤怒情绪而一发不可收拾，导致酿成违法犯罪的大错。

（六）过于自责

是指由于个人的观念或行为与家人、社会所期望、所倡导的道德标准、价值观念有差距，甚至发生冲突时而产生的愧疚感、羞耻感、有罪感。严格说来，一定的自责感是积极的、正面的心理，是人有觉悟、有自知之明的表现，但过于自责往往会变为沉重的心理包袱，成为不良情绪，让自己完全消沉下去。消除过于自责情绪：一要放宽心胸，要明白人生在世，谁能无过，自己犯了错，改正就行了，不必苛责；二要将自责的心理转化为改造的动力，知耻而后勇。

影响服刑人员的不良情绪除了上述六种外，还有一些其他的不良情绪。如狭隘情绪，表现为斤斤计较，心胸太狭窄，不能容人，也不理解别人，对小事也耿耿于怀，爱钻牛角尖；嫉妒情绪，当别人比自己好时，表现出不自然、不舒服甚至怀有敌意，更有甚者竟用打击、中伤手段来发泄内心的嫉妒；残暴情绪，有点小事自己不快，便向别人发泄，摔摔打打骂骂咧咧，有的则以戏弄别人为乐，对别人冷嘲热讽，没有仁厚之心；过于敏感，即神经过敏，多疑，常常把别人无意中的话，不相干的动作当作对自己的轻视或嘲笑，为此而喜怒无常，举止失控。

三、不良情绪的危害

在探讨不良情绪的危害之前，我们首先来认识一下正常情绪的功能。

（一）正常情绪的功能

正常的情绪反应符合下列几个条件：第一，它是由适当的原因引起的，且该原因为当事者本人所觉知；第二，情绪反应的强度，应和引起它的情境相称；第三，当引起情绪的因素消失之后，情绪反应反而逐渐平复。

正常的情绪反应，不论是积极的、愉快的，还是消极的、不愉快的，都是有益的。这主要体现在以下四个方面：

1. 愉快的情绪能使人的大脑处于最佳活动状态，保证体内各器官系统的活动协调一致。从而使得食欲旺盛，睡眠安稳，精力充沛，充分发挥有机体的潜能，提高脑力和体力劳动的效率和耐久力。

2. 愉快的情绪能使整个机体的免疫系统和体内化学物质处于平衡状态，从而增强对疾病的抵抗力。英国著名化学家法拉第，在年轻时由于工作紧张，神经失调，身体虚弱，久治无效，似乎离死期不远了。后来，一位名医给他做了详细检查，没有开药方，只留下一句话：“一个小丑进城，胜过一打医生。”法拉第仔细琢磨，觉得有道理。从此以后，他经常抽空去看滑稽戏、马戏和喜剧等，并在紧张的研究工作之后，到野外和海边度假，调剂生活情趣，以保持经常的愉快心境，结果活了 76 岁，为科学事业做出了巨大贡献。我国也有不少长寿老人和长寿村，调查发现，几乎所有长寿老人平时都非常心情愉快，并且长期生活在一个家庭关系亲密，感情融洽，精神上没有压力的环境中。所以，他们身体的免疫力都比较强，基本上没有生过什么大病，成为长寿的秘诀之一。

3. 愉快的情绪能使别人更喜欢接近自己，从而有助于建立良好的人际关系。美国心理学家杰·列文甚至认为：“会不会笑，是衡量一个人能否对周围环境适应的尺度。”此种说法虽不免有些夸张，但真诚的笑，确能感染别人，消除隔阂。来了陌生的客人，相视一笑，即可握手言欢；打扰伤害了别人，歉然一笑，便能得到很多谅解；遇到异国朋友，挥手一笑，彼此的心就通了。而一个面孔阴郁，从来不笑的，总是处于消极情绪中的人，人们自然不会主动去搭理，更不用说亲近了，这正如莎士比亚所说：“如果你一天之中没有笑一笑，那你这一天就算是白活了。”

4. 适当的不愉快情绪也是有益的。像平常大家都偶尔经历过的焦虑、忧愁、恐惧、愤怒等，尽管是不愉快的情绪体验，但只要适当，同样有益。如适度的焦虑情绪之下，大脑和神经系统的张力增加，思考能力亢进，反应速度加快，因而能提高工作效率和学习效果；适度的忧愁则是有责任心、有担当的表现，人们常说，生于忧患，死于安乐，革命者忧国忧民，先天下之忧而忧，这说明忧愁也有好的一面；适度的恐惧情绪可以使人知难而退，可使人们小心警觉，避免危险，预防失败，这点对于服刑人员来说尤其有益。因为，不少服刑人员就是因为怀有畏惧心理才不敢违规犯纪，不敢越雷池一步。不仅如此，适度的恐惧还能使个体进入紧张激动状态，由于交感神经兴奋，肾上腺分泌增加，呼吸、心跳、脉搏加快，血压、血糖和血中含氧量升高，血液循环加快，血小板较平时增加很多，能够把大量营养输向大脑和肌肉组织，十分益于身体健康；而适度的愤怒更是弘扬正气，打击歪风邪气的必备气质。对坏人坏事就是要敢怒、敢言、敢斗争，对这种积极的怒，不但不要遏制，相反还要激发，如果麻木不仁，无动于衷，一锥子都扎不出血来，匡扶正义就无从谈起。

（二）不良情绪的危害

不良情绪主要有两大特征：一为过于强烈的情绪反应。二为持久性的消极情绪。这二者都对人的健康和社会适应具有显著的危害。

1. 过于强烈的情绪反应的危害。

人的情绪虽然主要受大脑皮层下中枢神经支配，但是当这一部分活动过强时，大脑皮层的高级心智活动，如推理、辨别等将受到抑制，使认识范围缩小，不能正确评价自己行动的意义及后果，自制力就会降低，并引起正常行为的瓦解，使工作和学习效率降低。国外有人做过这样一个实验：让几个大学生个别地进入实验室，该室有四个门，其中三个门是锁住的，只有一个门可以打开，实际上只要按顺序将各门试一下，便能很快找到出路。但当实验者用冷水、电击、强光、大声等强烈刺激同时加之于受试者，使之处于过度紧张状态时，好几个被试者都呈现慌乱现象，不知道按顺序找出路，而是四面乱跑，已经试过是被锁住的门，还是会重复地去尝试，显然是被这种过度的恐慌情绪弄糊涂了。

像以上此类因情绪过度激动而失去理智的现象，在日常生活中是屡见不鲜的。好些学生平时成绩不错，可一到考试时，就由于过分紧张，发挥不出应有水平，成绩反而降低。有些运动员在平时训练时成绩相当突出，可一进入重大比赛，便常常因心情紧张而临场发挥不好，惨遭淘汰。不仅如此，过度的情绪紧张，还可能引起超过极限的抑制，一个人吓得呆住或气得说不出话来就是这种表现。在盛怒之下引起心脏病突发而死亡的事例，在临床上也时有所见。即使高兴的情绪也需要适度，“乐极生悲”并不是耸人听闻。心肌梗死患者大笑容易发生意外，高血压重症病人过度兴奋可能诱发脑溢血。目前已有许多由于过度愉快而引起死亡的例子：2014 年湖北一位老父亲听说自己儿子中了 500 万元的彩票后，由于一时高兴过度突然死亡；有一位哲学家去世后，他的侄女因为在他临终的床头上找到了 6 万法郎现金时，也因大喜过望心脏猝停；《儒林外史》中屡试不第的穷书生范进，在突然听到自己中了举人的消息后，喜极发疯，患了癫狂病。

2. 持久性的不良情绪的危害。

不良情绪的另一特征是持久性反应。当人处在焦虑、忧愁、悲伤、惊恐、愤怒、痛苦等持续性的不良情绪中时，会发生一系列生理变化，这是正常现象，当情绪反应终了时，生理方面又将恢复平静。通常此类变化为时短暂，没有什么不良的影响，但若不良情绪的作用时间延续下去时，生理方面的变化也将随之延长，久而久之，就会通过神经机制和化学机制引起心血管系统、消化系统、泌尿生殖系统、呼吸系统、内分泌系统等各种躯体疾病。

现代医学研究发现，在一切对人体不利因素的影响中，最能使人短命夭亡的就是不良情绪。长期情绪优郁，恐惧悲伤，嫉妒贪求，惊怒激昂，或情绪紧张的人，比精神状态稳定的人容易患上高血压、冠心病、神经官能症、精神病、哮喘病、慢性胃炎、青光眼、癌症等等，妇女还容易引起月经不调，甚至闭经；医学研究表明70%以上的胃肠疾患与情绪变化有密切关系；心理性因素引起的头痛在各种头痛患者中占80%～90%；美国耶鲁大学医学院报告，在所有门诊病人中，属于情绪紧张而患病的占76%；不良情绪也是一种强烈的“促癌剂”，胃癌、肺癌、肠癌等癌症大多与不良情绪有关。

相反，良好的情绪是人体最有助于健康的力量。因为当人精神愉快时，中枢神经系统兴奋，指挥作用加强，人体内进行正常的消化、吸收、分泌和排泄的调整，保持着旺盛的新陈代谢以及和谐的生理平衡，不仅食欲好，睡眠香，而且头脑敏锐，精力充沛。根据对四川省372名百岁老人的调查，有98%的寿星具有开朗乐观的性格，常年情绪稳定，心情愉快。

3. 不良情绪妨碍正常改造。

由此可见，正常的情绪对于人的身体、心理有积极作用，而不良的情绪则对人的身心造成了较大的伤害。由于不良情绪不同于常见的身体疾病，它源于“心”，然后再波及全身。可见，它会从情绪问题逐渐演变成一种心理问题、心理障碍，最终导致行为失控，所以，危害极大。

作为监狱服刑人员，如果长期受到不良情绪的干扰，将直接危害其正常的改造，甚至影响其新生进程。如服刑人员周某，33岁，初中文化，因犯强奸、盗窃、流氓伤害罪，被判有期徒刑 15 年。在短短的两年间，周某分别因打架、辱骂干警和自伤自残受到了三次严厉处分，一度成了监区的老大难、“顽危犯”。其之所以如此表现，一个根本原因就是受到诸多不良情绪的影响：不仅经常情绪激动、暴躁，对他人存在强烈的敌意，而且偏执、固执，存在较重的世界观歪曲；同时，又缺乏耐心，忍耐力低。正是诸多不良情绪的困扰，导致其经常出现情绪失控，不但对其他服刑“同改”构成威胁，危及他人的人身安全，破坏了正常的监管秩序，造成了不利的改造氛围，也给自己的身心健康造成了极大的伤害，给自己的减刑、假释带来了重大阻碍，必须引起高度重视。

心理链接

踢猫效应——踢猫效应是指个人的不满情绪和糟糕心情，一般会沿着等级和强弱组成的社会关系链条依次传递，由金字塔尖一直扩散到最底层，无处发泄的最小的那一个元素则成为最终的受害者。

踢猫效应来自一个生活中的场景：

一天，某公司的董事长在家和妻子吵了一架，耽误了上班的时间，这违背了自己亲自规定的不能迟到的公司纪律，他为此非常愤怒。他刚到办公室，销售经理过来请他审批一项工作，他不耐烦地说：“这只不过是一件小事情，你连这点决定都做不了，还能做其他决定吗？”销售经理垂头丧气地走出董事长办公室，正巧秘书过来说有事要请示，他用挑剔的口吻说道：“这种事情不是一向都不请示吗？”还挑剔她上个月的报表做得不清晰。秘书无缘无故被经理挑剔，碰了一鼻子灰，自然一肚子气，她刚走出办公室，正巧清洁工在拖地，她就对清洁工说：“这地拖得太湿了，容易滑倒，以后拖布要拧干点再拖。”清洁工无可奈何地回到家后，对正在玩的儿子大发雷霆，儿子莫名其妙地被母亲痛斥后很恼火，狠狠地踢了一脚地上的猫。

这个真实的生活场景告诉人们：个人情绪会随环境和其他外在因素的刺激而发生变化，当不好的事情使自己情绪变化时，要在潜意识中控制自我的情绪，不要将这些不良情绪发泄到他人身上，让他人产生和你一样的不良感觉。

第三节 如何摆脱不良情绪的影响

案例：灾难之后都能看到心理咨询师忙碌的身影

2014年恐怕算得上是一个灾难频发之年，3月1日，一伙新疆恐怖分子在云南昆明火车站持刀疯狂砍杀手无寸铁的无辜百姓，造成18人死亡，几十人受伤，其残暴凶恶令人发指；3月8日马来西亚马航MH370航班飞机失联，造成数百人至今生死不明，其中包括我国公民150多人，令无数家庭陷入巨大的悲痛之中；4月16日韩国“岁月”号客轮翻沉，又导致305人死亡，其中大部分为年纪轻轻的中学生，全球的好心人都为之扼腕叹息；5月22日新疆乌鲁木齐再次发生汽车爆炸恐怖事件，导致39人死亡。这四起重大灾难都给众多当事者及其家属造成了巨大的痛苦，但却有一个共同的现象，那就是从灾难发生的第一时间开始，三国都不约而同地立即安排众多心理咨询师和心理工作人员以最快的速度来到受害者本人及其家属身边，开展无微不至的心理抚慰工作，不仅及时给他们带去心灵的慰藉，而且细心传授各种心理调节的专业方法，帮助他们尽快摆脱不良情绪的影响，以免造成更大的心灵伤害。可见，消除不良情绪的困扰已成为灾难应急处置的重要一环。

不良情绪对服刑人员的正常改造危害颇多，因此，越早、越快摆脱不良情绪的困扰就显得尤为重要。而摆脱不良情绪影响的方式方法很多，这里主要结合服刑人员的实际，重点介绍六种比较实用的具体方法。

一、理智三分

人要有感情，但更要有理智。一个心理健康的人能用理智驾驭情绪，不做情绪的俘虏。成功的人往往在于拥有思维与理性，而失败的人则源之于无法控制住自己的情绪与情感。所以，保持理智，三思而后行，学会控制情绪是人生道路上的重要一课，也是消除不良情绪的重要前提。

保持理智，控制情绪，首先，必须坦然面对不良情绪的存在，不要把不良情绪看作洪水猛兽，而要勇敢面对；其次，要弄清产生不良情绪的真正原因，追根溯源；再次，寻求适当的途径摆脱不良情绪的羁绊，要用理智来控制个人的情绪。当不良情绪要发作时，一定要冷静审察情势，检讨反省，以决定其是否合理，后果如何，这样是否值得，还有没有其他更为适当的解决办法，特别是能不能站在对方的立场上想一想，能不能从另外一个角度加以分析、判断。因为，塞翁失马，焉知非福，坏事、好事是可以转化的。经过如此“三思”，便能很大程度上消除或减轻心理的紧张、不平、压抑，使不良情绪渐趋平复。即使你最后选择了采取发泄的方式来消除某种不良情绪，你也要保持足够理智，要考虑到发泄后会不会对周围人造成伤害，一旦发泄会产生较大的负面影响，则必须使自己冷静下来，重新选择合适的方式。总之，保持理智是摆脱不良情绪影响的首选。

二、宣泄一通

不良情绪的产生既然由客观的外在因素引起，就不能过多地一味压抑，而要加以适当宣泄、疏导。因为，当情绪发作时，人体内潜藏着一股能量，须借情绪的发泄来加以释放，否则积聚越久越多，将引发身心疾病，常见的有胃病、高血压和心脏病、神经症以及精神病等，直接危害身心健康。与此同时，不良情绪压抑过多，也必然影响其人际关系，因为，一个在情绪上受到过多压制的人，个性通常不够开朗，可能产生不合作、不合群甚至离群和反抗权威的心理和行为，使他在人际关系、社会适应方面遭遇挫折。

适当宣泄有直接和间接两种方式。直接的宣泄就是直接针对引发不良情绪的刺激源来表达情绪。如互监组其他成员违规犯纪，导致自己受到连累扣分处理时，可以毫不客气地向违规的“同改”表达自己的不满。当直接发泄对于别人或自己可能造成不利后果时，则可用间接发泄的方式。如将大树、墙壁、假人当作发泄对象，一顿臭骂，同样可以抒发胸中的不良情绪，达到应有的心理平衡。

当然，宣泄必须合理且有节制。有的人不分时间、地点、场合，对着引起自己不快的对象大发雷霆，甚至采取违反道德和法制的过激行为发泄时，不仅于事无补，反而增添烦恼；还有的服刑人员有了不良情绪后胡发乱泄，迁怒于人，找替罪羊；还有的人，不管什么事，只要稍不合自己的意，便发牢骚、讲怪话，以此发泄不满情绪等等，不仅不能发泄原有的不良情绪，反而可能产生更多甚至更大的不良情绪，所以，发泄必须适度。

三、倾诉一番

倾诉说到底也是宣泄的方式之一，只不过较之暴风骤雨般的淋漓宣泄，倾诉显得更加柔和，更加舒缓，也更加安全。服刑人员产生了不良情绪之后，采取倾诉的方法十分可取。既可以向管教的民警倾诉，也可以向心理咨询师倾诉，既可以向同监舍的“同改”倾诉，也可以向同乡、同案、同类型的服刑人员倾诉，既可以向最亲近的家人倾诉，也可以向要好的亲戚朋友倾诉。倾诉的目的，一方面可以发泄积郁心中的不良情绪，释放负性能量，放下心理包袱。另一方面，通过倾诉既可以博得他人的同情、认可和理解以求心灵慰藉，也可以接受他人的劝解、沟通、批评和建议，开阔自己的视野，更加全面地看待不良情绪造成的原因，发现自己的短视和不足之处。同时，还可以通过倾诉加强彼此之间的沟通和了解，增进彼此的好感和信任，进一步改善人际关系。

不少服刑人员有了不良情绪后不愿倾诉，一个重要原因是认为倾诉是女人的专利，有损男子汉的威信和颜面。其实，倾诉根本没有男女之别，有了不良情绪后找个亲近的“同改”倾诉一番，婆婆妈妈一番，甚至大哭一场，即便对方最终没能给你解决什么实际问题，但你却通过倾诉释放了胸中的负性能量，会明显感觉到轻松。其实，倾诉、痛哭本身作为纯真的感情爆发，是人的一种真性情的自然流露，对方不仅不会笑话，反而会认为你这个“同改”生性率真，没有太多城府，不仅可爱，而且可信，值得交往。所以，有了不良情绪不妨倾诉一番。

四、幽默一回

幽默是智慧的表现。高尚的幽默是精神的消毒剂，也是不良情绪的稀释剂。当一个服刑人员有了不良情绪而又找不到合适的释放方式，或者找到的方式可能对自己不利时，为了不使自己陷入更加被动的局面，陷入更大的情绪困扰，不妨采取幽默的方式，以超然洒脱的态度去应付之。此时，一个得体的幽默往往可以使一个本来压抑的情绪，变得比较轻松，使一个窘迫的场面在开心一笑中消失得无影无踪，你的不良情绪会很快得以缓解。

采取幽默的方式，得注意不要开庸俗的玩笑，更不能随便拿别人开心，而要以机智的头脑、渊博的学识、诙谐的语言、滑稽的表情，巧妙地点破对方不合理的地方，既一语中的，却又使人容易接受，不致过于尴尬。尤其是在一些非原则性的问题上，宁可自我解嘲，或一笑了之，也不要去刺激对方，激化矛盾。

五、抛开一边

当你一时找不到消除不良情绪的合适方法时，可以采取阿 Q 的精神胜利法对付之。把自己从不良情绪中支开，干点让自己高兴的其他事情，如进行自我放松训练，练练中国的太极、印度的瑜伽、日本的禅宗什么的，或者自己平时喜好的篮球、足球、乒乓球、爬楼梯、唱歌等文体娱乐活动，让自己忙得根本没时间、没精力来搭理不良情绪。

六、升华一格

所谓升华是指将不为社会所认可的或者是低级的情绪、欲望、动机等等导向更高一级的方向和档次，使其具有创造性、建设性，并为社会所认可。通俗地说，就是“变废为宝”，将不良情绪激起的负面能量引导到对人、对己、对社会有利的正能量上去，这是对不良情绪的一种高水平的处理。首先是“利己”升华，遇到不良情绪亟须发泄，我们可以将其升华到这是磨炼自己的机会，努力培养自己坚强的意志，或者激发“把刑期当学期”动力，增强将来出监就业的本领等等；其次是“利他”升华，不少身边“同改”都存在这样那样的困难需要帮助，当遇到不良情绪亟须转换能量时，可以将能量转换到无私帮助服刑“同改”上面来，所谓“助人助己”，当你给他人带去快乐的同时，你也会收获一份快乐，这不仅会淡化先前的不良情绪，而且因为助人改善了与“同改”的人际关系，自然减少了将来产生不良情绪的概率，形成一个良性循环；最后是“利社会”升华，也就是将不良情绪的负性能量转化到对监狱、对家庭、对社会有益的方向上来。如当不良情绪产生后，你可以憋着这股劲投入到监狱的劳动生产上来，为监狱创造更多的生产效益，你可以主动劝解和阻止其他服刑“同改”违规犯纪，自觉维护监狱正常的监管秩序，也可以深刻反省，主动承担起现身说法的义务，参加政府开展的公开警示教育活动等等。总之，通过“升华”，不仅可以从不良情绪中摆脱出来，而且可以将坏事变为好事，更有一番作为。有服刑人员为了摆脱不良情绪的影响，一头扎进发明创造中去，服刑十年获得了多个发明创造国家专利，可谓利国利民又利己，成功实现了不良情绪的升华。

心理链接

霍桑效应——“霍桑效应”也称为“宣泄效应”，原为霍桑电气公司的一个实验，该实验最初以改善工作环境、提高生产率为主要目的，后被人们归结为心理学效应。

美国的电话交换工厂为了寻找提高工作效率的方法，美国国家研究委员会组织了心理学家进行有针对性的研究，他们在工厂里开展了各种各样的实验研究，其中就包括“谈话实验”。研究人员专门地找个别工人谈话，并且在谈话的过程中，实验人员要仔细、认真地倾听员工叙述的内容，其间无论工人们抱怨什么，倾听的人员都不能立刻反驳对方，并且在倾听的过程中，要做好详细的记录，实验结果令人感到非常惊讶：该厂的工作效率得到了大幅提高。

心理学家对这一现象得到的结论是：工厂的工作效率长期得不到提高的根源，并不是工厂的硬件设备落后，而是人们长期以来对工厂管理制度及薪资待遇等方面的诸多不满造成的，便只能进行消极抵抗。

英国有位著名的心理学家曾说：“储藏在人们心中的烦恼、郁闷、不平，会如同蓄势待发的能量一般，如果不能及时得到释放，会像不定时的炸弹一样，说不定什么时候就会爆发。倘若能够及时地加以发泄，将可以祛灾免病。”

第十二章

怎样战胜自卑？

服刑人员的负性情绪中，自卑是比较常见的一种。正是因为自卑，很多服刑人员对自己信心不足，改造意志消沉，缺乏进取动力，自怨自艾，动不动就摇头叹息，错失了很多可以一博的良机，直接阻碍了改造进程。本章重点探讨什么是自卑、自卑的危害，以及如何战胜自卑。

第一节　什么是自卑

案例：承诺没兑现自卑抹脖子

服刑人员张某，平时比较爱面子。春节前承诺与监舍的几个“同改”凑份子买几份像样的菜，一道过个欢乐祥和年。为此，早早就通知哥哥送点钱来，哥哥当时也爽快地答应了。张某认为万事大吉，只欠东风。不料约定的时间到了，哥哥却没来，可菜必须得提前预订，张某没法，只得向身边的“同改”先借生活卡用，拍着胸脯承诺年后立马就还。可是，菜也吃了，年也过了，还是不见哥哥的踪影，更要命的是，怎么也联系不上哥哥。这下面子可丢大了，“同改”手头也紧，三天两头催还钱，张某觉得实在丢人，恨不得找个地缝钻进去，可还是心存侥幸。元宵节过后一个月，好不容易联系上哥哥，没想哥哥冷冰冰就回了一句：没钱！张某当时就傻了，一下自卑到了极点，觉得再也无脸见人，放下亲情电话，蒙头就睡，半夜三更便抹了脖子。好在发现及时，捡回一命，可从此再也见不到张某的笑脸。

一、什么是自卑心理

自卑是一种消极的自我评价或自我意识，即个人往往对自己的能力和品质评价偏低，觉得自己各方面都不如人，并会伴有诸如害羞、不安、内疚、忧郁、失望、难过、无聊等消极情绪体验。

有自卑心理者在交往中缺乏自信，办事无胆量，畏首畏尾，随声附和，没有自己的主见，一遇到有错误的事情就以为是自己出错、自己不行。这样不仅导致他们失去了交往的勇气和信心，也失去了发挥自己潜能，成就一番业绩的激情和动力。

服刑人员是自卑心理较重的一个特殊群体，不少服刑人员认为坐牢是人生的一大败笔，从此留下了抹不掉的历史污点，总觉得家人会怪罪自己，不仅没给家人争光，反而给族人抹了黑；同学会笑话自己愚蠢，老师也会笑话自己无知，学校更会埋怨自己坏了名声；朋友会怀疑自己别有用心，单位也会防贼似的防着自己，社会就更会因为自己有了前科而加以歧视，如此等等，不一而足。总之，把自己看得一无是处，断定自己会一事无成，所以，对改造前途没有一点信心。不少服刑人员就是怀着这种沉重的自卑心理而“做一天和尚撞一天钟”，甚至违规犯纪，遭到严厉处罚，便破罐破摔，结果恶性循环，更加自卑。根据统计，最近三年长沙某监狱一次性扣三分以上的较严重违规犯纪者中，80% 都与服刑人员的自卑心理有关。所以，自卑心理是服刑人员面临的一大劲敌。

二、服刑人员产生自卑的根源

一般来说，有自知之明的人多少都会有点自卑，偶尔自卑并不会给人造成心理障碍，因为自卑会让人认清自己的不足，激励自己做出改变。只有认为什么都不如别人，无法赶上别人，自卑到轻视自己，自己都瞧不上自己，并产生一种不能自助和软弱的复杂情感时，它才会成为一种心理障碍。

服刑人员产生自卑的具体原因可能各有不同，但归纳起来，不外乎客观和主观两大方面。

（一）客观方面原因

1. 早年长辈的贬损。不少服刑人员的自卑心理是从少年时期就种下的，尤其是与父母、教师、长辈们从小给予的较低评价有关。父母是孩子的第一任老师，而老师又是学生心目中的权威，德高望重的长辈更是一言九鼎。所以，他们对自己的评价会产生巨大的影响，特别是贬损性的评价，如“太笨”“脑瓜不开窍”“饭桶”“蠢猪”“笨小子”“傻大个”等，这些不经意的评价往往严重挫伤了孩子们的自信心，让他们对自己的能力产生怀疑，并产生心理误导，妨碍其学习、生活和人际交往。比如刚刚从农村进入城市上学的学生，因为见识少，与城里孩子差距大，加上缺乏独立生活的能力，在学习、生活、为人处世上往往不知所措，容易挨老师批评和被同学取笑，如果有老师笑话自己是“乡巴佬”“不是读书的料”“太笨”“无可救药”，就极易造成心理上的阴影。如果这种贬损的情绪长期得不到疏导和改变，就很容易造成自卑心理。

2. 亲身经历的生活挫折。不少服刑人员之所以产生自卑心理，与其遭遇了刻骨铭心的生活挫折有关，如第一次参加考试就考砸了，第一次谈恋爱就被女朋友给甩了，第一次应聘就被用人单位拒之门外，第一次请女士跳舞就被当众拒绝，第一次上台发言就严重筐瓢，第一次炒股就严重被套，第一次做生意就亏得血本无归，等等。这些失败的生活经历往往给服刑人员个人留下了难以磨灭的心理创伤，这样的不如意多了，就难免对自己的能力、运气，甚至命运都产生怀疑。如果得不到及时的帮助和指导，就很容易产生自卑心理，特别是那些在情感上和事业上遭遇过双重打击者，更易产生自卑心理。

3. 监禁本身导致自卑。服刑人员所处的监禁环境可以说是产生自卑的最重要根源。这可以体现在多个方面：其一，服刑监禁改变了人生的航向，被看成是人生的极大失败，留下了抹不掉的历史污点而感到强烈自卑；其二，监禁不仅剥夺了人身自由，而且其他依附于人身自由的权利也被严格限制或变相剥夺，如夫妻生活方面的权利、对子女的监护权、对老人的赡养权利、正常社会交往的权利等，使服刑人员常常感到自己特别无奈、特别无能、特别愧疚，从而产生自卑心理；其三，服刑人员监禁期间，丧失了正常学习、培训、锻炼等方面的有利机会，导致思想封闭、见识短浅、信息不畅，跟不上时代节奏，有被时代抛弃、淘汰的恐惧感而感到自卑；其四，监禁期间容易出现诸多的不幸变故，如夫妻离异、子女失教打流、老人亡故不能尽孝、兄弟反目、朋友冷淡等，大大加重了服刑人员的挫折感、无助感和自卑心理；其五，因为长期监禁，服刑人员往往处于被人遗忘的角落，其正常的被人关注的需要、爱的需要、尊重的需要往往难以满足，自己感受不到别人的尊重和温暖，显得多余而产生自卑；其六，个别服刑人员因为某种不被“同改”接受的罪名如强奸罪或者有某种先天性的生理缺陷，或患有某种难言之隐的身体疾病，或者遭遇牢头狱霸欺压、侮辱和取笑时都可能产生自卑心理；其七，服刑期间遭遇民警执法不公，甚至故意刁难、打击、报复也可能造成严重的自卑心理；其八，社会上对坐过牢、服过刑的人一定程度上存在的某种不信任甚至歧视态度，造成服刑人员就业困难和融入社会困难，也是服刑人员产生自卑的重要外因之一。

（二）主观方面原因

服刑人员产生自卑心理的主观原因也较多：

1. 自我认识偏差。对自己缺乏实事求是的认识和中肯的评价，只看到自己的短处，看不到自己的长处；只看到自己的不幸遭遇，看不到自己的开心幸运；只看到自己的某种缺陷，没有看到自身的潜能优点；只看到最后的现实结果，没有看到精彩纷呈的宝贵过程；只知道一味地怪罪自己，而不会客观地分析外因；只看到自己的失利，没有看到自己的进步；等等。这都是自我认识上失之偏颇，从而自我贬低自己，导致缺乏自信而自卑。

2. 找错参照对象。俗话说“人比人，气死人”，指的就是找错了参照对象。服刑人员在进行自我评价时，也习惯于找一个参照物，大多数人都会找一个各方面情况大体与自己差不多的人去比较，这样才有可比性。可是，不少服刑人员在选取参照对象时，总是不顾自己的实际情况去盲目攀比。如参加生产劳动，总把自己的劳动岗位与那些从事管理、登记、保管、质检等比较轻松工种的人比较，而不是跟自己同样岗位的大多数人比较，所以总觉得自己干的活最累、最脏、最吃亏；月度考核分，总是拿自己的分数与最高得分者比较，而不与最低分和平均分比较，所以总觉得自己在奖分上受到不公正待遇；减刑的幅度上，总是与那些优秀的先进个人比较，而看不到还有更多的人连自己都不如；饮食、穿衣、日用等生活上总是与那些家庭条件较好，或者社会地位较高的人比较，而看不到比自己困难的人大把存在。总之，如果参照对象挑错了，越比较反差就越大，就越失去心理平衡，越没有自信，自卑心理就油然而生。

3. 改造期望值过高。每个服刑人员都对自己的改造新生进程有一个大体的计划和期待，这很有必要也很有意义。但是有些服刑人员在制定该计划时，期望值过高、难度较大，没有留下余地，甚至不切实际，完全超出了自己的能力范围。如有的服刑人员计划几个月之内就要从车间生产一线调到后勤部门，有的计划半年之内就从一般人员变成管事犯，有的计划一年之内就从监舍长变成大组长，有的计划两年之内就评上积极分子，有的计划一年之内刊登稿件几十篇，有的计划两年之内自学英语到六级，有的计划参加竞赛就要拿到一等奖，有的计划坐一年牢就要减一年刑，有的计划刑期过半就要立马假释，等等。一旦计划不能如期实现便感到沮丧、失败和自卑。

4. 个人修养欠佳。服刑改造环境本来就比较严峻，如果个人不注意，必然导致人际关系紧张，这势必加重服刑人员的改造负担和心理压力，导致沮丧、自卑。如有的服刑人员行为养成比较差，随便吐痰，乱扔杂物，乱拿别人东西，性格孤僻，争强好胜，自我意识膨胀，缺乏责任意识和公共道德，又不善于与其他“同改”沟通交流，难免遭到别人嫌弃，往往越是被人嫌弃越会固执地认为他人瞧不起自己，从而产生人际交往上的挫折感、孤独感、自卑感。

5. 生理心理缺陷。有的服刑人员之所以产生自卑，还与自己与生俱来的生理缺陷或心理缺陷直接相关。如有的服刑人员半盲、耳聋、手残、腿瘸、智障、暴躁、固执、抑郁等，往往觉得在“同改”和管教民警面前低人一等，抬不起头来，这也容易造成自卑。

总之，服刑人员产生自卑感既有客观方面的原因，也有主观方面的原因，但往往主观方面的因素占了大多数。正因如此，服刑人员应该更多地从自身找原因，挖掘自卑的根源，然后努力消除之。

心理链接

甜柠檬心理——柠檬属于柑橘类水果，闻之芳香扑鼻，食之味酸微苦，必须吃的时候，可以做成味道鲜美的柠檬汁。心理学上将其引申为“甜柠檬心理”。现今人们将其总结为：每个人都有自己的优点和优势，同时也有自己的缺点和不足，对于自己所拥有的一切，即便是看上去是劣势的东西，人们也要学会接纳，并努力找到其中的积极之处，做到扬长避短。

甜柠檬心理是一种心理战术，也是人们战胜自卑、获得成功的关键。对此，著名的心理学导师卡耐基曾做过这样的访问：

一次，卡耐基采访芝加哥大学的校长，问他是什么让他获得成功。校长微笑着说：“我一直相信西尔斯总裁罗森华的观念，即如果你的手上有一个酸柠檬，不要立刻吃掉它，因为它是酸苦的，但如果你将其做成柠檬汁，则是非常可口的。”

校长接着说："事实上，真正能够做到这一点的人非常少，现实中人总是反其道而行。例如，如果有个朋友送给他们一个柠檬，面对朋友的好心，人们必须吃下它，这时人们的心里通常会想：'完了，我为什么要承受这种折磨？'如果他是聪明的人，他不仅不会这样想，而且还会在内心深处，开始为自己寻找做柠檬汁的工具。"

接纳自己、正视自己是一种有效的心理防卫，可以帮助自己淡化那些可望而不可及的既定目标，能够缓解内心的失望、自卑情绪，而这只是其一。另外，人们要善于发现自身的优势，并加以发挥，做到扬长避短。做到这两点的人，往往更容易快乐地获得成功。

第二节　自卑心理的主要影响

案例：自卑者也有脾气

服刑人员王某，28 岁，因犯强奸罪被判处有期徒刑 12 年。自进监狱起，他就因为这个罪名遭到“同改”数轮暴打，理由很简单：如今这世道，什么罪都可以饶恕，唯独强奸不能饶恕。所以，在服刑人员中有一个不成文的规矩，强奸犯是监狱三教九流中的末流，谁也瞧不起。而王某恰恰就犯了大家的忌，本来王某在外面时身体素质不错，且学过一点拳脚功夫，可自从入监服刑以来，王某就因这罪名，一直抬不起头来，自卑到了极点。事情没少做，奖分却最少；平时最规矩，挨罚却不少；干活脏累苦，评先却没他；没招谁惹谁，可谁都来使唤。他这样逆来顺受了三年，几乎连一点脾气都没有了。一日监狱检查监舍卫生，本来他的卫生区弄得干干净净，可临铺的被子没有叠好，被扣一分。“同改”二话不说就把责任推到王某的身上，结果莫名其妙地就被扣了一分，不幸的是他扣分一年累计到了五分，直接导致不能减刑。王某再也忍无可忍，一改往日的卑下，冲上前去，将原本高过自己一头的大个子暴打了一顿，狠狠地出了一口恶气，总算让“同改”们明白，自卑者也有脾气，一旦爆发，往往不可收拾。

一谈到自卑，不少服刑人员就认为其是人生的大敌，并为自己有了自卑而焦躁不安。其实大可不必如此。实事求是地讲，自卑也应一分为二地看待，也就是说要辩证地看待自卑。自卑既能给服刑人员带来很大危害，也能给服刑人员带来不少的益处，所以，正确认识自卑给人们造成的影响，就既要看到自卑可能带给人们的负面影响，也要看到其带给人们的正面影响和正能量。

一、自卑的正能量

正如前面所述，有自知之明的人多少都会有点儿自卑，反过来也是如此，即有自卑感的人多少都会有点儿自知之明。自卑的正能量正源于此，心理学上称之为补偿心理。

所谓补偿心理是一种心理适应机制，是指个体在适应社会的过程中总会有一些偏差，总会有一些美中不足，甚至缺陷，而正是这些缺陷，促使其求得某种额外补偿，以此求得心理平衡。这种补偿，其实就是一种“移位”，即为克服自己生理上的缺陷或心理上的自卑，而发展自己其他方面的长处、优势，以此赶上或超过他人的一种心理适应机制。正是这一心理机制的作用，自卑感成了许多人士成功的动力，成了其超越自我的“涡轮增压”，往往“生理缺陷”愈大的人，他们的自卑感会愈强，因而寻求补偿的愿望也就愈迫切，自卑潜藏的正能量也就越大，成就大业的动力就愈足。

所以，在补偿心理的作用下，自卑感不仅使人有强烈的自知之明，而且具有使人前进的反弹力。由于自卑，人们会清楚甚至过分地意识到自己的不足，这就促使其努力学习别人的长处，弥补自己的不足，从而使其性格受到磨砺，而坚强的性格正是获取成功的心理基础。

解放黑奴的美国总统林肯，不仅出生微贱，是私生子，且相貌丑陋，言谈举止缺乏风度，他对自己的这些缺陷十分敏感。为了补偿这些缺陷，他力求从知识方面来汲取力量，拼命自修以克服早期的知识贫乏和孤陋寡闻。他在烛光、灯光、水光前读书，尽管眼眶越陷越深，但知识的营养却对他自身的缺陷作了全面补偿。他最终摆脱了自卑，并成为有杰出贡献的美国总统。贝多芬从小听觉有缺陷，为此常常自卑，但这反而激励他“明知山有虎偏向虎山行”，耳朵全聋后还克服重重困难写出了优美的《第九交响曲》，他的名言——“人啊，你当自助！”成为许多自强不息者的座右铭。中央电视台著名节目主持人白岩松年轻时也曾非常自卑。他从一个北方小镇考进了北京的大学，上学的第一天，他邻桌的女同学第一句话就问他：“你从哪里来？”，而这个问题正是他最忌讳的，因为在他的逻辑里，出生于小城，是一个典型的“乡巴佬”，这意味着没见过世面。就因为这个女同学的问话，使他一个学期都不敢和女同学说话。很长一段时间，自卑的阴影一直占据着他的心灵。每次照相，他都要下意识地戴上一个大墨镜，以掩饰自己的自卑心理。然而，正是在这种自卑心理的作用下，他奋发图强，努力不让城里人瞧不起，结果出类拔萃，成为一位金牌主持。同样是中央电视台著名节目主持人的张越，当年也曾为自己的肥胖而自卑至极。1984—1988她在北京上大学时几乎每天都在自卑中度过。她疑心同学会在暗地里嘲笑她的肥胖样子太难看，因此不敢穿裙子，不敢上体育课。大学毕业时，她差点领不到毕业证，不是因为功课差，而是因为她不敢参加体育长跑测试！老师说："只要你跑了，不管多慢，都算你及格。"可她就是不跑，就是因为担心自己肥胖的身体跑起来一定非常愚笨可笑，所以自卑到极点。然而也正因为她发挥了自卑的正能量，付出了比常人更多的心血之后，她练就了开放的思维、宽广的视野、敏捷的反应等多种特质，无论多么刁钻的问题她都能应付自如，同样成为央视的一大"伶牙利嘴"。

人们为了维护自己的尊严和人格，就会想方设法克服自卑，战胜自我。因此，令人难堪的种种因素往往可以成为发展自己的跳板。一个人的真正价值往往取决于能否从自身的陷阱里解救出来，而真正能够解救我们的，只有我们自己，即所谓"上帝只帮助那些愿意自救、能够自救的人"。

强者不是天生的，强者也并非没有软弱的时候，强者之所以成为强者，在于他善于战胜自己的软弱。一代球王贝利初到巴西最有名气的桑托斯足球队时，他害怕那些大球星瞧不起自己，竟紧张得一夜未眠，他本是球场上的佼佼者，但却无端地怀疑自己，恐惧他人。后来他设法在球场上忘掉自我，专注踢球，保持一种泰然自若的心态，从此便以锐不可当之势进了一千多个球。球王贝利战胜自卑的过程告诉我们：不要怀疑自己、贬低自己，只要勇往直前，付诸行动，就一定能走向成功。久而久之，就会从紧张、恐惧、自卑的心态中解脱出来。因此，不甘自卑，发愤图强，积极补偿，是自卑带给我们的宝贵正能量。

不少服刑人员也是在自卑的这种正能量作用下奋发图强，赢得了他人的尊重，最终战胜了自卑。长沙某监狱服刑人员张某，面部被大面积烧伤，简直不堪入目，他为此一度非常自卑，什么人都不愿意见。但后来通过补偿机制发挥了自卑的正能量，在劳动改造之余，他潜心钻研篆刻，历经六年艰辛，终于功夫不负有心人，其篆刻作品多次获得全省乃至全国比赛的大奖。这份成功不仅让"同改"

们对他刮目相看，而且也让他自己觉得颇有成就感，过去的自卑也因此一扫而光。

当然，服刑人员在发挥自卑的这种补偿正能量时，还应注意把握两点：其一是补偿目标要具有可行性。不可好高骛远，追求不可能实现的补偿目标，从而招致失败，那样会更加自卑。其二是补偿心态要健康，不要被负面的情绪所驱使。只有积极的心理补偿，才能激励自己达到更高的人生目标，而如果是怀着赌气、怄气、报复甚至仇恨的心理去补偿，不仅难以从中获得正能量，相反，长时间生活在这种负性情绪中必然导致心态失衡，弄不好补偿目标还没达到，自卑尚未消除，其他心理问题、心理变态反倒生出一大堆，最后得不偿失。

二、自卑的主要危害

尽管自卑有它积极的一面，会让人认清自己的不足，激励自己做出改变，但自卑更有它消极的一面，其对服刑人员的影响往往是全面而深刻的。

（一）挫伤了改造的积极性

自卑与自信是一对天然的死敌，自卑的人往往缺乏生活的自信，服刑人员也不例外。正是因为自卑，不少服刑人员变得改造信心不足，意志消沉，情绪低落，看不到改造的希望，缺乏改造的动力，整日唉声叹气，精神萎靡，仿佛自己的末日就要来了，不仅对现在的改造没有信心，更对今后走入社会缺乏信心。因此，自卑是服刑人员改造的大敌，如果不能有效克服自卑心理，改造恐将无以为继。

（二）放大了负性情绪的影响

服刑改造环境本来就比较艰辛，容易产生这样那样的负性情绪，如果有了自卑心理，这些负性情绪就会成倍地放大。自卑的服刑人员常常伴有抑郁、悲观、孤僻、焦虑、恐惧、逆反等负性情绪，如果任其发展，不仅严重影响服刑人员的心理健康，而且有可能造成心理变态，甚至人格异化。

（三）错失了改造的机会

不想当将军的兵不是好兵，但前提是你要敢于去当。而自卑的服刑人员总认为自己这也不行，那也不行，稍有难度就担心自己不行，一遇挫折就打退堂鼓，不敢尝试，更不敢试错，明明机会临到他头上了，可他还是主动放弃，把机会让给别人。大家都知道，改造竞争还是比较激烈的，每年能评上先进者不过 10%，所以，改造的机会有限，正所谓机不可失，时不再来。

（四）阻碍了人际交往

自卑的人总以为别人瞧不起自己，所以不敢抬头，不敢直视对方的眼睛，总是低头避让，不敢大声说话，更不敢违逆对方。有了高兴的事不敢给“同改”讲，怕别人小瞧；有了不高兴的事也不敢给别人讲，怕人家取笑。结果满腹心思无处诉说，连一个知心的朋友都没有，无法与“同改”正常交往，其人际关系之差便可想而知。

（五）拖累了矛盾的解决

服刑改造难免遭遇不顺心的事，可越是自卑的服刑人员越容易陷入被动境界。不少服刑人员之所以不能有效处理与管教民警的矛盾、与身边“同改”的矛盾、与妻子的矛盾、与子女的矛盾、与父母的矛盾、与朋友的矛盾等，一个重要的原因就是过于自卑。不是自己的责任也不敢讲明，不是自己的错也不敢吭声，是自己的权利也不敢使用，是自己的利益也不敢争取，结果弄得民警不满意，“同改”不顺心，妻子闹离婚，子女闹别扭，兄弟起罅隙，朋友生意见，结果是哑巴吃黄连，有苦说不出。

（六）影响了毅力的培养

服刑改造无疑是一项长期而艰苦的磨练，能不能顺利跨过这道人生坎坷，很大程度上取决于有无坚强的意志和毅力，而自卑恰恰影响了这种意志和毅力的培养。正是因为自卑，不少服刑人员一遇到困难就摇头，一遇到对手就认输，一遇到挫折就泄气，没有耐心，缺乏毅力，经不起长时间的考验，经不起艰难困苦的磨练，总是轻易放弃，结果常常失败，处处碰壁。

心理链接

情绪定律——有一个老太太，她有两个儿子，大儿子是卖草鞋的，小儿子是卖雨伞的。晴天她在担心，小儿子的雨伞卖不出去了，雨天她又在担心大儿子的草鞋卖不出去了，所以老太太每天都愁眉苦脸的。

一天，有个人告诉她，你换过来想一下不好吗？晴天你就想大儿子的草鞋可以卖出去了，是不是很开心？雨天你就想小儿子的雨伞可以卖出去了，是不是也很开心？老太太听了那个人的话，就照着做了，果然是天天都很开心。

许多时候，我们也和那个老太太一样，如果你总是往不好的地方去想，好事会变成坏事，你也会整天闷闷不乐；如果我们总是往好的方面去想，坏事也会变成好事，那么你将会赢得一份好心情。事情还是同样的事情，只是自己面对它时带着不同的情绪，得到的就是两种截然不同的心情。学会调整自己的情绪，你就会多一些快乐。

第三节 如何克服自卑

案例：职务犯也有自卑的时候

2014年初，中央政法委出台专门意见，将职务犯、金融诈骗犯、涉黑暴恐犯三类人员作为特例，在减刑、假释、暂予监外执行等方面执行更严格的政策，不仅减刑幅度降低，而且减刑间隔延长，减刑频率减少，假释比例下调，保外就医从严，总之，别的犯人可以，可一到职务犯就不行。如此一来，不少职务犯的改造计划和新生梦想大大延期，甚至泡汤，因此普遍感到自卑。何某就是其中一例，他曾是省直机关的一名处长，因受贿罪被判10年，按照原计划，2014年6月刑期过半可假释回家，然而刚好赶上了中央政法委最新文件精神，假释由原来的执行原判刑期二分之一以上提高到三分之二，假释时间一下子推迟了近两年，何某一下像泄了气的皮球。可祸不单行的是，其妻子苦熬五年，获悉还要延长两年后，便二话不说地提出了离婚。这正是何某多年来提心吊胆的事情，也是所有服刑人员最担心、最伤自尊、最难以启齿的痛处，何某经受不住这一打击，从此自卑到了极点，一向乐观自信的他，变得沉默寡言，总是一个人躲在角落里黯然神伤。后来经过心理咨询师近三个月的矫治，好不容易才从自卑的阴影中走出来。

自卑的危害是如此之多，所以自卑成为服刑人员改造必须跨越的一道坎。自古以来，很多人为自卑而深深苦恼，也有很多人苦苦寻找克服自卑的良方。下面，我们就集中介绍几种对服刑人员比较实用的方法。

一、提升自我评价

自卑的一大通病就是自己瞧不上自己，所以，克服自卑的首要前提就是提升自我评价，给自己一个全面、客观、公正的认识，辩证地看待别人和自己，辩证地看待自己的长处和短处，辩证地看待自己的闪光点和缺陷。自卑者往往有着很强的自尊心和抱负，可是当在学习生活中，由于自己方法不当，或缺乏处世能力而陷入困境，自尊心受到损害时，其原有的自信和优越感就会严重失落，于是从自尊、自信者走向另一个极端，变成一个完全失去自信的人，将自己看得一无是处。如何提升自己的评价，可以从如下几点着手：

（一）掌握辩证法

常言道："金无足赤，人无完人。"服刑人员必须学习和掌握辩证法，对自己进行一分为二的评价。每个人都有自己的弱点和优点，我们应该坦然地接受自己的优点，但也不要忌讳自己的缺点，不能只看到自己的优势和长处而自负，也不能只看到自己的缺陷和不足而自卑。掌握了辩证法，就能正确地与人比较，在看到自己不如人之处时，也能看到自己的过人之处；在崇拜他人的伟大之时，也要看到伟人也有他的瑕疵。

（二）全盘接受自己

自卑的人往往伴有自负，无法接受自己的缺点或者缺陷，所以，服刑人员第二步要做的就是全盘接受自己，不管是怎样的自己，哪怕和别人对比一无是处也好，天生不全也罢，优点也接受，缺点也接受，也都喜欢，都照单全收。

（三）自己喜欢自己

你要时刻记住，你与其他人一样，都是父母的最爱，都是上帝的杰作，在世界上你是独一无二的。冷静地想一想，你会惊喜地发现原来你的身上有那么多的闪光之处。哪怕是你的缺点、你的不足，都带有你的个性，换个角度，这些缺点和不足都是那么的可爱，就像服刑人员坐牢本身，外人可能会对此嗤之以鼻，但如果经过坐牢你明白了很多道理，看清了很多人事，这就会成为将来的宝贵财富。所以，你要看重自己，喜欢自己，你自己宝贵着呢！

（四）明天会更好

服刑人员提升自我评价的重要一点就是不要一棍子把自己打死，尤其是不要把自己的不足和缺点看得一成不变。要相信，你即便现在有些不足，但你可以改变，要用发展的眼光和态度对待自己，今天不咋地，明天会更好，要时刻记住，天生我材必有用，没有一个人是多余的。

二、增加成功体验

不少服刑人员之所以自卑，一个重要原因就是失败的经历多，成功的经历少。所以，想方设法增加自己的成功体验，对于克服自卑十分有效。

（一）调整参照对象

俗话说，比上不足比下有余。作为服刑人员，先不拿自己与那些在外面自由自在的朋友比，他们能做的事，你暂时没法做；咱就与自己情况大体相当的身边“同改”比，这样一来，你也许会意外发现，你胜过人家一大截呢！如此一来，自然信心满满。

（二）做力所能及的事

自信心的恢复需要有一个过程，应扬长避短，先从一些力所能及的、一连串小小的成功开始，通过不断的成功来表现自己和确立自信，来消除对自己能力的怀疑。若是自己不能胜任的事，不要立即强制去做，而是先从较容易的入手，获得自信后，再做较为复杂的事，以便一步一步地实现目标，不断增加自己成功的体验。随着成功体验的积累，你的自卑心理就会被自信所取代。

（三）多跟成功人士交往

所谓“近朱者赤，近墨者黑”，你可以尽量选择与那些成功经历比较丰富，生活阅历比较多，而且性格开朗、乐观、热情、善良、尊重和关心别人的人进行交往。在交往过程中，他们的成功经历会让你得到感染，他们的坚强意志会让你得到激励，不仅你的不愉快会很快冲淡，而且你能从中悟出很多成功的经验教训，使自己将来少走很多弯路。

（四）多接触励志故事

一方面，要积极阅读书刊，了解古今中外一些名人的事业成功史，从中发现有很多名人都是在克服自己的自卑或者心理缺陷后突飞猛进，取得了卓越的成就，以此启迪和激发自己的成功欲望；另一方面，将这些成功人士的事迹不断地提醒激励自己，如监舍门框上、睡觉床头粘贴励志人物画像，手头经常放本励志书籍等，将自身的改造环境变得积极起来，这样可以起到潜移默化的作用，给自己一种积极向上的力量，让自己更有信心。

（五）多回想开心往事

在改造轻松之余，你可以集中精力回想一下民警、“同改”、家人、朋友对自己的肯定、表扬、赞美，也可以回想前段某次成功的经历，甚至可以想象一下将来可能发生的成功。这些开心的往事和成功的向往，会让你颇有成就感，也会带来更多的自信。

三、直面挫折失败

人生之路，一帆风顺者少，曲折坎坷者多。成功是由无数次失败构成的，正如美国通用电气公司创始人沃特所说：“通向成功的路即把你失败的次数增加一倍。”但失败对人毕竟是一种“负性刺激”，总会使人产生不愉快、沮丧、自卑。那么，如何面对失败就成为能否战胜自卑、走向自信的关键。

服刑人员面对挫折和失败，惟有乐观积极的心态，才是正确的选择。其一，做到坚韧不拔，不因挫折而放弃追求；其二，注意降低原先脱离实际的“目标”，及时改变策略；其三，用“局部成功”来激励自己；其四，采用自我心理调适法，提高承受失败的心理能力。

服刑人员要使自己不成为“经常的失败者”，就要善于挖掘、利用自身的“资源”。虽然服刑现实往往身不由己，不能随便改变“环境”的“安排”，但谁也无法剥夺其作为“自我主人”的权利。应该说现在的改造环境已大大增加了这方面的发展机遇，只要你真的把刑期当学期，敢于尝试，勇于拼搏，是一定会有所作为的。屈原放逐乃赋《离骚》，司马迁受宫刑乃成《史记》，就是因为他们无论什么时候都不气馁、不自卑，都有坚韧不拔的意志！有了这一点，就会挣脱困境的束缚，走向成功的人生。

因此，作为一个当代服刑人员，必须具有迎接失败、直面失败的心理素质。其实，世界充满了成功的机遇，也充满了失败的可能。所以要不断提高自我应付挫折的能力，不断调整自己，增强社会适应力，坚信失败乃成功之母。若每次失败之后都能有所“领悟”，失败就会变为成功的铺路石，自卑也就会变为自信。

四、用行动驱逐自卑

战胜自卑，建立自信，不能夸夸其谈，而必须付诸实践，见于行动。所以，服刑人员一定要从日常的行动出发，建立自信。

（一）突出自己，挑前面的位子坐

无论是“三课学习”的课堂上，还是济济一堂的会场上，后面的座位总是最先被服刑人员坐满，而前面的位置则大都空着，多数服刑人员都希望自己不“太显眼”，其实，不显眼的原因就是缺乏信心。所以，战胜自卑，就应大胆地坐在前面。坐在显眼的位置，就会放大自己在民警和“同改”视野中的概率，增强反复出现的频率，起到强化自己的作用；而敢于将自己置于众目睽睽之下，需要有足够的勇气和胆量，久而久之，这种行为就成了习惯，自卑也就在潜移默化中变为自信。

（二）正视别人，传递自信

不少服刑人员不敢正视别人的眼睛，尤其是看到狱政科、特警队的民警时，就像老鼠见到猫似的，唯恐避之不及。而眼睛是心灵的窗户，一个人的眼神可以折射出性格，透露出情感，传递出微妙的信息。不敢正视别人，意味着自卑、胆怯、恐惧；躲避别人的眼神，则折射出阴暗、不坦荡心态。正视别人等于告诉对方：“我是自信的，我没有什么见不得人的；我是诚实的，光明正大的；我非常尊重你，我喜欢你。”因此，正视别人，是积极心态的反映，是自信的象征，更是个人魅力的展示。

（三）昂首挺胸，快步行走

心理学家认为，人们行走的姿势、步伐与其心理状态有一定关系。懒散的姿势、缓慢的步伐是情绪低落的表现，是对自己信心不足的反映。大家仔细观察就会发现，那些遭受打击、被排斥的服刑人员，往往走路时都拖拖拉拉，缺乏自信。反过来，通过改变行走的姿势与速度，便有助于自信的培养。要战胜自卑，走路时就要体现出自信，步伐要轻快敏捷，身姿要昂首挺胸，这会给人带来明朗的心境，会使自卑逃遁，自信滋生。

（四）打破沉默，当众发声

在大庭广众讲话，需要巨大的勇气和胆量，这是培养和锻炼自信的重要途径。在我们周围，有很多思路敏锐、天资颇高的人，却无法发挥他们的长处参与讨论，并不是他们不想参与，而是缺乏信心。沉默寡言的服刑人员大都认为，“我的意见可能没有价值，如果说出来，可能会笑掉大牙，最好什么也别说，而且其他“同改”可能都比我懂得多，我不想让他们知道我是这么无知”。这些人也常常会对自己许下诺言：“等下一次再说吧。”可是下次依旧，每次的沉默寡言，便增多了一份缺乏信心的毒素，会愈来愈丧失自信。相反，如果服刑人员能打破沉默，大胆发言，不论是参加什么性质的会议，每次都主动发言，哪怕是过去木讷口吃的人，也会变得自信起来，因此，当众发言是信心的“维他命”。

（五）学会微笑，感染他人

笑是医治信心不足的良药。真正的笑不但能治愈自己的不良情绪，还能马上化解别人的敌对情绪。如果你真诚地向一个人展颜微笑，他就会对你产生好感，这种好感足以使你充满自信。正如一首诗所说：“微笑是疲倦者的休息，沮丧者的白天，悲伤者的阳光，大自然的最佳营养。”因此，笑是消除自卑情绪的良药，笑不仅能让你开心地度过一整天的改造，让良好的情绪时刻伴随着你，而且笑能将你的好心情直接传染给身边的“同改”，让他们感受到你的愉快、自信和美好。

（六）帮助他人，助人助己

一个自信的人，也一定是一个愿意付出的人。因此，服刑人员战胜自卑的一个捷径就是尝试帮助他人。自卑者往往因为害羞、内疚、不安、觉得无能等原因，常常封闭自己，不敢帮助他人，可越是封闭自己就越是自卑。因此，帮助身边的“同改”，哪怕只是坐下来静静地倾听对方的一番诉说，理解、体谅其内心的苦恼，也对于其摆脱孤立无援、独自苦恼的状态十分宝贵，这不仅能替“同改”分忧解愁，缓解他们的燃眉之急，让他们感受到你的友善，有利于创造温暖、友善、和谐的“同改”关系，而且能让你体会到从未有过的存在感、价值感、成就感和快乐感。人们常说“助人为快乐之本”，当你在帮助他人的同时，你不仅能收获一份快乐，还会意外地收获一份自信。

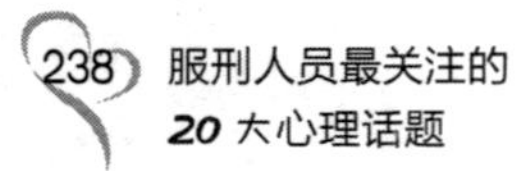

心理链接

自信心定律——自信是一种十分可贵的品质，是一种不言败的决心，树立自信心是战胜自卑的最好方法。

有一个美国外科医生，他以善做面部整形手术驰名遐迩。他创造了许多奇迹，经整形把许多丑陋的人变成漂亮的人。他发现，某些接受手术的人，虽然为他们做的整形手术很成功，但仍找他抱怨，说他们在术后还是不漂亮，说手术没什么成效，他们自感面貌依旧。

于是，医生悟到这样一个道理：美与丑，并不仅在于一个人的本来面貌如何，还在于他是如何看待自己的。一个人如果自惭形秽，那他就不会成为一个美人；同样，如果他不觉得自己聪明，那他就成不了聪明人；他不觉得自己心地善良——即使在心底隐隐地有此感觉，那他也成不了善良的人。

你自己瞧得起自己，别人也不会轻易小看你。要有意识地在与周围人的交往中学习别人的长处，发挥自己的优点，多从群体活动中培养自己的能力，这样可预防因孤陋寡闻而产生畏缩躲闪的自卑感。

第十三章

哪些不良行为害了我？

什么是人的行为？什么是不良行为？服刑人员如何摒弃不良行为？很多服刑人员对此进行过反省，但也有不少服刑人员对此毫不在意，以致深受其害。本章站在心理学的角度，从认知与行为方面入手，努力寻找正确答案。

第一节　什么是认知和行为

案例：认知不同行为迥异

服刑人员林某、赵某，收工后一起在宿舍走廊上交谈，管教民警迎面走来，他们俩迅速靠墙站立，并喊了一声“警官好”，可民警没说一句话径直过去了。两个人见此情况，心里都咯噔了一下，却产生了完全不同的想法。林某想：“警官可能正在思考别的重要事情，没有注意到我们，所以没有打招呼，挺正常。”而赵某的想法就完全不同了：“是不是昨天晚上他看见我在床上用打火机点烟，违了规，觉得我表现不好，现在故意不理睬我了？糟了，下一步可能还要找我的岔子，这下麻烦来了。”同样的情况，产生两种不同的认知，结果便导致两种不同的行为反应。林某觉得无所谓，该干什么仍继续干什么。而赵某则从此忧心忡忡，提心吊胆，时刻惧怕管教民警来找“麻烦”，以致无法冷静下来进行改造。管教民警发现这一情况后，立即找其谈话，了解事情原委后，指出其纯属“多心”“多虑”了，这才消除误会，解除了心理疙瘩，其行为重新回归正常。

实践表明，一个人的认知与行为是紧密联系、相互影响的。为了让服刑人员对自己的行为有一个完整的认识，本节先简要介绍一下什么是认知，然后再探讨什么是行为。

一、什么是认知

所谓认知是指一个人对一件事或某一对象的认识和看法，如对自己的看法、对别人的看法、对环境的认识和对事物的见解，等等。它主要包括感觉、知觉、记忆、表象、思维、想象和言语等。

感觉是对事物个别属性和特征的认识。人们认识世界总是从认识事物的个别属性开始的。例如，服刑人员到超市买一个苹果，总是要看一看是什么颜色，嗅一嗅是什么气味，尝一尝是什么味道，这就是感觉。

知觉是对事物的整体及其联系的认识。知觉比感觉要更复杂一些，知觉是在各种感觉的基础上产生的。如服刑人员眼前没有苹果，也知道苹果的颜色、味道、形状等整体特征。

记忆是指人们通过感觉和知觉获得的知识经验在刺激物停止作用之后，并没有立刻消失，而是保留在人们的头脑中，并在需要时可以再现出来。这种积累和保存个体经验的心理过程，就叫记忆。从信息论的观点看，记忆是人脑对信息的储存和提取。人们正是因为有了记忆才能够学到知识，积累经验，成为满腹经纶的“万物之灵”。如服刑人员学会了“38条”之后，就能随时随地一条不落地背出来，这就是记忆。

熟悉的人，看过的景，都会在人们头脑中留下印象。但当这些东西不在面前时，它们的形象还是会在头脑中呈现。人们把这种过去感知过的事物的形象在头脑中再现的过程叫表象。如服刑“同改”虽然已经出监获得自由，不在身边了，但他的形象还是清清楚楚地印在自己脑海里，随时可以浮现，这就是表象。

人们在反映事物时，不仅能感知之前的事物，还能把头脑里储存的旧形像加工改造成新的形象，如“人面狮身”“美人鱼”以及古代人们生活的情景，未来世界多彩的场面，这就是想象。想象是艺术创作和科学创造必不可少的一个心理过程。如服刑人员在夜深人静的时候，想象出此时此刻妻子突然来到身边的种种美妙情景，这就是想象。

思维是指人们运用头脑中已有的知识和经验去间接地、概括地认识事物，揭露事物的本质及其内在联系和规律，形成对事物的概念，进行推理和判断，解决面临的各种问题。如服刑人员可以通过每次减刑一年需要80分这个规定，判断出自己每月需要争取多少奖分，要经过几次减刑才能顺利出狱，这就是思维。人正是由于具有思维能力才能形成概念，发现规律，创立各种各样的科学体系。

我们之所以要探讨认知，是因为认知对个人行为具有重要影响，人的行为都是在认知支配下的有意识的行为，而不同的认知往往会有不同的行为。如同样一所医院，小孩怕打针，可能依自己的认识和经验，把它看成是一个“可怕的场所”，所以，见到医院就想逃避；而一般的成年人则会把医院看成是“救死扶伤”的首选之地，可帮助病人“减轻痛苦”，恢复健康，有了病人就会主动往医院送；而有些老年人则可能把医院看成是“寿终正寝”的最后一站，而感到恐惧、无奈和遗憾。又比如，同样是面对喝酒，有的服刑人员会认为，这是严重的违规犯纪，所以坚决不参与；而有的服刑人员却认为，偶尔喝点酒，又不是杀人放火，没什么大不了，所以敞开喉咙喝，结果被关禁闭。可见，认知对行为具有重要的指引作用，正确的认知往往导致正确的行为，而错误的认知，也往往导致错误的行为。这一点虽然显而易见，但往往被服刑人员所忽视，结果贻害不浅。

二、什么是行为

人的行为就是人类个体对内外环境刺激作出反应的动作组合。德国文豪歌德说，行为是一面镜子，反射出每个人的真实自我。具有认知、思维能力、情绪、意志等心理活动的人，对内外环境因素作出能动反应，这种反应可能是外显的，能被他人直接观察到；也可能是内隐的，不能被直接观察，而需要通过测量及观察外显行为来间接了解。

人的行为包括本能行为和社会行为。

人的本能行为与机体的生理需要密切联系，是先天遗传的，例如摄食行为（与人的能量需要有关系，通过摄取食物为机体提供相应的能量）、性行为（保存扩大和延续种族的需要）和防御行为（人体为了避开伤害性的刺激所作出的反应行为）等。

人的社会行为与社会发生联系，是指在社会群体中不同个体分工合作，共同维持群体生活的行为（比如说人在家庭、单位和社会上所表现出的集体行为、领导和服从的行为等都属于社会行为）。人的社会行为是通过后天学习和时间获得的，它受个体的生活环境、文化背景和认知水平的影响。

作为服刑人员而言，应重点了解行为产生的机理、影响行为的因素和行为的主要特征。

（一）行为产生的机理

行为科学研究表明，人的行为是由动机产生的，而动机则是由内在的需要和外来的刺激而引起的。一般来说，人的行为是在某种动机的驱使下达到某一目标的过程。

当一个人产生某种需要却尚未得到满足，就会处于一种紧张不安的心理状态中，此时若受到外界环境条件的刺激，就会引起寻求满足的动机。在动机的驱使下，产生满足需要的行为，向着能够满足需要的目标行动。当他的行为达到目标时，需要就得到了满足，紧张不安的心理状态就会消除，这时又会有新的需要和刺激，引起新的动机，产生新的行为……如此周而复始，永无止境。这就是人的行为产生的机理。

服刑人员认识了行为产生的机理，就明白人的行为是有目的、有动机的，这是人之所以成为高级动物的重要特征之一。因此，服刑人员在采取行为之前，必须弄清楚此行的目的是什么，是否能满足自己的需要，这种需要是否正当，是否有风险，是否需要付出代价。总之，要三思而后行，否则不仅不能满足自己的需要，反而可能付出更重的代价。

（二）影响行为的因素

人的行为受内在因素和外在环境的影响，具体来讲，人的行为主要受三个方面的影响：

1. 环境因素

包括自然环境（地理、地貌、气候等）和社会环境（社会政治、经济、文化、道德、习俗等），可以说不同的环境，会导致不同的行为，特别是社会环境中的政治、法律、道德、风俗、习惯等，对人们的行为会产生重大影响。这正如平常所说的“到什么山上唱什么歌”。服刑人员进了监狱，也就自然受到监狱环境的影响，一举一动都必须考虑是否符合监狱规章制度的要求。

2. 世界观、人生观、价值观

世界观是人们对世界的基本看法。正确的、科学的世界观可以为人们认识世界和改造世界的活动提供正确的方法，错误的世界观则会给人们的实践活动带来方法上的失误。人生观是关于人生目的、态度、价值和理想的根本观点。它主要回答什么是人生、人生的意义、怎样实现人生的价值等问题。不同的人生观如享乐主义的人生观、厌世主义的人生观、乐观主义的人生观、共产主义的人生观、禁欲主义的人生观等，对人们的行为会产生截然不同的影响。价值观是社会成员用来评价行为、事物以及从各种可能的目标中选择自己合意目标的准则。价值观通过人们的行为取向及对事物的评价、态度反映出来，是世界观的核心，是驱使人们行为的内部动力。它支配和调节一切社会行为，涉及社会生活的各个领域。个人的价值观一旦确立，便具有相对的稳定性，形成一定的价值取向和行为定势，从而对人的行为产生重要影响。不少服刑人员之所以违法犯罪，一个思想根源就是世界观、人生观、价值观扭曲，追求金钱交换，追求物质享受，追求不劳而获，结果铤而走险，身陷囹圄。因此，树立正确的世界观、人生观、价值观是每个服刑人员服刑期间的必修课。

3. 生理、心理因素影响

青年人、中年人和老年人以及男性和女性在生理上的差异，可以导致不同的行为。同时，人的性格、气质、情绪、兴趣等心理因素也影响人的行为。不少老病残服刑人员由于生理上的缺陷或不足，不能参加正常的改造行动，导致改造生活中出现困难和不便，甚至影响考核奖励；也有不少服刑人员由于心理上的原因，导致其改造行为偏离大众习惯，显得孤僻另类，并出现与“同改”人际关系的障碍等等。由此可见，服刑人员应该努力注意身体健康，避免各种疾病的干扰，同时努力培养健康的心理，始终保持良好的心理状态投入改造。

（三）行为的主要特征

人是万物之灵，与其他动物的行为相比，人的行为具有主动性、目的性、持久性、效果性、可变性和社会性等众多特征。

1. 主动性：人的行为受人的主观意识的影响和支配，虽然人的行为会受到外界环境和他人的影响，但这仅仅是外因，需要通过内因才能起作用，所以，对人的行为起支配作用的还是人自身的主观能动性。

2. 目的性：人的行为与人的需要密切联系，所以，目的明确，即人是依据自身需要来激励自我的行为。如果其他人对你的行为方式不了解，或是觉得很奇怪，很可能是因为他还不了解你的真实需求。

3. 持久性：人们行动往往先确立一个目标，而后向着这个目标采取相应的行动，在这个目标没有实现之前，人们的行动一般会持续进行下去。

4. 效果性：即人们会对自己行为的结果十分关注。这个结果有可能是肯定的，目标实现了，人们会总结经验；有可能是否定的，就是目标没有实现，人们就会总结教训，并查找原因，看看是不是这个目标定得不合适，定得太高了，或是由于我们制定计划不够缜密、周全，还是我们的行动在实施过程中出现了某些偏差。总之，会想方设法追求最佳行为效果。

5. 可变性：由于内外环境是在不断地变化的，人们的行为也要根据实际情况以及内外环境的变化作出相应的调整，有时会改变目标，有时会改变行为方式，甚至取消行为本身，这都是行为可变性的具体体现。

6. 社会性：社会性可以说是人的行为区别于其他动物的最大特征。社会性是指人是在社会中生存和发展的，人的行为必然就会受到社会环境及社会其他人的影响、作用和制约，从而形成人的行为社会化。人从生下来进入社会，人的行为就要向着得到社会接纳、肯定和赞赏的方向不断完善。从幼年到青少年时期，人的行为完善方式主要受到奖惩机制的调节。当人的行为受到赞扬或奖励时，这种行为就容易得到保留、发扬、巩固；而受到批评特别是受到惩罚时，其行为便受到排斥、抑制。成人以后，人的行为主要受到社会各项规章制度，例如道德规范、法律法规、经济制度等的制约，还受到必要的行政手段的管理和社会舆论的监督。总之，人们的行为不能随心所欲，而必然受到周围各种社会因素的制约。

服刑人员之所以服刑改造，就是在以前的社会化过程中，触犯了社会法律、道德规范的规定要求，导致行为的社会化偏离和失败，从而必须接受社会的惩罚。同样，在监狱服刑期间，服刑人员又进入了另一个“特殊的社会”，需要继续社会化。这就必然要求服刑人员的一言一行必须自觉遵守监狱的各项规章制度，建立新的人际关系，尽快适应监狱社会化环境，适应困难，争取顺利完成监狱的社会化过程，走出监狱，重新回归自由社会。

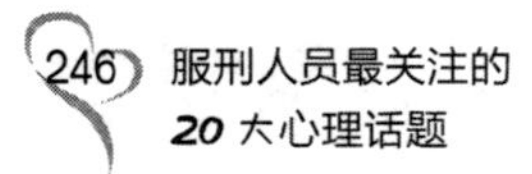

心理链接

邻里效应——孟子本为贵族后裔，到他父亲那一代，家境就已衰落贫困了。孟子很小的时候，父亲得病死了，他是母亲一手抚养大的。孟母是一个有知识、有教养、很能干的女人。她为了抚养儿子，替人家洗衣服，纺线织布，省吃俭用，任劳任怨，一心想把孟子培养成人。开始，孟子家距墓地很近，孟子常和邻居的孩子们一起到墓地里去看热闹，也许是看得太多了，他也和小朋友们一起玩起给死人送葬一类的游戏来。

孟母知道这些事以后，觉得这种地方不能让孩子来，对孩子成长没有好处。于是，第二天，孟母收拾好家里的东西就搬家了。他们母子二人搬到一个闹市附近住下来。这个市场人来车往，每天从早到晚叫卖声、吵嚷声不绝于耳。时间一长，孟子又学起那些小商小贩的吆喝来了。孟母觉得这种环境也不利于孩子成长，便再次搬家。这回，他们搬到一个学堂附近住下来，那些来学堂读书的人个个斯文讲礼貌，见面时或作揖或鞠躬。日子长了孟子就照着那些读书人的样子拿书来读，和人见面时也仿照那些读书人行礼作揖，变得非常懂事有礼貌。孟母看在眼里，喜在心头，觉得这个地方对孟子的成长大有帮助，于是就一直住下。后来，孟子勤奋苦读，博览群书，成为名扬四方的学者。

社会环境对处于邻近空间的人群起到一定的整合作用，人们相互之间靠感染达到情绪上的传递交流，使之逐渐一致起来，进而引起比较一致的行为。

第二节　什么是不良行为

案例：偷盗恶习不改，十年三次“进宫”

服刑人员涂某，是个“三进宫”。近日因偷窃“同改”的生活卡到狱内超市疯狂购物，被当场抓获，第四次关进禁闭室。涂某可以说是“偷”性不改，且不说他入监前就因偷盗判过两次刑，就是入监后也仍不悔改，偷“同改”的食品，偷“同改”的衣服，偷“同改”的被芯，偷“同改”产品，甚至还偷工减料。更为令人不齿的是，其偷的品味太低，连“三无”“同改”的东西他都偷。为何这样呢？究其根源，还是从小就养成了偷窃的不良行为，以致恶习难改。涂某家住城郊，在他少年时期，父亲常年在外打工，母亲既要下地种菜，又要操持家务和照顾一个小女儿，无暇管看他。他就同附近的几个“小哥们”混在一起，既不认真读书，又不帮助父母料理家务，游手好闲，于是很快结成了偷窃小团伙，从小偷小摸开始，没钱花了就偷钱，偷不到钱就偷物，常年如此，成为市郊的一大公害。年纪大了一些后，不但未洗手，反而变本加厉，竟发展到入室盗窃，17 岁就进了少管所，22 岁第一次进监狱。出狱之后在家没呆一星期，就“旧病复发”，“重操旧业”，结果成了“三进宫”。

涂某之所以三次入狱，很大程度上是因为从小就养成了不劳而获、小偷小摸的不良行为，所谓“小来偷针，大来偷金”，最后偷窃成瘾，结局可想而知。

一、什么是不良行为

所谓不良行为是指违反社会公共生活准则和有关行为规范，对社会、他人和本人造成一定的危害，但尚不构成刑事处罚的行为。不良行为因为与社会法律和道德规范倡导的行为要求背道而驰，所以不被社会接受，并受到社会和大众的排斥与抵制。

不良行为之所以存在甚至盛行，也是因其能满足人们的某种需要。如果通过不良的行为方式满足了需要，就会在心理上肯定这种行为方式，在生存、生活需要时，就会故伎重演。因此，不良行为往往是犯罪行为的前奏，不少违法犯罪行为就是在不良行为的基础上发展起来的，甚至不良行为本身就是违法行为，只是触犯的程度和造成的后果没有达到法律追究的地步。

人的行为习惯包括不良行为习惯都是随着年龄增长、生活阅历增加、社会因素影响等逐渐形成、发展、变化的。而不良行为习惯，不仅服刑人员有，而且社会上的自由人也有，两者之间有着密切的相互转化、相互影响的特殊关系。

二、社会人常见的不良行为

社会上的不良行为很多，对服刑人员贻害较大的主要有如下十种：

（一）冷漠

随着独生子女的增加，不少人以自我为中心，什么事情首先想到的都是自己。这种人心目中没有多少家庭观念和亲情观念，不愿意承担家庭的担子，既不愿赡养孝顺老人，也不愿抚养关心孩子，对待亲人尚且如此，对待他人就更是感情冷漠，甚至铁石心肠、冷酷无情。即便旁边有人喊救命，他也会无动于衷。这种人行为处事比较自私，为了一己私利，可以不择手段，毫不留情。有这种不良行为的人很容易发展出抢劫、杀人等暴力行为。

（二）打流

“打流”越来越成为城乡无业青年的一大处世方式，有此不良行为的人整天游手好闲，吆五喝六，不受父母、家庭、社会的约束，好吃懒做，贪图享乐，喜欢占小便宜，不能吃苦耐劳，总想走捷径，捞快钱，不务正业。有这种不良行为的人很容易发展出偷窃、拉帮结伙、敲诈勒索、打架斗殴等流氓犯罪行为。

（三）说谎

谎话连篇已经成为不少人的一大毛病。心理学教授弗里德曼指出：“说谎与自尊有关，我们发现只有当人们感到他们的自尊受到威胁的时候，他们立刻会开始在更高的水平上编制谎言。”可见，说谎与盲目自尊、盲目自信有关，不少人往往自我感觉良好，总以为自己做的事别人不会知道，总觉得自己的谎言天衣无缝，结果往往是“聪明反被聪明误”。说谎的必然后果，便是失去诚信。诚信不仅是个人安身立命的根本，也是社会主义市场经济的基石。可是有些人为了获取当前的一点蝇头小利，而不惜弄虚作假，以次充好，当面承诺，背后毁约，坑蒙拐骗，结果丢了最重要的诚信。

（四）偷窃

随着社会风气的复杂化，小偷小摸的行为已是司空见惯。尽管有少部分人偷窃是因为生活所迫不得已而为之，但绝大多数偷窃是典型的不劳而获，贪小便宜，属于品行不端，也有一部分人偷窃是由偷窃过程中单纯的兴奋体验引发的，这已发展为一种严重的偷窃癖。小偷小摸的行为不仅成不了大事，害了自己，同时也助长了社会的不良风气，越来越受到社会大众的鄙视。

（五）抽烟

吸烟是诱发未成年人犯罪的重要因素之一。不少人从小就学会抽烟，而吸烟不仅对未成年人身体产生危害，还容易诱发不良交友，从而容易被社会上的不法分子利用、收买，甚至引发违法犯罪。有人由于没有经济来源，为了满足烟瘾，他们要么丢掉自己的人格卑躬屈膝地向人恳求、乞讨，要么通过盗窃、抢劫等犯罪行为去强抢明夺。不少服刑人员就是被抽烟一步步拉下水的。

（六）酗酒

不少人奉行“今朝有酒今朝醉，明日无酒明日愁”，饮酒无度，甚至嗜酒如命，每每一醉方休，醉生梦死。而酗酒之后往往失去自控能力，很容易诱发违法犯罪行为。调查表明近50%的未成年人犯罪是酒精直接诱发的，其中有近30%的群殴、抢劫、强奸都与酗酒有关，很多人在犯罪之前还喝酒壮胆。可以说教育和帮助人们摒弃酗酒的不良行为，已经成为全社会的责任。

（七）赌博

未成年人由于争强好胜的心理比较强烈，在许多事情上喜欢占上风，却由于缺少社会经验，情绪容易冲动，所以往往容易受到感染、怂恿、引诱而参加赌博。赌博不仅占用人们大量时间和精力，直接影响身体健康，而且极易让人产生贪念，一旦上手，尝到甜头，受到刺激，就可能形成赌瘾，养成嗜赌如命的不良习惯。而“十赌九输”的铁律则造成不少人输得精光，只好借钱赌博、欠下赌债，而为了偿还赌债，往往铤而走险。可以说，赌博是造成人们犯罪的重要诱因。

（八）淫乱

正所谓“万恶淫为首”，淫乱已经成为当今社会的一大毒瘤，不少人由于缺乏系统的性知识教育，加上受到淫秽读物、淫秽音响制品、各类色情场所的影响或诱惑，深陷其中不能自拔。不少人从玩弄异性开始，逐步走向聚众淫乱、网上传播淫秽信息，直至参与组织卖淫、强迫他人卖淫等违法犯罪活动。可以说淫乱是毒害服刑人员最广的不良行为之一。

（九）染毒

不管是吸毒还是贩毒，个人只要沾染上毒品就可能贻害终身。目前社会上吸毒、贩毒已呈加快上升之势，不少服刑人员由于父母忙于生计，从小缺乏教育，辍学打流，很容易被贩毒分子盯上，往往被欺骗、引诱而先染上毒瘾，从此受制于人，一发不可收拾，纵有万贯家财也经不起吸毒一“败”。而为了再吸，不得不乖乖地为毒贩子跑腿贩毒，从而在吸毒、贩毒的恶性循环中挣扎。不少服刑人员就是因为染上了毒品，导致六亲不认、丧尽天良、违法犯罪，付出了沉重的代价。

（十）暴力

由于市场竞争日趋激烈，不少人变得心浮气躁，缺乏冷静，动不动就横眉冷对，恶语相向，习惯于用肢体去解决问题，崇尚暴力，热衷于结成联盟，携带管制刀具，寻衅滋事，群体斗殴，以暴制暴，随意辱骂他人、殴打他人，巧取豪夺，甚至在公共场所起哄闹事，严重扰乱社会治安，危及他人的生命财产安全，最后发展为黑社会组织，成为国家严厉打击的对象。

三、服刑人员常见的不良行为

服刑人员虽然与社会隔开了，与外界的交往也基本中断了，但由于“惯性”“流毒”的作用，社会上的不良行为仍然通过各种途径和方式渗进监狱，在服刑人员中继续发酵、腐蚀、毒害。与此同时，在监狱这个特殊的环境里，一部分服刑人员还会产生一些新的不良行为。这些新的不良行为带有明显的“服刑特色”，并对服刑人员的正常改造带来诸多危害。这些不良行为主要有：

（一）不讲卫生

既不讲究公共卫生，也不讲究个人卫生，随地吐痰，乱扔垃圾，缺乏公德意识，损坏公共设施，破坏公共环境，责任卫生马虎，个人衣被常年不洗，洗澡、剪指甲、剃须、漱口等个人卫生从不讲究，弄得大家都避之唯恐不及。

（二）混刑度日

不少服刑人员懒惰散漫，没有改造目标，也没有改造计划，不论是劳动改造、“三课学习”、日常管理，还是文体活动都抱着无所谓的态度，应付了事，稀松慵懒，经常拖互监组或监舍的后腿。对自己的考核分不关心，对自己的减刑假释不关心、对自己的家人不关心、对同伴的事情不关心，对所在集体的事情更不关心。总之，对于改造成绩的好坏无所谓，不思进取，得过且过，典型的“做一天和尚撞一天钟”，混刑度日，甘愿当个“混世魔王”。

（三）自私自利

有的在物质利益面前自私，“占有欲”强烈，喜欢占小便宜；有的动不动就借别人东西，而且有借无还，口口声声“我的就是你的，你的就是我的”，实际上自己的东西从来不让人沾边；有的在劳动改造中“挑肥拣瘦”，累的、脏的、苦的活儿推给别人，容易的、轻松的、奖分高的就留给自己；为了给自己生活“开小灶”而损公肥私，经常偷食堂的饭菜，“揩”大伙的油；有的借助自己“管事犯”的条件向“同改”敲诈勒索；有的甚至把别人的成绩记在自己的功劳簿上；同伴遇到困难总是睁一只眼闭一只眼，毫无同情怜悯之心等等。

（四）大手大脚

不少服刑人员入狱服刑之后，不思父母家人的艰辛，仍然大手大脚，要么嫌监狱的主食不好，专吃零食；要么嫌监狱的水果质量差，想方设法用高价从外面采购；香烟要抽档次高的，定餐要挑营养丰富的，鞋子要穿明星范儿的，衣服要买牌子货的，等等。总之，还是过去在外时挥金如土的大腕派头，却不知家人为此疲于奔命，早已苦不堪言。这种大手大脚的不良行为其实是缺乏自知之明、冷漠自私的直接体现。

（五）装病自残

装病在服刑人员中有一定的市场，有的是为了在减刑时能获得 20 分的病犯照顾待遇；有的是为了能在假释时获得检察官、法官的同情；有的是为了钻政策的空子，企图蒙混过关，获得保外就医。而自残的行为往往是为了直接逃避劳动惩罚，不愿参加日常生产。随着监狱管理制度的进一步规范，装病、自残的难度越来越大，成本代价越来越重，也越来越为广大服刑人员所不齿。

（六）伪装积极

这种不良行为在服刑人员中颇为流行，其实质就是欺骗。当着民警的面改造积极主动，处处图表现，抢着学习，抢着反省，抢着发言，抢着干活，抢着帮助人；而背着民警的面，则消极怠工，偷工减料，欺上瞒下，有恃无恐，完全是另外一副嘴脸。伪装改造由于具有一定的欺骗性，偶尔也能得逞一次，但时间一长，狐狸的尾巴终究会露出来，会丑态毕现。

（七）牢头狱霸

个别服刑人员不思悔改，要么仗着身高马大，要么仗着有钱有势，要么仗着关系过硬，在监狱颐指气使，横冲直撞，“同改”稍有不服或出现差错便不依不饶，辱骂不断，拳脚相加，大打出手，成为谁也不敢惹、谁也惹不起的牢头狱霸。有这种不良行为的服刑人员刚开始可能自我感觉良好，我行我素，想咋地就咋地，可谓八面威风，可是过不多久就会自食其果，受到严惩。

（八）拉帮结伙

不少服刑人员以“老乡”“同案”“同罪”，甚至“同监舍”“同互监组”“同监区”等名义拉帮结派，抱成团伙，形成势力，不仅对内互相包庇，狼狈为奸，沆瀣一气，捞取利益好处，而且对外步调一致，不辨是非，欺压他人，为非作歹，甚至公然与民警对抗，气焰嚣张，成为监狱打击的重点。

（九）抗拒改造

有的服刑人员由于思想观念扭曲，态度固执偏激，对现实强烈不满，不服从法院判决，不接受监狱民警的管教，不接受严格管理、劳动改造、教育改造，经常闲言碎语、恶语中伤，不仅讽刺、挖苦、打击改造积极的“同改”，而且对监狱的规章制度妄加评论，无端指责，造谣生事，公开抵制，还有的为了逃避改造不惜自伤自残，更有甚者公然袭警，抗拒改造。

（十）腐蚀民警

有的服刑人员信奉“有钱能使鬼推磨”，不是踏踏实实地改造，而是想通过不正当警囚关系获得好处，为此想方设法讨好民警，甚至投其所好，用金钱、关系利用、拉拢、腐蚀管教民警。要么使民警在其改造岗位安排、考核奖励、年度评比等方面特殊照顾，要么在减刑假释指标、违规犯纪查处等方面给开绿灯，要么通过民警私自带进烟、酒、现金等违禁品。其最终结果只能是害人害己。

心理链接

破窗效应——一个人打碎一块玻璃后，如果能及时修复，就没有人会故意打碎第二块玻璃。

美国心理学家詹巴斗曾进行过一项有趣的实验：他把两辆一模一样的汽车分别停放在两个不同的街区。其中一辆完好无损，停放在帕罗阿尔托的中产阶级社区，而另一辆则摘掉车牌、打开顶棚，停放在相对杂乱的布朗克斯街区。结果怎样呢？停放在中产阶级社区的那一辆，过了一个星期还完好无损；而打开顶棚的那一辆，不到一天就被偷走了。后来，詹巴斗把完好无损的那辆汽车敲碎了一块玻璃，仅仅几小时后这辆车就不见了。

以这项实验为基础，美国政治学家威尔逊和犯罪学家凯琳提出了一个“破窗效应”。他们认为：如果有人打坏了一栋建筑上的一块玻璃，又没有及时修复，别人就可能受到某些暗示性的纵容，去打碎更多的玻璃。久而久之，这些窗户就给人造成一种无序的感觉，在这种麻木不仁的氛围中，犯罪就会滋生、蔓延。

心理学家研究的就是这个“引爆点”：地上究竟要有多脏，人们才会觉得反正这么脏，再脏一点也无所谓？情况究竟要坏到什么程度，人们才会自暴自弃，让它烂到底？任何坏事，如果在开始时没有阻拦掉，形成风气，改也改不掉。就好像河堤，一个小缺口没有及时修补，就可能崩坝，造成千百万倍的损失。

第三节　如何摒弃不良行为

案例：咨询师“支招”，戒掉二十年烟瘾

服刑人员蔡某，37岁，因交通肇事罪被判四年。由于长期驾车养成了抽烟的习惯，已有20年的烟龄，每天抽两包，雷打不动。可自从入狱后，蔡某就为抽烟的事犯了愁：戒烟吧，20年历史，谈何容易；不戒吧，家里上有老下有小，全靠老婆一个人种田维持，连吃饭都成问题，哪还有钱供自己抽烟呢？入监前三个月，为戒烟这件事弄得心烦意乱，试着戒了几次，都不成功，更加烦躁，只好找心理咨询师求助。可说来奇怪，咨询师只支了“三招”，花了不到两月，蔡某的烟瘾就彻底戒除了。这三招其实很简单，但很管用：第一招，将蔡某调换到无烟监舍，这样既可以减少抽烟的刺激，同时又能领教“同改”对抽烟的反感情绪，每次抽烟不得不看“同改”们的脸色，从而有所顾忌，抽烟频率被迫降低；第二招，每次想抽烟时，就拿出老婆写来诉说家中困难的家信，从而体谅老婆的难处，产生抽一支烟就给老婆增添一份负担的负罪感，逐渐产生对抽烟的厌恶心理；第三招，戒烟每延长一天，就给自己单独一份奖励，如一瓶可乐、一个水果、一包牛奶，总之，不停地给自己奖励，让自己觉得戒烟颇有成就感，直到戒掉为止。简简单单三招，将自己几十年的不良行为给根除了，蔡某真是喜不自胜。

有了不良行为的人，大都知道不良行为的危害，也都想将其彻底摒弃，然而彻底摒弃不是一朝一夕可以完成的，必须从思想认识、心理素质、行为养成、意志锻炼、人格完善等方面下大功夫。

一、充分认识不良行为的危害性

不良行为的基本特征，就是与社会提倡、人们公认并且遵守的社会规范相对立，不受社会规范的约束并试图打破这种约束，具有扰乱行为准则、颠倒是非观念、破坏社会秩序、破坏公共安全等多种潜在危害性和现实危害性。过去之所以违法犯罪，很大程度上就是这种不良行为发展的自然结果，如果进入监狱服刑后，还是执迷不悟，不能从自身惨痛经历中吸取教训，不仅在监狱会受到各种监规纪律的严惩，回到社会后，也必然被社会再次抛弃。因此，服刑人员要彻底摒弃不良行为，首先必须充分认识到不良行为的严重危害，以对自己负责的态度，自觉产生摒弃不良行为的内在动力。

二、清醒意识到摒弃不良行为的艰巨性

不良行为不是一天两天形成的，其摒弃也不是一天两天可以完成的。不少服刑人员之所以摒弃不成功，一个重要原因就是急功近利，没有意识到摒弃不良行为的艰巨性。不良行为是经过反复的刺激与反应的联结之后形成的相对稳定的动力定型。一个人一旦形成了某种行为习惯，当外界出现相同或相似的刺激时，他们不需做出特别的意志努力，就会出现相同的行为反应，所以习惯性行为带有自动化性质。在很多情况下，一些人在自己不良习惯的驱使下，会不自觉地实施违规违纪行为。比如，一些从小就有偷窃习惯的人，尽管自己努力摒弃，但一旦遇到合适的偷窃对象，就不由自主地会产生偷窃行为。类似的不良行为还有抽烟、赌博、吸毒等等。只有经过长期艰苦的努力，经过反复多次摒弃，才能最终战胜这种“自动化”了的恶习，彻底摒弃不良行为。

三、挖掘不良行为的内在根源

不良行为的产生除了外界因素的影响，更重要的还是个人内在因素使然。这种内在因素有的是不良认知，有的是不良情绪，有的是不良心理。不仅不良行为是在不良的认知、情绪和心理支配下发生的，而且根据心理反馈原理，不良行为如果得逞，也会反作用于不良认知、情绪和心理，使其得到强化，形成恶性循环。所以，要彻底根除不良行为，就必须对不良行为进行具体分析，找出其到底是认知上还是情绪上或心理上的内在根源。如有些服刑人员抗拒改造，不认罪服法，不服从管教的根源，是其认知上认为法院判决不公，社会对其不公平；有的人之所以动不动就行为失控，崇尚暴力，很大程度上是其焦虑情绪使然；有的服刑人员之所以阳奉阴违、对抗改造，甚至充当牢头狱霸，往往是其强烈的报复心

理使然；有些服刑人员认为被国家刑罚以后，戴上了犯罪分子这顶帽子，永世也翻不了身，因此“万念俱灰”，觉得怎么做都没有用了，从而悲观失望，混刑度日，显然是过于自卑心理使然；有的认为自己反正不能减刑、假释了，只要再不犯法，谁也不能再把自己怎么样，因此我行我素，监规纪律只当耳边风，显然是自暴自弃心理使然；也有不少服刑人员抱着“我做的事别人是发现不了的”“我点子不会那么背吧”的心理而小偷小摸，显然是侥幸心理使然；而更多的不良行为则是不良认知、不良情绪、不良心理共同作用的结果。只要准确挖掘出不良行为的内在根源，才能来个釜底抽薪，彻底摒弃不良行为。

四、树立正确的世界观、人生观、价值观

所谓不破不立，认清不良行为的危害性，挖掘其内在根源，仅仅是“破”的一面，关键还得“立”。而树立正确的世界观、人生观、价值观，是一个人正确发现问题、分析问题、解决问题的根本方法，也是摒弃不良行为的重要前提和基础。这就要求服刑人员必须学习唯物主义，学习辩证法，学习社会主义人生观，尤其要学习和掌握包括爱国、敬业、诚信、友善等在内的“24 字”社会主义核心价值观。只有打牢世界观、人生观、价值观的根基，服刑人员才能辩证地看人生、看事物、看问题。明白人的一生，没有平坦的大道可走，不可能是一帆风顺的。入监服刑，人生跌入了最低谷，确实是一件遗憾的事情，但事已至此，一味地沮丧懊恼无济于事，只能接受现实，坦然面对；同时，应积极适应逆境，认真反思过去，正确对待社会，汲取挫折、失败的教训，在困境中奋起，决不妄自菲薄、自伤自残、甘于沉落。坚信世界是美好的，前途是光明的，到世上走一遭，总得给自己留下一些美好的回忆，给后人留下一点可圈可点的记忆。要坚信“尺有所短，寸有所长”“天生我材必有用”，只要不自暴自弃，持之以恒，不但在监狱的改造中可以取得成绩，回归社会后也同样有机会获得事业成功、重现人生辉煌。同时，要常怀感恩之心，“滴水之恩，当涌泉相报”，感恩让世界充满真情，感恩让生活多姿多彩，如果我们对生命中所拥有的一切都能心存感激，便能真切体会到人生的快乐、人间的温暖和人生的价值。总之，只有树立正确的世界观、人生观、

价值观，才能为彻底摒弃不良行为打下坚实的内在基础。

五、培养健全的人格

不良行为说到底，都是不健康的人格所致，所以，要摒弃不良行为，还必须努力培养自己健全的人格。这就必须从情绪、心态、意志、人格等多方面努力。首先，要对自己有一个恰当的认识和评价，既不盲目清高自大，也不自我贬低，始终保持实事求是的态度，一分为二地看待自己的长处和短处，对自己的不良行为保持清醒认识。二要保持良好的心态。对于各种不同的环境都能主动适应，无论是自由宽松的顺境，还是受到严格管制的逆境，都能够及时调整适应。三要自我调节情绪。防止情绪失控，既不能过于悲观失落，破罐破摔，也不能大喜大悲，甚至乐极生悲。四要锻炼意志。要克服冷热毛病，正确面对摒弃不良行为过程中的种种困难和挑战，不能轻言放弃。五要乐观包容。对生活抱乐观态度，始终看到前景和希望，努力寻找摒弃不良行为的方法和途径，与他人建立正常的、良好的关系，真诚、公平、宽容地对待他人，养成好学的习惯，乐于接受新事物，学习新知识，掌握新技能，积聚正能量。总之，培养健全人格是每个服刑人员必须努力修养的基本功，也是摒弃不良行为的重要条件。

六、制定具体的方法步骤

摒弃不良行为还必须根据每种不良行为的特征，结合每个服刑人员的不同情况，制定具体的方法和步骤。这就要求制定详细的摒弃计划。明确要达到的目标，以及时间、步骤、主要措施等，做到有计划、有步骤地进行；要选准主攻方向。不要寄希望于一次就摒弃所有不良行为，不要遍地开花，一定要集中精力选准着力点和突破点；要有监督措施。可以请民警进行监督检查，也可以请身边“同改”进行监督检查，还可以请亲人朋友进行监督检查，以此监督和约束自己的行为；要防止出现反复。摒弃不良行为不可能毕其功于一役，难免出现反复和波折，这就要做到心中有数，提前做好预案，克服冷热毛病，培养坚强意志和毅力；要有奖励办法。要对摒弃过程中的每个进步，都给予充分肯定和适当奖励，以此增强自己摒弃不良行为的成功感和自信心，增强继续摒弃的动力和积极性。总之，具体方法步骤要切实可行，同时根据实际摒弃进展情况，进行适当修正和调整，保障摒弃计划圆满完成。

七、寻求心理咨询师帮助

不良行为一定程度上是不良认知、不良情绪、不良心态造成的结果，都与服刑人员的心理密切相关。因此，摒弃不良行为的一条捷径就是寻求心理咨询师的帮助。心理咨询师可以通过心理测试、定性分析与定量分析相结合等多种方法手段，准确把握服刑人员的心理现状，发现和诊断不良行为的“病症”，并提供专业化的摒弃方案和建议，这对于服刑人员摒弃不良行为可谓“雪中送炭”。因此，不少服刑人员无论是在摒弃前、摒弃中，还是摒弃后，都主动争取咨询师的帮助，取得了“事半功倍”的效果。

八、培养良好行为

所谓不破不立，摒弃不良行为仅仅是“破”，还必须破立结合，重点在“立”上下功夫，这就要求服刑人员在摒弃不良行为的同时，想方设法养成良好的行为习惯。在监狱养成良好的行为习惯也有很多方法和途径，最根本的一条就是严格遵守“38条”行为规范，这是国家司法部针对全体服刑人员确立的“国家标准”，只要按此准则自觉培养，就完全能培养出良好的行为习惯。而一旦良好行为习惯养成了，自身的不良行为自然就被取而代之了。

心理链接

特里法则——“特里法则”是由美国田纳西银行前总经理L. 特里首次提出的，他说：“承认错误是一个人最大的力量源泉。”这一法则后来被心理学家归纳为：每个人在工作中出现错误的比例是相同的，不同的是对待错误的态度——正视错误的人，能够获得进步；回避错误的人，将面临后退。

达尔文说：“任何改正都是进步的。”的确，一个人有勇气承认自己的错误，便可以得到改造的机会，便可以清除罪恶感和自我维护的气氛，有助于解决这个错误所制造的问题并取得进步。

第十四章

如何缓解疾病的压力？

俗话说：好汉就怕病来磨。但是，人吃五谷杂粮，哪有不生病的呢？自由人生病后，可以选择药品，选择医院，还有亲人朋友陪伴。而服刑人员生病后，虽然也可以看病治疗，但医疗条件有限，更无家人陪伴，在服刑压力和疾病压力的双重作用下，自然更加痛苦、更加孤独，这不仅影响服刑人员的身心健康，也影响其服刑改造，甚至影响监狱的安全稳定。那么，服刑人员如何缓解疾病的压力呢？这正是本章要探讨的主要内容。

第一节　疾病与压力

案例：疾病缠身喜怒无常

服刑人员曾某，已服刑四年，尚有余刑七年。他个子高大，身材魁梧，衣着整洁，然而因患有缺钾性心脏病、哮喘病等疾病，面容憔悴，呼吸急促，说话都显得有气无力。虽经多次治疗，但疗效不佳。他对自己的病况越来越感到悲观，总担心会死在监狱里，因此，思想包袱很重，心绪越来越差，长期焦虑不安，喜怒无常，心身疲乏，常伴有失眠、噩梦、头晕、胸闷、心悸、呼吸困难等现象。随着病情的加重，其性情也日趋怪异，莫名其妙就大发脾气，与同犯的关系自然欠佳，几乎与身边的同犯都发生过冲突，而且一发生纠纷，就情绪激动，强词夺理，易走极端，弄得大家都怕他、怨他、恨他，也都有点儿可怜他。他也知道自己这样不好，偶尔冷静下来时还会道个歉什么的，可稍微遇上点不如意的事，就又控制不住，大吵大闹，一副非要弄个你死我活的架势，活像个泼妇。为此，他长期生活在焦虑—发病—发怒—撒泼—恐惧不安的恶性循环之中，痛苦不堪，对自己的改造前途更是心灰意冷。

一、什么是疾病

“疾”，一个“病”字框，里面是一个“有的放矢”的“矢”。这个“矢”就是“射箭”的“箭”。它告诉你，那些从外而来侵害你身体的东西，就像一个人朝你放的冷箭，比如，感冒、风寒、传染病这些因素引起的不适就叫“疾”。

“疾”还可以引申为疾驰、疾速，我们由此可以知道“疾”这个东西来得快，去得也快，它是从外面来的，最后肯定还得从外面出去，只是个匆匆过客而已。

而“病”字里面是一个“丙”。在中国文化中，“丙”是火的意思。在五脏里面，“丙”又代表心。所以，“丙火”又可以叫“心火”。心里有火，人就得病了。

另外，“心火”翻译成现在的话就是被压抑的情绪，就是失调的七情六欲。所谓七情六欲，通俗点说，就是人的一股气。

《黄帝内经》中写道："思则气结，怒则气上，恐则气下，惊则气乱，喜则气缓，悲则气消"，说的就是人不同的情绪对应着气的不同走向和变化。气本来是人体内的一种能量，但它被扭曲、被压抑了，宣泄不了，结果越积越多。"气有余"那不就成邪火了吗？也就是说，你忧虑、恐惧或愤怒了，就会上火，病也就因火而生了。

通过上述介绍，相信大家对什么是疾病就比较好理解了。医学上对疾病的权威界定是：疾病是机体在一定病因的损害性作用下，因自我调节紊乱而发生的异常生命活动过程。自我调节的紊乱、损害和抗损害反应，表现为人在疾病过程中各种复杂的机能、代谢和形态结构会发生异常变化，这些变化可使人体各器官系统之间，以及人体与外界环境之间的协调关系产生障碍，从而引起各种症状、体征和行为异常，特别是环境适应能力和劳动能力的减弱、丧失甚至死亡。

通常情况下，我们会根据疾病的严重情况将之划分为重大疾病和一般性疾病，也可根据病理变化的情况将之划分为急性和慢性疾病。从疾病产生的根源来看，其成因主要有以下四种情况：

第一种是属于心理因素引发的疾病，现代医学称之为"心理障碍"或"精神妄想症"。根据我国的中医学理论，它往往是喜、怒、忧、思、悲、恐、惊等"七情"作用后所引起的，需要经过心理辅导和药物相结合的特殊治疗方式才能治愈或减轻症状。

第二种是属于物理因素引发的疾病，如风、寒、暑、湿、燥、火等，往往引起感冒、发烧和其他器质性病变等不适症状。这类病症在日常生活中会经常发生，如果能及时预防、有效治疗，也会较快治愈。

第三种是属于"微生物"因素引发的疾病，现代医学称之为细菌和病毒等病原体感染的疾病。这类疾病往往比较严重，病理也比较复杂，需要进行系统治疗。

除此之外，还有因外力伤害而造成的其他一些疾病，如刀伤、烫伤、烧伤、摔伤等等。

二、什么是压力

当今世界，人们处于快节奏的生活状态之中，随处可见的快餐店，催生催熟的动、植物，应接不暇的爆炸式信息，无不充斥着我们的生活。人们面临着各种各样的压力：工作压力、家庭压力、情感压力、环境压力、疾病压力等等。

服刑人员和自由人相比较则压力更大：从一个自由的社会人变成一个失去自由的囚犯，精神压力大；有的家里上有老、下有小，有的甚至还面临婚姻危机，家庭压力大；监狱要求高，管理严，考核多，劳动任务比较重，改造压力大……在现实生活中，面对种种压力，有的人更加努力工作，尽力抵抗压力，从而取得了一定成就。但是，也有人被压力压弯了腰，摧毁了前进的动力，甚至一病不起。

在现实生活中，人们都感到压力大，但压力是什么？我们应怎样认识压力呢？

压力分精神与物理两个领域的定义。物理定义具有客观属性，是指垂直作用于物体表面上的力；而从心理学角度看，压力是指人的内心冲突和与其相伴随的强烈情绪体验。下面我们着重讨论心理学范畴的压力。

压力是压力源和压力反应共同构成的一种认知和行为体验过程。压力源是现实生活要求人们去适应的事件。压力源可以分为生物性压力源（如疾病）、精神性压力源（如悔恨）和社会环境性压力源。压力反应包括主体觉察到压力源后出现的心理、生理和行为反应。

压力是一种能体验到的东西，它无法抛开主体而单独存在。假如一个事件发生了，但主体对其漠视、毫不关心，或已经意识到刺激的存在，但认为不值得认真对待，这时压力就不存在了。

压力是人的内心冲突和与其相伴的强烈的情绪体验。我们生活在充满矛盾的世界里，随时都可能面对各种各样的、互不相容的，甚至针锋相对的事物，心理作为现实的反应，便把它们引入人们的脑海，在我们的内部世界形成动机冲突、目的冲突，以致在心理上形成左右为难、无所适从、无法选择的心态。当一个人处于这种境遇时，便会体验到苦恼和焦躁不安。这时，我们说他正体验着压力。

因此，压力是人在现实的社会生活和自然环境中，随时可能遇到的不同性质和不同强度的刺激。这些刺激并不是单独地和单一化地呈现，它们往往纠结为一个整体，对人发生作用。这种压力作用经中介系统，在生理、心理或行为上发生变化，便形成所谓的临床症状。

三、疾病与压力的辩证关系

服刑人员之所以要了解压力，就是因为压力与疾病关系密切。疾病与压力的关系是辩证的，疾病是压力源，可以对服刑人员形成压力，同时压力反过来也作用于主体，可能加重主体的疾病或产生新的疾病。

（一）疾病产生压力

疾病不是随意发生的，也不是恶报的结果，它是机体在内外环境的异常刺激下，失去了与环境的相对平衡，影响了生活和劳动能力。但是有些病人在疾病到来时，总会首先感受到不同程度的压力。例如病人自身在心理上会发生一系列的变化，随之心理压力也开始增加，出现许多心理问题以及容易被人误解的行为举动，他们或许会脾气变坏，不好伺候，甚至会有轻生的念头和极端行为。

服刑人员张某的妻子，家在农村，年轻时身体素质就很差，有什么流行病她都躲不开，经常不想吃东西。由于她身体不好，地里的农活都是丈夫一个人完成，张某从来不让她下地干农活。

随着两个孩子的先后出生，妻子的身体越发感到不适，但是她是能瞒就瞒，不想让丈夫为她担心。但纸包不住火，她的症状逐渐表现出来，饭量大减，面黄肌瘦，有气无力。丈夫干脆什么也不让她干，里里外外全是自己张罗，妻子很是心疼，但是不争气的身体却越来越差。

在丈夫的劝说下，妻子去县里医院做了检查，医生说是胃癌。妻子一听是“癌”就彻底崩溃了，她坚决拒绝治病，回到家后，整天胡思乱想，并且坚信一定是上辈子作了什么孽，是老天今世给她报应。张某为了给妻子凑钱治病，铤而走险盗窃公共财物，不想被判刑入狱。其妻压力陡增，更加不敢和亲朋来往，唯恐别人说闲话，并很快陷入绝望、厌世的极端情绪之中。一日，她将两个孩子收拾得干干净净，让他们出去玩，自己在家喝了整整一瓶农药，结束了自己的生命……

患病的服刑人员在日常生活中习惯于将注意力转向自身，心中总是想着自己的病，对于身体的一点点变化也特别敏感，因此，他们看什么也不顺眼，总想发脾气，好生闷气。有时，他们还神经过敏，疑虑重重，给人一种不近人情的感觉，同时，他们自身也有一种无名的自卑感，不想和人接触，这样就形成一种循环，最终病人常将自己封闭起来。在这种消极情绪的影响下，病情自然越来越重。所以，患病服刑人员的痛苦是双重的，在忍受病魔带来的巨大痛苦的同时，还要承担疾病带来的心理上的巨大压力，因此，很容易产生各种不良思想和心理偏差。

（二）压力加重病情或产生新的疾病

压力会对主体形成不同的结果，不同程度地增强或降低主体的健康水平。研究表明，服刑人员在改造压力很大的情况下，免疫球蛋白的分泌会减少，上呼吸道感染的机会增多，容易感冒。还有研究提示，男性丧偶后，T淋巴细胞减少，这会使丧妻的男性很容易生病。这就是老年丧妻者在丧妻后不久也容易去世的原因。

压力之所以对人的身体产生影响，主要是由于人的紧张所带来的生理反应没有被充分认识到，从而未作出积极的反应，使身体持续停留在了某种亢奋的状态，即便压力消失，人体也不能马上恢复到先前自然的状态。

由此可见，压力不仅影响人的生理，更影响人的心理。当然，一定程度的压力有益于服刑人员的改造成长，能增加生活情趣，激发他们奋进，这就是通常所说的压力变动力。然而，如果压力超过了服刑人员的最大承受限度，就会物极必反，导致心力衰竭、行为混乱。例如减刑无望或者愿望难以实现，就会感到自己是无用之人、毫无价值，如果这种压力持续太久，就会损害身心健康，直接导致疾病，甚至可能导致猝死。

所以，压力是服刑人员产生疾病或加重原有疾病的重要根源，认识到这一点，对于服刑人员主动调整心理状态，尽量缓释心理压力，减少各类疾病的发生，保障身心健康，早日实现自己的“新生梦”具有重要意义。

应激反应——有一次，拿破仑骑着马正穿越一片树林，忽然听到一阵呼救声。他扬鞭策马，来到湖边，看见一个士兵在湖里拼命挣扎，并向深水中漂去。岸边的几个士兵乱成了一团，因为水性都不好，不知该怎么办。拿破仑问旁边的那几个士兵："他会游泳吗？""只能扑腾几下！"拿破仑立刻从侍卫手中拿过一支枪，朝落水的士兵大喊："赶紧给我游回来，不然我毙了你。"说完，朝那人的前方开了两枪。落水人听出是拿破仑的声音，又听说拿破仑要枪毙他，一下子使出浑身的力气，猛地转身，扑腾扑腾地游了回来。

不会游泳的士兵突然发生戏剧性转变，是因为拿破仑"赶紧给我游回来，不然我毙了你"的强刺激，使他产生"应激反应"，才使出浑身力量，自救成功。无论是动物或人类，在遇到突如其来的危险情境时，身体会自动出现一种类似"总动员"的反应现象。这种本能性的生理反应被称为应激反应。

第二节 患病服刑人员的心理特点

案例："靠病吃病"靠不住

服刑人员王某，45 岁，2012 年因犯盗窃罪获刑 12 年。入狱前患过结核病，入狱后不久，由于生活条件有限，旧病复发，被送监内医院治疗。由于住院便可以不参加车间生产劳动，王某便打起了"靠山吃山、靠病吃病"的歪主意。知道"同改"们怕传染，他就故意往"同改"身边凑，弄得大家都躲他、怕他，自然没人愿意与之一块做工，而他正巴不得；他看到有的病犯吃的是营养餐，过得滋润，可自己没钱买营养餐，便摆出一副"死猪不怕开水烫"的样子，不停地找监狱领导和上级领导哭诉，说自己得了肺结核需要加强营养。监狱按照有关规定每天给他配点菜，外加一个鸡蛋。王某得逞后，认为"靠病吃病"这招很管用，便更加得寸进尺，整日游手好闲，到处顺手牵羊。一日，他竟胆大包天，光天化日之下单独潜入食堂仓库偷窃，被监狱某科长抓个正着，他还想当众耍赖，就势往地下一倒大喊大叫：某某科长打病人啦！可周围的"同改"异口同声地当众揭发，加上自己打滚，偷的东西也露了馅，只好乖乖地承认，最终受到严厉处罚。

通过对患病服刑人员心理健康状况的调查分析，发现患病服刑人员的心理健康总体水平较低，心理不健康的比例约占 61%，且症状十分明显，个别患病服刑人员则存在严重的心理问题，这主要表现为躯体化、偏执、强迫、抑郁以及焦虑症状等。患病服刑人员的心理问题主要表现为以下六大特点：

一、生理不适症状外显

患病服刑人员主观上有外显的生理不适感，包括心血管、胃肠道、呼吸等系统的主体不适，以及头疼、背痛、肌肉酸痛和焦虑等其他躯体表现。这与自身疾病、所处环境以及心理因素都有关系。患病服刑人员在监狱里，由于政治地位、政治权利、人身自由、社会环境等发生了根本变化，身体又存在一定病患，导致了他们心理上的强烈反应，以致过分担心自身疾病不能痊愈，把注意力全部集中于躯体变化和生理不适上，从而生理不适症状外显突出。

二、“病人角色”习惯定势

刚开始不接受、不承认自己是“病人”，后逐步接受、配合治疗，可病愈后，还一直认为自己是病人，或者怀疑病没好，这就是“病人角色”习惯定势。此外，还有一些比较一般的感知障碍，如脑子“变空”了，“记忆力不好”，“怎么感觉这里好像有个‘坨’”等，这些都是“病人角色”习惯定势。还有的“弄假成真”，信奉“坐牢没有巧，只要会装宝”，经常装病，结果还真“病”了。

三、焦虑症状的因子分偏高

这主要包括一些通常在临床上明显与焦虑症相联系的精神症状及体验，一般指那些无法静息、神经过敏、紧张以及由此而产生的躯体征象，那种游离不定的焦虑以及惊恐发作。患病服刑人员由于自身疾病，在考核、奖励、减刑等方面无法和其他服刑人员相比，觉得希望不大，只能混日子，加上受限于监狱医疗条件，对服刑人员的治疗照顾无法达到理想状况，致使其自信心受挫，失败感和内疚感增强，形成一种兼有恐惧或担忧的情绪状态。长时间的焦虑可变成病态情绪，经常感到焦虑的人可能形成一种焦虑特质。因此，有必要采取心理辅导。

四、抑郁症状比较明显

抑郁症以抑郁苦闷的感情和心境为代表性症状，还以对生活的兴趣减退、缺乏活动愿望、丧失活动力等为特征，并包括与失望、悲观、抑郁相联系的其他感知及躯体方面的问题。患病服刑人员由于各项生理机能的下降，不能正常参加狱内各项改造活动；监狱组织的各种文体活动，对他们缺少吸引力，不能引起他们应有的注意和兴趣；在服刑人员当中，患病者总是少数，形成一个相对集中的弱势群体，因体力、精力不济，再加上自身兴趣狭窄，为人刻板，很容易为其他服刑人员鄙夷、讥讽和欺侮，导致其心理负担重，觉得处处不如别人，具有更强烈的自卑感。因此，如果患病服刑人员的消极情绪得不到合理疏导宣泄，或持续时间过长，就会形成身心失去平衡的负性反应，在心理或情感上造成无助绝望、抑郁悲观等负面情绪，这种心理容易导致“破罐破摔”的心态，在某种特定的情境下还可能形成自卑自虐自绝的心理演化，成为监管安全的严重隐患。

五、敏感多疑

敏感多疑是服刑人员的一个心理特点，他们认为，人人不可信，不可交。患病的服刑人员更加敏感多疑，他们疑心较重，有时对医务人员不信任，有了些想法也不愿和医护人员讲；有的还怀疑医生的诊断是否正确、医院的药品是不是真的；有时对自己身体上的某些不舒服过分关注，自卑、自闭。他们非常在意别人的低声私语，总把它看作在议论自己的疾病，常常根据医生或护士的细微表现来猜测自己的病情。特别是出现与某种不治之症相似症状的病犯，其疑心更重，易受暗示，情绪波动大。有些病犯还会过分注意躯体的变化，整天诉说身体上这里那里、这样那样的不适。可以说，这些病犯始终处于疑神疑鬼、焦躁不安的状态，不利于健康的恢复。

六、孤独感增强

孤独心理是因缺乏与人的交流而产生的孤单、寂寞的情绪体验。患病的服刑人员希望周围的人关心自己，整天心事重重，害怕被冷落，情绪低落或焦虑紧张。尤其是老年患病的服刑人员更容易产生孤独感，盼望亲人探视。此外，由于病房内的病种形形色色，病情千变万化，更容易加重不安全感，总担心自己的病会恶化、治不好，还总担心别人的病会传染到自己身上。

总之，患病服刑人员在心理方面表现出明显不同于一般服刑人员的典型特征，了解和掌握这些心理特征不仅为服刑人员“知己知彼”创造了条件，而且为下步有的放矢地缓解和治疗打下了坚实基础。

坚定效应——只要功夫深，铁棒磨成针，是对坚定效应的最好阐释。

明朝时，有一对恩爱夫妻关系十分融洽。一天，丈夫周小牛在外面受了点气跑回家，妻子粉莲上前询问，却被周小牛顶撞回来。粉莲从小没有受过气，这一下无端受了丈夫的辱骂，越想越生气，越生气哭得越伤心。小牛连忙赔礼，她也不听，一连几天茶饭不沾，滴水不进，躺在床上生了大病。小牛请来了许多医生都没有治好，眼看病势越来越重，就远道去请名医傅青主。傅医生听小牛说了病情，就在路旁捡了一块石头，递给小牛说："这是做药引用的，你回去用文火煮软，煮的时候千万不能离人，烧干了再加水，等石头软了再来找我要药。"周小牛回家就按医生的吩咐煮石头，水烧干了加水，加了水又开始煮。就这样煮了七七四十九次，石头依旧坚硬。粉莲也看不过去了，问："是不是搞错了？"小牛说："肯定不会错。"又接着煮了一夜，石头仍然坚硬如故。粉莲过意不去，坚持要下床照看火，让他去傅医生那儿问清楚。傅青主问了煮石头的经过后哈哈大笑道："你妻子的病已经好了，你放心回去吧。"周小牛回去一看，粉莲的病果然好了。原来妻子看到小牛如此诚心牵挂她，气消了，所以病也好了。

第三节　如何缓解疾病的压力

案例：“一调三守”疾病败走

服刑人员梁某，55岁，因受贿罪被判处无期徒刑，自2004年被拘至今已11年，患有严重的高血压、冠心病、心肌梗死等疾病，身体状况极差，加上刑期长、压力大，刚开始不少人断定其不死也要脱几层皮。可11年过去了，尽管其间梁某也发生过几次危险到监外抢救，但说来也怪，其病情在最近几年竟然逐渐稳定，且有好转之势。众人百思不得其解，纷纷向他讨教。梁某这才和盘托出，他的绝招便是“一调三守”：一调即调整好心态。人既然到了这个地步，就听天由命，顺其自然，什么都看淡些，看轻些，吃亏就吃亏，倒霉就倒霉，概不抗争。一守，便是吃药守时。医生说什么时候吃药，他就什么时候吃；医生说吃多少，他就吃多少，11年如一日，从不耽搁。二守，便是锻炼守时。每天坚持适当锻炼，清早半小时保健操，晚饭后半小时快步走，风雨无阻，从不间断。三守，便是作息守时。按他的说法是，监狱有一大好处是自由人享受不到的，这就是生活有规律，起床、吃饭、出工、午休、收工、睡觉，都非常有规律，生物钟一旦建立就可以多年保持不变。正是凭借这简单的“一调三守”秘方，梁某不仅将高血压、心脏病等重大疾病很好地控制住，而且因为生活颇有规律，原有的一些疾病诸如胃病、失眠、神经衰弱等，久而久之都销声匿迹。尽管梁某至今尚有余刑8年，但他对未来仍然充满信心。

对于服刑人员来说，疾病确实折磨人，但疾病所造成的压力和心理失衡更折磨人，更容易使人失去自我，甚至失去生存下去的勇气。因此，疾病并不可怕，可怕的是你的心理承受力不够大，不懂得如何调节这样的心理压力。那么，服刑人员怎样才能缓解疾病的压力呢?

一、改变认知，端正态度

服刑人员对待疾病一般有四种态度：

一是积极型。这部分人员不论是对待生理的还是心理的疾病，都能表现出一种坦然的、健康的、无所畏惧的积极态度，平时注意预防疾病和锻炼身体，生病了则积极配合医生治疗。

二是消极型。它与积极型恰恰相反，面对疾病无所作为，听之任之，得过且过，既不作任何疾病预防和保健，也不按时服药，配合医生治疗，这实际上是对生命的不尊重。

三是恐惧型。这部分人将疾病看成洪水猛兽，整日疑神疑鬼、精神恍惚，把自己的生命和健康放到了一个不恰当的位置。他们最大的特点是心态颓废、极端利己。对监狱的治疗条件和手段不认同、不满意，动不动就与社会比，一点小病就请假，甚至要求住院治疗。

四是伪装型。这部分人比较少，但他们造成的不良影响比较恶劣，无病装病，小病装大病，给人以无病呻吟、哈腰弯背、步履蹒跚、形态猥琐的印象，这种形象最不被人所齿，但很有市场，甚至在一定情况下还比较有效。这部分人的最终目的就是想通过伪装获得同情，以逃避劳动。

以上四种类型，表现出了对待疾病的四种态度，不同的态度表现出不同的心态，而心态在唯物主义者看来是属于意识的、精神的层面。也就是说，人们在对待疾病这一物质现象时，都产生了意识对它的反作用。不过，这种反作用有的是积极的、顺应规律的，有的是消极的、违反规律的，有的是唯心的、伪装的、逆规律的。毫无疑问，我们提倡积极型的，面对疾病应有实事求是、科学从容的态度。

（一）生老病死是人生不可抗拒的基本规律

生存和死亡是个严肃的问题。人一生下来就面临着老、病、死这个人类最不想面对但又必须面对的问题。老、病、死这三个现象互相渗透、互相作用，将每一个个体不断消亡，而又将整个人类不断地繁衍、延伸下去。不论是唯物主义还是唯心主义都承认这个基本规律，即使是世界上几个主流宗教流派，像基督教、天主教、东正教都强调人是上帝创造的，生、老、病、死也是上帝安排的，要与上帝同在，就必须正确面对，何况我们这些从小就接受辩证唯物主义教育的人呢？

病催化老，老和病结伴使人走向死亡。可见，疾病在人的生命中是多么重要而又无可奈何的一环。打个不恰当的比喻，人类就像排着队走向坟墓。但在这一走向中，有人快，有人慢；有人痛苦，有人坦然；有人碌碌无为等死，有人不断付出、硕果累累，视死如归。同样，面对疾病也有两种截然不同的态度，一种态度是积极的，他们认为疾病是不可抗拒的，但可以对其有所作为；另一种态度认为疾病不可抗拒，是人类无法改变的，他们惶惶不可终日，甚至无病呻吟，整天疑神疑鬼、无所事事、得过且过，甚至将生命毫无意义地耗掉。作为服刑人员应认识到生老病死也是不可避免的自然过程，不必过于介怀，更没必要一天到晚想着自己的疾病而愁眉苦脸，惶惶不可终日。

（二）人类在疾病面前是可以有所作为的

辩证唯物主义认为，物质决定意识，物质是第一位的，意识对物质又具有反作用。这就是说，疾病作为一种物质形态存在，我们要尊重它、面对它，就像人类面对大自然。但这并不是说，人们在物质面前无所作为，只能听之任之。就像面对疾病，随着科学技术的不断发展，人类在生命科学上的不断探索，一些过去被人们认定的痼疾、不治之症可以通过药物治疗和外科手术或其他物理的、化学的疗法得到诊治，人们在疾病面前将更加从容而有办法。人类对疾病不断认识的过程，实际上是人类不断进步和发展的过程。

因此，面对疾病，服刑人员在思想上和行动上都要以科学的态度坦然面对。疾病是身体机能不断变化的结果，从大的趋势上讲，这种变化的过程和结果是不以人的意志为转移的。“病来如山倒，病去如抽丝”，正是人们对疾病的变化过程最朴素最简洁的总结。

反过来讲，疾病的产生和变化不以人的意志为转移，并不是说人们面对疾病就无所作为。只要掌握了疾病的规律，人们就可以进行科学治疗。科学与迷信是同时出现的，它们在人类历史发展的进程中被人们所认识和利用，真理即科学是在与谬误即迷信的长期斗争中逐渐胜出的。古今中外不乏以巫术治疗疾病的历史阶段和事例。巫术就是利用人们对疾病产生和发展过程的不了解，通过装神弄鬼的方法置人们于愚昧之下，认为疾病是鬼神在作怪，根除疾病的办法就是驱鬼敬神，辅之以灵丹妙医，甚至连符灰也是药。有人对巫术做过研究，用于治病的巫术里有些也蕴含着科学的成分，只不过是披上了迷信的外衣，使其看起来不可思议，更加玄乎。可以肯定，人类在面对疾病的解决方法上，尽管存在科学与迷信两种途径，有的相信科学，有的相信迷信，有的兼而有之，但都表明意识或精神在对疾病的认识和治疗上有着不可忽视的作用，这就是主观（或精神）的反作用。正是如此，有的服刑人员患病后能坦然面对，积极配合医生治疗，一些不幸患上绝症的服刑人员，甚至通过保持乐观向上的精神状态，与疾病展开了长期的斗争，大大延长了生存的时间。相反，也有服刑人员一旦知道自己患上重病后就意志消沉，万念俱灰，结果病情恶化，疗效甚微。

二、相信科学，积极治疗

心理学认为，压力是压力源通过人的中介系统作用于主体的，从根本上讲，要缓解疾病的压力，还是要消除压力源——疾病。对患病的服刑人员来讲，这就要求相信科学，相信监狱的医疗技术和药物，积极配合治疗。

随着科学技术的发展，医疗设备的改进，诊断、治疗技术水平的大幅提高，很多原来被认为是绝症的疾病都可以通过治疗得到缓解。据有关调查统计，从被确诊患癌症开始，5 年后依然存活的概率，男性为 65%，女性为 78%；大部分器官移植手术后的存活率达到 90%……通过这一系列的数字，我们应该相信，即使是癌症这类重症都有治愈的可能。

监狱是国家的刑罚执行机关，是惩罚与改造罪犯的场所。在监狱，服刑人员要接受管理，参加劳动，认罪悔罪。但是，我国是有中国特色的社会主义国家，对罪犯实行的是“惩罚与改造相结合，以改造人作为宗旨”的刑罚制度，实行革命的人道主义，保障服刑人员的基本权利，在监狱设置了医院，配备了专业的医护人员，保障了服刑人员看病吃药的基本经费，这些都为患病的服刑人员提供了基本的医疗保障。服刑人员生病后都可以看病拿药，病重的可以住院治疗。因此，患病的服刑人员要相信国家的刑罚制度，要相信监狱医院的医疗条件，要相信监狱的医护人员，患了病应积极治疗。

三、乐观开朗，养足精神

马克思有句名言：“一种美好的精神要比十副良药更能解除生理上的疲惫和病理上的痛苦。”一个人心情好的时候不易生病，即使有点病也不会感觉到什么痛苦；一个人心情不好的时候容易生病，而且感到十分痛苦。马寅初就是这样一个总是保持好心情的人，当时他提出“人口论”，想要控制中国的人口发展，这个观点在现在看来是非常有道理的，但是他却遭到了批判。受到这样大的打击，很多人肯定会受不了。但是出人意料，马老什么事也没有，回家后写了副对联：“宠辱不惊闲看庭前花开花落；去留无意漫观天外云卷云舒。”最后他活到100岁，并在97岁那年得到平反。这充分证明，好心情是健康的活元素。

人，是要有点精神的，服刑人员更需要有点精神。老是想着“我病了”“我完了”而丢了精神，形成“病人角色”习惯定势心理，于人于己都有害。所以，服刑人员患病后尤其要有一股子精神，要明白，没有好的精神，就没有健康的身体；没有健康的身体，就不可能早日新生，早日与家人团聚；而且，正如“莫斯科不相信眼泪”，疾病也不相信眼泪，而成功的机会只会留给那些精神饱满、一刻也不停止追求的人。

精神不能丢的核心是保持一种自然、宁静、平常的心态，面对疾病要不自卑、不回避、不抗拒，而是主动配合，积极治疗。有的服刑人员在生病时总是想着自己的命运不佳，不停地感叹“福无双至、祸不单行”的古训和“屋漏偏逢连夜雨”的宿命观，从而精神萎靡，情绪消沉，这对身体康复有百害而无一利，必须摒弃。服刑人员一定要学会自我宽慰，保持心境乐观豁达，同时树立起三种信心：即生活的信心、战胜疾病的信心和早日康复的信心，以“无法改变现实，但可以改变自己”的信念，铲除消极因素对身体的影响。

（一）要乐观

“乐观者说，希望是启明星，即使摘不到，也能告诉人们曙光就在前面；悲观者说，希望是地平线，就算看得见，也永远走不到。乐观者说，风是帆的伙伴，能把你送到胜利的彼岸；悲观者说，风是海的帮凶，能把你埋在大海深处。”生活中，几乎所有的事物都有两面性，如果我们用乐观的眼光去观察，就会发现希望与快乐；如果用悲观的视角去理解，事情就会变得暗淡、凄凉。

入监服刑之后，人人都会感到心情压抑，如果又生了疾病，更容易产生失望、绝望甚至厌世的情绪。在这个时候，你应该从过去的一些兴趣爱好中去寻找一份快乐，如有的人喜欢阅读，有的人热爱唱歌，还有的爱好琴棋书画，等等。快乐每一天，活好每一天。前两年，某监区努力营造“快乐生活、快乐学习、快乐改造”的氛围，篮球比赛、拔河比赛、队列比赛接二连三，服刑人员则个个参与，人人争先，结果监区气氛活跃，囚子个个生龙活虎，就诊看病的服刑人员明显减少。

（二）要宽容

宽容是一种心态，宽容是一种美德。宽容不仅能让他人享受快乐，而且也会给自己带来愉悦。要用宽容的心态营造快乐的氛围。宽容对待“同改”，宽容对待家人，宽容对待关心你的领导和朋友，宽容对待看似“不公平”的人和事。

黑格尔认为，存在的，就是合理的。万事万物，看似无法则，实则都有自己的原则或规则。要学会站在他人的角度思考问题，要充分地理解人、体谅人、包容人。这样，你就会生活在一个和谐快乐的环境中，从而减轻疾病带来的压力。

（三）要阳光

看过《红楼梦》的人，大多会对那个多愁善感的林黛玉有非常深刻的印象。她整日郁郁寡欢，以泪洗面，对事物中悲观、消极的东西非常敏感，常常独自一人对窗流泪，若遇上不顺心的事更是闷闷不乐，这种抑郁的心情使体弱多病的她在花季年华就早早结束了生命。

患病的服刑人员面临服刑和疾病的双重压力，要勇于面对现实，承受压力。一个鸡蛋，我们从外部给予压力，蛋壳破碎，鸡蛋成为了我们的美食；如果鸡蛋自身从内部顶住压力，冲破蛋壳，成就的是一个鲜活的生命——小鸡。这说明了什么？

某心理咨询师曾给职务犯监区的服刑人员作了一个主题为“我男人，我宽容，我阳光”的演讲，讲了什么是男人：男人就是一座山，站着是一座山，倒下了，仍然是一座山。讲男人的话，做男人的事，思考男人的问题。尤其要正确理解国家减刑、假释方面的政策变化，坦然面对改造中出现的各种困难和挑战，宽容周围的不如意，容忍“同改”的毛病甚至刁难，始终以阳光的心态营造快乐的改造氛围，以此实现“精神不能丢，意志不能倒，身体不能垮，心智不能伤”。

四、扩大交往，寻求支持

心理学认为，良好的社会支持系统，可以使压力的强度相对降低，亲密的和可信任的人际关系是压力的有效缓冲器。

走出悲观、封闭的状态，以开放自我的心态重新建立社会关系，拓展生活空间，扩大人际交往，这样就可以在人际互动和相互支持中充实生活、调节个性、增加情趣，淡化社会因素造成的消极影响，维持和增进自己的身心健康水平。因此，患病的服刑人员应多与亲人朋友联系，寻求他们的物质和精神方面的支持。更为重要的是要在狱内结交新的朋友，经常找聊得来的人谈谈心，主动与他人交流思想，沟通体会，寻求心理上的鼓励与支持；也要积极参加各项集体活动，在人际交往中发现自我价值，使自己心情舒畅、生活快乐。

五、调节生活，自我保健

养成良好的生活习惯是预防疾病的一大法宝，这正如前例梁某的“一调三守”秘方。疾病固然与遗传及不可抗拒的一些自然因素有关，但不健康的生活方式更是疾病滋生蔓延的主要原因，甚至是罪魁祸首。众所周知，抽烟、酗酒等不良习惯都会严重危害人的健康，但社会上仍有相当数量的人还是乐此不疲，我们当中的部分服刑人员过去应该是这方面的参与者，当然也是身体方面的受害者。有的服刑人员过去甚至还有吸毒经历，这更是对自己身体的一种极度摧残。在监狱里，服刑人员的生活有可能粗茶淡饭，如果从养生的角度看，这比外面宾馆酒店的那些美味佳肴更加有益健康。此外，根据监管要求和相关规定，大家在这里服刑作息有定时，生活很有规律，常言道“三分病，七分养”，只要大家养成健康生活的习惯，加强自我调适和自我保健，疾病就一定会远离我们，大家的改造生活必将越来越顺、越来越好！

六、养护“五藏”，提升人品

人有五脏，被中医演化为“五藏”后，有了独特的养生意义。所谓“心藏神，肺藏魄，肝藏魂，脾藏意，肾藏精”。作为人体不可缺少的五脏，事实上也随着人体而与人类社会的活动有了联系。作为服刑人员，如何缓解疾病压力，如何升华境界，做一个心身健康的人，自然与五脏的保养息息相关。

一曰心。人之一生，随心而启，因心而竭。心有眼，藏识见，见器量，明德行，眼不乱方能心不竭。心一旦出了问题，麻烦就跟着来了，小则影响生活，大则危及生命。不安心改造，属于心眼小的人，挖空心思专做损人利己之事那就更是坏心眼。

所谓心病还须心药医。然其关键还在于修心。所谓修心养性，心明而眼亮。大凡圣者，流芳百世，皆因圣在其心。

二曰肝。天地万物皆有其毒性，人食之，便遭其害。肝脏会将某些具有解毒作用的生物碱如吗啡蓄积起来，一旦中毒，会将这些生物碱逐渐释放，降低中毒程度，同时分泌出胆汁将体内的一些重金属和来自肠道的细菌一同排出。而正确的价值观，恰如肝脏的分泌作用一样，能将不良作风、不良思想自动排出，保持纯洁。

人有肝，故百毒不侵；人有魂，故百折不挠。只有树立正确的思想观念，拥有正确的世界观、人生观、价值观，才能在社会中保持自我，才能真正做好一个大写的“人”。

三曰脾。所谓“人体脏腑百骸皆赖脾以濡养”，消化、造血和免疫功能均有赖于脾、气；脾主管着人的气血生化，是身体机能运转的主要动力，有后天之本之称。脾旺则阳盛，肺气充盈；脾虚则功能失常，精神不振，肢体倦怠。人也是要有气质的，遇事气定神闲，善于分析局面，做起事来便眼光长远，锐气难挡。

一个人立足社会，想要有中气和底气，就得加强学习，让自己多点书卷气，多补补“脾”、提提气才是正道。

四曰肺。肺者，胸怀也。比海洋大的是天空，比天空大的是人的胸怀。美国总统林肯曾试图跟他的政敌交朋友，引起一个下属的不满，他认为林肯应该利用权力消灭他们。对此，林肯十分温和地说："当他们变成我的朋友时，难道我不是在消灭我的敌人吗？"中国传统道德追崇厚德载物，提倡以宽阔豁达的心胸行事立身。正直无私、光明磊落、富有同情心，这样的人必然有着良好的道德修养和崇高的人格魅力，这种胸怀是一种精神境界。

肺在五脏六腑中居位最高，覆盖诸脏，故有"华盖"之称。只要心存高远，胸怀天下，就能俯瞰人生，笑傲人间。

五曰肾。"人是需要一点精神的。"天有日月星，人有精气神。精不但为神之舍，也为气之母。如果人是一棵树，肾气就是根，根深才能枝繁叶茂。一个人如果没有昂扬奋进的精神，就会失去生活的价值和意义；一个民族没有自立自强的精神，就会被其他民族超越吞并；一个国家没有精神，就国将不国了。

心肝脾肺肾，样样都重要。服刑人员平时如果能保护好自己的五脏，强精塑魂正气健脾，就不仅能有效抵御疾病的侵扰，缓解疾病的压力，而且能增强品质，提升修为，完善自我。

心理链接

暗示效应——所谓心理暗示，是指人接受外界或他人的愿望、观念、情绪、判断或态度影响的心理特点。自我暗示是靠思想、词语，对自己施加影响以达到心理卫生、心理预防和心理治疗目的的方法。通过自我暗示，可以调理自己的心境、感情、爱好、意志乃至工作能力，起到非常积极的作用。

在华沙，一群儿童在嬉戏，一个吉普赛女巫托起一名小姑娘的手，仔细看了看说："你将会世界闻名！""预言"应验了，这个小姑娘就是后来的居里夫人。

一名工人下班后，被锁在冷库里，第二天被人发现时已经"冻"死了，而令人惊奇的是，那天根本就没有通电，冷库里只是常温！

其实，世上没有什么准确的预言，是女巫给了居里夫人一种"成功"的信念；那名工人则是自己害死了自己，望着被关死的铁门，心想："完了，这里零下几十摄氏度，我肯定要被冻死了！"这就是"心理暗示"，它能引导人走向成功，也能致人死亡。

第十五章

服刑性需求怎么排解？

性，在中国历来是一个难以启齿的话题，也是一个难以回避的问题。调查表明，性缺失、性苦恼、性压抑，甚至性变态，已经成为困扰服刑人员改造的一块心病，不仅影响服刑人员的身心健康，而且影响到服刑改造和监管秩序。因此，如何引导服刑人员正确地认识性、科学地排解性需求，对改造者与被改造者都有重要的意义。

第一节　什么是性

案例：一本书改变了他的人生轨迹

某未成年犯管教所关押着一个年仅15岁的强奸犯。人们想不到的是，促使他走上性犯罪歧途的，竟然只是一本书——这本书一下子就改变了他的人生轨迹。导致他犯罪的动因十分偶然：那天他到书摊闲逛，一个摊主神秘兮兮地从角落里翻出一本没有封面的书，说此书内容十分精彩。他买回家后就好奇地一头钻进书中，书中的淫乱描述令他面红心跳，恰好此时邻居家的女孩来他家借东西，他盯着女孩的身体，想着书中的情节，突然间昏了头，猛地把女孩拖进了自己的卧房……

服刑人员大多数都或多或少了解和掌握了一些性知识，有的结了婚、生了子，有过性的体验，还有的是因为性犯罪被关进了监狱，上面的案例就是一个活生生的例子。什么是性？大家可能有不同的认识和体验，但要科学地、完整地给性下个定义、正确地表述性的含义，那就不那么容易了。《现代汉语词典》把性定义为："有关生物的生殖或性欲的，如性器官、性行为、性生活、性的知识。"性学专家认为性是人的本能，包括性生理、性心理和性行为等内容。

1. 性生理。性是一种生理需要，也是一种生物本能。性的成熟意味着身体的发育和长成以及生理需要的满足。标志：女孩的月经初潮和男孩的首次遗精。

2. 性心理。性心理是人类个体在性的生理成熟后伴随出现的一系列与性有关的心理现象，主要是指性意识及在此基础上形成的性情感、性兴趣和性兴奋。性意识是在性的生理发育成熟过程中个体会逐渐领悟到两性的差异和两性关系，并随之产生从未有过的特殊心理体验；性情感是对异性的倾慕和好感，渴望了解异性、亲近异性，感到异性对自己的吸引力，也希望自己能引起异性的注意，向往与异性交往；性兴趣是指对性知识的渴求和对性的好奇心。

3. 性行为。性行为就是与性内容直接相关的行为，任何旨在达到性欲的满足和性高潮的行为均是性行为。

这些都是有关性的概念，要完整地认识和理解性，应把握好以下三个方面：

一、“性”是人的本能

生物学通常用“性本能”表达存在于人类及动物身上的性需要，并将它比喻为营养需求本能，相当于饥饿感。我国古代就有“食色，性也”之说，“食”就是吃，“色”就是性，“性”就是人的本性。这里可以看出本性和本能有相通之意。

第一，性本能是人类进化继承的。大家知道，人类是从类人猿进化演变而来的。人类继承了类人猿性器官的构造和基本功能，也继承了类人猿的性本能。这种本能是人的一种自然属性，使得人类有了进行性活动的物质基础。当然，人类的性行为既符合“食色性”的生物本能，但又不像动物为了满足性饥渴，到了发情期就不顾一切地发泄性欲。人类总是以坚定的意志力，将性行为控制在特定的时间、地点、方式和对象身上。

第二，性本能是与生俱来的。以往人们通常认为性本能不存在于童年期，而是随着成熟的过程出现在青春期，它表现在男女两性间那种不可遏制的吸引中，而其目的是性的结合，或导致性结合的所有行为。然而，现代科学已经证明性本能不是后天才有的，而是与生俱来的。卵子受精后，在母腹中的胚胎时期就分化为男性和女性；出生后随着个体的生长和发育，在婴幼儿时期性心理就开始萌芽。奥地利精神病学家弗洛伊德提出了儿童性欲的发展阶段理论。现在有研究证实，女婴在出生 4 ~ 5 周后，就可能出现阴道分泌物增多和阴道节律性收缩现象；有些男婴在哺乳时会出现阴茎自发性勃起的现象。这些都是性本能的表现。

第三，性本能是人的生理需要。人饿了要吃，困了要睡，这些都是人的生理需要。性也和吃、睡一样，是人的一种生理需要，也是一种自然现象。

二、“性”是爱的体现

爱情是男女之间基于性的吸引而建立起来的相互接纳、相互需要、相互爱慕的一种亲密的情感关系。爱情是灵与肉的统一，爱情是宽容，爱情是同甘苦、共患难，爱情是一见钟情，爱情是精神上的和谐，爱情是性爱的完美等。性爱是爱情的重要内容，有爱无性、有性无爱都不是完整的爱情。两个人的相爱，性吸引是绝对的基础。这里的“性”，不单指性活动，而是一种广泛意义上的性，包括性活动和性的感觉，也包括想象中的并未发生的性关系。首先，性爱活动是两个相爱的人之间发生的。其次，性爱是充满乐趣、饶有兴趣的活动，是身体与心理的相互吸引与融合。以爱情为力量，两人彼此相互吸引，渴望与对方在一起，渴望与对方融为一体。第三，性的活动是爱的交流与探索。第四，性是人类繁衍的行为，性爱产生爱情结晶——生儿育女，使家族人丁兴旺、儿孙满堂，使人类繁衍不息、不断进化发展。

三、“性”是属于社会约束的行为

性是一种生理需要，也是生物的一种本能。但人不仅是自然的人，也是社会的人。人生活在社会中，与社会发生着各种各样的关系，人的心理和行为也受到社会方方面面的影响和约束，性是人的生命的重要组成部分，性是个体的性，也是社会的性，它同样受到社会习俗、文化、道德和法律的影响和约束。个体的性如果不符合社会习俗，就会被人们所议论；如果违背了社会道德，就会遭到人们的谴责；如果触犯了法律，就会受到法律的制裁。所以，性活动应坚持以下原则：一是相爱的原则。人类之所以区别于动物就在于人类具有思想和感情，因此在性活动中具有对异性的，尤其是特定的“某一个”异性的爱情，就成为人类性道德的重要原则。二是自愿原则。性行为的自主权是人的基本权利。两人之间发生性行为必须建立在自愿的基础之上，任何违背他人意志的性行为不仅是不道德的，而且是违法的，强奸罪就是违背了这个原则而受到法律的制裁。三是无伤原则。对他人、对自己都不能造成身体器官的伤害，虐待性性行为就是伤害他人的行为。四是私密原则。“人知羞而不知足，动物知足而不知羞。”这就是在性上人和动物的区别之一。如在公共场合不能暴露性器官、实施性行为。

冥想效应——天才的高尔夫球选手泰格·伍兹这样描述自己的成功秘诀：“我在击球前，哪怕是练习的时候，总是会先在脑子里形成一幅鲜明的画面，就像是一场彩色电影。首先，我‘看见’我想要球停下的地点，它浑身洁白，快乐又安静地坐在翠绿的草坪上。接着球场飞快地变化，我‘看见’球是如何飞过去的，它的抛物轨道，它的形状，甚至它着地时的动作。再接下来是个画面的淡入淡出，画面换成我该怎样击球，以便把上个场景变成现实。”这听起来好像有点幻想的味道，但是伍兹的成功经历的确说明这样的假想有帮助。

心理学家把这种形象化的设想归结为冥想，并且认为这种形象化设想能使大脑轻易地完成更多工作，释放你与生俱来的潜能。

第二节 服刑人员的主要性问题

案例：对着窗外女宾手淫，两年内不得减刑

服刑人员张某，22岁，因抢劫罪被判8年。他处在正年轻气盛、精力旺盛之时。过去谈过几次恋爱，但没有一个成功，所以没有女朋友来探监，他感觉特别孤独寂寞，对异性特别饥渴。由于性需求得不到正常满足，很快养成了手淫自慰的习惯，有时一天手淫几次。由于频繁手淫，导致精疲力竭，身心疲惫，改造常常出错。一日，监狱来了一批社会嘉宾参观，其中有不少年轻美貌的女宾，张某兴奋异常，站在窗户前情不自禁，想入非非，一时把持不住，竟然隔着窗户当众手淫。尽管外面的嘉宾浑然不知，但身边"同改"却无人不晓，成为一大笑柄。最终，张某受到重大违规处分，被扣10分，两年内不得减刑，代价惨重。

服刑人员在押期间被限制了人身自由，几乎与外界异性完全隔离，完全处于单性的世界里，所以没有与异性过性生活的任何渠道，可以说，他们正常的性生活基本空白，他们的性需求得不到正常的排解，由此产生了一些与性相关的问题，如性饥渴、性苦恼、性压抑、性焦虑、性变态、性暴力等。这些问题不仅严重影响服刑人员的心理健康、生理健康、改造质量，还直接影响到监管改造秩序。因此，加强对服刑人员性问题的调查研究，正视服刑人员当前存在的主要性问题，及时给予科学指导，主动为其排忧解难，不仅对于提高服刑人员的改造质量，促进人的全面发展具有重要意义，而且对于构筑监管安全的"心理防线"，推动平安监狱、和谐监狱、文明监狱的建设具有重要意义。

当前服刑人员的性问题主要表现在如下六个方面：

一、性知识残缺不全

大家都知道"谈虎色变"这个成语吧，它的含义是人们害怕老虎，只要一谈起老虎脸色都变了。其实，在我国还有一个字和“虎”字差不多。你们猜一猜，这是什么字？这个字就是“性”。在中国传统文化中，“性”是一个非常敏感、忌讳、私密性的话题，可以用“谈性色变”来形容。“性”只能偷偷地做，不能公开地说，尤其不能登大雅之堂。父母子女不能说，兄弟姊妹不能说，亲戚朋友不能说，学校老师更不能说。所以，“性”基本上处于一种只做不说、只能无师自通的状态。自上个世纪 70 年代末改革开放以后，“性”这个话题才逐步可以摆桌面上谈论，关于“性”的教育才逐步走进课堂，但直到现在，还只能在八年级以上开设有关性教育的课程。虽然服刑人员中的大多数都结了婚、生了子，有过性的体验，但由于他们的文化程度普遍较低，真正接受过正规性教育的很少，他们获取性知识主要是从碟片、书刊上偷偷“自学”和自己的亲身体验；在获得的性知识中，主要涉及性器官、性行为，而对性心理、性卫生、性道德等知之甚微；在性行为上，注重性刺激、性快感，而忽视性的责任和乱性的危害。总的来看，绝大多数服刑人员没有接受过较为系统的性知识教育，现有的了解都比较肤浅，过于实用和庸俗。

二、性发泄严重扭曲

由于受到严格的监禁，服刑人员的性满足方式十分有限，且呈现典型的扭曲特点。调查显示，服刑人员获得性满足的方式中，90% 的是通过“手淫”，5% 的通过“意淫”，3.7% 通过“梦遗”，还有个别的通过“鸡奸”这种极端方式；在获得性快感、性冲动的方式中，主要是通过阅读与色情有关的书刊，有的通过妻子或女友探视，有的通过偷看色情碟片等。2013 年春节期间，某监狱发生了一起“手淫赛”案。当时，一个监室的 8 个服刑人员赤条条地整齐地站成一排同时手淫，看谁的精液射得远，结果射得最远的那个赢得了“炮手”的称号。在监狱“光脑壳”文化中，“打飞机”“炮手”“枪王”等是较为流行、使用频率较高的词汇。

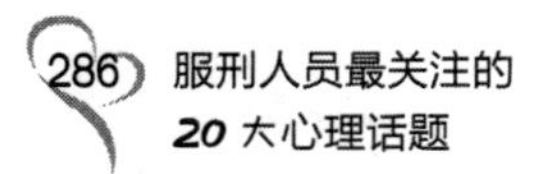

三、性心理偏离正常

由于服刑人员的性需求长期得不到满足，导致部分服刑人员出现性饥渴、性忧郁、性压抑、性焦虑、性狂躁等异常性心理，有的甚至出现性功能障碍。据调查，有58%的反映因性需求不能满足而烦躁、郁闷、情绪容易失控；喜欢看色情刊物、图画者占76%；55%的经常与身边"同改"谈论与性相关的话题，但同时有43%的表示听到"同改"谈论性话题时觉得恶心；表示有偷窥异性欲望的占43%。2016年8月的一天傍晚时分，某监狱的值班室接到一个报警电话，说监狱宿舍楼的六楼有人正在偷看距监狱不远的居民楼里的女人洗澡。监狱特警队当即出警跑到六楼查看，发现两个监舍的服刑人员正在窗前偷窥，其中还有一个边看边手淫，被民警抓了个正着，被关了禁闭，其他人员也被扣了分。

四、性疾病日趋多发

所谓性病，是指主要通过性行为传播的疾病，如淋病、梅毒、尖锐湿疣、生殖器疱疹等，俗称脏病。在我国，大约成书于春秋战国时期的，《黄帝内经素问》载："膀胱不和为癃。"公元3世纪初，张仲景在《金匮要略》中这样描述淋病："小便如浆状，小腹玄急，痛引脐中。"这说明在很早以前就有性病。新中国成立前，我国一些城市的性病发病率在20%左右，该病在20世纪60年代基本绝迹，80年代后死灰复燃。由于有的性病具有一定的潜伏性，有的服刑人员在社会上染上了性病，在监狱继续行为不检，把病传染给了他人。有的由于性需求得不到合理宣泄，又缺乏性卫生知识，在生理上也出现了不少疾病症状，如前列腺疾病、阳痿、早泄、性无能等。特别是刑期较长、身体状况较差的服刑人员更趋严重，有的还引发了系列并发症，严重干扰了其正常服刑改造。

五、性取向发生扭曲

性取向是指性行为的选择对象。一般来讲，性取向都是异性，即和异性发生性行为。但是有的人的性取向是同性。一个人的性取向是由自然生物性因素和社会环境因素决定的。服刑人员长期生活在单性世界里，性需求长期得不到正常满足，有的服刑人员的性取向出现了明显偏差，个别达到了变态程度，如同性恋、自恋等；在性行为上有肛交、口交等。服刑人员杨某，22岁，身材单瘦，皮肤白净，说话轻言细语，家里的条件较差，开始常被同犯欺负。所在监区的小组长“阿宝”是一个年轻力壮、身材魁梧、在监狱蹲了五年多的大汉，开始给杨某小恩小惠，在生产上帮忙，在别人欺负时相助，慢慢地得到杨某的信任，后来发展成同性恋。杨某一方面从“阿宝”那里得到了保护、帮助和快乐，一方面又担惊受怕，深感羞耻，在激烈而巨大的心理冲突中饱受煎熬，导致严重的抑郁症。

六、性违规屡禁不止

由于服刑人员的性需求得不到有效满足，不仅造成服刑人员生理、心理、伦理等方面出现了系列偏差，而且直接影响了其日常改造行为。不少服刑人员违规违纪就与性困扰得不到有效释放直接相关。如偷偷带入黄色书籍、黄色碟片、MP4、在公共场所手淫，性虐待，性报复，强迫“鸡奸”，强迫口交，同性恋，性焦虑，性狂躁动手打人，冒犯外来女宾，骚扰女外协师傅，甚至耐不住寂寞企图越狱逃跑等等。可以说，性需求得不到满足在某种程度上已经成为服刑人员违规违纪的“万恶之源”。

心理链接

幸福递减定律——心理学认为，幸福是人们的渴求在得到满足或部分得到满足时的感觉，是一种精神上的愉悦。人们得到一个幸福后，对同一个或同一类幸福的渴求度就会递减。当人们再次获得这个或这类幸福时，幸福感就会再一次递减。当达到足够多的N次时，渴求度会变为零，幸福感也就变为零了，这就是“幸福第二定律”，也叫“幸福感的递减性定律”。

所以，我们要积极调整自己，改变幸福递减定律，让幸福永远伴随着自己。那么，该怎么办呢？

开动你的脑筋，你一定可以让最开始的兴奋与激情一直延续下去！

第三节　服刑人员如何排解性问题

案例：“枪王”手淫到休克

服刑人员倪某，男，29 岁，汉族，小学学历，身高 1.73 米，体态消瘦，已婚，家有妻子、儿子。个人成长经历较坎坷，出身农村，家庭贫困，务过农、打过工、做过小贩、当过包工头，曾因盗窃被劳教过一个月。2007 年因抢劫杀人被逮捕，在看守所时，胡思乱想，无所事事，养成了手淫的习惯。后来法院判处有期徒刑 16 年，来到监狱后积极改造，本想争取早日减刑回家，可是怎么也改不掉“打手枪”（手淫）的毛病。不是躲在车间厕所里手淫，就是躲在监舍厕所里手淫，有时一天超过 8 次，同犯都笑话他是监区的“枪王”。由于无法自制，加上“同改”耻笑，倪某更加沉默寡言，少与他人来往，可越不来往，越觉得孤独无聊，只好又躲起来手淫，结果造成恶性循环，直至某日在厕所手淫导致休克，险些丢了小命。后来不得不求助心理咨询师帮助，咨询师采取厌恶心理疗法，耗时半年才将倪某的老毛病消除。

性，既是人的本能，又受社会道德、法律规范的约束。解决服刑人员的性问题不是一件容易的事情，既要充分调动服刑人员个人、监狱、家庭、社会等各方面的积极性，又要采取综合治理的方式，有组织、有计划、分步骤地稳妥进行。

一、学习性知识，养成健康性心理

性心理健康是心理健康的重要内容，培养健康的性心理，有助于服刑人员掌握科学的性知识，正确对待性信息；有助于服刑人员接纳自己的性身份，承担起相应的性别角色；有助于服刑人员个人、家庭生活幸福和社会文明进步。要培养健康性心理，我们需要弄清什么是健康性心理，怎样才能养成健康性心理。

（一）性心理健康的含义

1974 年世界卫生组织对性健康的概念作了如下论述：“所谓健康的性系融

合了有关性的生理面、情绪面、知识面及社会面，亦以此提升人格发展、人际沟通和爱等等。”性健康涉及性生理、性情感、知识和社会，并把与社会有关的整体表现与是否积极增进人际交往和情爱作为性健康的标准，为认识性心理健康及标准提供了依据。

性心理健康是指个体具有正常的性欲望，能够正确认识性的有关问题，并且具有较强的性适应能力，能和异性进行恰当交往，在免受性问题困扰的同时，还能使之增进自身人格的完善，促进自身身心健康的发展。

（二）性心理健康的标准

1. 能够正确认识自我，愉快地接纳自己的性别。一个性心理健康的人，能够正视自己性生理的发育、性心理的变化，会自觉地把自己融入社会这个大背景下认识自我，能客观地评价自己和他人，并乐于承担相应的性别角色。

2. 具有正常的性欲望。性欲是能够获得性爱和性生活的前提条件。因此性心理健康首先就得具有性欲望，一个人如果没有性欲望，就不会有性爱和和谐的性生活，性心理健康就无从谈起。同时，它应是正常的性欲望，性欲望的对象是指向成熟的异性而不是同性或其他物品等替代物。

3. 性心理健康的个体性心理特点和性行为符合相应的性心理发展年龄特征。在生命发展的不同年龄阶段，人的心理发展表现出不同的质的特征，性心理的发展也同样呈现出阶段性的特点。如果一个人的性心理与大多数同龄人格格不入，就绝不是健康的性心理。

4. 性心理健康的人具有较强的性适应能力。性适应是指个体在生长和发育过程中，性活动（包括性欲、性意识、性观念及相应的情感、品质和性行为）和所处的社会环境与文化形态之间形成的一种和谐关系，也就是性生理、性心理、性社会的三要素在性生活过程中交互作用而显示出的一种协调状态，即性适应就是个体的性活动与外界形成的一种和谐关系。性适应能力就是个体的性活动与外界形成和谐关系的能力。性适应能力的获得是一个漫长复杂的过程，它是伴随着个体的性生理从不成熟到成熟的过程而逐渐建立的。它表现为个体性的自我同一性的建立；能够正确对待性生理成熟所带来的一系列身心变化；在出现性冲动后，能够正确地释放、控制、调节性冲动，使之符合社会规范的要求等等。

5. 性心理健康的人能和异性保持和谐的人际关系。随着性生理和性心理的发展与成熟，希望与异性交往，并能保持良好的关系，是个体自然而正常的性要求。性心理健康的个体，能够在日常的学习生活中，与异性进行自然的、符合社会规范要求的交往，在彼此的交往过程中，保持独立而完整的人格，有自知之明，不卑不亢，做到相互尊重、相互信任、自然有礼。

6. 性心理健康的人其性行为能增进社会风尚的文明。性心理健康的人具有一定的性知识和性道德修养，能自觉去分辨性文化的精华与糟粕、淫秽与纯洁、庸俗与高雅、谬误与真理，自觉抵制腐朽没落性文化的侵蚀，并以自己文明的性行为、性形象去为整个社会的性文明构筑一道亮丽的风景线。

所以，健康的性心理不仅表现为个体身心的健康，也表现为在健康性心理作用下的性行为的健康，从而构建整个社会的性心理健康。

（三）服刑人员健康性心理的塑造

服刑人员健康性心理的完美塑造，依靠内因和外因来实现。内因是指服刑人员的自身条件，除了具有健康的生理状态外，还要掌握科学的性知识，以科学的态度对待性，以健全的人格调控性冲动；外因是指外部条件，即家庭、监狱为服刑人员塑造健康性心理提供有利条件。

1. 自觉掌握科学的性知识。众多研究和事例均表明，缺乏科学的性知识，是服刑人员出现各类性心理障碍的主要原因。掌握科学的性知识，能帮助服刑人员以坦然客观的态度面对性问题，正确对待性生理和性心理发展过程中出现的各种生理心理现象，免受忧郁、焦虑、恐惧等不良情绪干扰。要建立健康的性心理，掌握科学的性知识是最基础的一环。

第一，从科学健康的渠道获取性知识。服刑人员文化程度普遍较低，又长期生活在封闭隔绝的环境里，获取性知识的途径主要是偷偷摸摸地看“毛片”和黄色书刊，通过这些途径获得的所谓性知识，常常是不恰当，甚至是错误的，不少还带有性暴力倾向。这不仅无助于缓解和消除性的困惑，而且常常适得其反，导致不健康性心理和性行为的产生。监狱应在对服刑人员进行生命意义教育时，增加性教育的内容，提高性心理健康水平。

第二，以科学的态度坦然面对性。性是一门科学，服刑人员应该以科学的态度坦然面对，积极主动地向具备科学、系统性知识的民警、咨询师或有经验的同犯请教。具有了关于性的科学知识，学会了以科学为标准来鉴别和选择性信息，才能真正的从身心及社会各方面把性统一起来，达成和谐的性的自我同一。

2. 合理调适性心理。在健全的人格力量调控下，将性行为控制在适当的时间、地点、对象和社会规范之内；以“转移、升华、克制、释放”合理调节性冲动，达到性生理、性心理及社会性道德规范三者之间的和谐统一；正常进行两性间的交往，对两性间的关系形成正确的认知，做情感的主人；明辨是非，增强对黄色文化的免疫力，不因性问题而受各类性意识或性行为问题的困扰。

3. 进行性心理咨询。心理咨询是咨询人员运用心理学的理论和方法，通过建立良好咨访关系，给来访者以启发、指导和帮助，促使其健康发展的过程。性心理咨询则是心理咨询的一个特殊领域，它是心理咨询人员运用性心理学的知识和技术，给寻求性心理咨询的来访者以启发、指导和帮助，使来访者免受性意识或性行为障碍困扰，改变不良的性适应行为方式，提高当事人性适应能力，增进当事人身心健康的过程。可见，它对解决服刑人员中存在的各类性心理问题，有着积极的作用。

一般说来，服刑人员对性心理方面的问题都存在着难以启齿的现象，通过专门的具有权威性质的服刑人员心理咨询或治疗机构，为他们提供相应帮助，效果通常会更好。因为，面对具有较高专业素养和职业道德水准的心理咨询人员，服刑人员通常会更信赖，更容易解除顾虑，诉说性方面的问题，以寻求理解、支持和帮助。目前，监狱都设立了心理咨询中心或相应机构，这对服刑人员的性心理健康及身心健康，必将起到积极而重要的推动作用。

二、参加文体活动，实现性转移

所谓性转移，是指通过文体活动、“三课学习”、劳动生产、“同改”交往、亲情交往等多种合理的途径，使其生理能量得到正当的释放和有效的转移。转移之所以有利于缓解性压抑，主要基于心理学的一大规律，即一般日常生活压力与性驱力呈负相关性。即生活压力越重，性驱力越低；生活压力越轻，性驱力越重。这与我国传统文化中的“饱暖思淫欲”颇为相似。所以，服刑人员大量参与喜闻乐见的业余文娱活动，挥汗如雨，大量消耗自己体内的能量，让自己没有多少时间和精力去顾及性问题，自然就从另一个侧面减轻了性压抑；相反，如果服刑人员改造之余的生活，总是那么单调乏味，会自然而然地回想起过去的性经历，徒增烦恼。

三、压抑当磨砺，实现性升华

性升华是指性欲受到限制难以发泄时，当事者将其转化为另外一种积极的、建设性的欲望和动力，使其在某种创造性的活动中得以发泄，并创造出不同凡响的成绩。性升华与性转移有点类似，但却又区别明显，性转移比较宽泛，意在转移目标，分散精力，个体在性转移过程中一般选择比较轻松愉快的事情来做，从而无暇顾及性需求；而性升华则目标集中，将性压抑的能量全部集中发泄到某一件常人不易完成的事情上面，选择的事情不仅不轻松，而且有相当大的难度，要经受长期的痛苦，克服常人难以想象的困难，需要坚忍不拔的毅力和强大的意志力才能坚持下去，直到获得惊人成功。概言之，性升华可使服刑人员的性欲转化为工作热情和创造力的滚滚源泉和强大动力。南非总统曼德拉在长达 27 年的监禁生涯中，矢志不改，将自己全部的精力投入到黑人的解放事业中去，赢得了全世界的尊重。

四、讲究性卫生，防治性疾病

（一）防止由于性压抑产生的性焦虑、性狂躁等异常性心理，要重点防止两种倾向：

1. 同性恋。也称性取向障碍，即追求的性爱对象是同性，而不是像绝大多数人那样追求异性。同性恋有男，也有女。据统计，西方的同性恋发生率可达 10% 以上。美国经常出现 10 万之众的同性恋大游行，呼吁“同性婚姻合法化”，并设有“同性恋者协会”及“同性恋网站”等。同性恋的成因极为复杂，不同的学派对此有不同的解释：有的认为与性激素的分泌水平有关；有的认为是成长过程中性别角色认同混乱造成的；有的认为与社会制度、社会观念、文化环境有重大关系；有的认为与遗传有关；有的认为是受个人失败的情感生活经历和认知影响。目前，国外普遍认为同性恋是一种性心理的偏向，并非精神疾病，认为属于正常的变异，是少数人选择的生活方式，不需要治疗和医学帮助。

但我国对同性恋的认识和态度与国外迥异。一是同性恋在我国被认为是一种严重的性心理偏差和变态，不受社会的保护和支持；二是同性恋是一种无婚姻保障、多性伴、非自然的性交途径，极大地增加了感染艾滋病的风险；三是同性恋无法孕育生命，既影响了人类的正常繁衍，又影响了家庭生活，与中国传统文化完全相悖；四是同性恋易导致系列心理混乱和冲突，产生社会适应障碍，诱发诸多社会问题。所以，同性恋在我国历来受到严格抵制和反对。服刑人员应自觉维护国家的法律和社会公共道德规范，坚决抵制同性恋。

2. 性变态。性变态又称性心理障碍，用来指称对某些物体或情况会产生性渴望，而那些物体或情况并不属于社会规范下的性渴望、性活动模式。如偷窥癖、露阴癖、恋童癖、恋畜癖、恋物癖、性虐狂等等。

有的心理学理论认为性变态是脑部损伤或大脑发育迟缓引起的病态；有的认为是重大的负性生活事件的影响，如小时候受到过虐待或家庭暴力；有的把性变态看作是正常发育过程中异性恋遭受失败的结果；有的认为是偶然与刺激物通过条件化机制结合在一起形成的性变态行为，这种刺激因素可能是早期生活中的首次性经验，也可能是对别人性偏离行为的模拟等等。

服刑人员由于长期处于监禁的状态，较之他人更容易诱发性变态倾向。应坦然面对服刑期间出现的各种性困扰，特别是在遭遇女友分手、妻子离婚等重大情感变化时，要保持良好心态，主动寻求心理咨询师的帮助，尽量消除负性情绪的影响，防止性变态。

（二）防治性传播的疾病

目前，性病诊治工作中普遍存在着“医病不医人”的错误倾向，即医生只着眼于患者的躯体疾病，而忽视了其心理因素及有关的社会因素。这种倾向不能适应现代医学模式，即“生物—心理—社会医学模式”，对当前性病的防治十分不利。现代医学模式认为，疾病不仅发生于器官、细胞上，同样也可引起人的心理状态的改变；反过来，心理因素及社会因素对疾病的发生、发展、转化也有着重要影响。就性病患者而言，羞耻感、负罪感可使患者改变其不良性行为方式，有利于性病的控制。过度的恐惧、悲观绝望、疑病心理、被社会遗弃心理可使患者产生沉重的心理压力，甚至导致心理障碍。而享乐心理可使患者沉湎于危险的性行为方式不能自拔，可致反复发生性病，并传播性病。服刑人员要养成健康性心理，讲究性卫生，防止性病感染；患有性病的，要积极配合治疗，争取早日康复。

心理链接

需要层次理论——需要是人的活动积极性的源泉，心理学家长期以来就重视对需要的研究。美国人本主义心理学家马斯洛提出了“需要层次理论”。马斯洛认为，人的需要可以分为五个层次，即生理需要、安全的需要、爱和归属的需要、尊重的需要和自我实现的需要。

生理需要是指人对食物、空气、水、性和休息的需要，是维系个体生存和种系发展的需要，在一切需要中它是最优先的。安全的需要指人对安全、秩序、稳定以及免于恐惧和焦虑的需要。爱和归属的需要指人要求与他人建立情感联系，以及隶属于某一群体并在群体中享有地位的需要。尊重的需要指希望有稳定的地位，得到他人的高度评价，受到他人尊重并尊重他人的需要。自我实现的需要指人最大限度地发挥自己的潜能，不断完善自己，完成与自己能力相称的一切事情，实现自己理想的需要。

马斯洛认为，只有较低层次的需要得到基本的满足，较高层次的需要才会出现。已经满足的需要会退居次要的地位，不再是行为、活动的推动力量；新出现的需要转而成为占优势的需要，它将支配一个人的意识，并自行组织有机体的各种能量。当所有较低层次的需要都得到持续不断的满足时，人才受到自我实现的需要的支配。

第十六章

爱人，我怎样才能续牵你的手？

爱情的力量是无穷的，它可以成就一个人，也可以毁掉一个人。入监之前的服刑人员，有的已经结婚成家，有的处于热恋之中，但随着监狱大门的突然关闭，他们的爱情、婚姻开始面临巨大的考验。不幸的是，很多服刑人员尚未从失去自由的痛苦中缓过气来，接着又遭遇到爱情夭折、婚姻破裂的沉重打击，导致严重的心理问题，并直接影响改造的正常进程。如何尽量避免这种人间悲剧的发生，正是本章所要探讨的重要内容。

第一节 服刑人员爱情的基本现状

案例：义气冲动致人命，面对现实解姻缘

唐某因与几个好朋友喝酒“海誓”以后，帮助其中一个朋友追讨高利贷，充当“好汉”，在追讨未果时，当场把欠款人给捅了几刀，欠款人被送到医院抢救无效死亡，他也被法院判处死缓。唐某在投入监狱服刑后，其妻在家苦熬了两年多之后，提出离婚。唐某先是觉得受到了极大侮辱，坚决不同意，大吵大闹、软磨硬拖了很长一段时间。但后来想到，法律虽然支持自己也和社会公民一样享有在婚姻维持和离婚方面的平等权利，但自己被判死缓，刑期漫长，不知何日是尽头，让只有30岁的妻子活活守寡十几、二十多年，白白浪费青春年华，实在于心不忍。迫于现实，也出于人的良心，终于痛下决心，在商量好有关家庭财产和孩子的抚养问题后，含泪在离婚协议书上签下了自己的名字。

一、当今的爱情越来越复杂

爱情是一个激动人心、历久弥新而又亘古不变的话题。人人都希望有一个一见钟情长相厮守的爱人。自古至今，无数或浪漫、或感伤、或令人羡慕、或令人嫉妒、或令人捧腹、或令人诅咒的爱情故事，让人百转千回、牵肠挂肚、感慨万千，甚至影响了一代又一代少男少女们的终身幸福。随着现代社会和科技的日益进步，世界变得越来越小，QQ、微信、微博的出现，手指轻轻一按，连地球都只是一个小小的“村”了，人们的联系也变得越来越迅捷和方便，即使远隔重洋，也能实现即时通话和视频聊天。然而高科技在带给现代人方便快捷的同时，也使现代人之间越来越变得陌生了，并出现了大量的宅男宅女。与此同时，现代年轻人的爱情、婚姻和家庭观念，掺杂了太多的东西，似乎越来越复杂，越来越淡，甚至越来越金钱化、利益化和世俗化。古代婚姻秉承的是“父母之命，媒妁之言”，固然有很多弊端，但绝少出现剩男剩女的现象，相反出现了很多忠于爱

情的典范。而当今社会虽然遵循的是自由恋爱，讲究的是男女平等，反而剩男剩女不少，痴男怨女增多，离婚率也是节节攀升。现代人越来越看不懂爱情，越来越缺乏对爱情的忠贞与执着，甚至临时凑合，代之以游戏人生的态度。

如今不仅明星离婚成为一种潮流，而且普通老百姓离婚也成了家常便饭，特别是80后、90后的年轻人，说结婚就结婚，甚至连结婚证都懒得办；说离婚就离婚，甚至连给父母一个招呼都不打。不少人在怀疑，这个年代是否还存在真正的爱情呢？ 2014年央视元宵晚会上，张晋、蔡少芬这对明星夫妇倾情演唱的一首《平凡相恋》，让人们看到了希望，也萌生了诸多的向往。这对夫妇从相知相恋到相互支持，从一无所有到获得电视世界2014英艺奖，本不被大家看好的一段爱情，竟然开出如此绚丽的花朵！一夜之间又让大家觉得，美好的爱情还在，爱情依然是那么迷人，婚姻依然是那么完美。

可见，当代人既有对美好爱情的向往与追求，也有对现实爱情越来越复杂的苦恼与迷茫，人们对待爱情、婚姻的心理变得十分纠结，但人们追求美好爱情的脚步从来就没有停止过。一个正常的人可以没有多少金钱，可以没有什么权势，但是绝不可以没有爱情，甚至，爱情是一个人活着的重要理由，是支撑事业的重要支点，是催人奋进的重要动力，是生命不竭的滚滚源泉。

二、服刑人员爱情的基本现状

服刑人员大都有过刻骨铭心的爱，且大都已经结婚成家，拥有心爱的妻子和可爱的儿女，拥有一个属于自己的美满家庭。可突如其来的锒铛入狱，让服刑人员的爱情与婚姻就像一只断了线的风筝，风雨飘摇，捉摸不定，甚至脆弱得不堪一击。服刑人员不仅失去了自由，而且与世隔绝，显得更加孤独无援，他们对爱情的需求会更加迫切，他们对婚姻会更加依赖，唯恐牵不到爱人的手。然而现实究竟如何呢？

根据调查统计，服刑人员的爱情婚姻现状主要存在四种类型：

（一）不离不弃型

服刑人员入狱服刑后，不管是恋人还是妻子，都坚定地选择与他们共同面对人生磨难，义无反顾地心手相牵，患难与共，这是当前服刑人员中占比最大的类型，占服刑人员总数的 60% 左右。这种类型自然是服刑人员最期盼的。这种类型的女友或妻子会体谅服刑人员深陷囹圄的苦楚，格外关心服刑人员的服刑生活，会经常给服刑人员支持鼓励，勇敢地承担起家中的生活重担，自觉抚养、教育孩子，用心赡养老人，想方设法改善家中的经济条件，定期前往监狱探视，告知家中的大小事务，交流彼此的思恋之情，尽量让服刑人员放宽心，安心改造，争取早日回家团聚。可以说，正是女友或妻子的不离不弃，让服刑人员感到了人间的温暖和爱情的伟大，解除了其巨大的后顾之忧，也受到了极大的鼓励和支持，得以全力以赴地投入改造，战胜服刑过程中的一个又一个困难。特别是不少原本还有些磕磕碰碰的女友或妻子，一旦男友或丈夫服刑后，表现得非常勇敢和大度，不仅对服刑男友或丈夫呵护备至，而且勇于担当，坚守贞洁，抵御住各种诱惑，创造出无数相夫教子、患难与共、永不背叛的佳话。这自然最为服刑人员和社会所广为称道。

（二）分道扬镳型

有些服刑人员一旦服刑入狱，其女友或妻子立马提出分手或离婚。尽管这种类型比例最小，仅占总数的 10% 左右，但其对服刑人员的打击和伤害最大。导致这种结局的原因有很多，有的是服刑之前两人关系就比较冷淡，甚至出现了危机，男方服刑只是加速了分手的过程；有的是两人之间的感情才刚刚建立，基础还不牢固，突然遭此大难，双方都没有什么心理准备，所以很快分手；有的原本就有一方的父母和家人反对这桩婚姻，可以说是先天不足，服刑正好提供了分手的借口和机会，所以，女方架不住家人的压力，很快就提出分手；有的是服刑人员原本就有对不住女友或妻子感情的地方，如背地里有第三者，如今东窗事发，女友或妻子不能原谅；也有的并非服刑人员对女友或妻子感情不忠，而是在诸如财产等问题上伤害了对方，导致女友或妻子不能接受，所以提出分手，等等。总之，服刑人员入狱之后，女友或妻子很快提出分手并不少见，它对服刑人员的打击和伤害来得快，但也去得快。服刑人员遭遇此种情况，往往刚开始一段时间会情绪激动，甚至怒不可遏，但时间一过，往往考虑到女友或妻子无法挽回的决然态度，也能很快放下。

（三）劳燕分飞型

这种类型主要是指刚刚开始时，服刑人员与女友或妻子的感情尚好，双方也都决心共同面对即将到来的严峻考验，实际上也正是女友或妻子的支持鼓励，使服刑人员度过了最困难的入监初期。可是由于种种原因，这种情形经过几年，甚至十几年的艰难历程之后，变得难以持续，双方都精疲力竭，尽管女友或妻子并没有在感情上背叛男方，但已明显呈现出厌倦、疲劳、难以为继，双方都意识到如果继续下去，不仅对女方是一种伤害，而且对男方也是一种伤害，不得已，双方遗憾地结束恋情或婚姻，最终劳燕分飞。导致这种情形的原因可能很多，也许是女友或妻子身心疲惫，实在支撑不下去；也许是经济困难，独木难支；也许是寂寞难耐，寻求改变；也许是舆论压力，不得不屈服；也许是双方交流受阻，感情变淡等等。这种类型的比例较高，占总数的16%左右。它对服刑人员的影响和伤害持久而巨大。这种感情经过了相当长时间的磨损、跌宕起伏后，变得伤痕累累，这对于服刑人员来说，无疑是十分痛苦的，不少服刑人员就此变得心灰意冷，消极沉沦，失去了继续改造的动力。

（四）有名无实型

这种类型表面上服刑人员与女友或妻子的关系没有改变，但实际上徒有虚名。女友或妻子或由于精力旺盛，耐不住寂寞，而主动红杏出墙；或由于经不住诱惑，半推半就，被动与人苟合。可是女方尽管已经感情出轨，心有旁骛，却往往或碍于面子，怕人指责，或顾及到子女前途，或顾及到财产分配，或顾及到男方的势力等，表面上继续维系感情、婚姻。这种类型的比例尽管不是很高，仅占总数的14%左右，但上升的趋势却非常明显，而且还有相当一部分处于地下状态，并不为人所知。这种似是而非、有名无实的情形是最为服刑人员所痛恨的，不少服刑人员之所以难以安心改造，一个重要原因就是担心女友或妻子背地里红杏出墙，给自己戴上“绿帽子”。这种情形也是服刑人员最不放心、最为忌讳、最为在意的，一旦真相揭晓，会对服刑人员的自尊造成重大打击，甚至出现严重的心理障碍和危险过激行为。

显然，所有服刑人员都希望自己的女友或妻子能属于“十年修得同船渡”的第一种不离不弃型，坚定地与自己在一起，相互扶持，相互勉励，共渡难关。这样的心情和愿望完全可以理解，但作为一个理智的服刑人员，面对纷繁复杂的监外社会，面对物欲横流所带来的各种冲击，也应有充分的思想准备，做好最坏的打算，冷静面对和处理感情危机的现实挑战。

心理链接

因果定律——“因果定律”是由著名哲学家苏格拉底提出的，又称为因果法则，指无论哪一方面的成功或失败都不是偶然的，而是有着一定因果关系的必然，即每件事情的发生都有某个理由，每个结果都有特定的原因。这个法则非常深奥且具极大影响力，以至世人将其称为人类命运的“铁律”，心理学家将其归纳为种瓜得瓜、种豆得豆，种下什么样的因，就会有什么样的果。

因果定律说明的是，发生在你生活中的任何一件事情的结果，必定有一个或多个相伴而生的原因，简单说就是人们每天都生活在因果定律之中。从天体运行、四季轮回，到小河叮咚、大地春回；从花草树木、鱼虾成群，到红杏枝头、山峦叠起……这一切都和因果定律息息相关，也可以说是因果定律运行的结果。

爱默生说：“因与果，手段与目的，种子与果实，是不可分割的，因为果早就酝酿在因中，目的存在于手段之前，果实则包含在种子中。”所以，你要得到某样东西，一定要付出更多的努力，把与该事情相关的事情都做好，这样你才能从该事情中得到丰厚的回报，付出越多才能收获越多。

第二节　多方理解和体谅对方

案例：好逸恶劳犯大罪，怒其不争把婚离

刘某现年 45 岁，在某监区服刑。由于自己长期好逸恶劳，以致在结婚成家，孩子都已初中毕业后，仍然与父母生活在一起，成为典型的“啃老族”，老婆对此是早有怨言。在其父母、岳父母和妻子的再三催促下，刘某决心单独生活并建设自己的小家庭。想法有了，但没有考虑走正路，他打起了附近铁路货场的主意，三番五次背着老婆，去偷建筑材料和旧枕木，其中一些价值较高的物品就去变卖获取现金，还欺骗老婆说是辛苦打工赚来的。刘某在一次与他人一起偷盗附近工厂的钢管时，导致旁边一根输油管道断裂，油品随即外泄，不仅给工厂造成了巨大经济损失，同时也污染了周围环境和农用田地。被公安机关当场抓获后，大账小账一起算，最后判处有期徒刑 15 年，建设小家庭的愿望成了泡影。原本夫妻关系就不咋地，如此一来，其妻更加觉得窝囊，真所谓哀其不幸，怒其不争，恐怕永无出头之日了，实在是没有什么盼头。因此，尽管已有 40 岁了，但还是当机立断，直接提出离婚。刘某本不愿意离婚，可前思后想，毕竟是自己对不住老婆，怪不得老婆绝情，所以只得忍痛放手。

每个人的爱情都不简单，每一段或深或浅的爱情，都会是个人生命中一段刻骨铭心的印记。夕阳西下，白发老人在牵手漫步，一生的风风雨雨尽在无言的牵手之中，那是何等温馨和谐的幸福。我们一生中终究要“目送”父母先我们而去，我们也终究要看着儿女拥有属于他们自己的安乐窝，而能够时常陪伴我们的还是自己的另一半。枕边的那个人一定是走入自己生命中最长久的人，也是风雨无阻、患难与共、分享生命最多的人。

但是，服刑却犹如晴天霹雳，让自己的爱情和婚姻面临巨大的考验。绝大多数服刑人员自入监的第一天起，爱情夭折、婚姻破裂就像挥之不去的阴影常常

萦绕在自己的心头。面对身陷囹圄的丈夫，面对归期不定的男人，曾经的海誓山盟是否经得起时间的考验？是否还会在家中为你苦苦守候？是否经得起各种暴风雨的侵袭呢？

答案并不确定。有的会不离不弃，有的会分道扬镳，还有的会劳燕分飞，甚至有名无实，徒有形式。如何对待和处理入监服刑后的感情危机，对于服刑人员来说是一个巨大考验。但首先得有一个基本的态度，那就是将心比心，换位思考，充分理解、体谅恋人、妻子的难处和压力。这就要求既要考虑到自己在监狱服刑的现实给女友、妻子造成的压力，也要考虑到监外的现实给女友、妻子造成的难处。

一、改造现实给爱人造成的压力

（一）身份迥变，害了爱人

一个正常的公民，因为触犯了国家法律，经过法院的判决，最终到监狱服刑，那么这个人的身份瞬间就发生了巨大的变化，即由正常的公民变成了罪犯，成了法律惩罚的对象。服刑人员本人，不管是罪有应得也好，代人受过也好，还是蒙冤入狱也罢，至少在人生的履历中留下了一段痛苦的经历。与此同时，自己的爱人，不管是恋人还是妻子，也都必然因此而蒙羞，并承受着巨大的心理压力和精神负担。周围的人可能会指着服刑人员的爱人后背说三道四，甚至当面指桑骂槐、破口大骂，这无疑会给女友或妻子造成巨大伤害，如果这种伤害超过了其承受的极限，往往就会提出分手或解除婚约。而如果服刑人员当初犯罪之前，女友或妻子早就提醒，甚至当面反对过，服刑人员就是横竖不听，一意孤行的话，就更容易遭到女友或妻子的抱怨、谴责，甚至立马抛弃。

（二）社会舆论，难了爱人

俗话说，好事不出门，坏事传千里。坐牢不是件光彩的事，自己犯罪坐了牢，想要瞒住不让别人知道未免太天真。服刑人员整天生活在一个相对封闭的小环境里面，每天就是监舍、车间两点一线，日复一日，年复一年，毫无变化，每天接触的是其他服刑人员和管教民警，可以说是基本与世隔绝。而女友或爱人则不同，她们每天都要面对社会上形形色色的人，面对那么多异样的目光，还要回答那些真关心、假关心询问情况的人，直接遭受“糊涂女”“罪犯婆”等蔑视性的漫骂、侮辱，甚至那些原来与自己有过节，不怀好意的小人，乘此机会幸灾乐祸，到处说自己的坏话，传播谣言。面对这一切，女友或妻子往往毫无反抗之力，只能是默默地忍受，结果不是在沉默中死亡，就是在沉默中爆发，爱情婚姻便岌岌可危。

（三）沟通不便，苦了爱人

服刑人员在服刑改造期间，恰恰是失去了最宝贵的自由，由此造成与爱人的沟通极为不便。虽然法律规定服刑人员有通信的权利，但毕竟没有通信的自由。一是通信的内容必须交给民警审阅，没有任何的私密性，难以在字里行间尽情表达思恋之情；二是收发信件的时间，较社会上大为延迟，真有什么情感要通过信件来表达和沟通的话，早已是时隔三秋、物是人非了。而想通过亲情电话的方式与爱人沟通，也受到种种限制。首先得具备办理亲情电话卡的资格。作为服刑人员，如果是累犯，或者虽然不是累犯，但是因为涉黑、吸毒、贩毒、暴力犯罪等罪名而入狱的话，一般会丧失办理亲情电话卡的资格。就算有了亲情电话卡，也不是想打就能打，必须经过监狱民警的批准，通话的时间也有限制，更为不便的是，所有通话都有监听和录音。总之，一旦失去了自由，想与爱人联系和沟通，就显得十分不便。而感情是需要经常润滑和交流的，女友或爱人的喜怒哀乐长时间没有人倾听，没有人关注，没有人宽慰，就会慢慢变得生疏、隔阂，这离感情危机就不远了。

（四）体贴不到，冷了爱人

女人天性柔弱，小鸟依人，需要体贴，需要温存。可由于服刑，很多原本可以体现丈夫温情、体贴的地方，也变得踪影全无。如女友的生日、妻子的结婚纪念日、岳父母寿辰、小舅子结婚、岳父母过世等；就算是每月一次的会见，本来是服刑人员与爱人单独相处的最好时光，可爱人好不容易抽出空，千里迢迢地赶来，往往只讲了几句话，连拉个手的机会都没有，就得草草收场。其实，爱情是男女之间相互爱慕、相互需要、相互吸引的一种神圣的感情，而女方往往需要男方经常的温柔与体贴。羁押前，妻子有困难，丈夫可以随时挺身而出来到妻子的身边，给以温暖和慰藉。特别是危难之际，丈夫随时可以用男子汉的高大身躯为妻子遮风挡雨，充当保护伞。有时一个眼神、一个手势、一个拥抱，就可以让妻子感受到强大的支撑和巨大的幸福。可突然之间，大门紧闭，高墙铁网，人我两隔，女友或妻子的心自然凉了半截。这必然给感情维系造成诸多障碍。

二、监外世界给爱人造成的难处

而给女友、妻子带来更多压力和挑战的还是监外的世界。

（一）失去栋梁，独木难支

几千年来中国社会男主外、女主内的文化传统，使得大多数女人都不擅长与人打交道。男人都是家中的顶梁柱和定海神针，是女人的依靠。过去大事小事都由男子汉出面。可如今自己身陷牢笼，对女友或妻子面临的大量困难都是心有余而力不足，可谓鞭长莫及。眼下，事无巨细全都落在了女友或妻子柔弱的肩上。可想而知，丈夫坐牢以后，作为妻子，不仅会觉得天都塌下来了，而且什么事情都失去了依靠，全靠一个柔弱女子来支撑，真是独木难支。爱人的无助，你能想象得到吗？

（二）低三下四，到处求人

自从服刑人员出事那天起，爱人就不得安生了。不管是案发后还是服刑后，只要是涉及自己的事，即使无济于事，她仍然会全力以赴地动用一切社会关系，动用所有财产，到处求爷爷、告奶奶，甚至不惜借钱去“走水路”，哪怕只有一丝成功的希望，她都会付出百分之百的努力，目的只有一个，就是希望免除或者减轻狱中人的罪责和痛苦。即使她在外面受尽委屈，遭人白眼，甚至低声下气求人，见人矮三分，可还是不遗余力。也许受尽屈辱后，结果还是毫无进展，但她仍然会信心十足地报告这个好消息、那个好消息，想方设法宽慰你，让你充满期待。爱人的苦心，你能体会得到吗？

（三）捉襟见肘，生活窘迫

钱不是万能的，但没有钱是万万不能的，尤其是在当今物欲横流的现代社会，没有钱更是寸步难行。不少服刑人员原本想通过歪门邪道走一下偏门，冒一下风险，赌一赌运气，发一笔横财，让自己的妻子、儿女过上好日子。但法网恢恢疏而不漏，偷鸡不成蚀把米，原来美好的愿望变成了南柯一梦。自从入狱服刑，原本就不富裕的家庭顿时陷入了经济危机，往往捉襟见肘、生活困窘。养家糊口本是男人的职责，现在倒好，不但挣不了钱，反而还要花钱，成为一种累赘。如果女友或妻子有一份较高的收入还好，如果原本就收入微薄，甚至没有工作，就真的是巧妇难为无米之炊。如果上有老、下有小，养家糊口的千斤重担就全部压在她一个人身上，女友或妻子的困难就难以想象。爱人的艰辛，你能感受得到吗？

（四）社会歧视，女人多疑

不用讳言，社会上对坐过牢的人或多或少都会存在某种歧视，如果是打砸抢、强奸杀人等暴力犯罪，社会上的人就更会戴着有色眼镜看人，这样经年累月，会有不少好心人或别有用心的人不停地给女友或妻子灌输、开导，甚至挑唆，久而久之，爱人也难免七上八下，打起退堂鼓。而且女人天生多疑多变，都说监狱是一个大染缸，自己的男人染过之后会有什么改变？还可以作为今后的依靠吗？那个曾经让自己神魂颠倒的男人还值得自己为他苦苦地等待吗？自己的家庭是否会因为男人的这次坐牢而永远蒙上挥之不去的阴影呢？几年的牢狱生活是否会摧残自己男人的意志呢？他出来以后还能正常地融入社会、走上正道吗？各种各样的问题无时无刻不在拷问着她的内心世界。如果社会的歧视多了，女人的疑心重了，问题可能就复杂了。爱人的心思，你能觉察得到吗？

（五）理想唯美，现实残酷

在现代人的眼中，爱情有唯美的，有唯钱的，有唯权的，有唯性的，等等。当那些婚前只注重轰轰烈烈，爱得死去活来的男女，在婚后突然发现，原来那么美好的爱情，到头来还是离不开吃饭、睡觉、柴米油盐酱醋茶的俗套，就会发出婚姻是爱情的坟墓的感叹，原来的那份唯美的爱情就会突然像美丽的花瓶掉在地上，瞬间摔得粉碎，原来纯真、高尚、圣洁的爱情，在物欲横流的今天，如同一杯沁人心脾的茉莉花茶，被掺杂了许许多多的杂质，被演绎得五花八门。于是生活中常常有人抱怨，我们的婚姻确实出于爱情，婚后也沐浴在爱河之中，但时间一长，就会感到从未有过的倦怠，甚至感叹婚姻真的是爱情的坟墓。如果自由人都发出这等感叹，作为服刑人员的女友或妻子，面对如此艰难的残酷现实，面对如此支离破碎的情感，她们更会感到失望、凄凉甚至悲哀。爱人的迷茫，你能体察得到吗?

（六）长夜漫漫，寂寞难耐

无论是服刑人员，还是服刑人员的女友妻子，都是成年人，都需要爱人的抚慰，都渴望爱的滋润，也都有性的冲动和需求，这可以说是人的一种本能。可是服刑人员由于服刑改造，不仅剥夺了自由，也剥夺了性的满足。面对漫漫长夜，服刑人员会寂寞难耐，辗转反侧，夜不能寐。可女友、妻子又何尝不是如此呢?更为现实的是，爱人并非生活在真空中，难免受到形形色色的各种诱惑，尽管绝大多数爱人会苦苦等待，长久坚守，始终保持一份纯洁，但也难免会有少数耐不住寂寞而主动寻求安慰，或经不住诱惑一时委身与人，或抵挡不住强暴被迫失身于人。如果爱人年龄较大也许能顽强抵御各种诱惑，如果是尚在热恋，或刚刚结婚、没有孩子、年富力强、精力旺盛的情况下，要抵挡住一时的寂寞也许不难，但要抵挡住几年甚至十几年的寂寞就殊为不易。作为一个成熟的服刑人员，爱人的苦楚，你能体会得到吗?

心理链接

自制力定律——自制力是指人们能够自觉地控制自己的情绪和行动的能力，既善于激励自己勇敢地去执行决定，又善于抑制那些不符合既定目的的愿望、动机、行为和情绪。自制力是坚强的重要标志。一个人一旦失去了自制力，便可能误入歧途，导致一生的遗憾。

德国音乐家巴赫从小非常喜欢音乐，很想去汉堡听一位管风琴大师的演奏。可巴赫住的地方离汉堡有 90 多公里路，穷孩子没钱坐车，只好带上干粮徒步上路，走累了在田野里休息一会儿，天晚了在农舍屋檐下的草堆中睡上一夜……为了听演奏会，他经常这样步行往返，是自制力支持他走完全程!

自制力差的人，特别易冲动。冲动是在理性不完整时的心理状态和随之而来的一系列恶性行为，打架斗殴、杀人放火都是在自制力差的情况下发生的。而大多数成功者都能把自己的情绪控制得收放自如。这时，情绪已经不仅仅是一种情感的表达，更是一种生存的智慧。如果控制不住自己的情绪，随心所欲，就可能带来毁灭性的灾难；情绪控制得好，则可以帮你化险为夷，克难制胜。

第三节　积极改造，给她信心

案例：减刑裁定书就是给爱人最好的礼物

某监区服刑人员杨某，33岁，曾因经济诈骗罪被判刑10年。其30岁的妻子贤惠能干，经济虽不宽裕，但夫妻感情很好。他们有一个3岁的宝贝女儿，活泼可爱。杨某思念妻儿，在给妻子的信中反复表示忏悔，说对不起她和女儿，希望妻子原谅并等着他，说等自己回归后一定给妻子买最好的礼物。信寄出后如石沉大海、杳无音信。这时，杨某感到了婚姻的危机。但他不愧为一名有志气、有血性的男子汉，暗暗发誓，处处下力，守纪当模范，生产争第一。功夫不负有心人。两年后，他拿到了减刑一年的裁定书。他再次写信给妻子报喜，很快就收到了妻子充满喜悦和深情的回信："亲爱的，你的减刑裁定书就是给我最好的礼物，比你再多的检讨和道歉也管用百倍。我们重新相聚的日子又提前了一年，希望你再接再厉，我和女儿在家里等着你回来！"多么感人的话语，多么可爱的妻子。由此可见，服刑人员的改造进步就是维系婚姻最好的法宝。

服刑人员一旦入监服刑，思考最多的就是如何争取早减刑、多减刑、早日假释、早日与家人团聚，而这正是爱人的希望和期盼。服刑人员只有通过积极改造，才能给爱人以信心和希望。也只有早日重获自由，才能使爱人那颗受伤的心及早得到安抚，使自己失去的爱情得以延续和巩固。为此，应努力做到：

一、加快减刑，早日团聚

加快减刑，早日回归的愿望和计划几乎人人都有，但目标的实现需要付出扎实努力，并且要遵循正确的方向和途径。

一方面要制定好目标计划。"凡事预则立，不预则废。"入监以后的首要任务，就是要根据自己所判刑期的长短，对照有关减刑、假释的规定，制定出切实可行的、具有可操作性的改造计划。首先要调整好服刑改造的心态。坐牢是人生中最大的不幸和挫折。但既然事情已经发生了，就只能直面现实，端正态度接受惩罚，“悟已往之不谏，知来者之可追”，怀揣和爱人早日团聚的憧憬和梦想，把服刑改造作为人生的另一个新的起点，把挫折变成矫正今后人生道路的智慧和财富。其次要认清自身的实际，要根据自己刑期的长短和个人能力的大小正确估算自己服刑改造的时间，不能将减刑和假释的期望定得过高，如每个月的最高分为 5 分，但能拿 5 分的只有 5%，绝大多数人是拿不到这个考核分的，要掂量一下自己能否进入这个行列，以免定得过高实现不了感到失落，影响改造情绪。再次，制定好减刑、假释的具体计划，明确好自己的改造目标。重点是确定减刑的次数和减刑、假释的时间。计划减几次刑，每次减多少，什么时候假释，如何争取到减刑所必需的考核分等，都必须有详细的计划，并且留有余地，做到有备无患，不打无准备之仗。计划定好后写信告诉自己的爱人，让她心怀希望，并随时提醒监督自己，两个人为了同一个目标，相互鼓励督促，以利于计划的实现。

另一方面要付诸行动。恩格斯说，一个实际的行动比一打计划和纲领更有效。能否按计划拉近与爱人重逢的时间距离，关键是行动。为此，服刑人员必须脚踏实地，一心一意地搞好自身的改造。首先，要积极完成劳动生产任务。劳动是我国监狱机关改造罪犯的三大手段之一，是中国特色监狱制度的重要内容，也是检验服刑人员改造态度和成效的重要手段，服刑人员必须无条件地完成劳动生产定额任务，这是硬性指标，没有价钱可讲，也只有这样，才有可能得到自己满意的考核分数。其次，要形成良好的行为素养。《服刑人员行为规范》是对服刑人员行为素养的全面要求，这三十八条不仅要背熟牢记，而且要遵照去做，只有真正形成了良好的行为素养，变成了自己的自觉行动，才能获得这方面的奖分，并真正获得改造生活的自主权。再次，在服刑改造的前进道路上，只能多做加法，绝不能做减法。违规就会扣分，稍不注意，辛辛苦苦劳动改造的成果就会大打折扣，甚至付之东流，严重的还会关禁闭，影响到自己的减刑和假释，少则一年多则两年不能减刑和假释，等于间接地增加了自己一至两年的刑期，那可就因小失大，得不偿失了。要及时向爱人报告自己在实际改造中取得的每一个进步，不仅要让她见证你的进步，而且要让她分享你的进步，创造夫妻同心、携手共进的局面。

二、护好身体，留足“本钱”

谁都知道，身体是从事一切事业的本钱，也是服刑人员走向新生，与爱人重续前缘的重要本钱。坐牢最怕的事情就是把自己的身体搞垮了，那就真是“赔了夫人又折兵”。健康是福。有人曾经形容健康等于“1”，而金钱、荣誉和地位等就相当于“1”字后边的“0”，倘若没有了“1”的支撑，一切便是“0”。尽管在市场经济条件下，金钱对人的重要性可谓空前。“没啥可以但别没钱”，但同时还有一句话，“有啥都可以，但别有病”。这昭示着人们对健康的期盼，因为最贫穷的人也不会为了金钱放弃健康，但是最富有的人为了健康则会情愿放弃所有的金钱。作为服刑人员，身体垮了，失去了回归后自食其力、养家糊口的能力，自己爱人和整个家庭的希望也就落空了，还谈得上什么维系婚姻给她幸福？所以，每一名服刑人员在积极参加劳动改造的同时，一定要注意好自己的个人卫生，防止感染疾病，同时在现有条件下积极想办法进行一些必要和适当的身体锻炼，如做做俯卧撑、平板支撑、上下蹲之类的，活动一下筋骨，增强自己的体质，有条件的可以适当吃一些牛奶和水果等，以确保自己的身体健康，留足幸福的本钱。

三、学好技能，增强本领

具备一定的技术专长，是现代社会谋生的重要条件，也是养家糊口的重要基础。为了赢得爱人的谅解，为了整个家庭今后的生计，服刑人员应当把刑期当学期，把监狱当学校，努力学习技术，增强就业本领。监狱里面的条件虽然有限，但每年都为服刑人员开设了初级电工班、电脑班等技能培训班，尽管学的东西很基础，但只要用心去学，努力钻研，还是可以学到很多东西的。监狱还负责颁发由国家劳动和社会保障部门统一印制的技术等级资格证书。如果有资格和机会到新桥职业技校（省出监人员职业培训监狱）去的话，那里还有汽车驾驶、汽车维修、烹饪等培训班，集中三个月的时间进行培训和实习，出监以后也可以凭这些学到的一技之长立足和谋生，让爱人有一个放心的依靠，重新建设幸福的家庭。

四、奉献真爱，巩固姻缘

美好的婚姻，是靠男女的真心来维系的；幸福的家庭，是靠双方的努力建成的。服刑期间，服刑人员虽然不能为家庭创造物质财富和现金收入，不能为妻子遮风挡雨，但是仍然可以以其他方式，献出自己的一份真爱，表达一片真情。

（一）回顾过往，尽责几何

一个好丈夫，应该是一个真心爱妻、勇敢护妻的男人，一个事业有成、供养家庭的主人，一个感情专一、幽默风趣的伴侣。服刑期间，夜深人静之时，除了想念父母、思念妻儿，还应对照一个好丈夫、好父亲的标准，回顾检讨自己的过去：努力如何？尽责没有？男女结合组成家庭，不仅是为了享受男女之爱，更重要的是为了尽到为夫为父、为妻为母的职责。有人说夫妻生活就像泡茶，第一道像恋爱，浓烈馨香；第二道像新婚燕尔，清香可人；第三道则像蜜月后的婚姻，平淡如水，需要我们以平常心去品味，才能领略其中的真谛。但平淡是真，长久是福。平淡和长久是靠付出来维系的。特别是作为一家之主的男人，作为家庭的顶梁柱，当自己还是自由之身时，是否只顾自己潇洒而忽略了自己至爱的妻子呢？是否因自己的一意孤行、任性而为曾经伤害过自己的爱人呢？是否承担了一个男人对家庭的全部责任呢？如果没有做好，不妨用书信、电话等方式向妻子表达深深的歉意和强烈的悔改决心，以求得到她的谅解，说不定会有意想不到的效果。当然，必须是发自内心的，是通过深刻反思、实现了身心蜕变和情感升华后的真情流露和表白。实践证明，双方感情的巩固，交流沟通起着至关重要的作用，加强这种交流，有助于增进相互理解，进一步拉近情感上的距离。

（二）多予少取，奉献真情

服刑生活是艰苦的，紧张的劳动，清苦的生活，这是改造人的需要。有的人能经受住这种考验，成为挫折和坎坷面前的强者。但也有些人，难改在外面形成的“潇洒”生活习惯，整天还是香烟不离手，饮料、槟榔不离口，不断向爱人伸手，让已经陷入窘境的家庭雪上加霜。如果想维系婚姻，想在回归后与爱人共建美好家庭，就必须矫正坏习惯，尽量减少或取消对家庭的经济依赖，过几年艰苦简朴的改造生活，并想尽一切办法，给家庭、给爱人以理解、关怀和支持。除了感情上的交流与关怀以外，还应在以下几个方面给予和付出。一是为家庭增收出点子。监内图书室有那么多勤劳致富、科技致富、点子致富的好书。如果你下一番功夫，完全可以从中吸取养分，受到启发，给家庭、给爱人提出一些符合实际的增收门路和点子。二是为子女教育提建议。一个女人，背着沉重的思想包袱，里里外外一把手，抓收入，做家务，在子女教育方面难免力不从心，而知子莫若父，服刑人员在收工之余，或休息日，既有时间又有精力，也可以给已经识字的子女写信，对他们予以教育和启发，也可以给妻子或父母提出教育子女的主意和建议。三是要满足爱人合理的要求。服刑人员的婚姻家庭情况是多种多样的。有的人尚未结婚，有的人刚结婚不久，妻子才二十出头，自己的刑期又十分漫长，既没有爱情的结晶，又缺乏维系婚姻的深厚感情基础。要长久维系这种高墙内外的婚姻是艰难的，也是近乎残酷的。当然也有很多坚守到底的高尚女人。男人，他什么都有的时候爱一个人，才是真正的爱；女人，她在你什么都没有的时候还爱你，才是真正的爱你。如在服刑之后，爱人仍然义无反顾、不离不弃地爱你，那么，好好珍惜吧，这样的女人是值得为她付出一生的。但对多数类似的婚姻来说，作为丈夫，则要拿出男子汉的担当来，为了真爱，主动做出牺牲和奉献，把好合好分的主动权交给爱人。因为责任和奉献本来就是爱情的题中应有之义。

（三）宽容体谅，彰显气概

林语堂说：“怎样做个好丈夫呢？就是在太太欢喜的时候你跟着她欢喜，可是太太生气的时候，你不要跟着她生气。”一对老夫妻，风雨同舟共同生活了六十年，在他们庆祝结婚纪念日的时候，别人问他们：“你们二位是如何共同走过这漫长的六十年的呢？”男的回答说：“在我们出生和成长的那个年代，所有被损坏的东西都需要修理，而不是像现在这样扔掉了事。”这个回答充满了哲理。

如何才能赢得爱人的欢心呢？其实很简单，只有两条，第一条：记住爱人永远是正确的；第二条：如果爱人错了，请参看第一条。的确，在婚姻里没有永远的对和错，因为婚姻就像战争，唯一不同的是，打完“仗”后还要跟“敌方”

的将领睡在同一张床上。婚姻可以是女人的全部，却只会是男人的局部，既然这样，为什么不让着妻子、彰显自己的男儿气概呢？

什么是宽容？宽容就是原谅、饶恕、不予计较和追究。在现实生活中，宽容是闪耀着人类智慧光芒的理智，是一个人有修养的体现，是良好心态的外壳，是爱心的外在流露。毋庸置疑，生活中需要宽容，婚姻生活更是如此。著名哲学家苏格拉底的妻子性格暴戾，动不动就对苏格拉底大发雷霆。有一次，他的妻子又向他大发脾气，苏格拉底不予理睬，淡然走出家门继续他的思考，当他走到门口时，他的妻子从楼上泼下一桶水，把他淋成了落汤鸡，苏格拉底只是默默地拿出手帕，拭去了身上的水，自言自语地说道："我就知道，雷霆过后便是大雨。"试想，如果我们每个人都有苏格拉底这样的气量，夫妻之间哪里还会吵得起来呢？作为一个正在服刑的男人，更需要这种哲学家的睿智和胸怀。

（四）男儿自强，赢回真爱

服刑人员回归社会以后，要自立自强，肯定比其他人更难，但是浪子回头金不换，只要我们真正吸取以往的教训，树立豁达、乐观、自信的人生态度，就没有过不去的坎。

首先，好男儿必须有豁达的胸襟。在现实生活中，人们总喜欢与豁达的人打交道、交朋友，因为这种人性格开朗、度量大，他们在把愉快带给别人的同时，也把利于身心健康的益处留给了自己。

其次，服刑人员必须树立乐观自信的人生态度。乐观是自信的表现。自信，是一种风度，是一种境界，拥有它将终身受益。革命的乐观主义是克敌制胜、事业成功的法宝之一，也是战胜疾病、留住健康的法宝。自信能够帮助自己找准生活的目标，不至于迷失方向。当困惑迷茫时，只有自信能够帮助自己坚定信念，走自己的路。一个人活在世上要正确地看待暂时的失败和挫折，要有一种百折不挠的精神。作为服刑人员，回归社会以后，更要正确对待别人的评价和议论，自己认准了的事情，就应该坚定不移地走下去，正所谓"走自己的路，让别人去说吧"。

"天生我材必有用。"在人世间，骏马能历险，犁田不如牛；坚车能载重，渡河不如舟。正在监狱服刑的人们，扬起生命的风帆，勇敢地去搏击人生的风雨吧，用自己的自信、勇气去横扫密布在心头的乌云，用热情和理智去融化心灵的寒冰。大丈夫何患无妻！只要坚持，终将拥有甜蜜的爱情、亲情、友情，拥有欢声笑语和成功的事业！

心理链接

倾诉效应——每个人在一生中都会遇到压力、烦恼，学会倾诉，及时排解不良情绪，会使一个人的心理更健康。

一天深夜，一个陌生的女人给刘蕾打电话说："我恨透了我的丈夫。"

"你打错电话了。"刘蕾告诉她。

但是她好像没听见，滔滔不绝地说下去："我一天到晚照顾五个小孩，他还以为我在享福。有时候，我想出去散散心，他都不肯，自己天天晚上出去，说是有应酬，鬼才会相信他！"

"对不起，"刘蕾打断她的话，"我不认识你。"

"你当然不认识我，"她说，"这些话我会对亲戚朋友讲，弄得满城风雨么？现在我说了出来，舒服多了，谢谢你。"她说完挂了电话。

时代越发展，越需要找渠道倾诉，很多人把倾诉当作发泄，每天晚上灯红酒绿，大家不管认识与否都在一起胡吃海喝一通倒是发泄了，但倾诉的涵义应该更加广泛，不是谁都可以倾诉的。认识一个可以倾诉的人，可以无形之中放松你绷紧的神经。

倾诉的方法较适合性格外向、比较直爽的人。但内向的人更不要把话装在肚子里，如果没有朋友，可以找家人倾诉。倾诉对象要靠平时积累。平时最好能"逼着自己交些朋友"，关键时候想说话有人愿意倾听。

第十七章

亲人，我拿什么回报你们？

作为家庭“靠山”“经济支柱”、“未来希望”的服刑人员，由于触犯国家刑律，一夜之间成了罪犯，使原本幸福和睦的家庭就像天塌下来了一样，顿时陷入一片茫然、失措和痛苦之中。违法犯罪的事情既已发生，显然无法挽回。怎么办呢？作为离开家庭、亲人而来到监狱服刑的人来讲，就应该痛定思痛，认真地想一想怎么在有限的空间和时间里弥补一些损失，以此回报亲人。本章就这个问题予以初步探讨。

第一节 为亲人珍惜生命

案例：聚众赌博伤己害亲，慈父严教重新做人

王某是某监狱的服刑人员，家住某市城郊，家境优越，父亲是一家个人经营的建筑公司经理，收入颇丰。三年前，王某聚众赌博，被公安人员现场缉捕时拒捕翻越围墙导致左脚骨折，虽经诊治，仍然有些跛脚，落下终身残疾，但还是没有逃脱法律的制裁，被法院判处有期徒刑7年。“屋漏偏遭连夜雨”。王某的母亲在听到儿子即将入狱的消息后，多日的劳累、悲愤和怨恨交织，导致突发脑溢血住进医院。王某的父亲只好搁下业务，一边照顾住院的病人，一边打理王某入监服刑的相关事务。这时，王某结婚不久的妻子也离他而去。

王某入监后，一想到自己的胡作非为给养育自己的父母和自己本人带来的横祸，便失去了生活的希望和勇气，多次想自尽，并在刚到车间劳动时，偷拿生产用的剪刀刺向了自己的颈部，因未伤及动脉和喉咙，发现及时而未造成生命危险。监狱主管民警针对王某的情况，除时常找王某谈话外，还经常联系王某的父亲。王某的父亲尽管一腔悲愤，恨儿子不但未能成“钢”，而且还成了“废品”，尽管家里的事情繁杂又恼人，但还是放不下父子之情、丢不开教育之责，经常来监狱探望，送东送西，好说歹说。王某刚入监的几个月，父亲每月来两三次；后来王某情绪稳定下来后，每月也不少于一次。在父亲不离不弃的耐心和严厉的劝解帮教下，王某的心理逐步安定下来，并逐渐认识到，自己如果不能安心服刑，甚至走向极端，不仅于事无补，而且是“雪上加霜”，更对不起辛勤养育自己的慈祥善良的父母亲。自己是王家三代单传且是父母唯一的后代，不能把做人的基本要求和应尽孝义也丢到九霄云外，不能让白发人送黑发人。痛定思痛，痛定思改。王某按照警官和父母的要求，放弃自暴自弃，转向悔过自新，一边参加一些生产劳动，一边治疗伤痛，还利用空余时间学习父亲送来的建筑业务等书籍，准备在出监后帮上父亲一把，把过去的损失尽力补偿一些回来。现在，王某的父亲、管教民警和“同改”都说，王某变成了另外一个人。

上述王某的事例对于服刑人员来说，可以说是很有启发和教育意义的。我们不妨从以下几个方面来理解。

一、明确生命的目的，视生命为最重

人的生命乃父母所创，是亲情血脉延续所需，是人类社会不断发展的必然，无论站在哪个角度上说，每个人都是无权自行剥夺自己的生命的。放弃自己的生命，是对长辈最大的不敬、不孝，是对亲人的致命打击，更谈不上对亲人的感恩回报，也是对社会、对人类的最大背叛。父母含辛茹苦，把我们生下来，把我们育养成人，希望我们能传宗接代，延续香火；能为他们颐养天年，养老送终。如果我们连这个最基本的要求都不能满足，试想，为人父母还有何“指望”和“盼头”呢？至于望子成龙、望女成凤、享受荣华、光宗耀祖就更是空想。人的生命只有一次，不可能重来。因此人的生命是最为宝贵的。有了生命，我们才能感受到大自然的五彩缤纷；有了生命，我们才能品味生活的酸甜苦辣；有了生命，我们才能去创造自己的美好未来。好好珍惜生命，因为只有活着，才有美丽；只有活着，才能实现生命的价值，才能实现对父母养育之恩的感激，才能完成对所有亲人和关心、帮助了自己的朋友的回报。

生命是一种责任。人生最高的境界，就在于肯定生命的价值，创造生命的意义。然而，现在绝大多数服刑人员由于认识不同，感受各异，面对纷繁复杂的人生际遇，心灵无法主宰，心扉不能敞开，从而背离了生命的本源，迷失了安身立命的方向，模糊了进德修业的目标，生命之路陷入空虚、贫乏和迷茫。所以每一个人都需要打开心灵之窗、生命之窗，感悟生命的真谛，让心情回归到和谐平静，让人生沉浸在具有浓烈的感恩之心的状态中。

二、认识生活的艰辛，为生命而抗争

人从出生到死亡，生命之中必定交织着矛盾和痛苦，充满着求索和艰辛，遍布着荆棘和坎坷，也绽放着美丽和精彩。经过磨炼的神秘感，更能沉淀出生命的坚强。历经风雨的人生，更知道生命的难能可贵。生命没有大小之分、强弱之别，也没有高低之隔，更没有贵贱之说，都应十分珍爱。同时，生命可贵，不仅是我们自己的生命值得去珍惜，而且一切生命都值得我们去关心、爱护和珍惜。

生命是一个充满神奇色彩的名词，每个人都可以用自己的双手去描绘，用自己的一生去丰富。当我们百折不挠，与命运抗争，成为生命的强者时，我们就活出了生命的充实与精彩。人生是一场跋涉，走久了，才知辛酸与艰难，才有坚韧，才有渴望。前方的路，尽管遥远，尽管颠簸，只要脚步不停，方向依然，就能够走下去。人生在世，总有坎坷需要跨越，总有责任需要担当，不断的跌倒，才有不变的顽强与收获；不变的风雨，才有不断的历练与懂得。

每个人的人生都会遭遇低谷，区别只在于形式、程度和时间长短。日本有位诗人说："生活就是跌倒七次，爬起八次。"这简朴的语言告诉我们：人生来就是趴着的，爬起总是比跌倒多一次，只有死亡能让两边打成平手。人，摔倒并不可怕，只要爬起来比跌倒多一次，就不会被毁掉。对于生命的强者来讲，人生没有失败，只有"暂时没有成功"。成功，也只不过是一种心态。心若在，梦就在，看成败，人生豪迈，只不过是从头再来。人们赞美曼德拉说，"生命中最伟大的光辉不在于永不坠落，而在于坠落后总能再度升起"。服刑人员在人生中是发生了一次严重的坠落和跌倒，但经过服刑改造，凤凰涅槃一样的洗心革面的悔过和痛苦的蜕变，就会有凤凰的重生，就会重新爬起来。这方面的例子很多，服刑人员身边也有这样的人和事。失败了，跌倒了，只要能爬起来，就是强者，就是成功者。服刑人员要深刻体会和认识到这一点，生命中的强者就是自己。

一位哲人说，"衡量一个人成功的标志，不是看他登到顶峰的高度，而是看他跌到低谷后的反弹力"。没有谁的人生遭遇是一帆风顺的，也没有谁的感情世界是一成不变的。跌倒了重新爬起，擦干眼泪从头再来。在经历坎坷、遭受磨难之后，人生会变得越来越美丽和坚强！归零的心态，重生的激情，耐得住寂寞，吃得了艰苦，才会有未来。付出别人所无法想象的，承受别人所不能承受的，全力以赴，就会成为一个不折不挠的生命的强者。

生命如山，攀登越高，看得越远。站在人生高处，用俯瞰的视角审视人生，才会觉得"无限风光在险峰"。生命可以不美丽，但一定要健康；生命可以不伟大，但一定要庄严；生命可以不完满，但一定要努力；生命可以不永恒，但一定要奋进。做生命的强者，一步一个脚印，向着既定目标不懈前行，方能不负自己，不虚此生；方能回报亲人，感恩社会。

心理链接

相关定律——相关定律是指人们在进行创造性思维、寻找最佳思维结论时，由于思路受到其他事物已知特性的启发，便联想到与自己正在寻求的思维结论相似和相关的东西，从而把两者结合起来，达到“以此释彼”目的的方法。

牛顿在他家花园里的苹果树下看到苹果落地，首先想到苹果为什么不飞上天而掉落到地上呢。他认为苹果都会落回地面，与高度无关。他接着想到，苹果如果长在月亮那么高处，也会落回地面，但是月亮为什么不落回地面呢？他又想到在山顶上把一颗炮弹发射出去，炮弹将以曲线轨道落回地面，发射速度越大，炮弹落得越远；如果发射速度足够大，炮弹就会绕地球旋转，永远不落回地面。接着，他想到，以足够大的速度绕地球旋转的炮弹多么像月亮，可是又为什么不飞离地球呢？一定是它们之间存在着一种相互作用的力。这样就基本形成了万有引力思想。

由于事物间的普遍联系，因而不同事物相互作用，相互影响。一个问题的解决，往往影响到周围的众多事物。

第二节 如何维护亲情

案例：入狱祸及家人，“热线”维护亲情

在某监区服刑6年多的刘某，出生于长沙县，父母都是淳朴善良的农民。刘某年轻时寒窗苦读，以优异成绩考上大学。毕业后，从乡镇干起，2002年时就成为长沙市某区的副书记、副区长。其成长过程可谓一帆风顺，但他忽视了人生观、价值观的修养，收受贿赂，酿成大祸。2004年被法院判处有期徒刑12年。2005年来到长沙监狱某监区服刑，当时还只有43岁。本来前途无量的他却面临着牢狱之灾，给父母、妻儿留下了无限伤痛和阴影。自他被纪委“双规”起，受中国传统观念影响很深的父母，一直不敢出门，怕人讥笑。妻子是“两点一线”，从家门到工作单位，不敢抬头，也不愿去其他任何地方，怕人问及。连读中学的女儿也闭门在家。一家人也不问及刘某的情况。刚入狱时，刘某面对漫长的刑期，想到自己给亲人带来的无法弥补的伤痛，想到自尊心极强的女儿，心如刀绞，因而极度悲观，晚上睡觉也常常从噩梦中惊醒。

入狱后不久，刘某的妹妹来到监狱探望，看到哥哥清瘦、消沉的样子，深情地说：“哥哥，你要坚强起来呢，一家人都在望着你，等你回去呢，特别是希望你能够开导一下婷婷（刘的女儿），不然会毁了她的前途呢！”回到监舍后，刘某时常想起妹妹的话，是啊，自己一个人怎么样都不是大问题，年迈多病的父母、瘦弱贤惠的妻子、自尊心极强的女儿，他们怎么办呢？想来想去，刘某意识到，自己虽然坐牢了，但还是要担当起一个家庭主要成员的责任。于是，他向父母、妻子各写了一封长信，表达了自己的悔意和想法，决意重新做人，尽早出狱。父母、妻子收到信后，感慨万千，随即到监狱探视。由此，刘某架起了亲情的“热线”，让这根“热线”鼓起自己生活的勇气，学会在逆境中继续前行。同时，利用这根“热线”，帮助父母排解精神压力，与妻子共商家庭生计及帮助女儿走出阴影。后来，刘某在服刑的几年时间里，多次受到表扬，还被评为省级改造积极分子。女儿重返学校复读高三，考上了大学。

从上例可以看出，服刑人员正确对待和处理服刑生活中的亲情关系，失意不失情，竭力维护亲情关系，是服刑人员顺利度过刑期，重归社会，实现人生理想的重要保证。

一、服刑人员亲情关系的特性

服刑人员在狱中虽然与社会、与亲人隔开了，但由于亲情关系的特殊性，正常的情况下是不会中断、恶化的。这是因为亲情关系具有以下特点：一是稳定性，服刑人员与配偶存在着亲属与承诺关系，与父母、兄弟、姐妹及子女存在着血缘亲情关系，不易受到外界因素的干扰和破坏。二是长期性，不因时间的推移、空间的变化而改变，并且伴随一生。三是互动性，亲人能给予服刑人员精神支持、经济支持和生活乃至生命的巨大动力，服刑人员的良好表现也能给亲人以慰藉和希望。但是由于存在着多种客观因素和主观因素的影响，稍微把握不好，服刑人员亲情关系就会引起波澜，发生异常、裂痕甚至裂变。

二、服刑人员亲情关系的现状

（一）紧密型

服刑人员与家里、亲人们仍然有着亲密的感情，亲人把在监狱服刑的人，仍然看作家庭成员中不可缺少的一分子，保持着密切的联系，定期不定期地到监狱探视，经济上给予必要的支持，有病痛及时提供药品，需住医院时与监狱保持协调。特别是有的服刑人员的父母，把儿女视为“母亲身上掉下的肉”，仍然时时担忧，处处过问，唯恐儿女自暴自弃，伤害生命、身体，总是嘘寒问暖，买东送西，叮嘱安心服刑，不要牵挂家庭、家人。

在现实生活中，很多服刑人员与亲人相互间亲情电话、书信往来不间断，遇事交流沟通，没有什么矛盾，更没有隔阂。亲人们对服刑人员不离不弃、倾情帮教的事例不仅很多，而且感人，可圈可点。

（二）维持型

即亲人和服刑人员保持着血缘亲情关系。亲人在逢年过节时，会来监狱探望，平时能提供一些资金给服刑人员购买生活用品。但往来关系不密切，相互沟通不畅，亲人不善帮教，服刑人员也不主动向家里介绍改造情况。在这种情形的亲情关系下，一般来讲，服刑人员的服刑改造情况要比前者差一些。

（三）破裂型

亲人对服刑人员不闻不问，不联系，不汇款，不探视，一句话，就是不管，只当家中没有这个人一样。服刑人员有的是无法向亲人沟通（找不到亲人在何处），有的是矛盾很深，沟通了但无效果而不愿再沟通。这种情况在暴力犯罪、贩毒、黑社会组织犯罪、累犯等服刑人员中比较突出。家里人不愿管的原因有的是认为犯罪太凶残，没有人性的人就不是人，是家庭、家族的败类，家里不必要管，由政府去管；有的是认为长期好逸恶劳，贪图享乐，把家里搞得空空荡荡，没有钱管，也不愿管，让他到监狱里吃点苦；有的是认为管而无用，反正不听，不起作用。这种类型的亲情关系危害是很大的，对服刑人员改造不利，对家里的团结和谐发展也不利，它甚至比没有亲情还更有害一些。

（四）缺乏型

即服刑人员家里已没有亲人或亲人已找不到了，因而没有亲情可言。这在年轻的服刑人员中占的比重比较大。这种情形在服刑人员整体中比例不大，但产生的负面影响还是不小。因此也不可小觑。也有的服刑人员家里距监狱很远，加之经济条件差，没有能力管。这种情况在外省、外籍的服刑人员中占绝大多数。

三、服刑人员亲情关系情况简析

据统计，在监狱中，服刑人员与亲人有着紧密型、维持型关系的要占到服刑人员的65%以上，这是主流。究其原因，除了“血浓于水”的深厚的血缘关系，服刑人员原来在家中能与一家人和衷共济，感情至深，没有什么“陈见”以外，最主要的是服刑人员受到国家刑罚后，能够正视自己的问题和面对服刑的现实，主动认错悔罪，积极改造自新，主动利用监狱规定的渠道，真诚地与亲人汇报、沟通，取得亲人的谅解和关心。当然，有的服刑人员家里人高风亮节，不计前嫌，国家观念、法治观念浓厚，主动配合监狱，主动帮教的也不在少数。

出现亲情关系裂痕、破裂的原因很多也很复杂。主要原因是服刑人员与亲人对有些问题的认识不一致；服刑人员服刑前后人身自由、政治地位、经济能力等方面的巨大落差对双方产生了巨大影响；服刑前的情感基础不牢固，存在着情感、财产、经济往来等方面的矛盾和纠纷；通讯联系不畅，有问题、有意见不能及时沟通商量以致使问题积累、恶化和产生误解等。

服刑人员由一个自由人一下子变成了囚犯，入监前后社会角色、政治地位的巨大落差，对前途、家庭、人生等失去信心，觉得“无颜见江东父老”，因而会极度焦虑或郁闷，这种心态会使人变得更加孤独和思念家里最亲的人，希望和他们取得联系，能尽快见到他们，或知道他们的消息，但是又不知如何面对他们。因而就把自己封闭起来，不与外界、与亲人联系，甚至把自己与亲人对立起来，在与亲人之间划上一条鸿沟。有的服刑人员还责怪父母和妻子、儿女以及兄弟、姐妹给予的关照支持太少，因而拒绝其探视，拒绝写信、回信，拒绝打电话，对子女的教育也不过问等，这样亲情关系自然也就裂开了。

有些服刑人员的亲人认为在监狱服刑，国家可以包吃包住，生病了还有监内医院可以看医生，不需要什么经济上的其他支出，从而不给服刑人员必要的经济上的支持。在这种情况下，许多服刑人员就会产生误解，认为亲属已经抛弃或者嫌弃自己了，转而对亲人不满、埋怨、排斥，甚至产生激烈的矛盾冲突。例如，服刑人员陈某入监两年多了，因得不到亲人的任何经济支持，导致日常生活用品都无法购买，同时又未能与亲人说明情况，从而产生亲人已经将自己抛弃的想法，产生自杀的念头。

还有的服刑人员的亲人责怪服刑人员因犯错给家庭、亲人带来了巨大的经济损失、精神创伤，有的亲人甚至由此丧失了工作，断掉了生活来源，心中产生了怨气，因而也不愿意来往、交流和帮助。特别是服刑人员被刑罚之前与亲人们就有隔阂和矛盾的，更是唯恐避之不及，还何谈亲情、资助。

有的服刑人员的亲人甚至未经服刑人员同意擅自处理服刑人员所拥有的或有份额的财产，由此还产生新的矛盾。服刑人员的配偶因以前感情不专一、第三者插足等原因产生情感矛盾和纠纷，使先前已是很脆弱的关系产生了裂痕。也有的以前感情还可以，由于妻子年纪较轻，与其他家庭成员存在着一些矛盾，因而“大难当头各自飞”。

由于服刑人员入监后，基本上隔断了与社会和亲人的接触，加之服刑人员与亲人的沟通联系方式只有电话、会见和信件，与亲人交流时间少，空间又有限，不能满足双方完全有效沟通的需要，从而在交往过程中出现不清楚、不满意甚至误解的情况，导致矛盾产生或已有的矛盾加深。这也是服刑人员亲情关系变故的原因之一。

上述这些原因虽然存在，但是事在人为，主要的原因还得从服刑人员自身去寻找。不主动想办法甚至不愿意与亲人联系，不愿意为过去与亲人之间存在的矛盾和问题承担责任，改造不积极导致改造成绩差而不愿向亲人亮底，怕遭批评或责怪，不能理解亲人、家庭的困难和处境，把有无经济资助或经济资助多少作为与亲人联系的唯一条件，有经济资助就联系，经济资助多就联系多，没有经济资助就不联系等，这些就是服刑人员本身的问题。

四、服刑人员亲情关系的维护

服刑人员的亲人是服刑人员在服刑期间人际交往活动的主要对象，其关系好坏也将对服刑人员能否持续稳定改造情绪，顺利度过服刑生活产生直接影响。

人们在社会中生活，就像在一条不平静的河流上穿渡，处处充满险滩和暗礁，只有人际关系和谐，相互友善帮助，才能渡过一道道难关，到达胜利的彼岸。家庭作为社会的一个元素，是人们在社会生活中的港湾。人们只有不停地奋斗，同时又伴随着不时的休憩，才能享受到人生的乐趣。服刑人员现在因种种原因身陷高墙之中，犹如一只小船航行在险道上，时刻渴望着亲情，渴望着帮助。其实，可以说，每个服刑人员的亲人都没有放弃关注，停止帮助。因为亲情永远都是无法舍弃的。只是因条件、环境不同，其关注的程度、帮助的程度有所不同。因此，服刑人员应当经常利用电话、书信、会见等方式与亲人们进行情感沟通，珍惜宝贵的亲情，维护好美好的亲情关系，使亲人、亲情成为自己永远的支撑。

维护服刑人员亲情关系具有重要意义，服刑人员又是维护亲情关系的主要方面。那么，服刑人员具体应该怎样去做呢？

（一）父母亲情关系的维护

服刑人员入监后，由于无法尽到孝敬父母的天职，年迈的父母还要为服刑人员操劳、费心，部分服刑人员的父母观念比较传统，无法接受子女犯罪的现实，认为给家族抹了黑，不能给予原谅，这样就会出现服刑人员与父母的关系紧张。这种紧张的关系很容易使服刑人员陷入孤独与无助的境地。

古语云："百善孝为先。"服刑人员虽然失去自由无法及时赡养、照顾父母，但仍然可以通过其他方式尽自己的孝心。首先要让父母了解自己在监狱服刑的情况，让父母放心；经常询问父母的生活、身体状况，让父母觉得自己虽然在服刑，但没有忘记他们，使父母感觉到自己的孝心；自己有了改造的成绩，如积分增加，获得了表扬，评上了积极分子，获得了减刑奖励等，及时如实禀告父母，让父母对自己有信心。如是这样，父子、母子之间的亲情关系自然也就拉拢了，紧密了。

（二）子女亲情关系的维护

已为人父母的服刑人员一般都非常关注自己子女的成长情况，也容易产生心理困惑。如担心子女年少时的身体状况，入学后是否受到良好的教育，日常的学习生活中是否受人歧视、被人欺负或结交不良的朋友，长大后工作是否顺利等问题。服刑人员与子女的关系问题主要有两种类型：一种是放纵型。由于自己入监，无法对孩子进行照顾和教育，因此产生消极的想法，面对子女时感到愧疚。每次会见不知道和孩子说什么，但孩子有需求时，就会尽可能地无条件满足孩子的愿望，孩子犯错也不敢教育批评，而放任其行为。另一种是紧张焦虑型。由于和孩子的接触时间特别少，而担心的问题又特别多，因此每次和子女见面时总是喋喋不休地询问他（她）的各种情况。当发现子女犯错时，就严厉批评、指责，造成子女的反感，而不愿意再来监狱探望。

身为父母，需要懂得与子女沟通的技巧。首先要正确看待自己的角色。作为父母，虽然身在狱中，但对子女的教育仍然有不可推卸的责任。其次要尊重子女的成长过程。在其不同年龄阶段，学会因时施教。如在幼年时帮助其培养主动性，小学阶段培养勤勉感、克服自卑心理，青春期学会角色认同等。最后要努力与子女建立信任和爱的桥梁，多给子女写信、打电话，学会倾听子女的心声，多以平等的态度与地位与其对话，适时地赞赏和表扬孩子。会见中切忌唠叨不休、无心聆听、不断抱怨，多用亲切、关心、温暖的语言，使子女感受到父母无论在何时何地都关爱着自己。

（三）兄弟姐妹亲情关系的维护

同胞兄弟、姐妹，如骨肉，情至深。古话说，“打虎要靠亲兄弟”。现在虽然遇到了服刑改造这只“拦路虎”，但只要兄弟、姐妹齐上阵，再凶恶残忍的“老虎”也能够战胜它。目前的问题是，自己身陷囹圄，怎么把兄弟、姐妹拉到一起来呢？“办法总比困难多。”把兄弟、姐妹拉到一起来，就是把骨肉亲情关系巩固起来，利用起来，为自己也为全家人共同对付“拦路虎”。“解铃还须系铃人。”首先是服刑人员自己必须做出姿态，坦率承认自己由于违法犯罪给兄弟、姐妹们脸上抹了黑，给大家添了难，加重了大家的精神压力和经济负担，自己已经认识到了违法犯罪的极大危害性，决心痛改前非，由此力求得到他们的同情和谅解。其次，可以通过父母来做工作。父母是一大家人的主心骨，把父母的权威发挥出来，大家都团结在父母的周围，很多事情就好办了：人多力量大，人多办法也会多一些。再次，通过自己的妻子、儿女来沟通。特别是自己的小家庭有无法解决的问题时，妻子、儿女更应开诚布公地向兄弟、姐妹们亮出家底，好让大家一起帮助渡过难关。但涉及经济往来时，人情归人情，礼尚往来，借的归借的，说清楚归还的时间和金额，即所谓“亲兄弟，明算账”。一般来讲，与兄弟、姐妹之间经济理得清楚一些，其亲情关系就会更加牢固一些，这是因为在兄弟、姐妹亲情关系中还有不是血缘关系、不同姓氏的嫂子、弟媳、姐夫、妹夫，他们也有自己的小家庭要生活，要照顾、处理各方面的关系。

（四）服刑人员亲情关系裂痕的修复

服刑人员亲情关系出现异常、出现裂痕，虽然对服刑人员服刑改造、对服刑人员家庭和亲人的影响大，危害大，但它是一种不可避免的必然现象。既然一定会发生，又有影响和危害，那我们就应想办法修复它，完善它。

首先，当出现亲情关系问题时，应找到产生的原因。综合各方面的因素，产生服刑人员亲情关系异常、裂痕甚至破裂的原因主要可归纳为三种，即：经济原因，情感原因，沟通原因。这三种原因，一般都有服刑人员和亲人两个方面的因素，亲人的因素又主要是父母、妻子、儿女、兄弟、姐妹的因素等。同时又有服刑前的情况、服刑后的情况、既有原已存在的问题，又有新产生的问题。这三种原因，有单独起作用的，而更多的是两种或三种原因同时起作用，即既有情感原因，又有经济原因和沟通原因，或既有沟通原因，又有情感原因等。

其次，根据产生的原因进而分析哪些、哪方面是主要原因、主要方面，哪些是次要原因、次要方面。根据辩证唯物主义的方法，对任何一个矛盾或问题，首先要抓住矛盾或问题的主要原因及主要方面去研究，去解决，然后再把次要原因及次要方面解决好。这样做，矛盾和问题的解决就会事半功倍。

再次，根据产生的具体因素而采取不同的方法进行弥补和修复。即所谓“对症下药”。如果各方面的基础都很好，只是没有及时沟通，那就充分利用书信、亲情电话、会见去与亲人们沟通；如果是父母对自己失去了信心而导致与父母亲情关系冷淡，那就拿出自己改造的实绩让父母增加信心和希望。诸如此类，经常思考和运作，亲情关系就一定能改善、增强。这里还要注意的一个方法是，循序渐进，不要操之过急；先易后难，以免碰到一个难题一下子解决不了而丧失解决其他矛盾和问题的信心。

要特别指出的是，在亲情关系的处理，出现亲情关系异常、裂痕甚至破裂需要弥补和修复时，服刑人员永远都是起主导作用的。服刑人员必须明确自己的责任，做好相应的事项，不可“等客上门”，切忌被动应付。

除了服刑人员及其亲人想办法弥补和修复亲情关系外，监狱及监狱管教民警站在服刑人员的管教者和中间人的角度，出面帮助服刑人员与其亲人之间弥补和修复亲情关系，也具有重要作用，甚至在有的时候可以起到关键作用。服刑人员在遇到这类困境时，应及时向管教民警如实报告，请求帮助协调。

俗语常把亲情比作“一家人不说两家话”，“打断骨头还连着筋”，“抽刀断水水更流”，可见骨肉亲情应是牢固不破的，亲人之间没有解不开的疙瘩，没有化解不了的矛盾。既然如此，当亲情关系出现异常、裂痕或破裂时，弥补和

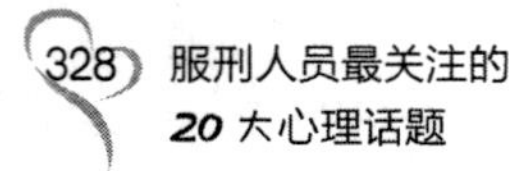

修复是很有基础的，只要诚信、诚心、用心、用力，服刑人员的亲情关系是可以弥补好、修复好的。

心理链接

感恩效应——懂得感恩，不仅能收获更多感情回报，也能让自己内心变得更加愉悦和强大。

一个生活贫困的男孩为了积攒学费，挨家挨户推销商品。他的推销进行得很不顺利，傍晚时他疲惫万分，饥饿难耐，绝望地想放弃一切。走投无路的他敲开一扇门，希望主人能给他一杯水。开门的是一个美丽的年轻女子，她笑着递给了他一杯浓浓的热牛奶。男孩含着眼泪把它喝了下去，从此对人生重新鼓起了勇气。

许多年后，他成了一位著名的外科大夫。一天，一个病情严重的妇女被转到了那位著名的外科大夫所在的医院。大夫顺利地为妇女做完手术，救了她的命。无意中，大夫发现那个妇女正是多年前在他饥寒交迫时给过他那杯热牛奶的年轻女子！他决定悄悄地为她做点什么。一直为昂贵的手术费发愁的那个妇女硬着头皮办理出院手续时，在手术费用单上看到的是这样七个字——手术费：一杯牛奶。

感恩让人与人之间变得如此美好动人。

第三节　用改造实际行动回报亲人

案例：想发财当官搞诈骗，图自新报恩苦学习

陈某因诈骗被判处有期徒刑 9 年。被捕前在其表哥的房产开发公司做施工员兼做部分会计记账工作，每月的报酬为 8 000 元，年终有两万到三万元奖金。然而，陈某并不满足，一心想自己个人发点财之后，再想办法进区建设局工作。于是，他利用表哥的信任，在异地做房产开发的前期准备事务中，编造相关证件和协议、合同，自己设立公司，收取多家基建公司的工程建设保证金 800 多万元。收取这些资金后，预征了 50 亩地用于自己设立的公司进行开发。正在用此项目收取基建工程保证金时，露出了“狐狸尾巴”。尽管表哥不计前嫌、家里多方做工作，但毕竟法律不容，被处以刑罚。入狱后，陈某后悔不已，想到自己不但没有发财进国家单位，而且成了罪犯，因而寝食难安，觉得对不起表哥，是表哥让自己大学一毕业就有不菲的收入，有了房，成了家，生了孩子；对不起家人，是父母培养自己上了大学，把一家的希望都寄托在自己身上；也对不起曾与他共事的一些基建公司的朋友。在管教民警及家人的帮助特别是表哥的劝勉下，陈某把悔恨变成改造和学习的动力。一方面，恪守监规纪律，积极参加生产，用劳动的汗水洗刷自己过去的罪恶。服刑四年，两次评为监狱改造积极分子，一次评为省监狱局系统改造积极分子，被减刑一年零十一个月；另一方面，经常给表哥及家人写信和打亲情电话，忏悔自己的罪错，表达悔改的决心，介绍在监狱接受改造的情况，取得表哥和家人的谅解和支持。同时，专心学习房地产开发与管理的政策、法规和专业知识，分门别类地做出了多本笔记，并针对表哥的有关开发项目提出了很多建议，获得了表哥的高度认可。

在监狱服刑失去了自由，不能为家里创造任何价值取得任何收入，相反连自己的零用开支都要亲人支付，还有何办法来回报亲人呢？在特殊的环境里，有着特殊的办法，只要你使用，就会有效果，就会有收获，就会得到亲人的认可，就会使自己朝着新生的道路不断前进。

一、忏悔罪恶，悔过不忘亲人

服刑人员在入监服刑以后，首先要有认罪的真心和悔罪的决心。认罪，就是要认识到自己过去的一些所作所为严重触犯了国家法律，受到相应的法律惩罚是事之必然，自己应承担相应的责任，接受刑罚处罚，坦然面对服刑现实，不抗拒改造，不再违法违规。悔罪，就是内省、反省、憎恨自己的罪恶，充分认识到自己的犯罪给国家、被害人、家庭、亲人带来的损失和伤痛。柏拉图曾讲过，内省、反省自我是做人的责任，不能内省的人不配做人。人只有透过自我内省才能实现美德和道德升华，一般人是如此，何况是犯过重大过错的服刑人员呢?

那么，应向谁悔罪呢？一是向父母悔罪。由于自己的犯罪给父母带来了巨大的痛苦，使父母感到非常失望和担忧，在人前说不起话，抬不起头，心中天天背负着沉重的“十字架”。有的父母甚至积郁成疾，更有的雪上加霜，病情恶化离开了人世。作为子女无端地给父母带来这么多痛苦，内心不该向他们忏悔吗？而具有忏悔之心，才有改过之心，父母才能感到一丝安慰。因此，监狱服刑人员首先应向自己的父母悔罪认过。

二是向妻子、儿女悔罪。本来一个幸福美满的家庭，由于自己的犯罪而蒙上了阴影，甚至遭到了破坏。自己本来是家庭的经济支柱，由于自己的犯罪而使妻子担负着运转整个家庭的重任。本来是夫唱妇随、朝夕厮守的恩爱夫妻，由于自己的犯罪，而使妻子一个人独挑大梁，形单影只。有的服刑人员的妻子要赡养父母，要照顾孩子，自己还要打工挣钱。这是很不容易的。由于自己的犯罪，子女的人生也会发生改变，人格、性格也发生相应的变化。子女会在人前抬不起头来，并可能因此而缺乏信心。同等条件下子女要比别人付出更多的努力才能和同学、同伴站在一个起跑线上完成自己的奋斗目标。甚至由于自己犯罪导致家庭破裂，导致孩子受到的教育和心理成长的不完整，影响他的一生，难道不该忏悔吗?

当然除了上述悔罪以外，服刑人员还应当向社会悔罪，向受害人悔罪，向自己的兄弟姐妹和亲朋好友悔罪，而且还应该向自己的良心悔罪。

服刑人员通过悔罪，真正能“放下屠刀，立地成佛”，从内心认罪，主动消除自己的犯罪心理状态，构建守法心理系统，决心与恶习决裂，与违法分道，回归良心，长存孝心，增加爱心。

二、栉风沐雨，扎实投入改造

说一千，道一万，回报亲人最关键的是要有服刑改造的实绩。中国现代监狱改造人的手段有三个方面，即劳动改造、教育改造、监规监纪约束。这三者互为补充，相互关联，缺一不可。要想在监狱服刑中取得好的成绩，服刑人员就必须在这三个方面去努力，就必须“苦其心志，劳其筋骨”，受得住管制约束，经得起负重劳作，吃得了粗茶淡饭，耐得住寂寞烦闷，顶得住批评打击。“艰难困苦，玉汝于成。”服刑人员只有在这种情况下才能生存，才能取得好的成绩。也唯有这种成绩，才能够顺利减刑、假释，早日回到亲人身边，回到温暖的家庭里，实现在狱中日思夜想的人身自由和自主创业，这是对亲人最大、最好的回报。

三、厉行节约，减轻亲人负担

在监狱服刑改造，服刑人员不能取得劳动报酬。必要的生活用品和维持身体营养的副食品，以及治疗慢性疾病、较大的疾病等都必须家里掏钱。家境好一些的，亲情关系紧密一些的，还能够给予资助，但大多数服刑人员是家庭经济来源的主要获得者，家庭失去了主要收入来源，自然就是“捉襟见肘”，入不敷出，有的还欠下了一大笔债，有的还欠上交国家的赃款、罚金，欠被害人的民事赔偿款等。因此，服刑人员在服刑期间，应尽可能在经济上立足于自给自足，不要动不动就向家里“伸手”。有些服刑人员在这种情况下，还存在着享受和要比其他人“高一等”的思想，不断地向父母、家人要钱要物，以供自己在狱内使用。这既不是悔罪的表现，也不是有良心、有同情心的人做的事，更不是回报亲人的作为。相反，这是良心犯罪！虽然受不到法律制裁，但要受到一个人应有的基本道德谴责。这不仅未能回报亲人，而且等于是在父母、亲人们滴血的伤口上又撒上了一把盐，使其痛上加痛。

四、学习知识，掌握回报技能

现在监狱服刑，劳动改造一般是在狱内从事工业用品生产，是有一定的技术含量或操作的熟练程度要求的。有的监狱还推广新技术、新工艺，研制适应市场需要的新产品，这些自然对专业技术的要求就越来越高。即使是传统的产品甚至是手工制作的产品，也是有技术要求的，不是随便弄一下就可以了。也就是说，在监狱一边劳动，一边也可学习一些实用技术或操作技能。同时，监狱还在狱内开设初级电工、电脑、烹饪、机动车驾驶等培训班，经考试成绩合格的，由省一级劳动和社会保障机关颁发国家认可的职业技术等级证书，在出监回归社会后，可作为就职、就业的职业技术能力的证明。

有较高文化基础的，还可以学习“白领”阶层工作的一些知识和技术，如会计，统计，基建工程预算、决算，建筑设计，文秘，企业管理等。没有什么文化基础的，可以先参加监狱举办的文化学习班，学习初小、高小阶段的语文、数学知识，为学习职业技术、技能打下文化基础。

总之，充分利用在监狱服刑的这段时间，根据自己的情况和监狱的安排，勤奋修炼，提高文化素养，掌握一至两项专业技术或技能，既丰富了改造生活，又增加了改造实绩，最主要的是增强了日后就业的本领，也就是增强了回报家庭、亲人的能力，这也是亲人们特别期盼的。

心理链接

挫折效应——心理学上所说的挫折，是指人们为实现预定目标采取的行动受到阻碍不能克服时，所产生的一种紧张心理和情绪反应，它是一种消极的心理状态。

在德国，有一个造纸工人在生产纸时，不小心弄错了配方，生产出了一批不能书写的废纸。他因而被老板解雇。正在他灰心丧气、愁眉不展时，他的一个朋友劝他：“任何事情都有两面性，你不妨变换一种思路看看，也许能从错误中找到有用的东西来。”于是，他发现，这批纸的吸水性能相当好，可以吸干家庭器具上的水分。他把纸切成小块，取名“吸水纸”，拿到市场去卖，竟然十分畅销。后来，他申请了专利，独家生产吸水纸发了大财。

人的一生不可避免地会遇到挫折，有的人往往会由挫折和苦难得到更大的考验和提高。既然无法抗拒挫折，就应该学会把挫折转化为对自身有利的因素。就像成功学大师戴尔·卡耐基所说的：“我们应该像常青树一样学习怎样去适应，怎样弯下它们的枝条，怎样适应那些不可避免的情况，去学会适应挫折，而不是反抗生活中的不顺。”

第十八章

我是什么样的人？

我是谁？我从哪里来？我到哪里去？这是哲学研究的三大命题。在监狱，服刑人员也会经常听到民警询问：你是什么样的人？你来这儿干什么？服刑人员也常扪心自问：我是什么样的人？学了本章之后，相信你就会对“我是什么样的人”有一个正确的回答。

第一节　什么是自我

案例：自己“韵味”当老总

服刑人员王某，过去是一个有几百名员工的公司老总，精明能干，善于管理，在员工中很有威信。2011 年，因非法集资诈骗罪获刑 12 年。入狱初期，他一直没有转化身份，对自己是谁的问题没有弄明白，还把在社会上的一套带到了监狱，总是摆出一副老总的架子，干警的话爱听不听，有时还顶撞几句，似乎得罪了民警也没什么事，“这年头还有什么事不能摆平，只要是钱的事儿，那就不是事”；在“同改”面前就更像高人一等，喜欢发号施令；有几个“小弟”专门给他打开水，端饭菜，叠被子，洗衣服；在生产中，自己吊儿郎当，大部分任务都是“下属”帮他完成。可一个季度下来，不仅自己的改造分每个月只有两分，而且其他“同改”都不把他当回事儿，“老总”的面子根本不管用。王某不仅没有认识到自己的问题，反而还理直气壮地要找干警评理，埋怨“同改”不尊重他这个民营企业家。因此，王某成为监区典型的缺乏自我认识，自顾自“韵老总味”的一大笑柄。

王某的行为就是自我认知上有偏差，即把过去的自我当成现在的自我，把社会上的自我当成监狱里的自我，把过去公司老总的自我当成囚犯的自我。

一、自我的概念

从前，有个解差叫张三，他押送一个生性狡猾的和尚去服役，途中解差为避免出现闪失，每天早晨都要把所有重要的东西全部清点一番。他先摸摸包袱，自言自语地说：“包袱在。”又摸摸押解和尚的官府文书，告诉自己说：“文书在。”然后他再摸摸和尚的光头和系在和尚身上的绳子，又说道：“和尚在。”最后他摸摸自己的脑袋说：“我也在。”

张三跟和尚在路上走了好几天了，每天早晨都这样清点一遍，不缺什么才放心上路，没有一天漏掉过。和尚对张三的一举一动都看在眼里。一天，和尚灵机一动，想出了一个逃跑的好办法。

一天晚上，他们俩照例在一家客栈里住了下来。吃晚饭的时候，和尚一个劲地给张三劝酒："长官，多喝几杯，没有关系的。顶多再有一两天，我们就该到了。您回去以后，因为押送我有功，一定会被上级提拔，这不是值得庆贺的事吗？不值得多喝几杯吗？"张三听得心花怒放，喝了一杯又一杯，慢慢地，手脚不听使唤了，最后终于酩酊大醉，躺在床上鼾声如雷。

和尚赶快去找了一把剃刀来，三两下就把张三的头发剃得干干净净，又解下自己身上的绳子系在张三身上，然后就连夜逃跑了。

第二天早晨，张三酒醒了，他迷迷糊糊地睁开眼睛，就开始例行公事地清点。他先摸摸包袱说："包袱在。"又摸摸文书说："文书在。""和尚……咳，和尚呢？"张三大惊失色。忽然，他瞅见面前的一面镜子，看见了自己的光头，再摸摸身上系的绳子，就高兴了："嗯，和尚在。"不过，他马上又迷惑不解了："和尚在，那么我跑哪儿去了？"

张三的行为就是对自我的认知不到位。自我，是一个"陌生的朋友"，既十分熟悉，又常常令人困惑。它是你"自己手中的东西"。然而我们往往对其熟视无睹，似乎它远在天边，神秘缥缈得很。

有一种定性测量自我概念的方法——"我是谁"。这种测量简单易行，要求被试者在 6~7 分钟内写出 15 个"我是谁"的叙述句。根据你写的情况，可以测量出你对自我的认识能力和认知程度。现在，如果要求大家给出一个"我是谁"的答案，大家也许会给出很多的选项：男人、犯人、父亲、儿子，这些表明了你的社会角色；或是热情友好、慷慨大方……这些表明了你的个性特征。由此看出，"我"的概念既包括了我们扮演的不同角色，也包括了我们自认为具有的独特个性。

社会心理学家对自我的概念做了许多研究，美国心理学家詹姆斯将自我区分为"主我"和"客我"，心理学泰斗弗洛伊德将自我分为"自我""本我"与"超我"，有的学者更明确地指出：我们所说的"我""我的""我自己"绝不会是某种独立于社会生活之外的东西，而是其中最有意义的一部分。

一言以蔽之，自我亦称自我认识、自我意识，是对自己及自己与周围环境关系的认识，包括对自己存在的认识，对自己身体、心理、社会特征等方面的认识。简而言之，自我认识就是自己认识自己。

二、自我的形成及类型

自我即自我意识不是与生俱来的，它是随着个体的成长而逐步形成和发展的。一个人自我的形成和发展大致会经历三个阶段，即从生理自我到社会自我，最后到心理自我。

（一）生理自我

这是自我的原始形态，主要是个体对自己躯体的认知，包括占有感、支配感和爱护感等，其认识到个体的存在。生理自我始于出生 8 个月左右，3 岁左右基本形成。

（二）社会自我

社会自我是处于社会关系、社会身份与社会资格中的自我，即个体扮演的社会角色。大致从 3 岁到 13 或 14 岁，这个时期社会自我处于自我的中心，人们能了解社会对自己的期待，并根据社会期待调整自己的行动。

（三）心理自我

这个阶段大约从青春期到成年。发展到此阶段后，个体能知觉和调节自己的心理活动及特征和状态，并根据社会需要和自身发展的要求调控自己的心理与行为。

由于自我意识的发展，个体开始逐渐脱离对成人的依赖，表现出主动和独立的特点，强调自我价值和自我理想。特别重要的是发展了自尊和自信——自我意识中的两个主要成分。

三、认识自我的重要性

《道德经》第三十三章云：“知人者智，知己者明。”意即能了解、认识别人叫作智慧，能认识、了解自己才算聪明。俗话说：人贵有自知之明。“认识你自己！”——这是铭刻在希腊圣城帕尔纳索斯山南坡德尔斐神殿上的著名箴言。可见，古今中外人们都把认识自己摆在十分重要的位置。

（一）认识自我，有利于扮演好社会角色

有人说：人生如戏。其实，人类社会就是一场永不落幕的大戏，我们每个人都是这场大戏中的一个角色。在戏中，要扮演好一个角色，就要认识这个角色，了解这个角色。在人生这个舞台上，我们只有真正地客观地认识自己，了解自己，才能找到适合自己的位置，扮演好社会角色。服刑人员要改造好自己，就要增强角色意识，而增强角色意识，就是要认识自己的身份，认识自己的罪行，摆正自己的位置。

（二）认识自我，有利于协调人际关系

许多人际关系的不协调是由自我认知的偏差造成的。比如自我评价过高的人，觉得他人都比不上自己，不理解、不尊重他人，会给人留下自大的印象，很难被别人接纳，很容易陷入“孤家寡人”的境地。自我评价过低的人，觉得自己不如他人，被人瞧不起，因此不愿与人交往，自我封闭，放弃了主动和他人接触的机会，容易被别人“忽略”。正确的自我认知能够让个体在人际交往中明确自己的优劣长短，既不自大，也不自卑，有助于建立良好的人际关系。

（三）认识自我，有利于实现人生目标

人贵有自知之明。人不自知，势必有两种结果：一是过高地估计自己，二是过低地贬低自己。过高地估计自己，总以为自己了不起，甚至眼高手低，最终摆脱不了失败的命运；过低地贬低自己，必然自卑而缺乏自信，无法发挥自己的潜力，这是对生命的浪费。在现实生活中，我们都在追求更高的目标、更好的位置。目标是鞭策人们前进的动力，但不合适的目标定位，期望太高，失望就会越大。俗话说得好，看菜吃饭，量体裁衣。自己有多大能力，适合做什么事情，我们要弄清楚，找到最适合的位置，才有希望到达目标的顶点。

木桶定律（短板效应）——一只木桶盛水的多少，并不取决于桶壁上最高

的那块木板，而恰恰取决于桶壁上最短的那块木板。

在一个团队里，决定这个团队战斗力强弱的不是那个能力最强、表现最好的人，而恰恰是那个能力最弱、表现最差的落后者。也就是说，最短的木板对最长的木板起着限制和制约作用。每个人在这个社会上生存，都是依靠各种各样的技能，而这些技能就是人生的“木板”，正是因为这些木板的长短不一，造成了每个人不一样的人生。这种差异并不是因为人最长的“木板”有多长，而是他们最短的“木板”有多长。好多时候，我们的发展恰恰取决于那块“短木板”。

木桶定律让每个人都有机会认清自己，它告诉人们，决定自己人生高度的，不是自己最长的那块“木板”，而是自己最短的那块“木板”。所以，应该时刻注意取长补短，把劣势转变为优势。让最短的变长，就能使自己在人生的舞台上跳得更高。

第二节　怎样认识自我

案例：“这里没有特殊犯人！”

服刑人员张某，原系某监狱监狱长，因受贿罪被判刑8年。自进入监狱服刑后，张某自以为过去在监狱系统工作了30多年，而且刚好投牢的监狱中不少领导和管教民警自己都认识，想必“不看僧面看佛面”，自然会凡事“网开一面”。抱着这种意识，张某派头十足，床铺要睡最好的，工种要挑最轻的，饭菜要订最营养的，会见次数要最多的，亲情电话要打最久的，奖分要评最高的，管理要给最宽松的……总之，咱是本系统的人，肥水不流外人田，自己理当享受“特殊待遇”。刚开始，管教民警念其身份转换有一个过程，也确实另眼相待，给足了面子。没想到张某还真把自己“不当外人”，竟然得寸进尺，动不动就训斥“同改”，一副高高在上的架势，更离谱的是连管教民警的话，他都敢当面顶撞，显然超过了底线。“这里没有特殊犯人，服刑人员中根本不存在什么监狱长，你要放明白点！”狱政科长直言不讳地当面棒喝让张某如梦初醒，直到这时，张某才意识到自己此时的真正身份。

“我是谁？”看似简单，实则不然。“不识庐山真面目，只缘身在此山中。”俗语说：当局者迷，旁观者清。人最不了解而且最难了解的就是自己。那么，如何认识自我呢？我们可以尝试从以下三个方面寻找答案：

一、从比较中认识自己

古人云：“以铜为镜，可以正衣冠；以人为镜，可以明得失；以史为镜，可以知兴替。”心理学家米德认为，我们所属的社会群体是我们观察自己的一面镜子。比较是人的一种本能，人总是在不断与他人比较的过程中更加清楚地认识自己。

但是，你是否真正懂得利用比较来准确地认识自己呢？比较得当，对认识自己大有好处；比较不当，可能会对认识自己产生偏差。

为此，服刑人员在进行比较时，须把握三点：

（一）**比较对象要适当**。比较对象必须要有相似性和可比性。要选择在日常生活中与自己有相似特点的人，如年龄相近、体型相当、经历相似、工种相同等。假如对象选择不当，对认识自己不但没有帮助，反而会造成认识上的偏差。比较不是攀比，攀比是一种不良心理，攀比不仅不能让你正确认识自己，还可能产生“人比人，气死人”等不良情绪。

（二）**比较内容要合适**。朝夕相处的人之间，可以比较人际关系、工作能力、实际表现、最终结果等这些可以比较的内容。比较不是人家当了什么官，你就要当什么官；不是人家得了什么，你就要得到什么。因为人的成功不仅取决于个人的努力，还有环境和机遇。

（三）**比较方式要恰当**。比较时切不可只拿自己的缺点和别人的优点比，这样越比越没信心，更加自卑；也不可只拿自己的优点和别人的缺点比，这样越比越自大，目空一切。要善于运用比较结果，对于自己的优势要加强管理和发挥，对自己的缺点和不足应加以改正和弥补。

二、从别人的评价中认识自己

人是社会的人，人人都在乎别人怎样看待自己，怎样评价自己，怎样对待自己。对于服刑人员来说，尤其要从民警的评价、“同改”的评价、家人的评价等多方面来认识自己。

（一）通过他人的评价来认识自己

要注意倾听与自己接触较多、关系不错的人的评价。听到好的方面要鼓励自己，听到不好的评价，可以询问原因，再自己反省；要关注一致性的评价，即大多数人对你的共同看法，这极有可能是你的本质特点。

（二）从别人的态度中认识自己

有的人会透过肢体语言把对你的真实评价反映给你。他人的态度是友好还是冷漠、是热情还是疏远，我们可以直接地感觉或间接地发现一些问题。

当然他人评价比自己的主观认识具有更大的客观性，如果自我评价与周围人的评价有较大的相似性，则表明你的自我认识能力较好、较成熟；如果他人评价与你自己的评价相差过大，则表明你在自我认知上有偏差，需要调整。

对待别人的评价，也要有认知上的完整性，不能因自己的心理需要而只注意某一方面的评价，应全面听取，综合分析，恰如其分地对自己做出评价和调节。

三、通过生活经历认识自己

生活是一个人最好的老师。服刑人员要了解自己，还有一个重要的途径就是通过自己的亲身经历来了解自己。这主要有三个方面：

（一）通过成功经历认识自己的长处

即使是再平凡的人也总有自己成功的经历，只不过成功有大有小，而能成功，就一定有你的长处。服刑人员可以从这些成功经历中发现自己的优势和长处。所以，当一件事或一个项目做成功之后，要静下心来从头到尾仔细回顾一下全过程，找到成功的关键之处，发现哪些方面发挥得比较好，这就是你的长处和优势，在以后的人生路上，你就要扬长避短，经营自己的长处，发挥自己的优势；与此同时，还要通过成功经历发掘自己的潜能。潜能是人的一种潜在能力，有的人可能走完了人生之路也不知道自己有某方面的潜能。在现实生活中，有些突发事件是最能体现人潜能的好机会，如果你经历了某些大的事件，临危不惧地成功处理了某些危机事件，你不妨回想当时的处境，想想当时处理事件的方法和措施，你也许会对自己身上潜藏的勇气、胆量、速度、力量和智慧刮目相看，这就是你的潜能，也是你人生的重要资本。

（二）通过失败经历发现自己的短处

人生之事，不如意者十有八九。当一件事情没有做好、失败了，我们就要坐下来冷静地反思自己，为什么失败？造成失败的原因是什么？是自己人际关系处理得不好，还是自己制订的目标计划有漏洞？是自己选择的材料设备有问题，还是自己组织的人手力量不够？是个人情绪没控制好，还是节奏没把握住，还是时机选得不对？等等。你一定要从中找出失败的原因，发现自己哪个方面比较短缺，哪些方面还得补课，下次遇到类似的情况如何应对等等。这样失败的经历就成为你吸取教训的活教材，正所谓“失败乃成功之母”。

（三）通过服刑经历积累人生的阅历

如果说人生是一本厚重的书，那么你的阅历就是这本书的华丽章节。所谓“吃一堑长一智”，成功和挫折、经验和教训都是你人生的宝贵财富。服刑改造的经历，可以说是不少服刑人员走向成熟的“速成班”，懵懂的少年经过自己作案、案发、被拘、诉讼、判决到最后投牢服刑是一个特殊的成长历程。可以说正是服刑改造让不少服刑人员在认清了法律威严、社会现实、人情冷暖的同时，也认清了自己的肤浅、浮躁、不成熟。更为难得的是，身边众多“同改”的阅历，从社会最底层的小混混、农民工、小商小贩，到中等阶层的蓝领、白领、公务员、小资、小老板，到高层的精英、老总、县长、市长、书记、局长、厅长等，可以说三教九流、各色人等全部汇集于此，形成当今社会的万花筒。他们的过往经历可谓跌宕起伏、精彩纷呈，是一部花多少钱都买不到的活生生的教科书。只要你潜心阅读、用心领会、细心比较、耐心吸取，你一定会大有收获，你的自我意识、你的人生道路或许从此与众不同。

心理链接

浮躁效应——浮躁是一种冲动性、情绪性、盲动性相交织的社会心理，它与艰苦创业、脚踏实地、励精图治、公平竞争是相对立的。

古代有一个年轻人想学剑法。于是，他就找到当时武术界最有名气的一位老者拜师学艺。老者把一套剑法传授与他，并叮嘱他要刻苦练习。一天，年轻人问老者：“我照这样练习，需要多久才能够成功呢？”老者答：“三个月。”年轻人又问：“我晚上不去睡觉来练习，需要多久才能够成功？”老者答：“三年。”年轻人吃了一惊，继续问道：“如果我白天黑夜都用来练剑，吃饭走路也想着练剑，又需要多久才能成功？”老者微微笑道：“三十年。”年轻人愕然……

你越是浮躁，在错误的思路中就会陷得越深，也越难摆脱痛苦。做事情既无准备，又无计划，只凭脑子一热、兴头一来就动手去干，而不是循序渐进地稳步向前，恨不得一锹挖成一眼井。结果呢，必然是事与愿违，欲速则不达。

第三节 服刑人员怎样认识自我

案例：恬不知耻的“梁上君子”

杨某是潇湘有名的“梁上君子”，2007年落网后，被判处有期徒刑18年。入狱后，他不仅不认罪，反而说是社会不好，“饥寒起盗心”，偷盗是生活所迫；他不仅不以偷盗为耻，反以为荣，常常在同犯面前吹嘘自己是某某名师的关门弟子，技艺高超，只要他想偷的，没有偷不到的，这次落网纯属自己“大意失荆州”；有时他还显露几手，先要同犯把东西藏好，然后他神不知鬼不觉地把东西偷走。这样一来，他就受到几个年纪较小、涉世不深、不明事理的“同改”的“崇拜”，悄悄地拜他为师，向他学习偷盗的技艺，他也在狱内当起了师傅，饭有人端，水有人提，衣服、被子有人洗，有时还收几个“师傅钱”，日子过得悠闲自在。但是好景不长，他传授犯罪手段的行为被监狱警察发现了，他被关了禁闭，他的几个徒弟也受到处罚。

杨某的表现就是典型的自负、盲目的自尊、错误的显摆、膨胀的自我意识的代表，这也是物欲型服刑人员常有的自我意识。

一、服刑人员自我的三种类型

自我意识不是与生俱来的，也不是凭空形成的，它是随着个体的成长以及个体在社会中的角色和地位逐步形成的，而且随着个体的发展而发展，随着个体的变化而变化。

服刑人员因犯罪被判刑之后，封闭严格的监狱环境、强制遵守的监规制度、刑期的长短、家庭状况能否维持稳定等因素都会对自我认知产生不同的影响。另外，个体的文化程度、社会态度、认知水平、人格特质类型等也决定了服刑人员在狱中的自我认知。总的来讲，服刑人员的自我大致可归纳为有利于改造的积极自我、不利于改造的消极自我和麻木的自我三种类型。

（一）服刑人员的积极自我

服刑人员的积极自我，是指存在于服刑人员心理结构中的有利于自动转化的积极力量、积极情感体验、积极人格特征和人格品质等。主要体现在以下几个方面：

1. 真诚认罪

这是服刑人员基于对自己所犯罪行的性质及其社会危害性的认识而产生的一种良性的心理状态，其主要表现是承认自己的犯罪事实、服从判决。这是服刑人员思想转化的必要前提。一般来说，罪行较轻的初犯、偶犯，尤其是那些过失犯和一时失足的青少年犯，经过刑事诉讼阶段的认罪服法教育和收监后的入监教育，大多能够产生认罪心理。他们能够设身处地、反躬自问，认识到自己确实犯了罪，因而有了自我改造的积极愿望，并在行动上有所体现。

2. 自责感强

自责感是指服刑人员在认罪的基础上产生的一种悔罪的心理。即不仅认识到自己犯了罪，而且认识到所犯罪行对他人、社会、家庭和个人造成了严重伤害，认识到自己有不可推卸的责任，因而感到内疚、懊悔、自恨，并企图通过积极的改造来洗刷自己的罪过。这是有利于服刑人员改造的积极因素，是服刑人员思想转化的“闪光点”。

3. 积极改造

经过在狱中的学习改造，服刑人员逐渐形成正确的人生观、价值观，学会自制，学会感恩，积极反省，热心帮助他人。按照监狱确定的改造目标计划，一步一个脚印地洗刷身上的污垢，养成良好的行为习惯，培养良好的心理特征和健全人格。

（二）服刑人员的消极自我

服刑人员的消极自我，是指存在于服刑人员心理结构中的不良心理，对自己的犯罪没有清醒而深刻的认识，而是作歪曲的不客观的辩解；对服刑改造缺乏应有的心理准备，产生一些不良情绪和行为，进而影响服刑改造。主要表现为：

1. 自我辩解

有的服刑人员尽管已入狱服刑，但不能正确地认识自己犯罪的原因，往往找各种理由为自己的犯罪辩解，表现出“合理化”倾向。如诈骗犯说自己骗别人钱财是因为先被人骗了才以眼还眼、以牙还牙，是迫不得已；盗窃犯说自己是“饥寒起盗心”,或想学点绝招才走上歧途;拐卖人口犯说自己拐卖人口是“成人之美”“牵线红娘”等等。这些都是一种强词夺理的自我辩解，是不认罪的突出表现。

2. 自豪自负

这里所指的是一种歪曲的自豪、自负。有的服刑人员对自己的犯罪行为不以为耻，反以为荣，他们对自己的犯罪本领自豪、自负、自我显摆。如抢劫犯为自己有“勇敢”的胆量而得意，诈骗犯为自己有“聪明”的头脑和能言善辩的巧嘴而自豪自负，赌博犯以自己的犯罪技能为荣，在同犯中自我显摆，甚至传播犯罪经验和技巧。

3. 自卑自弃

部分服刑人员由于激情或过失而犯罪，被捕入狱后充满了无助和绝望，丧失自信，无价值感，对自己全盘否定，感到一辈子都完了，整天垂头丧气，对学习毫无兴趣，对劳动感到厌烦，在认知上表现出一种不合逻辑性和不切实际性。有的甚至有绝望的心理，采取极端的自残或自杀行为。

4. 抗拒改造

有的服刑人员恶习很深，性格偏执，自私虚伪，愚昧盲从，暴躁凶狠，入狱后仍然恶性不改，无视监管纪律，经常破坏监管秩序，聚众闹监，辱骂或者殴打监狱干警，恃强凌弱，欺压其他服刑人员，拒不参加劳动、学习，有的甚至进行偷窃、赌博、打架斗殴以及行凶、破坏等违法行为。不但自己不积极改造，还阻止干扰其他人的改造，常成为影响狱内安全的一大隐患。

（三）服刑人员的麻木自我

有的服刑人员对自己的罪行和服刑麻木、冷漠，完全抱无所谓的态度。即使在服刑中有认罪的表示，也是言不由衷，没有稳定的态度，一会儿认罪，一会儿又不认罪，改造态度时好时坏，情绪时高时低，处于一种徘徊犹豫、随波逐流、放任自流的状态。

二、服刑人员怎样认识自我

服刑人员既是一个自然人，但又不同于一般的社会人，因此，服刑人员认识自我要在一般社会人认识自我的基础上，特别注意以下几点：

（一）要勇于面对自己，不要自欺欺人

俗话说："知人难，知己更难。"认识自己，不仅要有好的方法，更重要的是要有勇气，因为认识自己不仅要认识自己的优点和长处，而且还要认识自己的缺点和短处，这就需要勇气，要敢于正视自己的缺点或缺陷。面对自我的勇气，对服刑人员认识自我尤为重要，没有足够的勇气，就不可能面对自我，也就不可能全面客观地认识自我。

有一个测验人情商的题目：一个落水昏迷的女人被救起后，她醒来发现自己一丝不挂时，第一个反应是捂住什么呢？答案是尖叫一声，然后用双手捂住自己的眼睛。

从心理学上来说，这是一个典型的不愿面对自己的例子，因为自己有"缺陷"，或者自己认为是"缺陷"，就通过自己的方法把它掩盖起来，但这种掩盖实际上也像落水女人一样，是把自己的眼睛蒙上。所以，要认识自己，首先必须面对自己。

其实，一个人的优点和缺点、长处和短处，是客观存在的，你认识它还是不认识它，都一样地存在着。你不认识或者不敢认识自己的缺点，并不说明你没有缺点，也并不说明别人不知道你的缺点。人贵有自知之明，一个重要方面就是告诫人们：要认识自己的不足，要认识自己的缺点。因为一个人只有清醒地认识到自己的缺点和不足，才能改正自己的缺点，弥补自己的不足。

大家知道，一个装水的木桶是由多块木板镶成的，如果木桶的一块木板矮了一截，那么这个桶就不能装满水，只能以最短的那块木板为标准。人也是这个道理，平常人们说到某某时，说他这也好那也好，就是有某某问题。这样就降低了人们对他的评价，也会直接或间接地影响他的成长。要让木桶能够装满水，就要把矮了一截的木板补齐。一个人要完善自我、提高自我，就要改正自己的缺点，弥补自己的不足，而要做到这一点，首先就要认识到自己的缺点和不足，才能对症下药，改错归正。

服刑人员犯了罪，坐了牢，这是人生的一大缺陷，你想蒙也蒙不住，想抹也抹不掉，就要敢于直面人生，敢于正视这个缺陷，接受这个缺陷，真诚认罪，不要歪曲辩解，也不要遮遮掩掩。这样才有利于修补自己的缺陷，补长自己的短板，重塑自我，提高自我。

（二）要真诚认罪悔罪，不要执迷不悟

服刑人员与普通社会人比较，主要特点是其违反了国家法律、犯了罪，受到法律制裁，失去人身自由，在监狱接受管制、教育、改造。那么，认罪、悔罪就是服刑人员认识自我的重要方面，认罪不仅要承认自己的犯罪事实，而且要深刻认识犯罪的思想根源，即认识自己的犯罪心理，只有这样，才能知道自己错在哪里，为什么会错，也才有利于消除犯罪心理，走上新生之路。

1. 犯罪不是偶然的

现实生活中，很难说哪一个成年人不懂得偷、抢、奸、杀等是犯罪行为。从心理学角度看，犯罪并不是天生的，犯罪人和守法公民之间不存在不可逾越的鸿沟，人人都具有犯罪的可能性。因为每个人都具有积极的心理因素和消极的心理因素，其区别在于消极心理结构畸变的程度、结构的组合方式和自我调节能力不同。虽然影响犯罪的原因错综复杂，但归根结底是犯罪人的主观因素与客观因素相互作用的结果。就拿贪污犯罪来说，假如是一个不贪钱权、刚正不阿的人，即使有再大的诱惑，也不会在他身上起到任何作用。他的犯罪就是自己贪婪心理、侥幸心理这个主观因素和钱权交易的不良风气这个客观因素相互作用的结果，可见，起决定作用的还是犯罪人的主观因素。

主观因素包括不合理的认知、不良情绪、欲望的奢求和犯罪动机。比如，服刑人员陈某，认为在没有钱、权的情况下，要想在社会上立足，就必须“打”出一片天地。在这种不合理认知的支配下，他借助一班人靠“武力”征服他人，树立威信。后来“威信”树立起来了，他也因故意杀人罪被判处无期徒刑。有些人受“撑死胆大的，饿死胆小的”“马无夜草不肥，人无横财不富”这些不合理认知的支配，非法获取钱财而坠入犯罪深渊。再如，盗窃犯在实施盗窃过程中，明知行为的后果将会受到惩罚，但此时支配他实施盗窃行为的侥幸和冒险心理以及由此而做出的意志决定，就是犯罪动机，是引发他犯罪行为的直接动因。

一个人的犯罪除了具有内在主观因素形成的原因外，也受着外在客观因素的影响。这些客观因素主要包括社会环境因素、自然环境因素和情境因素。社会环境因素包括家庭环境因素、政治环境因素、经济环境因素、文化环境因素、人际交往因素、职业因素等。例如，服刑人员蔡某，自幼父母离异，长期生活在父亲的棍棒和外人的歧视下，缺少亲情、友情的关爱，逐步形成偏执、报复欲强的心理特征，以致走上流氓犯罪的道路。自然环境因素包括地域因素、季节因素、时间因素、自然灾害因素等。如扒窃案件多发生在繁华闹市和公共场所。

作为服刑人员，要认识犯罪的自我，就要认识自己犯罪心理是怎样形成的，包括不合理的认知、不良情感、薄弱的意志以及犯罪的动机、造成犯罪的因素。要从主观上找原因，不要从客观上找借口；要主动承担责任，不要推脱，不要逃避，更不要抱怨憎恨。

2. 犯罪是可以避免的

成功学家拿破仑·希尔说：“种下一种行为，收获一种习惯；种下一种习惯，收获一种个性；种下一种个性，收获一种命运。”这说明人的命运掌握在自己手中，由自己的个性心理、行为习惯所决定。只要我们从防止犯罪心理的形成、培养健康的心理入手，就可以对犯罪进行预防，也就是说——犯罪是可以避免的。

犯罪行为预防是指采取有效措施，对已经或可能具有一定犯罪倾向的人，控制和排除与犯罪心理形成的相关因素，防止其外化为犯罪行为；或进行心理矫治，改变其心理倾向，达到预防犯罪或重新犯罪的目的。具体说，可以从以下几个方面着手：（1）防止犯罪心理形成。排除和减少消极因素，增强自身的心理“免疫力”。（2）培养健康心理。学会积极认知，从平凡的生活中寻找快乐，知足常乐，淡泊名利。（3）养成良好的行为习惯。

3. 正视自己的服刑改造心理

在心理咨询中，经常遇到服刑人员求询这样一些问题：为什么外向的性格，坐牢后变得内向？内心充满空虚、孤独：为什么一直得不到亲人的原谅和支持？内心充满痛苦：为什么跟别人一样做事，却没有获得减刑、表彰？内心充满委屈：

为什么监狱民警总盯着我，给我穿小鞋？内心充满怨恨……这些委屈、孤独、痛苦等心理，都是服刑人员在特定的监禁环境中产生的心理问题与困惑。

从服刑人员被送到执行机关接受惩罚和改造的那一刻起，其身份地位、生活环境、生活内容就发生了根本性的变化。从社会人、犯罪人变成了服刑人员，此时心理上也随之发生了变化，在服刑过程中会形成孤寂、悔恨、烦躁、忧虑等服刑改造心理——它是服刑人员在监禁环境中所特有的心理，是服刑人员被判处执行刑罚后在改造过程中产生的心理反应。服刑人员的改造是一个漫长、曲折的过程，其心理和行为也是在反复探求中不断发展和完善的。所以，服刑人员只有正视自己的服刑改造心理，做好长期的自我心理战斗的准备，才能打一场漂亮的心理保卫战，重塑一个崭新的自我。

弘一大师云："一念疏忽是错起头，一念决裂是错到底。"一位哲人曾说："聪明的人用自己的后半生去纠正前半生的愚昧、偏见和错误。愚蠢的人错过多次，却不知错在哪里。"对于服刑人员来说，真正聪明的人，善于通过改造生活中的很多机会反省真实的自我，同时，其他服刑人员在自知、认罪、思考、劳动、前途等方面的心态和行为，也是自己的一面镜子，可以从中清晰地看到另一个自我，从而去剖析、去自省、去改造、去塑造一个崭新的自我。

（三）要乐于接纳自己，不要自卑自弃

人在自我认识、自我评价中容易出现两个问题：一是自我评价过高，过度自信而自负；二是自我评价过低而产生自卑。在服刑人员的自我认识、自我评价中，虽然也存在歪曲的自信、自负、自我显示等自我意识，但毕竟很少，绝大部分都是认为自己存在犯了罪这个缺陷而形成自卑的自我意识，自己看不起自己，自己嫌弃自己，可以说，自卑的自我意识是服刑人员主流的自我意识。有的由于自卑，把自己封闭起来，不愿与人交往，甚至不与自己的亲人、朋友联系；有的由于自卑，自惭形秽，畏首畏尾，没有自己的主见；有的由于自卑，悲观失望，失去对生活的信心，甚至走上轻生的路。

在心理学上，自卑属于性格的一种缺陷，是心理疾病的四大心理障碍之一。但是，自卑本身并没有错，它是人类成长过程中不可缺少的东西，因为任何人都有自己的不足之处，因而就会产生自卑感，为了克服自卑，改变现状，便会努力奋斗。然而自卑并不都是鼓励人、激励人的，过于自卑，就会使人失去信心，阻碍人的正常发展，那些长期被自卑感笼罩的人，伤到的不仅是心理，还有身体。正所谓“哀莫大于心死”。

战胜自卑，首先要承认自卑心理人皆有之，然后正确地认识自我，肯定自己的长处，接纳自己的缺陷，弥补自己的不足。人的某些缺陷，不是绝对不变的，只要认识到自己某些方面有缺陷，不背思想包袱，找到正确的弥补方式，以最大的决心和坚强的毅力去克服，就一定能从另一方面得到补偿。犯罪坐牢是服刑人员的缺陷，我们就要在面对和接受这个缺陷的基础上，通过积极改造，发奋学习，改掉过去的不良行为习惯，增加知识，提高技能，重新做一个为社会所尊重的人。

三、服刑人员怎样改造自我

认识世界的目的，在于改造世界。人们认识自己的目的是为了改造自己，完善自己，超越自己，使自己达到一个更高的境界，保证自己更健康地发展。服刑人员认识自我的目的，就是为了改造自我。这就要求服刑人员在对自我进行全面客观认识的基础上，改过自新，重塑自我。

（一）树立自我新目标

目标是激励人前进的动力，但一个人的目标一定要切实可行，目标太高，脱离实际，不仅不能实现，还往往影响人的自信；目标太低，又觉得不过瘾，感到遗憾。那么，怎样才能设计合理的目标呢？先来看一个故事：

1984 年，在东京国际马拉松邀请赛中，名不见经传的日本选手山田本一出人意料地得到冠军。当记者问他凭什么取得如此惊人的成绩时，他说了这么一句话：凭智慧战胜对手。

当时，许多人都认为这个偶然跑到前面的矮个子是在故弄玄虚。大家知道，马拉松赛是考验体力和耐力的运动，只要身体素质好又有耐力就有望夺冠，爆发力和速度都还在其次，说用智慧取胜确实有点勉强。

两年后，山田本一又在意大利国际马拉松邀请赛上夺冠。记者采访他时，他的回答还是那句话：用智慧战胜对手。人们对他所说的智慧仍然迷惑不解。

十年后，这个谜终于解开了。他在自传中是这么说的：每次比赛之前，我都要乘车把比赛的路线看一遍，并把沿途比较醒目的标志画下来，比如第一个标志是银行，第二个标志是一棵大树，第三个标志是一栋红房子……这样一直画到赛程的终点。比赛开始后，我就以百米赛跑的速度奋力地向第一个目标冲去；等到达第一个目标后，我又以同样的速度向第二个目标冲去。40 多公里的赛程，就被我分成这么几个小目标轻松地跑完了。

这个故事告诉我们：一个人设计自己的人生目标一定要切合实际，而且既要有长远的人生目标，又要有阶段性的短期目标，通过实现一个个短期目标来实现长远目标。作为服刑人员，当下最重要的是从自身的条件出发，设计好自己的改造目标，何时减刑、何时假释、何时刑满释放，以及实现这些目标的措施都要明确具体，切实可行。

（二）重在付诸行动

一个人有了好的人生目标，不等于就有好的人生结果；服刑人员制定了好的改造计划，不一定就能改造好自己。因为目标毕竟是目标，计划毕竟是计划，这些都是认知上的东西，只有把目标、计划付诸行动，做到知行合一，才可能变为现实。

从前，有一个爱睡早床的懒汉李四，每天家里人吃完早饭上工去了，他还在床上睡觉。为这事，他的父母经常唠叨，他的兄弟姐妹常给他白眼，邻居们也知道他睡早床的习惯。有一天，他的父母托一个媒婆给他介绍了一个女朋友，那个女朋友也知道他爱睡早床的习惯。两人见面后，双方都感到满意，那个女朋友说：只要你改掉睡早床的毛病，我们就结婚。李四回家后，就用毛笔写了四个大字：明天早起！并把它挂在床前面的墙上。为了第二天早点起来，当晚他早早地就睡了。第二天早上醒来，看了一眼“明天早起！”四个大字，心想：明天早起，今天我还可以睡睡。于是，又闭起眼睛睡了起来。第三天、第四天也是这样……最后，他睡早床的习惯没有改掉，媳妇儿也没有娶成。

从这个故事我们可以看到，仅有决心、计划、目标是不行的，还必须有实实在在的行动。马克思说过：“一打纲领，不如一个实际行动。”一个人要实现

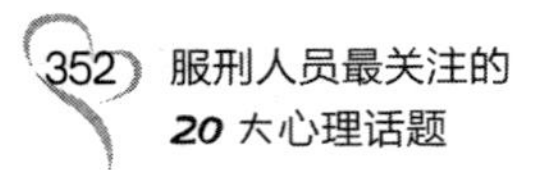

自己的人生目标，必须付诸行动，做到知行合一。服刑人员要实现自己的改造计划，就要从现在做起，从一点一滴做起。

（三）贵在自我坚持

人生道路并非一帆风顺，可能坎坷不平，布满荆棘，实现人生目标，需要顽强的意志和坚韧的毅力。服刑人员在改过自新、重塑自我的过程中，也会面临很多困难和挫折，因此，一定要坚持，不为一时的困难所阻。

1. 自我暗示。经常暗示自己“我能行”“我能做好这件事”“我能实现自己的改造计划”等，这样会对你产生积极的影响，久而久之，你就会更加相信自己的能力，从而提升自信心。

2. 发挥优势。在认识自己中发现自己的优势，在行动中发挥自己的优势，经营自己的长处。

3. 自我激励。当自己成功地做好一件事情、取得一些成绩、获得一点进步时，要及时用心体会成功的快乐，并告慰自己“我还行”，自己肯定自己，自己鼓励自己。这样，你就会在困难中坚持，在坚持中成长。

心理链接

带刺玫瑰效应——生活的主旋律就是磨难与成长。各种挫折与痛苦就像是带刺的玫瑰，用不同的形式包裹着，带到我们面前。我们是怀着一种积极乐观的态度接受花也接受刺呢，还是为了远离刺而连花朵也抛弃呢？

一个妈妈带着一对双胞胎到花园玩。结果小男孩说这玫瑰园一点都不好，因为每朵花下都有刺。而他的姐姐——一个小女孩则说玫瑰园真是个好地方，因为每个刺上都开了许多美丽的花。在整个下午时间里，姐姐一直很快乐，弟弟一直闷闷不乐。

在我们的成长路上，从来都不是一帆风顺。乐观的人总是能从中看到积极的一面，而悲观的人眼里却永远只有哀伤。尤其是在经历挫折和面临人生关键时刻，不同的选择把我们引向不同的道路。对身陷囹圄的服刑人员来说，我们是从此消极下去，以致未来的人生也一败涂地，还是痛定思痛，从头再来？

第十九章

我真的可以改变自己吗？

人们常用“士别三日，当刮目相看”来形容一个人变化快、变化大。世间万物皆在变化，人也如此。不过有的人在变化中成长，有的人则在变化中堕落；有的人在变化中成功，有的人则在变化中失败。服刑人员要更好地适应社会，就必须学会改变，不仅要学会改变，还要学会如何让自己越变越好。这正是本章所要探讨的问题。

第一节　服刑人员需要改变

案例：“大学生”囚子同样需要改变

服刑人员陈某，23 岁，大学生。他 2009 年如愿以偿地考上某重点大学。2013 年毕业后的第一个晚上，他邀约几个同学到学校附近的一个餐馆消夜，与餐馆老板发生争执，陈某拿起一个酒瓶就朝老板头上砸去，老板顿时鲜血直流，后鉴定为重伤，陈某因寻衅滋事罪获刑三年。来到监狱后，陈某自恃是大学毕业生，文化程度高，受过全面的教育，因此，在文盲半文盲的“同改”面前非常清高，无论是“三课学习”，还是行为养成和劳动生产，他都爱理不理，爱参加不参加，一副自己已经够好了、根本不需要改造的清高派头，而且动不动就指责“同改”这也要改，那也要改，唯独自己什么都不需要改。因此，“同改”们都颇有怨言。了解到陈某的这种情况后，心理咨询师在课堂上特意指出，并不是文化程度高就不需要改造，像某些大学生，文化程度高，法律意识本应更强，却动不动就砸人，显然法律意识十分淡薄，更加需要补课；文化程度高本该用来指导、帮助“同改”学习，相反却指责、讥笑“同改”落后，说明其个人思想品德较差，更加需要补课；文化程度高，本应补齐自己动手能力差的短板，却看不起体力劳动，不愿参加生产劳动，说明其人生观、价值观、劳动观有问题，更加需要补课；文化程度高，本应掌握更多的心理知识，能更好地控制自己的情绪，却动不动就行为失控，更加需要改造补课。咨询师一针见血似的教育，有如醍醐灌顶，陈某惭愧之至，从此放下身段虚心投入改造。

改变，是指事物发生显著的变化。唯物辩证法认为，世间一切事物都是发展变化的，变化是绝对的，不变是相对的。人是世间万物之一，也是发展变化的，世界上没有一成不变的人。人之所以变化，是因为：

一、思变求变是人的本性

人的需要是人的活动积极性的源泉。美国人本主义心理学家马斯洛认为，人的需要有五个层次，即生理需要、安全的需要、爱和归属的需要、尊重的需要和自我实现的需要。这五个层次是由低到高逐级形成并逐级得以满足的。只有较低层次的需要得到基本的满足，较高层次的需要才会出现。已经满足的需要会退居次要的地位，不再是行为、活动的力量；新出现的需要转而成为最具优势的需要，它将支配一个人的意识，并自行组织有机体的各种能量。当所有较低层次的需要都得到持续不断的满足时，人才受到自我实现需要的支配。

在湖南省沅陵县明月山就有这么一个传说：在很久很久以前，明月山上住着一户人家，靠耕种山上的几亩地为生，日子过得比较清苦。有一天早晨，老汉到屋后的井里去挑水，突然闻到一股浓烈的酒香，找了半天，最后发现是井里的水变成了酒，但是酒不多，不到半桶，他高高兴兴地打了回来，和家里人边喝边讲井水变酒的事，一家人都感到奇怪，但更多的是高兴。此后，每天早晨井里都有半桶酒，够他家人喝。过了不久，老汉想，如果再多一点，我就可以做酒生意了。于是，他就跪在地上向菩萨求道：菩萨啊，请您再多赐给我一点酒吧！第二天早晨他取酒时，果真井里的酒满了。老汉乐哈哈，从此他家就做起了酒生意，家里的日子也一天比一天好。可过了一段时间，老汉心想，做酒生意好是好，就是猪没有糟吃。于是，他又向菩萨求道：菩萨啊，请您赐给酒糟吧！第二天一大早，他带了几个挑酒糟的人去，来到井边一看傻眼了，井干了！不仅没有酒，连水也没了。在井旁的石壁上留有四行字：“天高不算高，人心第一高，凉水当酒卖，还嫌猪没糟。”这虽然是个传说，但在现实生活中，“人往高处走，水往低处流”“这山望着那山高”是比较常见的现象。虽然说老汉的心太过贪婪，但从中可以看出思变求变是人的本性。

二、社会要求服刑人员改变

人是社会的人，社会在进步在发展，人也必须发展，才能不落后于社会，才不会被社会淘汰。达尔文早在一百年前就说过：物竞天择，适者生存。一个社会有一个社会的制度，一个时代有一个时代的要求，一个人要在社会中生存与发展，就要适应这个社会的制度，就要适合这个时代的要求。而社会是进步的，时

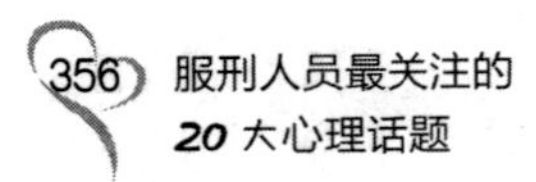

代是前进的，一个人要想生存与发展，就必须不断地改变自己，以适应社会和时代发展的步伐，才不会被社会淘汰、被时代遗弃。这就要求人们活到老、学到老、改变到老。

服刑人员因违反了国家法规，触犯了刑律，被关进监狱，接受刑罚，强制改造。说到底，就是国家通过这种强制手段来改造他们，挽救他们。因为他们尽管违了法、犯了罪，但从法律地位来讲，仍然是中华人民共和国的公民，还没有到无可救药的地步，政府更没有嫌弃他们，没有抛弃他们，而是把他们集中起来，进行教育，进行改造，把他们改造成一个能遵纪守法、自食其力的新人。作为服刑人员，应珍惜这个机会，认罪悔罪，积极改造，悔过自新，重新做人。

人应随着社会的变化而变化，并享受变化，才能达到更高的境界。旧的思想、旧的观念应摒弃，只有这样才能接受新的东西。人需要不断变化，任何事物都不是一成不变的。旧的思想、旧的观念越早摒弃，你就能够越早发现新的东西，朝新的方向前进，你会有新的发现。

总之，人需要不断变化，因为环境随时随地都在发生变化，新的时代、新的思想、新的观念、新的环境都要求我们随着环境的变化而变化！

三、现实逼着服刑人员改变

“生命诚可贵，爱情价更高，若为自由故，二者皆可抛。”从这首诗中我们可以体悟到，对一个人来说，自由是最宝贵的。服刑人员最大的痛苦也许就是失去了自由，从一个享有自由的社会人变成一个失去自由的囚犯，电网高墙，铁门铁窗，荷枪实弹，武警站岗，纪律严明，管理严格，立正稍息，下蹲靠墙，集体行动，点名查岗，早出晚归，劳动超强，陈米饭，南瓜汤，一天到晚心里慌。有的服刑人员说：“生活苦一点，干活累一点，都可以承受，最痛苦的还是失去了亲人，失去了朋友。”人是社会的人，人都有七情六欲，都有亲戚朋友，哪个不想享受天伦之乐呢？在监狱里的服刑人员基本处于与外界隔绝的环境里，家有老，不能赡养；家有小，不能照护；家有妻，不能团圆，有的甚至还面临婚姻的危机。这种失去亲人、失去朋友的痛苦落在谁的头上也难以承受。这样的环境确实是度日如年，但这就是服刑的现实，也是自己违法后必须接受的现实。

“羁鸟恋旧林，池鱼思故渊。”没有哪个服刑人员不渴望自由，没有哪个不向往新的生活。而要自由，你就必须改变自己，因为，你改变不了这样的环境，唯一能够改变的就是你自己。

有这样一个故事：一个农夫的葡萄园，四面都被很高的围墙包围着。一只老狐狸在高墙外四处仔细地寻找，终于找到了一个洞，可这个洞实在是太小了，老狐狸只得绝食三天，让自己瘦下来，然后钻进洞去。葡萄园的葡萄非常美味可口，老狐狸足足吃了三天。可是这样一来，狐狸又胖得钻不出去了。无奈之下，老狐狸只好又饿了三天才从那个洞里钻出来。它钻出来的时候，又瘦得和进去时一样了。

从这个故事我们可以看出，狐狸知道自己没有能力去改变这个洞的大小，于是它选择了改变自己。这样就轻易地吃到了葡萄。如果它等待着这个洞自己变化，可能永远也吃不到葡萄。

服刑人员应像老狐狸那样，既要看到失去自由是痛苦的，同时又要看到这个现实是自己咎由自取的，是违法犯罪必然得到的结果，怨不得别人，哭也好，闹也好，都无济于事。既然现实无法改变，要想重新获取自由，过上新的生活，唯有改变自己，而这是唯一正确的选择。

心理链接

选择效应——什么样的选择决定什么样的生活。今天的生活是由此前我们的选择决定的，而今天我们的抉择将决定我们今后的生活。

有三个人要被关进监狱三年，监狱长满足他们三个人一人一个要求。

美国人爱抽雪茄，要了三箱雪茄。

法国人最浪漫，要了一个美丽的女子相伴。

而犹太人说，他要一部与外界沟通的电话。

三年过后，第一个冲出来的是美国人，嘴里鼻孔里塞满了雪茄，大喊道：“给我火，给我火！”原来他忘了要火了。

接着出来的是法国人。只见他手里抱着一个小孩子，旁边美丽女子手里牵着一个小孩子，肚子里还怀着第三个。

最后出来的是犹太人，他紧紧握住监狱长的手说："这三年来我每天与外界联系，我的生意不但没有停顿，反而增长了200%。为了表示感谢，我送你一辆劳斯莱斯！"

第二节　服刑人员可以改变

案例：“朽木”并非不可雕

服刑人员章某，其父亲是县里小有名气的企业家，家里条件较好，章某由奶奶一手带大，家人都把他当作掌上明珠护着、贡着，在娇生惯养的环境里，他从小就养成了一种自大自傲、蛮不讲理的性格，经常打架闹事，成了当地赫赫有名的小霸王。2011 年因故意伤害罪被判 6 年。入狱后，他仗着家里条件好，给的生活费多，就在监狱继续充当“老大”，身边纠集了几个“马仔”，一天到晚指手画脚，看谁不顺眼，就指使“马仔”摆平谁。为此，偷菜、喝酒、打架、斗殴、看黄色书刊等无所不为，扣分、罚站、关禁闭对于他来说，可谓家常便饭，顽固犯、危险犯、反改造分子等“帽子”一大堆，由此成为监狱一块“朽木”。可自 2013 年初起，章某却像换了个人似的有了巨大改变。改变的转机在于将他一手带大的奶奶。2013 年春节，章某奶奶拖着病重的身体坚持来到监狱要看孙儿最后一眼，临走，奶奶叹了口气，像是喃喃自语，又像是最后的叮咛：“他们都说你是朽木不可雕了，你叫我怎么闭眼呢？！”奶奶回去不到一个星期就去世了。章某像遭了雷击一样，自此从思想、言语到行动来了一百八十度的大转弯，不仅遵纪守规，认真参加学习，积极参加劳动，还利用业余时间参加了大学自考学习，在一年多的时间里，通过了六门课程的考试，真的有如枯木逢春一样，让人不得不刮目相看。

前面讲了服刑人员需要改变，那么，服刑人员到底能不能改变自己呢？这一节我们将通过分析服刑人员改变的内因和外因来充分证明，服刑人员改变自己不仅是必要的，而且是切实可行的。

一、改变的内在有利因素

思变求变是人的共同本性，服刑人员虽然犯了罪，坐了牢，但仍是一个自然人，仍然具有自然人思变求变的基本属性。这是服刑人员改变自己的有利因素。

（一）高级神经活动的可塑性是心理可塑性的基础

心理是脑的机能，服刑人员心理活动的器官是大脑，而高级神经活动机制决定了服刑人员心理的可塑性：1. 服刑人员心理结构中的不良因素，不是先天的本能，而是后天习得的。即人的动力定型具有遗传变异性，具有适应环境和影响环境的能力。《三字经》开篇即说“人之初，性本善。性相近，习相远”。既然服刑人员心理结构中的不良因素不是先天固有的，而是后天习得的，那么它也自然可以在后天改变或消除。2. 高级神经活动是一个充满矛盾斗争的复杂过程。它具有兴奋性与抑制性、可塑性与稳定性、脆弱性与耐受性、感染性与抗拒性高度统一的性质，并具有反应性、变异性、适应性和影响环境的特征。所有这些，都从生理机制上决定了服刑人员改变的可能性。

（二）人类意识的能动性

人类意识不仅能够反映事物的内部联系，而且能够进行理性思维。人对事物的概念、判断和推理的思维形式，形成人的意识，反映事物的本质和规律。人不仅能复制当前的对象，而且能追溯过去、推断未来。人类意识的这种能动性，决定了它是可以通过教育影响发生转化的。即可以通过改变周围环境影响其反映内容，通过说理教育改变思维方向，通过昭示前途、预测未来，启示服刑人员自我修正目标和提高改造的主动性。

（三）多数服刑人员具有向好的积极因素

服刑人员一般都有突出的社会心理缺陷，但是也都具有常态心理结构和某些积极因素。这是因为：1. 大多数服刑人员曾受到社会、家庭、学校良好的教育和影响，社会情感、社会意志、社会动机、悠久文明的社会传统习惯等社会心理意识，必然在心理上留下痕迹。2. 服刑人员只是在某一方面或几个方面犯罪，在没有违法犯罪的方面，与正常人具有相同或类似的心理过程、个性心理。3. 虽然多数服刑人员有严重的挫折感、自卑心，但仍具有自尊心和不同程度的上进心，怀有回到社会生活的美好愿望，有的还有较高层次的自我实现愿望，可以引导其向正确方向改变。

二、改变的外在有利因素

（一）健全的改造制度

我国是中国特色社会主义国家，社会主义制度决定了改造工作的方向和目标，是把罪犯改造成守法公民和对经济建设的有用之才。我国监狱机关实行“惩罚与改造相结合，以改造人为宗旨”的方针，实行人道主义，实行文明管理，摈弃惩办主义，不是单纯地执行刑罚，而是强调教育改造，把监狱办成改造服刑人员的熔炉，把其改造成为新人成为一切工作的出发点和归宿，同时，强调保障服刑人员的法定权利，强调对青少年犯实行“教育、感化、挽救”的方针等。所有这些，都有利于把监狱办成既改造人，又造就人的特殊学校。

（二）良好的改造环境

人改造环境，环境亦能改造人。修佛要到寺庙，学道需在道观。现在，社会上有一种特殊学校，专门招收家里管不了、学校教不了且具有不良行为习惯的孩子进行魔鬼式训练，其封闭的环境，清苦的生活，超强的训练，严格的管理，使有的孩子在不到半年的时间里就改掉了过去的不良行为习惯，这表明环境在改造人方面的巨大作用。服刑人员在监狱这样封闭的环境里改造生活，虽然苦一点、累一点，但对改造自己，特别是改掉自己的不良行为习惯十分有益。如有的服刑人员过去有吸毒经历，现在监狱服刑，就断了毒品来源，死了吸毒的心，戒毒就容易多了，很多有吸毒经历的服刑人员入狱时面黄肌瘦，在监狱过不多久就胖了起来；有的过去喜欢赌博的服刑人员入狱服刑，也为彻底改掉赌博的不良习惯创造了绝佳环境；有的过去好吃懒做、好逸恶劳，现在强制参加劳动，同出工同收工，不仅可以改掉懒惰的毛病，而且在劳动中还可以学会一技之长；不少服刑人员在外面早早辍学，长期混社会，而为了提高服刑人员的文化技术素质，监狱开办了学习班，可以学文化、学技术，还可以参加全国统一的大学自考，很多服刑人员都在监狱学到了一技之长，为回归社会、重新做人创造了条件。

相由心生，境随心转。任何事物都有正反两面，关键是你以什么样的心态去看待它。如果你以积极的心态看待监狱环境，你就会看到有益的一面，借此努力地改造自己；如果你以消极的心态去看待，监狱就会变成地狱，你会感到痛苦无比，度日如年，在消沉中白白地浪费时光。

三、服刑人员改变自己的成功案例

在前面，我们从内因和外因分析了服刑人员改变自己的必要性、可行性，这些都是理论层面的，现在我们看看服刑人员改变自己的成功事例。

实践证明，中国特色的劳动改造制度是成功的，绝大多数服刑人员通过在监狱服刑改造，都弃旧图新，走上了新生之路。据有关资料统计，我国服刑人员的重新犯罪率远远低于世界各国的平均水平。有一本《向昨天告别》的书，记述了很多服刑人员成功改造自己的实例：有的过去是“扒手”，现在成了致富能手；过去是“打架大王”，现在成了工程队长；过去是“害群之马”，现在成了搞“四化”建设的“千里马”；过去是“醉生梦死”，现在成了中国梦的追梦人！有的罪犯一旦觉悟了，走上了正道，就能够干出一番事业来。某监狱有一个叫“乔二爷”的服刑人员，他是一个很聪明的人，可是过去没有把聪明用在正道上，用到偷汽车上了。他做钥匙去偷车，不管你用的什么锁，他只要几下就能打开。他偷了很多好车名车，后来被抓了起来，判了 15 年。入狱后，他在积极改造的同时，加强技术学习，并把它用在监狱生产的技术革新上。在服刑期间，他申请获得了三项国家专利，因此记大功一次，刑期过半假释出狱。出狱后，他到了一家科技公司工作，不久就成了公司的技术骨干，现在是身家千万的企业精英。

俗话说，浪子回头金不换。服刑人员不仅应该改变，而且可以改变，一旦改变了，就会赢得政府高兴、社会高兴、家人高兴、自己高兴，得到皆大欢喜的圆满结局！

现在就是未来定律——改变现在，就在创造未来。

一个人到墨西哥旅游，黄昏时他在海滩漫步，发现一个土著在沙滩上拾起一些东西，然后用力地抛到海里去，并且重复不停地把拾起的东西抛到海里。走近些时，他看清楚原来这土著在不停地拾起由潮水冲到沙滩上的海星，逐只用力地把它抛回大海去。他好奇地问道："朋友，我不明白你在干什么。"

那人说："我在把这些海星抛回海里。你看，现在正是退潮，海滩上这些海星全是给潮水冲到岸上来的，很快这些海星便会因缺氧而死！"

"我明白。不过这海滩有数不尽的海星，成千上万的，你有能力把它们全部送回大海吗？尽管你真能做到，试想，这海岸有过百的海滩，你又怎能有工夫去处理呢？你可知道你所起的作用不大啊！"

那个土著微笑着，继续拾起一只海星，一边抛一边说："但我起码改变了这只海星的命运呀！"

于是他恍然大悟，是呀，虽然我们有很多美好的事情还没有实现，但从现在做起，兴许就改变了一切！

第三节 服刑人员怎样改变

案例：量身定做改掉“禁闭哥”冲动毛病

服刑人员鲁某，个子高大，身强体壮，性格急躁，容易冲动，2011 年因故意伤害罪获刑五年。入狱第一周，与同犯发生争执，一拳把同犯打得鼻血直流，为此被关禁闭；一月之后，他正在吃饭，有个同犯不小心碰到了他的饭碗，他二话没说就把那个同犯揍了一顿，连门牙都打掉一颗，又被关禁闭；没出三月，他的一个老乡和别的同犯发生争执，他不分青红皂白，冲上去就打，又被关了禁闭。半年时间不到，关了三次禁闭，鲁某算是创了监狱纪录，并赢得了“禁闭哥”的绰号。鲁某知道这样下去不是办法，弄不好还会加刑，因此痛下决心想改掉“冲动”这个老毛病。为此，他主动申请心理咨询。心理咨询师通过电脑测试等多种手段，最后诊断其为冲动性人格障碍，并为之量身定做了专门的矫治方案。此后，他每个星期到监狱心理咨询室接受一次两小时的专业咨询；平时在监舍则按照咨询师传授的自我调节法，进行静坐、深呼吸等放松训练；咨询师安排两个年纪较大、比较稳重的同犯帮助他矫治，遇到情况就及时地提醒、劝阻；当收到一点效果、取得一点进步时，就及时给予多种鼓励；有意安排“同改”开始亲近他，让他感受到团队的力量，感觉到友谊的宝贵，坚定其矫正的信心。经过一年多的矫治，鲁某急躁、冲动、鲁莽行事的毛病大有改观。

改变需要勇气，改变也需要方法，改变更需要付诸行动。那么，服刑人员怎样改变自己呢?

一、弃旧图新，坚定改变决心

佛说，一个人要学佛修佛，必须具备三个条件，即信、愿、行。在这三个条件中信和愿讲的都是心。要学佛，首先就要发心，发什么样的心就有什么样的果：发菩萨心，得菩萨果；发佛心，得佛果。

唯物辩证法告诉我们，任何事物的发展和变化，都是事物的内因和外因作用的结果，内因是变化的依据，外因是变化的条件，外因只有通过内因而起作用。心理学则认为，决心体现了个人的主观意识对自我以后的行为所作出的决定和承诺。人一旦下定决心，就不允许改变，不论遇到多大困难也会坚持下去，在这个过程中，人的心理功能或身体器官也会对决心作出无条件的服从。

人的一生是选择的一生，在漫长的人生路上，每个人都会面临多次选择，有的人在选择中前进，有的人则在选择中堕落；有的人在选择中成功，有的人则在选择中失败。服刑可以说是人生最大的不幸，也是最大的失败。既然实践已经证明，过去走过的路是错的，是行不通的“失败路”“死胡同”，那么，现在就只有弃旧图新，弃暗投明，改过自新。因此，服刑人员要改变自己，首先要有改变自己的决心，要决心弃旧图新，要决心与过去的罪恶决裂，要决心摈弃过去的不良行为，要决心重新做人。弘一大师曾说：“若无誓愿，如牛无御，不知所趣。”服刑人员改变自己的决心要大、要坚定、要下足决心。所以，决心是服刑人员改变自己的起点，决心的大小、决心的坚定程度关系着改变自己的成败。

二、认清“病”因，消除犯罪心理

人们常说，事出有因。服刑人员走上犯罪道路，也是有其原因的，既有内在的原因，也有环境等外在原因，但是不论怎么说，其内因是造成犯罪的主要原因。服刑人员要改变自己，就要从主观自身找原因，只有找准了自身内在的主观原因，才能找到改变自己的关键节点。这就和医生治病一样，只有找准了病因，才好对症下药，也才能药到病除。

行为是心理的镜子，有什么样的心理，就有什么样的行为。一个人走上犯罪道路，绝不是偶然的，它是由犯罪心理导致的。所谓犯罪心理是指影响和支配犯罪人实施犯罪行为的各种心理活动或心理因素的总称。它是犯罪行为的内在动因和支配的力量，犯罪行为是犯罪心理的外部表现。因此，服刑人员要改变自己，就要从根本上消除犯罪心理。

（一）改变以自我为中心的不良认知

犯罪是一种反社会的行为，是个体在社会化的过程中与社会不协调和冲突的表现。因此，这种不协调和冲突主要来自个体因素。首先在于认知结构方面的缺陷，过分地以自我为中心，其突出表现为极端的利己主义，对社会、集体、他人和自己缺乏责任感。其实每个人既是社会中独一无二的单一个体，同时也是社会大群体中密不可分的一员，个体从呱呱坠地的婴儿到成人就是一个社会化的过程，这种过程的实质是主体对社会的认同，即认识趋同和一致，从而使个体和社会整体达到有效的协调。具有极端自我中心倾向的人，往往根据对自己是否有利作为当为与不当为的基点，轻视甚至无视社会伦理和国家法律对人的行为的界定和约束，与正常的社会规范和社会法律相背离，这就使得他们的行为常常违反社会道德，甚至与法律规定发生冲突。这种认知方面的缺陷是形成犯罪心理的基础。因此，服刑人员要消除犯罪心理，必须改变以自我为中心的认知。在认识人或事物上，不仅要站在自己的角度，还要站在他人的角度；在对待名誉利益上，不仅要考虑自己，还要考虑他人和社会，不说要“毫不利己，专门利人”，但起码要做到利己而不损人。

（二）改变低级、反社会等不良情感

情感是人的一种情绪体验，良好的情感能推动人前进，不良的情感则促使人实施不良行为。这就要求服刑人员努力改变如下不良情感：

1. 低级情感。人的情感有高级和低级之分。犯罪人在自身低级需要的支配下，更多地注重自己的生理需要是否能得到满足，追求的是自身身体的享受。这些低级体验是低级需要得到满足的结果，同时又反过去强化刺激主体的低级体验，为了满足一时的生理冲动而不惜以身试法。服刑人员要消除犯罪心理，就要抛弃低级的情感，培养高尚的情操。

2. 反社会性情感。情感的社会性是指一个人的情感的表现方式和对他人情感的态度，符合社会的行为规范和伦理观念。而犯罪人出于损人利己，个人情感上突出表现为只有自己情感而不顾他人的情感，缺乏对他人情感的共鸣，缺乏对他人的尊重和同情。服刑人员要培养社会性情感，必须学会理解人、尊重人、同情人。

孟子说过："爱人者，人恒爱之；敬人者，人恒敬之。"人是社会人，人生活在社会中，你对人家怎么样，人家就会对你怎么样；你敬别人一尺，别人才会敬你一丈。相反，你若对人不仁，别人也就会对你不义。

有这样一个故事，颇让人回味。一天，一个老人在院子里乘凉，走过来一个想租房的客人问道："你们这里的邻居如何，是否好处？"老人笑曰："你们那里的邻居如何？"租房者说："很糟，一个比一个难处。"老人笑曰："彼此，彼此。"租房人扭头走了。不一会儿，又来了一个租房者，问了老人同样的问题，老人依然按照先前的方式回答。

可是，不同的是，这个人说："我们那儿的邻居一个比一个好，大家互相帮助，和睦相处，真舍不得离开他们！"老人还是笑答："彼此，彼此，我们这里也一样。"

这个故事虽然简短，但却含有深意。别人对你的一切态度都取决于你对别人的态度。因此，尊重别人，就是尊重自己。

历史上，有许多尊重他人而成就伟业的实例。最著名的要数东汉末年，刘备三顾茅庐请诸葛亮出山的故事了。如果当时刘备不看重诸葛亮的才华，不尊重他的人格，诸葛亮恐怕就不会出山。在诸葛亮出山后，如果刘备不尊重他，诸葛亮的聪明才智也不能淋漓尽致地发挥，刘备的霸业也不可能成就。

在现实生活中，我们要时时设身处地地去理解别人、尊重别人、体贴别人，而不能用言语去嘲讽、羞辱别人。我们要学会尊重他人，用自己高尚的品德去感染人，用自己敦厚的心灵去善待他人，而不是用自己的伶牙俐齿、歹毒语言甚至拳脚功夫去伤害别人。

3. 冲动性情感。人的情感往往具有波动性，但只要在一定的范围内都是正常的，超过了一定范围，就会带来一定的危害，成为有害的冲动性情感。犯罪人的情感稳定性更差，表现为情绪突发性强，冲动性大，心境变化多端，喜怒无常，很容易因一时的得逞而沾沾自喜，而一旦遇到挫折，便悲观失望，往往"事过后悔，以后再犯"。这种情感冲动性大的服刑人员遇事更需冷静，要三思而后行。

从前，有个员外聪明能干，家产万贯。有次他到一个有名的寺庙请方丈指点，他说：“我现在有钱有势，如何才能成为一个儒雅的绅士？”方丈思索了片刻后说：“以后，你不论遇到什么事，先后退七步，再向前走七步。”他告别了方丈，回到家里已经很晚了，家里的人都睡了。他走进卧室，看到床边有两双鞋，床上被窝里好像睡着两个人，顿时，他想莫非夫人趁他不在家，红杏出墙了。他拔出身上的腰刀就要砍去。这时，他想起了方丈的话，于是，他后退了七步，然后向前走七步，他的心情慢慢地平静了下来，揭开蚊帐一看，是他的母亲和夫人睡在床上。原来那天寒冷，他的母亲病了，夫人为了照护他母亲就让老人睡在了她的床上。第二天，他来到寺庙感谢方丈，他说：“要不是您的指点，昨天我就成了杀母杀妻的罪人。”情感冲动的服刑人员都应向那个员外学习，不妨运用“七步法”。

（三）改变冒险、侥幸等不良心理

很多服刑人员在犯罪之前大都知道自己的行为可能会受到法律制裁，但却总抱着侥幸心理去冒险。古人说得好，若要人不知，除非己莫为。世上没有不透风的墙，也没有不被发现的事。陈毅元帅曾说：“手莫伸，伸手必被捉。”这些都告诫我们，凡事都不要冒险，也不要抱有任何侥幸心理。只有这样，才能做到“半夜不怕鬼敲门”，才能踏实地生活，生活也才有安全感。

三、强化训练，摒弃不良行为

行为哲学认为，人的行为是在人的意识指导下的自觉主动的行为，即是说，人的行为是人心理的外在表现，是人心理的一面镜子。

人的行为有正常行为和异常行为之分。所谓异常行为又称不良行为，如过度吸烟酗酒、沉迷网络、赌博、吸毒、厌食、暴食、洁癖、疯狂购物等。不良行为是健康人生的大敌，它在不知不觉中损害着人们的身心健康，降低着个人的品位，毒害着我们的灵魂，泯灭着我们的良知，会使我们成为一个没有一点修养的人，成为一个粗俗并且趣味低级的人，甚至成为一个失去自我，如同行尸走肉的人。一般来讲，绝大多数服刑人员都有这样那样的不良行为，正是这些不良行为的逐步强化形成犯罪心理，最终导致犯罪行为发生。

人的行为不仅是人的心理的外在表现，它又反过来作用于人的心理，通过矫正不良行为亦可矫治不良心理，这叫行为矫治法。矫正服刑人员的不良行为，也是消除犯罪心理的有效方法。从矫正服刑人员不良行为的角度来看，监狱的改造环境是非常有利的，如禁止饮酒，可以戒除酒瘾；禁止持有现金，可以戒除赌瘾；禁止毒品，可以戒除毒瘾；没有电脑，即使有也不能上网，可以戒除网瘾；要参加劳动，可以帮助改掉好吃懒做的习惯，培养自食其力的能力，等等。培根曾经说过："一块石头，你把它搬起，就会是一种负担；如果你把它放在脚下，就会成为垫脚石。"任何事物都有两面性，这全在于你以什么样的心态看待它、利用它。服刑人员要改变自己的不良行为，就应该以积极的心态看待监狱的环境，利用好这个改造环境矫正自己的不良行为。

四、勇往直前，突破意志阴霾

人们常说，浪子回头金不换。它一方面说明浪子回头的价值和意义，另一方面也说明了浪子回头的难度。弘一大师曾说："改过之事，言之似易，行之甚难。"这是因为不良行为和不良心理是日积月累形成的，冰冻三尺，非一日之寒。要矫正不良行为、矫治不良心理，不可能一蹴而就，而要持之以恒，长期坚持。服刑人员要改变自己，既要有坚定的决心，又要有坚决的行动，更要有坚忍不拔的毅力和不达目的誓不罢休的坚强意志。

（一）增强自信心

从总体来看，服刑人员大都有自卑心理，认为自己这不如人，那也不如人，感到一切都完了，对生活悲观失望，对自己也失去了信心。服刑人员要改变自己，就必须克服这种自卑心理。自信是自卑的克星，自信心能够对人的意志力起到有力的支持与推动作用。自信的人具有一种毫无畏惧、战无不胜的感觉，可以克服重重阻碍，为达目的而努力拼搏。

一位哲人曾说："自信是一种感觉，有了这种感觉，人们才能怀着坚定的信念和希望开始伟大而光荣的事业。"每个人都应当心存这种感觉。上帝给了我们每个人一个苹果，但却在每个苹果上都咬了一口，所以，我们都有这样那样的遗憾。但是苹果的核心都是一样的，那就是种子，就是自信，就是希望。我们没有必要抱怨自己的能力和境遇的好坏，只要有一丝阳光和一滴水，就可以萌发新的希望。自信，奋斗，你会发现生命因自信而精彩，生命因自信而灿烂。

（二）增强坚定性

坚定性，是指能够坚持贯彻执行行动计划，排除一切干扰、抵制一切诱惑、不达目的决不罢休的精神。无数事实证明，只有坚定不移、坚持不懈的实干精神，才能实现自己的愿望与理想，才能创造出世间的奇迹；缺乏坚定性的人，往往知难而退，不能持之以恒，或者半途而废，终究成不了大业。

坚定性不足是大多数服刑人员典型的意志缺陷，他们虽然常常知道自己的所作所为是法律禁止的，但经受不住外界的诱惑，不由自主地实施了犯罪行为。意志薄弱导致犯罪，在青少年犯中占有相当大的比例，在成年人中也有不少。

增强意志的坚定性，既是消除犯罪心理的重要内容，也是矫正不良行为的必修课。服刑人员要改变自己，必须培养意志的坚定性，做到言必行，行必果，不要说的是一套，做的是另一套，出尔反尔；要坚持一个改变自己的目标，不要朝三暮四，朝令夕改；要一以贯之，坚持到底，不要半途而废；要经得住诱惑，不管东南西北风，咬定青山不放松。

（三）增强自制力

这里的自制力是指一个人自我克制、自我约束的能力，表现为能够及时地、自觉地、适度地支配或控制自己行为的能力。一个有自制力的人，在压力面前不畏缩，在诱惑面前不动摇，当消极情绪来临时也能有效、及时地加以调整。而自制力不强的人，往往会放纵自己，使自己与目标背道而驰。

有的服刑人员正是由于缺乏自制力才走上犯罪的道路，有的是一时好奇，染上了毒瘾；有的是图一时快活，奸污妇女；有的是一时冲动，伤了他人，一失足而成千古恨。服刑人员要告别过去，与罪恶决裂，需要增强自制力；服刑人员要悔过自新、重新做人，也更加需要增强自制力。毕达哥拉斯曾经说过：“思而后行，以免做出蠢事。因为草率的行动和言语，均是卑劣的特征。”特别是在监狱服刑期间，同样会受到各种各样不良意识和行为的影响，如果自制力不够，就很容易被拖下水，甚至同流合污。不少服刑人员本来也不想违规喝酒，但经不住“同改”三言两劝，最后还是半推半就地拿起了杯子一干而尽。喝酒如此，赌博、逃课、偷盗、斗殴等，也都往往如此。所以，凡事要沉着，要冷静，要三思而后行，要用坚定的自制力缚住冲动的魔鬼。

（四）增强动力性

动力来源于欲望，对成功的欲望大，动力就强；欲望小，则动力弱。动力强的人，为了追求自己的幸福，实现自己的目标，能够劈开人生路上的种种荆棘，满怀热情，全身心地投入到事业之中。而动力不足的人，往往懒散行事，“做一天和尚，撞一天钟”，遇到困难首先想到的就是退缩，这种人，只会成为成功终点的弃儿，与成功永远无缘，最终什么都没能改变。

绝大多数的服刑人员都想改变自己，可为什么有的能弃旧图新，重新做人，有的则想改改不了，成为“几进宫”的惯犯呢？其中一个重要原因就是改变的动力不足，有改变自己的想法，但没有改变的行动。大家可能还记得小学课本上，那只可怜的寒号鸟的经典台词：“哆罗罗，哆罗罗，寒风冻死我，明天就垒窝。”在第四次说出这句话的当天它就被冻死在崖缝里，寒号鸟再也看不到明天的太阳了，再也没有到明天做事的机会了。我们要吸取寒号鸟的教训，一旦下定决心改变自己，就要制订改变自己的计划，然后开足马力，全力以赴地行动，并且要在改变自己的过程中不断地检查自己的行动，不断加压，不断加油，不断鼓劲，确保改造计划一步一步地落实，通过积小胜为大胜，积跬步以行千里，最终实现脱胎换骨的改变。

心理链接

登门槛效应——要让他人接受一个很大的，甚至是很难的要求时，最好先让他接受一个小一点的要求。一旦他接受了这个小的要求，就比较容易接受更高的要求。

美国社会心理学家弗里德曼做了一个有趣的实验：他让助手去访问一些家

庭主妇，请求被访问者答应将一个小招牌挂在窗户上，她们答应了。过了半个月，实验者再次登门，要求将一个大招牌放在庭院内，这个牌子不仅大，而且很不美观。同时，实验者也向以前没有放过小招牌的家庭主妇提出同样的要求。结果前者有55%的人同意，而后者只有不到17%的人同意，前者比后者高2倍。后来人们把这种心理现象叫做“登门槛效应”。

心理学认为，在许多场合下，由于人的动机是复杂的，人常常面临各种不同目标的比较、权衡和选择，在相同情况下，那些简单方便的目标容易让人接受。当自己决定要做一项大的事情又怕难以成功时，也可以先做一件类似的小的事情，成功了再去做那项大事，目标也就容易实现一些。

第二十章

出监，你准备好了吗？

即将出狱，重获自由，迈向新的人生之旅，这是服刑人员翘首以盼的事情。这一刻来之不易，每个服刑人员都为此付出了艰辛和努力，但并不是每个服刑人员都为此做好了准备。如何度过出监前期，如何盘点改造收获，如何迎接监外挑战，正是本章探讨的重点。

第一节　危险的出监前期

案例：“老狱公”栽在“最后一公里”上

服刑人员王某，56岁，原来是一名交警，因故意杀人罪被判处无期徒刑，在监狱实际服刑时间已经16年，“同改”都称他为“老狱公”，可以说是民警无人不知、“同改”无人不晓。到2011年底只剩下两年多的余刑，原本计划2012年春节过后，就可以呈报最后一次减刑，奖励分数也足够减刑1年11个月，减完刑后，2012年年中就可以减刑出狱，重获自由，回家当个名副其实的老太公，安享天伦之乐。但就是因为眼看着即将减刑出狱，他放松了警惕，飘飘然玩弄起手机来，自己玩了还不过瘾，还邀约一帮“亲密战友”一道把玩。偏偏时运不济，刚好碰上检察院来监突查，逮了个正着，关了禁闭不说，还受到严重警告被扣20分，不仅减刑希望泡汤，而且两年之内都不得减刑，回家时间不得不推迟到2014年5月，不折不扣延长了两年刑期，“晚节不保”的代价可谓大矣。

一、纠结的出监前期

服刑人员刑释前的一个季度至半年时间，一般称为出监前期，可以说这是走出监狱的“最后一公里”。可惜不少服刑人员没有走好这“最后一公里”，甚至栽在了这“最后一公里”上，令人惋惜。所以，出监前期也是服刑改造的一个危险期、纠结期。

之所以纠结，是因为即将刑满，意味着终于可以去掉“罪犯”的身份，恢复一个公民的地位、身份和权利，可是在欣喜、激动之余，还面临着规划前途、选择职业、如何生活等一大堆实际问题。与此同时，曾经的犯罪经历及长期与世隔绝的监禁生活，又使得服刑人员面临重入社会时对自己产生不同程度的担忧、怀疑和否定，不少人认为自己脱离正常的社会生活太久，又没有过硬的谋生能力，将来的生活一定困难重重，从而产生烦躁、焦虑甚至恐惧等情绪和心理，更有一部分服刑人员产生了船到码头车到岸的松懈心理。上述种种心理纠结在一起，导致出监前期服刑人员的心理活动频繁，情绪波动较大，行为极易失控，即使是平时改造表现比较好的服刑人员到了这个时候也难免心猿意马，打破服刑中期的平静心理，呈现出与以往不同的心理特征。

二、出监前常见的八对心理问题

通过最近几年的调查研究，我们发现，出监前期服刑人员的心理活动频繁，既有积极的，也有消极的；既有短期的，也有长期的；既有轻微的，也有严重的。而且很有意思的是，不少互相矛盾的心理大量并存。下面，我们逐对介绍看似有些自相矛盾的八对心理问题。

（一）欣喜与忧虑

服刑人员最渴望的当属自由，经过几年、十几年的服刑之后，即将回家与家人团聚，欣喜之情自然溢于言表；但欣喜之余，又不得不冷静思考接下来的出监问题。如何适应监外久违的陌生世界，如何安排出狱后的生活，如何面对亲人、朋友、周围的人等，一系列问题萦绕心头，一想到这些又让人忧心忡忡，没了着落。不少人临到出狱了还郁郁寡欢即缘于此，更有甚者，竟然不想出监，宁愿待在监狱，过着衣食无忧的“国家人”生活。

（二）激动与焦虑

一想到重获自由，不少人内心就万分激动，有的甚至吃不下饭，睡不好觉，一分一秒地盼，一天一天掐着手指算，恨不得这一天早日到来，并为此激动不已，坐立不安，久而久之，便产生了焦虑心理，就像我们等火车一样，所不同的是一旦我们坐上了火车，这种焦虑自然就没有了，但服刑人员出狱的焦虑却会一直延续到出监以后，直至适应了社会。调查表明，30% 以上的服刑人员在出监前期都存在这种明显的焦虑、烦躁、心绪不宁心理。

（三）自卑与自大

不少服刑人员想到自己服过刑，在人生轨道上有了污点，给家里人丢了颜面，在家乡父老面前失了身份，在别人面前抬不起头，所以颇觉自卑；与此同时，越是自卑的人自尊心又越强，服过刑的人担心别人瞧不起，往往就会用自大来掩饰这种自卑。如动不动就叫嚣“老子是坐过牢的人，别惹我”“老子在监狱什么没见识过，还信你这个邪！”等等。这样妄自尊大的结果，反而让人们强烈意识到你是一个罪犯，你的“标签”意味更重，可信任度更低。

（四）惧法与抗法

绝大多数服刑人员经过服刑改造后，都领教了违法后必然受到的严厉惩罚，亲自尝到了苦头，因此，对法律的威严比他人更心存一份畏惧，所以，绝大多数服刑人员出狱后都不会轻易以身试法。但与此同时，就是因为吃过法律的苦头，不少服刑人员内心多有不服，对法律又有一种本能的抵触，不仅看到别人违法犯罪会有某种程度的认同、支持，甚至幸灾乐祸，而且自己遇上社会不正之风或不平之事，也往往容易做出消极评价，个别忍耐不住，又可能重新违法。

（五）悔罪与报复

服刑人员普遍对自己的罪错给家庭、亲人、社会和自己造成的巨大伤害有切肤之痛，并后悔莫及，有强烈的悔罪心理和改恶向善的心理，希望重新做人；与此同时，也有部分服刑人员直到出监时都认为自己蒙受了不少冤枉，受到不公正判决，对公安局、检察院、法院、看守所、监狱，以及原告人、检举人、证人等心生怨恨，一提起自己犯罪的过去就好像被揭了伤疤，非常反感甚至暴跳如雷，更有甚者会怀有强烈的报复心理，在出监前就开始筹划报复计划，这是犯罪心理尚未消除，人格存在严重缺陷的危险心理。

（六）谨慎与放纵

绝大多数服刑人员都知道出监前期是人生转折的关键点，不能出半点差错，否则将前功尽弃，因此，处处小心谨慎，唯恐出错。但也有不少服刑人员，由于临近出监了，纪律观念松懈，认为有点事监狱民警也不会深究，“同改”也能容忍，再加上出监前的浮躁情绪，导致生产任务不能完成，产品质量不能保证，打架斗殴、说话粗野、情绪暴躁等大错不犯小错不断，这种情绪如不加控制，极易产生较严重的违规违纪。特别是那些坐完余刑出监者，更是有恃无恐，一味放纵，天不怕地不怕，其违规犯纪率比其他人高出一大截，成为破坏监管秩序的害群之马。

（七）适应与适应障碍

监狱既是一座洗心革面、救赎灵魂的熔炉，也是一口藏污纳垢的大染缸。坐过几年牢的服刑人员，不仅经历了复杂的法律过程，而且与三教九流、各色人等耳濡目染打了多年的交道，所以，不少服刑人员学到了与社会各色人员进行人际交往的应变能力，不少脑瓜子灵活的服刑人员因此变得世故圆滑，见机行事，八面玲珑，十分老到，可以很快同素不相识的人打成一片，适应环境的能力与入监前比较简直是判若两人；与此同时，大部分服刑人员尤其是服刑时间较长，年龄偏大，而又缺乏一技之长的服刑人员，脱离社会生活太久，知识、信息陈旧，面对陌生的监外社会，表现出明显的适应障碍，他们的思想意识和行为习惯，基本与社会脱节，无所适从，甚至格格不入，很容易被社会“边缘化”，甚至被淘汰出局。

（八）懒惰与勤劳

服刑人员入监前大都存在不劳而获、贪图享乐的心理，特别是坐了几年牢后，衣食住行全靠家人、监狱包揽，进一步强化了好吃懒做的习惯和心理。出监前不少服刑人员只想着将来怎么样“捞快钱”“走捷径”“弯道超车”“弥补失去的享受”，奉行“马无夜草不肥、人无横财不富”的信条，根本没有吃苦耐劳的思想准备，特别是那些盗窃犯、抢劫犯、诈骗犯，这种懒惰心理尤为突出；与此同时，更多的服刑人员通过服刑改造，明白了不义之财靠不住，天上不会掉馅饼的道理，特别是通过劳动改造，既享受到了劳动的乐趣，也明白了唯有靠自己勤劳的双手才是唯一出路，逐渐培养了勤劳致富的意识和劳动的习惯，出监之前就下定决心，希望用自己的双手干出一番事业。

三、如何调适出监心理

服刑人员出监前产生一些纠结心理是正常的，如果没有一点心理问题，反倒不太正常。关键是如何认识这些心理问题，并采取适当的方法进行调适，使之逐步化解，回归心理常态，不至出现严重心理疾病，造成出监障碍。服刑人员进行心理调适有多种方式，如：

（一）寻求咨询师帮助

服刑人员出监前调适心理最简单易行的办法就是寻求心理咨询师的帮助。监狱的心理咨询师都是获得国家二级、三级资格证的专业心理工作者，他们对出监前期的心理问题既有全面的了解和掌握，同时又能根据每个求助者的实际情况，有的放矢地提出具体的调适建议，有什么心理问题都可以及时给予专业的指导和帮助，以免久拖不决，本来细小的问题积累成大问题。特别是参加由咨询师组织的出监团体心理辅助活动，对于消除临出监时的紧张、焦虑、恐惧、沮丧等负性情绪，卸下心理包袱，轻轻松松走入社会效果明显，因此，找咨询师帮助成为调适心理的首选。

（二）自我心理调适

这里向大家简单介绍几种常见的自我调适方法：

1. 顺其自然法

这种调适方法的核心是在整个出监过程中保持一种自然、宁静、平常的心态，主动直面出监阶段出现的得失成败，特别是要坦然接受适应过程中的各种困难和问题，不抵制、不反抗、不回避，顺其自然，乐见其成。

2. 内省法

具体要求就是对照改造目标，核查自己改造行为的一言一行，反思自己是否尽到了最大努力，自己还有哪些方面做得不好，并与他人作比较，明确自己是由于哪些因素导致不能静下心来，无法适应监外的新环境，做到“三思而后行，行后再三思”。

3. 转移法

就是暂时有意识地避开不快，不要老是被出监前的烦心事牵着鼻子走，想方设法让其他内容来占用、冲淡、缓解自己的不良心境。包括兴趣转移、情绪转移、行为转移、情境转移等。

4. 性情陶冶法

指通过自我修养或开展各种健康的文体活动和恰当的锻炼方法，有意识地磨炼自己，促使自己改变急躁、焦虑、粗暴、狂妄、自卑、恐惧等不良情绪。

5. 自我控制法

当遇到意外的刺激时，控制自己的极端心理和行为，并且用积极的方式来解决心理上的冲突，防止因心理失控而发生错误行为，使自己的情绪和行为不至失控。

6. 自我激励法

通过肯定自己的优点、客观评价自己的能力，尤其是挖掘自己的优势和长处，来激励自己信心满满地走向社会，并取得好成绩。

（三）站好最后一班岗

不少服刑人员备受出监的煎熬，其实出监的时间是“死”的，你睡不着也好，吃不下也好，心情烦躁也好，都得等到那一天，与其这样惶惶不可终日地“煎熬”，还不如站好最后一班岗，该干什么干什么，该学习学习，该出工出工，该睡就睡。这样一天下来过得充实，时间不知不觉也就过去了。不少服刑人员可能会说，我都快出监了，还给监狱卖苦力，岂不太吃亏了。其实，站好最后一班岗，自然给监狱的劳动改造尽了一份心力，但重要的是，减少了自己出监前胡思乱想的机会，减小了犯错的概率，更为重要的是培养了自己在重大变化前镇定自若的定力，为自己调控情绪，集中精力投入某项工作积累了经验，不仅没有亏，而且在心理和毅力上的收获还不小。相反，不做事才最亏呢——你将不得不在情绪困扰中度日如年，本来只有几个月，却可能变成你人生中最漫长的岁月，更是一种痛苦的煎熬。

（四）绝不在“最后一公里”上违纪

不少服刑人员一贯表现良好，从没违规犯纪，却偏偏在临出监的“最后一公里”犯事，导致“晚节不保”。由于出监前这段时间特有的心理和情绪特点，容易发生情绪失控状况，所以应克制自己的情绪，不能任其自由泛滥而违规犯纪。而一旦出事损失可能就是多方面的，如打架斗殴：一是伤了“同改”感情。你在改造期间与同伴的关系可谓患难之交，非常宝贵，若因为一点小事和人家翻脸，大打出手，连挽回和弥补的机会都没有了，带着这样的遗憾离开实在可惜。二是自己丢了一个机会。走向社会后没准还能与翻脸的“同改”碰到一起共事呢，所谓多一个朋友多一条路，又何必为自己早早地树一个敌呢。三是事情大了，还有可能受到处罚，取消正常的减刑假释，影响自己正常出监，这样活生生的例子在我们身边时有发生，不可不防。

（五）保持一颗平常心

刑释回归要考虑的问题一大堆，如亲人、朋友、社会以及择业问题等，这是自然的。面对这些问题，你可能会设计出各种各样的答案，然后又重新设计，恐怕直到出监时你也不会有一个满意的答案，这实际上就进入了出监前期自寻烦恼的恶性循环，越想越烦，越想越理不出头绪来，然后就变得心情烦躁、焦虑、情绪不稳、脾气暴躁，让你更得不出完美的答案来。所以，出监前期保持一颗平常心，保持清醒的头脑十分重要。只有保持一颗平常心，你才能冷静地分析自己的长短优劣，冷静地看待外界的飞速发展，自觉地查找自身的不足，清醒地预料到可能遇到的困难和挫折，真正做到知己知彼，根据自己的个人条件、家庭条件、社会现状，拟订出切实可行的人生新计划书，既不好高骛远，也不自惭形秽。

心理链接

齐加尼克效应——因工作压力所导致的心理上的紧张状态被称为“齐加尼克效应”。

法国心理学家齐加尼克曾做过一次颇有意义的实验：他将自愿受试者分为两组，让他们去完成20项工作。其间，齐加尼克对一组受试者进行干预，使他们无法继续工作而未能完成任务，对于另一组则让他们顺利完成全部工作，实验得到不同的结果。虽然所有受试者接受任务时都显现出紧张状态，但顺利完成任务者紧张状态随之消失；而未能完成任务者，紧张状态持续存在，他们的思想总是被那些未能完成的工作所困扰，心理上的紧张压力难以消失。

生活中有些压力是良性的，它让我们振作。但更多的来自我们感到自己无力控制的压力，这往往导致齐加尼克效应，使我们更加紧张、焦虑和疲劳。因此，我们必须学会克服压力所致的紧张，避免齐加尼克效应的干扰。

第二节　盘点改造收获

案例：我这牢不是白坐了吗？

服刑人员陆某，32岁，六年前，因聚众斗殴被判有期徒刑11年，2014年4月即将刑满释放。自入监服刑以来可谓一帆风顺，不仅担任管事犯，而且是多年的大组长，平时仗义大气，在“同改”中颇有威望，是公认的“混得最好的”。可谁也没想到，在心理健康指导中心组织的出监交心会上，一向春风得意的陆某竟然当众落泪，坦言这牢他是白坐了。白坐的理由很简单，弄丢了一份真爱。入狱前，他有一个女朋友，不仅长相姣好而且善解人意。由于自己家里穷，女方父母坚决反对，可女朋友毅然决然以身相许。服刑六年来，女孩承受了家人巨大的压力，仍然无怨无悔地与其来往，陆某在监狱的开销基本上都是女孩靠微薄的工资苦苦支撑。可就是这么一个痴情善良的女孩，陆某并没有珍惜，他总觉得女朋友对自己好过了头，一定是有什么对不起自己的地方，总怀疑自己被戴上了“绿帽子”。每次会见，陆某不是含沙射影，就是旁敲侧击，甚至挑三拣四，故意找茬。半年前，就因为女友没有按自己的要求买国际品牌的耐克鞋，而是买的国产品牌而大发雷霆，一怒之下提出分手，女友苦苦相求，陆某却铁了心，连面都不见，彻底拜拜了。一个月前陆某父母来探视，告知女友就是因为这么多年坚守贞节才遭上司“穿小鞋”，导致手头拮据，一直省吃俭用、东挪西借供陆某开销，实在无力购买高档鞋，不想反遭他抛弃。女友哭诉无门，又不愿遭家人白眼，含泪在上月嫁给了一个50多岁的结过婚的男人。得知真相，陆某肝肠寸断。“我坐了六年牢，却连好歹都分不出，把最珍贵的一份感情给弄丢了，我这牢不是白坐了吗！”陆某的忏悔，让周围的“同改”默然沉思。

每一个负责任的服刑人员都应该在出监之前仔细梳理改造辫子，盘点一下这几年的改造得失，进一步认识自己，从而为身份的再次转变奠定扎实基础。

一、我改造好了吗?

一提到“改造好了吗?”，很多人会不以为意，有的会认为，我原本就没错，有什么需要改造的呢?有的会认为监狱的环境这么差，我来到监狱就一直受苦受累，还好什么好；有的甚至会认为，我本来还不错，反倒是服刑改造把我越改造越坏；有的可能会说，这几年有得有失，不好不坏吧；当然，也会有不少人说，改造吸取了不少教训，收获很大。凡此种种，不一而足，你究竟属于哪种情况，自己应该最清楚。

不容讳言，最近国内报道的冤假错案还不少，服刑人员中也不排除有被冤枉的，但那毕竟是极少数。平心而论，绝大多数都犯罪事实清楚，证据确凿，判刑得当，不说百分之百准确，但基本上是八九不离十。因此，如果在入监之初有点怨气还可以理解，但到出监了还一个劲地抱怨冤枉，就实在有些说不过去了，也于事无补了。所谓男子汉大丈夫，拿得起放得下，该担当就得担当，该受罚咱就受罚，关键是罚过之后，该吸取的教训咱还得吸取。所以，一个负责任的服刑人员，最好还是在出监前扪心自问，我到底改造好了没有?

改造好有很多标准，有法律定的，有社会定的，有监狱定的，有家人定的，根据不同的标准，就会有不同的答案。我们认为最为关键的，还是得有自己定的标准。因为每个人心中都有一杆秤，大家不妨自己静下心来，将自己这几年的改造生活在脑海中完整地过一遍，想想自己究竟改造好了没有，这是对自己负责的一大考验。在临出监之前，好好反思一番不仅必要，可能也很难得，等到出监之后，投入到热火朝天的现实生活之中，恐怕连回味的时间和心情都没有了。

从心理学的角度来说，改造得好不好，主要就看是否消除了个人的犯罪心理。因为，每一个人犯罪都有其心理根源，如果在服刑期你没能认识到自己犯罪的心理根源，并将其连根拔除，那么你还谈不上改造好了。因为在你回归社会以后，如果遇到与原来犯罪相似的情境，你可能又左右不了自己，仍然会走向犯罪的深渊，究其原因，还是其犯罪心理没有拔除，这就是要大家扪心自问“我改造好了吗?”的根本原因。

只有从心理根源上认识到自己为什么犯罪，如何才能避免犯罪，找到不违法犯罪、更好地解决问题的办法，你才不会重新犯罪，也唯其如此，你才能拍着胸脯大声地说：我改造好了！

二、服刑我收获了什么？

如果问大家服刑付出了什么，相信每一个人都会有很多要说的，诸如付出了自由、付出了时间、付出了青春、付出了财富、付出了亲情、付出了身体、付出了机遇等等，恐怕是难以历数。而如果问大家服刑收获了什么，有的人恐怕一时半会还真回答不上来。

大家不妨从如下几个方面考虑：

（一）我是否已认罪悔罪

如果坐了几年牢，仍既不承认犯罪事实，也不服从法院判决，一点儿也没觉得自己有过错，对自己给国家、社会、家人、原告、自己造成的伤害一点儿也不在意，内心一点愧疚感都没有，这牢恐怕真的是白坐了，也就怪不得人家骂自己没心没肺、无药可救了。

（二）我是否增强了法律意识

如果坐了几年牢，还是一个法盲，既不会用法律保护自己的合法权益，又不会采取合法的方式和途径解决矛盾与纠纷，还是一副天不怕地不怕的样子，还是一个二愣子，遇到事儿不管三七二十一，开口就骂，抬手就打，这牢恐怕还是白坐了。因为你一点儿违法犯罪的教训都没有吸取。

（三）我是否看清了自己的短处

如果说过去只知道埋怨社会、埋怨家人、埋怨他人还情有可原，可坐了几年牢之后，还是这么想，一点儿也不知道从自身查找问题，没有认识到自己过去犯罪即便有一千条理由，但最重要的还是得找到自己的不足之处，如果什么事儿都一推了之，这牢恐怕还是白坐了。

（四）我是否学会了为人处世

如果说过去信奉单打独斗、一人包打天下还情有可原，坐了几年牢之后还这样想，压根儿就没意识到团队的重要，没有学会正常的人际交往，根本就不会谦让、包容、协作、互助，这牢恐怕还是白坐了。

（五）我是否能控制住自己的情绪

情绪人人都有，不高兴的事儿人人都会碰到，如果坐了几年牢之后，还没有学会调整心态，还没有学会控制自己的情绪，一遇到点事就头脑发热，一根筋，由着性子来，根本不计后果，一点小事往往也会弄得不可收拾，这牢恐怕还是白坐了。

三、且看他人如何评价

（一）监狱评价

监狱代表官方，它对服刑人员出监有系列指标要求，如年度刑满释放人员中，守法守规服刑人员达 90% 以上，法律常识教育合格率 95% 以上，道德常识教育合格率 95% 以上，脱盲人员达应脱盲人数 95% 以上，小学文化程度以上的达到应入学人数 90% 以上，取得职业技术技能证书的达应参加培训人数的 90% 以上，心理测试率达到应测试人数的 100%，顽固犯年转化率达 60% 以上，危险犯要努力消除危险，出监评估达到 100%，以及出监服刑人员重新犯罪率明显降低等等。官方的这些硬性指标要求，你自己做得怎么样，大家不妨逐一对照，看看有什么差距。

当然，上述指标是对服刑人员的整体要求，在出监之前，监狱按规定还会对每个出监人员作出书面的出监评估意见，即监狱要对服刑人员在整个服刑期间的改造表现情况进行评估鉴定，作出是否有重新犯罪可能性的初步判断，并出具《出监服刑人员评估报告》。出监鉴定一般会经过如下程序：1. 由服刑人员个人进行书面总结；2. 组织服刑人员开展评议；3. 由管理民警指导服刑人员填写《出监鉴定表》；4. 出监监区集中进行审核并签注意见。出监评估是监狱对服刑人员接受教育改造综合情况的权威鉴定意见，成为司法部门、社区矫正部门信息来源的首选。所以，监狱评估意见应引起出监服刑人员的高度重视。

（二）心理咨询师评估

如果说监狱的评估代表的是对出监服刑人员的综合评估意见，那么心理咨询师的评估则更加专注和专业。心理评估由心理健康指导中心专业人员组织实施，在评估过程中遵循定性与定量相结合、理论与实践相结合的原则。心理评估的内容主要包括：个人认知、情感、人格、自我意识、人际关系、社会适应、心理求助、心理矫治等心理各个层面；心理评估的方法包括：心理测试法、会谈评估法、行为评估法、生活史调查法等，并注意多种方法的综合运用，从而确保评估的科学性和准确性。

作为一个即将出监的服刑人员，临走之前获取专业心理咨询师的专业评估和指导，不仅十分必要，而且也变得非常方便。毋庸讳言，服刑人员由于长期处于监禁的特殊环境之中，所以成为心理问题的高发、频发群体，有些心理问题实属正常，关键是如何正视，如何化解，而不是讳疾忌医。因此，每一个即将出监的服刑人员都应以平常的心态，主动获取心理咨询师的诊断和评估，及早发现自己的心理问题，并有针对性地掌握自我调适、自我减压、自我释放的方式方法，卸下所有的心理包袱，做到有备而出，以一种积极健康的心态走入社会。

（三）“同改”评价

服刑几年或十几年，与自己一道生活的“同改”对你的改造生涯知根知底，可能是最有发言权的人。出监之前，虚心向身边“同改”请教，尤其是听取他们对自己平时为人处世方面的评价，诚恳听取他们对自己的意见和建议，显然十分必要。

征求“同改”的意见，首先必须态度诚恳，一定要虚怀若谷，打消“同改”的顾虑，请“同改”讲真话、讲实话；其次，要请“同改”进行全面评价，既要突出重点，指出要害，又要尽可能全面指点；再次，一定要让“同改”指出自己的不足之处，点出自己身上的毛病，尤其是一些不易为自己发觉和容易疏忽的缺点，要闻过则喜；最后，细心体会，对于“同改”提到的成绩、长处和优点，要本着戒骄戒躁的态度，继续发扬，对于“同改”指出的缺点和不足，要本着“有则改之，无则加勉”的态度严肃对待，不能一听到批评意见就恼羞成怒，反唇相讥。要认真吸取“同改”的经验和教训，身边的人、身边的事往往更贴近自己的实际生活，也更具有指导意义。还可以采取一起集中讨论的方式进行，现场交流、现场点评、相互启发、相互鼓励，所谓“听君一席话，胜读十年书”。

（四）家人评价

服刑改造伤害最大的除了自己，就是家人，尤其是父母、妻子、儿女、兄弟等，这也是每个有良心的服刑人员最为愧疚、不安的地方。自己给家人心理上、身体上、经济上的伤害是巨大而长久的，有些甚至是难以弥补的，如父母过世没能尽孝、妻子患病没在身边照料、子女结婚没能亲自送上婚姻的祝福等，会成为一辈子的遗憾、一辈子的痛。而家人对自己服刑的牵挂也是最多的，他们会关心你的困难、习惯、生活、身体、环境、脾气、过失、进步，总之关心你的一切。正是在这种漫长的关心中，家人伴你度过了囚禁的艰难岁月。“春江水暖鸭先知”，你的一点点进步，都可能给亲人带来巨大的欢喜；而你的一点点过失，也可能让亲人牵肠挂肚。经过几年、十几年的改造，你的情绪是否稳定、脾气是否改观、心智是否开窍、行为是否改变、恶习是否根除、是否懂得感恩、是否敢于担当等，你的亲人最先感受到。因此，听取亲人的评价，你能获得最无私、最真切的回答。

（五）自己综合评价

在了解监狱评价、咨询师评价、“同改”评估、家人评价，甚至朋友的评价之后，服刑人员就可以最后对自己来个综合评估。不论是监狱的评价还是他人的评价，都只能凭自己的外在表现进行有限的评判，而自己内心世界究竟如何，唯有自己最清楚。

人贵有自知之明，每个出监的服刑人员收集各方面的评价之后，不妨也来一次照照镜子、洗洗脸、梳梳头发、正正衣冠，对自己来一个彻头彻尾的综合评价，最好能静下心来自觉撰写一篇个人改造总结，包括服刑过程中的喜怒哀乐、目前情绪心态的真实状况、对刑罚执行的亲身感受、对监狱司法公正的所见所闻、对社会和家庭与被害人的内心忏悔、对自己改造成绩的中肯评价、对自己优劣的全面厘清，以及对未来的打算、憧憬等。

（六）“梦想”设计书

盘点完改造收获，对自己的改造生涯有了一个全面中肯的评价，特别是对自己的长短优劣有了一个准确的把握之后，你就可以展开想象的翅膀，精心设计自己的“新生梦”，系统地考虑安家、就业、爱情、婚姻、创业、感恩等系列具体问题，迎接新的社会挑战，将自己个人的新生梦想与整个中华民族伟大复兴的“中国梦”有机地融合在一起，编织绚丽多彩的人生。

心理链接

累积定律——天下并没有什么大事可做，有的只是小事，一件一件小事累积起来就形成了大事。事实上，人世间没有一蹴而就的成功，任何人都只有通过不断的努力才能凝聚起改变自身命运的爆发力。成功需要积累，这是一个最原始也是最简单的真理。

东汉有一少年名叫陈蕃，独居一室而龌龊不堪。其父之友薛勤，问他为何不打扫干净来迎接宾客。他回答说：“大丈夫处世，当扫除天下，安事一屋？”薛勤当即反驳道：“一屋不扫，何以扫天下？”

俗话说：“千里之行，始于足下。”机遇只偏爱那些有准备的人。这些都说明没有平日的积累，纵然有再好的机遇降临到头上，也只能手足无措地与机遇擦肩而过。因此，要“扫天下”必须先学会“扫屋”，分清楚应先扫地还是先洒水，抑或是先拖地板。这样，在“扫天下”时，你才会知道哪些是应该马上解决的，哪些事可以暂缓，甚至放弃的。

生活关闭了一扇成功的门，但同时它也可能为我们打开了一扇成功的窗。只要我们做好眼前的事，就能更好地奠定明天成功的基石。

第三节　迎接监外八大挑战

案例：社区矫正不达标被重新收监

服刑人员廖某，52岁，原系某市派出所所长，因滥用职权和徇私枉法罪被判有期徒刑11年。在长沙某监狱服刑3年后，因高血压、心脏病于2012年获得保外就医。自出监后，廖某以为万事大吉，根本不把街道司法所和社区矫正部门放在眼里，行事风格跟过去当所长时没什么两样。因此，对矫治办的要求一概置若罔闻，社区组织的法制学习活动不参加，社区组织的公益活动不参加，社区规定的思想汇报不理睬，社区反复交代、最为关注的个人去向不禀报，邻居提出的批评不接受。更为出格的是，廖某竟然与社会上一些不三不四的闲散人员往来热络，经常吆五喝六，闹得左右邻舍鸡犬不宁，社区矫治干部三番五次登门劝导教育，他都阳奉阴违。结果，令廖某万万没有想到的是，2014年4月，其竟然因社区矫正不达标罕见地被直接重新收监服刑，直到这时，廖某才意识到轻视社区矫正所要付出的沉重代价，可惜悔之晚矣。

生命不息，奋斗不止。重获自由的服刑人员其心情之澎湃可以想象。但人生之路并无坦途，随之而来的是新一轮更艰巨也更激动人心的挑战。每个出监服刑人员都得有此心理准备。

这些挑战主要有如下八种：

一、看清大势，找准定位

刚刚出狱的服刑人员面对一个久违的世界，会感到陌生、茫然、无所适从，天大地大，似乎找不着北，也不知道自己的立足之地何在。所以，首先就要认清大势，找准自己的位置。

所谓顺势者昌，逆势者亡。只有顺势而为，才能事半功倍，更上一层楼，可见认清大势的重要。那么，如何认清所处的大势呢？我们为大家提供一个捷径，那就是2013年召开的党的十八届三中全会，会上作出了《关于全面深化改革若干重大问题的决定》，该决定不仅概括了我国改革开放30多年的经验和教训，也将未来10年乃至更长时期的发展目标和发展对策都阐述得清清楚楚，尤其是对国家的政治、经济、文化、社会、生态发展目标都勾画出了宏伟蓝图，从中不仅可以看到国家过去30多年的发展轨迹，而且可以清晰地看到国家未来的发展大势。因此，学习了三中全会精神，也就基本掌握了国家的发展大势。

《决定》中很多内容直接关系到我们出监服刑人员的切身利益，甚至可以说是惊喜不断，机会多多：

（一）赶上了一个梦想时代

党的十八届三中全会号召加快发展社会主义市场经济、民主政治、先进文化、和谐社会、生态文明五位一体的改革开放事业，全面建成小康社会，进而建成富强民主文明和谐的社会主义现代化强国，实现中华民族伟大复兴的“中国梦”，这就是国家现在和将来很长一段时间的发展大势。顺应这一大势就大有可为；违背这一大势，就是逆流而动，必然被历史所抛弃。所以，出监服刑人员应以饱满的热情，投身到中国梦的历史洪流之中，以此实现个人的新生梦想。

（二）个人创业得到大力提倡

《决定》明确提出：“让一切劳动、知识、技术、管理、资本的活力竞相迸发，让一切创造社会财富的源泉充分涌流。”从现在开始的10年之内，改革、创新、创业将是时代的主旋律。你可能没有资本，但你有技术；你可能没有知识，但你懂得管理；你可能没有技术，但你一定能劳动。所以，每个有志于干出一番事业的人，都机会难得，都有机会施展自己的才华，大显身手。

（三）创业条件全面改善

一系列的有利于个人创业的优惠政策将陆续出台，包括打破城乡分割、取消户口限制、实行社保账户全国统一结转、允许农村集体承包地经营权流转、容许宅基地和房屋抵押融资、取消注册公司资本限制，实行注册资本认缴制度，一块钱也可以注册公司，房产、技术、人力、品牌等无形资产都可以作为创业的股份。总之，个人创业的条件将大为改善，受到的限制越来越少，只要愿意，谁都可以创业。

（四）生活后顾之忧更少

国家反复强调“让发展成果更多更公平惠及全体人民”。随着社会的不断进步，每个国民都会更多地享受到国家改革开放的成果，由国家负担的公共服务、国民福利将大大增加，城乡差别也将越来越小，特别是关系到每一个人的养老保险、医疗保险、职业保险、职工保险、商业保险、最低生活保障、保障房安置等将更加完善，每个公民的基本生活将更有保障。在帮扶方面，国家还将出监服刑人员与大学毕业生一样对待，制定了特殊的政策，因此，出监服刑人员几乎没有后顾之忧，为生活所迫去犯罪的理由已不复存在。

（五）国家法治更加完备

依法办事将渗透到社会生活的方方面面，逃避犯罪打击的概率越来越小，违法犯罪的代价越来越大。因此，出监后大家一方面要严格约束自己的一言一行，绝不触犯法律这条红线；另一方面，大家同样可以享受到法治国家的好处，一定要尊重法制和相信法制，用合法的手段保护自己的正当权益，正如习近平总书记提出的“让人民群众在每一个司法案件中都感受到公平正义”，法律将无处不在，吃过法盲亏的出监人员，更要注意遵纪守法，坚决做一名守法公民。

看清了大势，顺势而为，与整个中华民族同呼吸共命运，就能找到自己的准确定位，也就有机会实现自己的个人梦想。

二、转变观念，顺利就业

就业，直接关系到监外生活的来源，成为出监后的一大艰巨挑战。很多人担心与世隔绝久了，信息断档了，知识落伍了，技术跟不上了，岁数也大了，手脚也不灵活了，怕是什么也干不了，加上外面竞争又那么激烈，自己肯定找不到工作，肯定会被社会淘汰，连自己都养不活，势必又要连累家人，那还不如在监狱中度过……这些想法确有合理的成分，但并不全面，也过于绝对化。社会是在飞速发展，就业竞争也确实十分激烈，但就业的岗位不是越来越少，而是越来越多。随着全面深化改革的大力推进，我们国家正在转变过去的发展方式，总体上来说从过去的粗放型、资源消耗型生产方式，逐渐转向资源节约型、环境友好型和创新型的发展方式，转方式、调结构的最大特征就是制造业在国内生产总值中的比例会相应缩小，而服务业的比例会大幅提高，所以国内消费和服务将加快发展，而服务业、消费业的最大特征就是劳动密集。因此，总体上提供的就业岗位只会增加，不会减少。特别是再过几年，我国的老龄化程度将明显提高，年轻力壮的青年人将十分抢手，甚至十分短缺，不少地方都会出现“招工难”“民工荒”。最近国家改变生育政策，允许生二胎，并着手研究延迟退休年龄政策，目的都是弥补劳动力不够的缺陷。所以，大家首先要有长远眼光，对就业充满信心。

与此同时，一定要转变就业观念，不能一口就想吃成一个大胖子。因此，出狱后的择业要现实一点、理性一点、脚踏实地一点。目前我国很多大学生就业都面临困难，为什么呢？不是就业岗位少，而是观念不正确，都想当公务员，都想当白领，几乎没人想干蓝领，其实蓝领岗位一直供过于求，尤其是中西部的蓝领岗位应聘者寥寥。服刑人员和大学生相比，有优势也有劣势，文化水平上不如他们，但在经历、技能上超过他们；社会上对服刑人员可能会有些歧视，但对大学生不能吃苦耐劳也颇有微词，而服刑人员连坐牢的苦都吃过了，还有什么苦能难倒他们呢？因此，关键是要转变观念，不要好高骛远，先找到能养活自己的工作再说，早一天就业就早一日踏实，等积累一定的经验和本钱后，再去寻找更好的就业机会，或者干脆自主创业，这样就掌握了生活的主动权。

三、承受白眼，坦然面对歧视

出监回归社会后，一开始可能不受人待见。有人听说你是刑释人员就会皱眉头，所以，或多或少、有形无形都会遇到点歧视，这是不能回避的现实，也是一大挑战。如果你也跟着对人翻白眼，甚至跟人急，对方毫无疑问会认定你没有改造好，本性难移，避你唯恐不及，你也就很难走近他们，融入他们，显然不能很好地适应社会。所以，你首先得接受现实，有承受白眼的思想准备，坦然面对这种歧视，不然，你就只能游离于社会之外，生存在虚拟的世界里。其实，他人的歧视并没有那么可怕，而且这种歧视也是短暂的、可以改变的，这要取决于你自己，不管人家怎么看、怎么想，自己坚定地做一个奉公守法、自重、自强的人，扎扎实实做事，老老实实做人，很快就能获取别人对你的信任，别人也会对你刮目相看。但如果你认为别人不应该歧视你，一看到别人给你脸色，你就翻脸、对抗，甚至大打出手，那你就永远得不到他人的信任，就会越来越孤立，越来越不适应社会，离重走老路的日子就不远了。

四、远离诱惑，拒绝犯罪文化

不少人本来就是受到犯罪文化的影响才一步一步走向犯罪的，这种犯罪文化曾在其内心深处留下深刻的烙印。回归社会后，原来的犯罪文化以及犯罪团体很容易盯上自己。所谓“苍蝇不叮无缝的蛋”，他们想当然地认为你有过烙印，又坐过牢，是他们天然的盟友，一定能“志同道合”，重操旧业，这是一种危险的诱惑，也是出监后的又一大挑战。实事求是地讲，我们这个社会并不十分干净，藏污纳垢的地方并不少见，回到社会后色情书刊、低级趣味音像、色情酒吧、色情发廊，以及哥们义气、高消费、不健康的生活方式，或者过去的同伙、现在的黑恶势力、邪教极端组织等，都可能对你敞开大门，不停地进行腐蚀、拉拢、纠缠、骚扰，甚至威胁，如果你立场不坚定，意志力薄弱，经不起诱惑，就很容易“归队”。特别是刚刚回归后的一年内是刑释人员被犯罪文化和犯罪圈子诱惑、重新违法犯罪的“危险期”和“高峰期”。因此，每一个即将出狱的服刑人员都应该对这个“危险期”严防死守，坚决抵制各种诱惑，远离犯罪泥淖，与违法犯罪彻底决裂。

五、接受社区矫正，走进第二课堂

社区矫正也叫社会矫治，过去比较虚，最高人民法院、最高人民检察院、公安部、司法部联合颁布的《社区矫正实施办法》自 2012 年 3 月 1 日实施后，社区矫正便由虚变实，成为假释、保外就医、暂予监外执行等出监服刑人员的一大全新挑战。特别是十八届三中全会《决定》明确提出要“完善对违法犯罪行为的惩治和矫正法律，健全社区矫正制度”，社区矫正更成为司法改革的重要热点之一，逐渐为人们所重视，不仅服刑人员在出监之前需到社区矫正办获得接收函之类的规范文书，而且出监之后三天内必须到户口所在地的社区矫正部门办理报到手续，并接受其日常的监督管理。

有些服刑人员可能对出监后必须接受社区矫正带有强烈的抵触情绪，其实这大可不必。一方面，社区矫正过去就有，与以往的社会帮教十分相似，并不是现在陡然增加的；另一方面，社区矫正的管理模式与监狱的管理模式完全不一样，许多服刑人员之所以抵触，是因为服刑这么多年失去了自由，接受了多年的强制管理，好不容易熬出头了，却又来个“婆婆”管束，心理一百个不情愿。其实，社区矫正的管理模式相对松散，社区矫正办与当地司法所基本上是两块牌子一套人马，其具体管理内容大致有六项。一是对社区矫正人员的监督管理。出监服刑人员需向矫正部门定期报告自己的去向。如离开所居住的市、县（旗）七天以内的须获得司法所批准，离开七天以上的须获得县级司法行政机关批准，而且每次离开本地不得超过一个月。二是对社区矫正人员进行教育改造。社区矫正部门可能根据需要，每月、每季度、每年不定期组织开展一些法制教育、思想道德教育、心理健康教育，提高社区矫正人员教育改造质量，并要求其提交学习体会、思想汇报。三是组织开展社区服务和社会活动。如开展社会帮教或社会义工之类的公益活动，提高矫正人员道德修养和法制观念，使他们更好地融入社会。四是切实加强帮扶改造。社区矫正部门帮助解决出监服刑人员的家庭问题、生活困难、就业难题、社保待遇等实际问题，防止社会歧视。五是预防违法犯罪。及时发现和掌握社区矫正人员的思想动态和日常行为，防止其参与聚众闹事及重新犯罪，三次警告无效后，予以收监处罚。六是依法对社区矫正人员呈报减刑、以及解除社区矫正等法律程序。

如何对待社区矫正，成为出监服刑人员的又一现实挑战。理性的做法应该是本着进入人生第二课堂学习的态度，自觉接受社区矫正。具体应把握以下几点：一要本着继续改造、继续学习、自我完善的目的愉快地接受之，所谓“活到老学习到老”，咱也不妨来个“活到老改造到老、完善到老”，只要对社会无害、对自己有益，何乐而不为。二要顺应社区矫正的要求，遵循有关法律、条例、规章、制度，怎么要求咱怎么做，不讲价钱，不讲闲话。三是主动反映自己的困难，适当寻求帮助，既然是“婆婆”就有办法解决婆婆妈妈的事儿，矫正人员就不会求助无门。四是坚决不触及处罚红线。社区矫正人员有下列情形之一的，司法行政机关可以给予警告处分：1. 未按规定时间报到的；2. 违反关于报告、会客、外出、居住地变更规定的；3. 不按规定参加教育学习、社区服务等活动，经教育仍不改正的；4. 保外就医的社区矫正人员无正当理由不按时提交病情复查情况，或者未经批准进行就医以外的社会活动且经教育仍不改正的；5. 违反人民法院禁止令，情节轻微的。6. 其他违反监督管理规定的。如果受到三次警告处分仍不改正的，矫正机关就有权实施收监处罚。因此，上述几条可以说是出监服刑人员不能触碰的红线。五是着眼长远。凡事冷静，不能冲动，刚开始人家可能“防贼似的防着你”，但只要你不给社区添麻烦，相信日子一长，人家自然也就对你放心了，从此相安无事，岂不更好。

六、战胜自卑，走出挫折

出监服刑人员有点自卑实属正常，这是有自知之明的体现，但过于自卑就大可不必。有的认为自己犯过罪、蹲过监狱，社会肯定不会接受自己，其实并非如此，有不少单位与个人特别信任和专招服过刑的员工；有的人认为自己没有一技之长，难以生存，肯定会成为家人的累赘和别人的笑话，其实不然，你有头脑，有力气，仅此两点，很多岗位就可供你选择；有的人看到过去的同学朋友都当上老板了，而自己出监还得从打工族干起而自卑，其实不然，很多老板就是从打工族做起，甚至从捡破烂、种地、摆摊发家致富；有的人看别人啥都行，看自己啥都不中，其实不然，你只看到了别人的长处和自己的短处，没有看到自己的长处和别人的短处，而且总是把自己的短处与别人的长处去比较，自然是“货比货该扔，人比人该死”，如果你冷静想想，就会发现自己在很多方面还是比别人强的。所以，出监服刑人员切不可妄自菲薄，一定要看到自身的闪光点，战胜自卑。

挫折更容易让人产生自卑，而出监后的道路难免遭遇挫折。大家回归前总是把一切都想象得非常完美，可真的出监后，现实与理想之间可能会有较大落差，也可能接二连三遭遇意想不到的挫折，如本以为可以很快获得朋友的信赖和帮助，结果朋友对你退避三舍；本以为家庭可以给你一大笔启动资金，结果却杯水车薪，甚至“一毛不拔”；本以为家人会爱护有加，弥补失去的爱，结果却十分冷淡，甚至视为拖累、嫌弃；本以为很快就可以找到工作，结果却多次碰壁；本以为可以顺利回到心上人的身边，结果心上人早已另觅高枝……如果你遇到这些挫折就气馁，你会更觉自卑，甚至破罐破摔。所以，出监服刑人员一定要有迎战挫折的思想准备，把挫折当作磨练自己的考验，越挫越勇，坚强地从挫折中走出来。老天爷让你遭受患难或许真的是对你的一种考验、一种恩赐，如果你经受起了这种挫折和考验，那么“上帝在给你关上一扇大门的同时，也会为你开启另一扇窗户”。

七、悦纳自己，挑战自我

每一个人都是上帝赐给父母的礼物，都是独一无二的，所以，每个人都应悦纳自己，我们既不能只看见自己的缺点而看不到自己的优点，更不能只看到自己的优点而看不到自己的缺点，因为前者会使我们很自卑，后者又会让我们很自负。

曾经有一个女孩脸上长了几颗雀斑，对着镜子里的自己，她觉得那是很大的缺陷，因为雀斑的问题，她很自卑，总是低着头，害怕别人看到她的脸。其实她长着一张很秀气的瓜子脸，一双明亮的眼睛，高挺的鼻子，那是一张很俊秀的脸。她到心理医生那里去倾诉苦衷。心理医生一听，笑着问她：“当你走进我的咨询室的时候，你知道我是一种什么感觉吗？我觉得今天来了一个大美女，你给我的感觉就是很漂亮，有一种很特别的气质。”女孩很惊讶：“真的吗？我自己从来不知道啊。”从此，女孩信心满满。很多服刑人员都有女孩一样的错误认知和心理，总觉得自己犯过错误、坐过牢，已经不再完美了，从此抬不起头来。其实坏事可以变好事，我们不妨把这种历史的污点看成是对我们的历练与考验，因为我们曾经犯过错误，因为我们已经尝试了一条走不通的路，所以我们要寻找一条新的路来走，寻找一种新的思维模式来尝试。站在过去的经验与基础上，我们更加成熟，更加睿智，更加懂得珍惜。接纳自己不仅仅要接纳自己的现状、接纳自己的优点，同时还要学会接纳自己的过去、接纳自己的缺点。所以我们需要经常进行自我肯定，如果暂时还没有人给我鼓掌，那么让自己第一个给自己鼓掌吧，不要吝啬对自己的鼓励，你可以大声地说：“我经历过磨难是一个成熟的人”我很丑，但是我很温柔”“他们行，我也行”“我是最棒的”。

只有认识了自己，悦纳自己，我们才能在这个基础上开发自己的潜能，挑战新的高度。其实坐牢本身就是人生的一座富矿，不少出监服刑人员都发出相同的感慨：“不坐牢，我一辈子也不会有这些见识”“不坐牢，我一辈子也不会理解父母的难处”“不坐牢，我一辈子都成熟不起来”，等等。你还可以进一步思考，我为什么成为今天的自己？自己失误在哪、错在哪？今后遇到类似的情况该怎么处理？我还有哪些不足，我该从哪些方面充实自己？我是否尽了最大努力，我还有潜力可挖吗？我还能再破纪录吗？只要你信任自己，悦纳自己，持之以恒地改变自己，你身上的闪光点就会越来越多，越来越亮，你就一定能挑战新的高度，从一个胜利走向另一个胜利，最终赢得众人的掌声。

八、心动不如行动

现实是此岸，理想是彼岸，中间隔着湍急的河流，而行动则是架在河上的桥梁。任何伟大的目标和计划如果不付诸行动，永远只能成为空想，所以成功与否取决于行动，心动不如行动。

人得有点梦想。有的出监服刑人员却没有梦想，得过且过，做一天和尚撞一天钟，未老先衰，死气沉沉，萎靡不振，意志消沉，缺乏想象，没有激情，没有追求，没有动力，全中国的人都在编织自己的“中国梦”，可他偏偏没有梦。要知道，积极的心态是走向成功的试金石，成大业者首先得有想法，不想当将军的士兵不是好士兵。所以，出监服刑人员首先得有想法，有梦想，有计划，有目标，这样才能有方向，有激情，有动力。

梦想要切实可行。有的出监服刑人员梦想倒是有了，可就是梦想太多，今天想这个，明天想那个，七想八想，想得是天花乱坠，却不着边际。其实，梦想不在于多，而在于可行，最佳的梦想应是最有价值且最有可能实现的那个，也就是常说的“跳起来，可以抓得到的那个”。如果你的梦想目标太高，像要摘天上的星星，这一辈子恐怕都没机会实现。所以，你的梦想、你的目标得有可行性，不要好高骛远，不要自己为难自己。

关键在于行动。因为唯有行动才能到达理想的彼岸，最终让美梦成真。不然就只能是纸上谈兵、痴人说梦，天上掉馅饼的事相信大家都能明白，所以，千里之行始于足下，一切在于行动。

可我们需要什么样的行动呢？

首先，行动需要积极的心态。面对同样的问题，不同的心态，会有截然不同的行动。有的人在面对困难、危机的时候，逃避责任，再近的路，也迈不开步子，因为他有害怕失败的心态；有的人主动承担责任，在困境中挺身而出，再远的路，也会一步步走下去，因为他认为失败不可怕，可怕的是自己先败下阵去。

对于被判 10 年，还剩下 5 年刑期，你会怎么想？

有的人会很沮丧：太惨了，还有 5 年刑期，何日是尽头！

有的人会很高兴：太好了，只剩 5 年了，很快就到头了！

同样的境遇，完全不同的心态。其实，世界上的万事万物，你既可以积极地去看待，也可以消极地去看待。心理学认为，态度决定人的行为，有什么样的态度就会有什么样的行为。

其次，行动需要合作，也就是要有团队精神，互帮互助，共同应对，形成合力。这恰恰是出监服刑人员比较欠缺的。不少服刑人员过去习惯单打独斗，团队意识与合作理念比较匮乏，很少顾及别人的感受和利益，不损人利己就算不错了，更谈不上帮助别人。而社会发展到今天，社会化大生产客观上要求彼此密切配合，强调团队合作，唯其如此，才能使行为达到 1+1 ＞ 2 的理想效果。

有一个叫罗伯特的美国人，用 80 美元来周游世界，这在别人看来简直就是天方夜谭，罗伯特却用与他人合作的方式实现了这一目标。他与一家大公司签订合同，为之提供所经国家和地区的土壤样品，该公司给他提供住宿便利；与一家航空公司达成协议，可免费搭机，但要拍摄相片为公司做宣传；在加拿大巴芬岛的一个小镇用早餐，他不付分文，条件是为厨师拍照；在爱尔兰，花 4.8 美元买了 4 箱香烟，从巴黎到维也纳，费用是送司机一箱香烟；给伊拉克某运输公司经理和职员摄影，得以免费到达伊朗的德黑兰；在泰国，提供给酒店老板某一地区的资料，享受到酒店的国宾式待遇……罗伯特明白单靠自己的力量是难以实现这个梦想的，于是，他选择与别人合作，借助别人的力量来完成自己的环球之旅。

最后，行动不能轻言放弃。如果你决定开始行动，就请别轻言放弃。一个意志坚强，信念执著的人是不会半途而废的，因为在他看来轻言放弃是软弱的表现。

恒心与意志力是行动成功的关键品质。有时候，超人的意志和决不放弃的精神甚至能创造奇迹。当然，要做到不轻言放弃，我们还需要正确地面对失败和挫折。美国发明家爱迪生在1000多次实验失败后才发现最适合做灯泡丝的是钨丝。那么，他之前的每一次失败有什么价值呢？爱迪生给出了最好的答案：“我至少发现了1000多种材料不适合做灯丝。”这告诉我们一个道理：任何失败都只是前进道路上的障碍和陷阱，每一次失败，都可以从中汲取教训，避免以后犯同样的错误。所以，“失败是成功之母”。

心动不如行动，祝愿每一个出监服刑人员都马到成功！

心理链接

迟延满足效应——个体在没有外界监督的情况下，能控制、调节自己的行为，抑制冲动，抵制诱惑，延迟满足，则容易获得事业更大成功。

发展心理学研究中有一个经典的实验，称为“迟延满足”实验。实验者发给四岁被试儿童每人一颗好吃的软糖，同时告诉孩子们：如果马上吃，只能吃一颗；如果等20分钟后再吃，就给吃两颗。有的孩子急不可待，把糖马上吃掉了；而另一些孩子则耐住性子、闭上眼睛或头枕双臂做睡觉状，也有的孩子用自言自语或唱歌来转移注意力、消磨时光以克制自己的欲望，从而获得了更丰厚的报酬。

研究人员进行了跟踪观察，发现那些以坚韧的毅力获得两颗软糖的孩子，长到上中学时表现出较强的适应性、自信心和独立自主精神；而那些经不住软糖诱惑的孩子则往往屈服于压力而逃避挑战。在后来几十年的跟踪观察中，也证明那些有耐心等待吃两块糖果的孩子，事业上更容易获得成功。

参考文献

[1] 司法部监狱管理局．心理健康教育［M］．南京：南京大学出版社，2013.

[2] 吉春花，朱娟．服刑人员心理健康教育读本［M］．法律出版社，2011.

[3]中国就业培训技术指导中心，中国心理卫生协会．心理咨询师（基础知识），［M］．北京：民族出版社，2011.

[4] 中国就业培训技术指导中心，中国心理卫生协会．心理咨询师（三级），［M］．北京：民族出版社，2011.

[5] 刘邦惠．犯罪心理学［M］．北京：科学出版社，2006.

[6] 樊富珉．团体心理咨询［M］．北京：高等教育出版社，2005.

[7] 章恩友．罪犯心理矫治基本原理［M］．北京：群众出版社，2004.

[8] 章恩友．罪犯心理矫治［M］．北京：中国民主法制出版社，2007.

[9] 张伯源．变态心理学［M］．北京：北京大学出版社，2006.

[10] 杨士隆．犯罪心理学［M］．北京：教育科学出版社，2006.

[11] 何为民．罪犯改造心理学［M］．北京：中国公安大学出版社，1997.

[12] 温迪·德莱登，杰克·戈登．情绪健康指南［M］．何湾岚，译．北京：中信出版社，2003.

[13] 邢群麟．心理学一本通［M］．北京：华文出版社，2010.

[14] 春之霖，于海娣．心理操纵术大全集［M］．北京：中国华侨出版社，2011.

[15] 吴月波．催眠缔造的奇迹［M］．广州：广东音像出版社，2013.

后记

为满足新时期服刑人员心理咨询与矫正实际工作需要，在湖南省监狱管理局的大力支持下，我们编写了《服刑人员最关注的20大心理话题》教育读本。

该书由长沙监狱心理健康指导中心工作人员集体编写完成。主要编写人员有：汪淼（第一章）、尹卫华（第十八章）、张杰（第九章）、曹新湖（第二章）、罗昌胜（第六、二十章）、盛昭彬（第十五、十七章）、唐亮（第四、十三章）、陈志宏（第五、十一章）、王军（第七、十六章）、李平（第三、十二章）、何爱民（第八、十四章）、凌功杰（第十、十九章）。该书由罗昌胜负责策划、统稿和修改，盛昭彬负责修改和校对。

该书初稿完成后，省监狱管理局教育改造处处长易法铜、副处长周加良进行了审稿并提出了宝贵修改意见。湖南省内知名的心理学教授和专家对本书给予了精心指导。省司法厅厅长谈敬纯、省监狱管理局局长方华堂为本书作序。在编写过程中，本书还借鉴并参阅了大量心理健康的最新资料信息和研究成果。在此，谨对所有为本书编写、出版、发行工作付出辛勤劳动的专家、学者、作者和工作人员表示诚挚的谢意。

由于编者水平有限，疏漏与不妥之处在所难免，我们期待广大读者提出批评和建议，以便更好地指导服刑人员的服刑改造，启迪心灵成长！

编　者

2017年3月